高等职业学校"十四五"规划土建类专业立体化新形态教材

建设工程项目管理

主　编　林　炅　黄西龙　庄　逸
参　编　陈嫚娜　葛子杰　胡希汶　陈　曦
主　审　刘汉清

华中科技大学出版社
中国·武汉

内 容 提 要

本书按照高职高专院校人才培养目标以及专业教学的需要,依据最新标准、规范进行编写。全书共十章,主要内容包括建设工程项目管理概论、项目管理组织、项目进度管理、项目质量管理、项目合同管理、项目成本管理、项目职业健康安全与环境管理、项目信息管理、项目风险管理、项目收尾管理等。

本书可作为高职高专院校建筑工程技术等相关专业的教材,也可作为函授和自考辅导用书,还可作为工程项目施工现场相关技术和管理人员工作时的参考用书。

图书在版编目(CIP)数据

建设工程项目管理 / 林炅,黄西龙,庄逸主编. -- 武汉 : 华中科技大学出版社,2024.9.
ISBN 978-7-5772-1281-4

Ⅰ. F284

中国国家版本馆 CIP 数据核字第 2024ZG0590 号

建设工程项目管理
Jianshe Gongcheng Xiangmu Guanli

林　炅　黄西龙　庄　逸　主编

策划编辑:胡天金
责任编辑:李曜男
封面设计:金　刚
责任监印:朱　玢
出版发行:华中科技大学出版社(中国·武汉)　　电话:(027)81321913
　　　　　武汉市东湖新技术开发区华工科技园　　邮编:430223
录　　排:华中科技大学惠友文印中心
印　　刷:武汉市洪林印务有限公司
开　　本:787mm×1092mm　1/16
印　　张:20.75
字　　数:492千字
版　　次:2024年9月第1版第1次印刷
定　　价:49.80元

前　言

"建设工程项目管理"是一门具有很强的理论性、实践性和综合性的课程,其研究的内容是工程项目在投资前期和投资建设期的规划、决策、计划、组织、指挥、控制及协调的理论、方法和手段。项目管理的目的是使建设工程项目在规定的投资预算范围内,以最短的工期达到最好的工程质量,使投资尽快发挥效益,收回投资并使投资增值。

"建设工程项目管理"是建筑工程管理、建筑工程技术、工程造价、工程监理及建筑经济管理等专业的核心课程之一,也是注册一级、二级建造师考试科目之一。通过本课程的学习,学生应掌握建设工程项目管理的理论和方法,具备从事建设工程项目管理的初步能力。

本书以培养高质量的工程技术类人才为目标,根据高职高专教育专业类教学指导委员会制定的教育标准和培养方案及主干课程教学大纲,以国家现行建设工程法律、法规及标准为依据编写而成。本书在编写过程中以"必需、够用"为度,以"实用"为准,结合现代理论与实践的发展趋势及专业发展动向,及时吸收专业前沿知识。

本书共分十章,主要包括建设工程项目管理概论、项目管理组织、项目进度管理、项目质量管理、项目合同管理、项目成本管理、项目职业健康安全与环境管理、项目信息管理、项目风险管理及项目收尾管理等内容,由浅及深,叙述清晰,系统全面,理论联系实际,注重效果。

本书由汕头职业技术学院和汕头市安信路桥建设有限公司共同编写。林炅编写第一章、第二章;林炅、胡希汶编写第九章;黄西龙编写第三章、第四章;陈曦、林炅编写第八章;庄逸编写第五章;葛子杰编写第七章;陈嫚娜编写第六章、第十章。林炅统稿并担任主编,黄西龙、庄逸担任主编并参与校核,刘汉清担任主审。

本书可作为高等职业院校建筑工程管理、工程造价、建筑工程技术等专业的教学用书,也可供工程项目施工现场相关技术和管理人员参考。

本书引用了大量专业文献和资料,在此对相关文献的作者和资料的整理者表示诚挚的感谢。由于编者水平有限,加之时间仓促,书中难免存在疏漏和不妥之处,诚恳希望读者批评指正。

编　者

目　录

第一章　建设工程项目管理概论 …………………………………………………………… 1
　　任务单元一　项目和项目管理的概念 ………………………………………………… 1
　　任务单元二　建筑工程项目的概念和特征 …………………………………………… 6
　　任务单元三　建设工程项目全生命周期管理 ………………………………………… 12
　　任务单元四　建设工程项目管理规划 ………………………………………………… 20
　　本章小结 ………………………………………………………………………………… 26
第二章　建设工程项目管理组织 ………………………………………………………… 29
　　任务单元一　建设工程项目管理组织结构 …………………………………………… 29
　　任务单元二　建设工程项目经理 ……………………………………………………… 36
　　本章小结 ………………………………………………………………………………… 45
第三章　建设工程项目进度管理 ………………………………………………………… 49
　　任务单元一　建设工程项目进度管理概述 …………………………………………… 49
　　任务单元二　建设工程项目进度计划的编制 ………………………………………… 56
　　任务单元三　流水施工原理简述 ……………………………………………………… 62
　　任务单元四　网络计划技术 …………………………………………………………… 66
　　任务单元五　建设工程项目进度计划的实施与检查 ………………………………… 81
　　任务单元六　建设工程项目实际进度与计划进度的比较方法 ……………………… 84
　　任务单元七　建设工程项目进度计划的调整 ………………………………………… 90
　　本章小结 ………………………………………………………………………………… 95
第四章　建设工程项目质量管理 ………………………………………………………… 102
　　任务单元一　建设工程项目质量管理概述 …………………………………………… 102
　　任务单元二　建设工程项目质量控制 ………………………………………………… 113
　　任务单元三　工程质量问题和事故的处理 …………………………………………… 132
　　本章小结 ………………………………………………………………………………… 138
第五章　建设工程项目合同管理 ………………………………………………………… 144
　　任务单元一　建设工程合同管理概述 ………………………………………………… 144
　　任务单元二　建设工程施工合同管理 ………………………………………………… 155
　　任务单元三　建设工程项目索赔管理 ………………………………………………… 168
　　本章小结 ………………………………………………………………………………… 175
第六章　建设工程项目成本管理 ………………………………………………………… 179
　　任务单元一　工程项目成本管理概述 ………………………………………………… 179
　　任务单元二　工程项目成本的分类 …………………………………………………… 182
　　任务单元三　工程项目成本计划 ……………………………………………………… 189

　　　任务单元四　工程项目成本控制 ································· 196

　　　任务单元五　工程项目成本核算 ································· 213

　　　任务单元六　工程项目成本分析与考核 ·························· 215

　　　本章小结 ·· 218

第七章　建设工程项目职业健康安全与环境管理 ··················· 223

　　　任务单元一　建设工程项目职业健康安全管理概述 ················ 223

　　　任务单元二　建设工程安全生产管理 ····························· 227

　　　任务单元三　建设工程职业健康安全事故的分类和处理 ············ 242

　　　任务单元四　建设工程项目环境管理 ····························· 246

　　　本章小结 ·· 251

第八章　建设工程项目信息管理 ································· 256

　　　任务单元一　建设工程项目信息管理基础知识 ···················· 256

　　　任务单元二　建设工程项目信息管理的意义和任务 ················ 259

　　　任务单元三　建设工程项目信息管理的内容 ······················ 262

　　　任务单元四　工程项目管理信息系统 ····························· 271

　　　任务单元五　BIM 技术在建设工程项目信息管理中的应用 ··········· 273

　　　本章小结 ·· 283

第九章　建设工程项目风险管理 ································· 287

　　　任务单元一　建设工程项目风险概述 ····························· 287

　　　任务单元二　建设工程项目风险识别 ····························· 290

　　　任务单元三　建设工程项目风险评估 ····························· 295

　　　任务单元四　建设工程项目风险响应与监控 ······················ 297

　　　本章小结 ·· 300

第十章　建设工程项目收尾管理 ································· 304

　　　任务单元一　项目收尾管理概述 ································· 304

　　　任务单元二　项目竣工收尾 ····································· 306

　　　任务单元三　项目竣工验收 ····································· 308

　　　任务单元四　项目竣工结算和决算 ······························· 312

　　　任务单元五　建设工程项目回访保修 ····························· 315

　　　任务单元六　建设工程项目考核评价 ····························· 317

　　　本章小结 ·· 321

第一章 建设工程项目管理概论

任务单元一 项目和项目管理的概念

一、项目

1. 项目的概念

"项目"一词来源于人类有组织的活动,其表现形式多种多样。中国的长城、埃及的金字塔及古罗马的斗兽场都是人类历史上的大型复杂项目的范例。对于项目,国际上还未形成统一、权威的定义,不同机构、行业对项目有不同的表达。

国际标准《质量管理——项目管理质量指南》(ISO 10006)将项目定义为由一组有起止时间的、互相协调的受控活动组成的特定过程,该过程要达到符合规定要求的目标,包括时间、成本和资源的约束条件。

美国项目管理协会(Project Management Institute,PMI)对项目的定义:项目是为完成某一独特的产品或服务所做的一次性努力。

德国标准化协会认为,项目是指在总体上符合如下条件的唯一性任务:具有一定的目标;具有时间、财务、人力和其他限制条件;具有专门的组织。

许多管理专家从不同角度描述了项目的定义,对其核心内容进行了概括:项目是指在一定的约束条件(时间、资源、质量标准)下完成的,具有明确目标的一次性任务,如建造一栋实训楼、开发一款计算机软件、举办一场国际体育赛事等。

2. 项目的特征

（1）一次性。一次性是项目与其他重复运行或操作的工作最大的区别。项目有明确的起点和终点，没有可以完全照搬的先例，也不会有完全相同的复制品。项目的其他属性是从这一主要的特征衍生出来的。

（2）独特性。每个项目都是独特的：其提供的产品或服务有自身的特点；其提供的产品或服务与其他项目类似，然而其时间和地点、内部和外部的环境、自然和社会条件有别于其他项目。因此，项目的过程总是独一无二的。

（3）目标的明确性。

①时间性目标，如在规定的时段内或规定的时间点之前完成。

②成果性目标，如提供某种规定的产品或服务。

③约束性目标，如不超过规定的资源限制。

④其他需满足的条件。

（4）不确定性。在普通运作中，人们拥有较为成熟、丰富的经验，对产品和服务比较熟悉。但在项目实施过程中，人们面临的风险比较多，一方面是因为经验不丰富、环境不确定，另一方面是因为提供的产品和服务具有独特性。因此，项目在实施的过程中面临的风险比较多，具有明显的不确定性。

二、项目管理

1. 项目管理的概念

项目管理是指将各种系统、方法和人员结合在一起，在规定的时间、预算和质量目标范围内完成项目的各项工作，即对项目从投资决策到项目结束的全过程进行计划、组织、指挥、协调和评价，以实现项目的目标。

按照传统的做法，当企业设定了一个项目后，会有几个部门参与这个项目，包括财务、市场、行政等，而不同部门在运作项目的过程中不可避免地会产生摩擦，必须进行协调，这些无疑会增加项目管理的成本，影响项目实施的效率。项目管理的做法则不同。不同职能部门成员因为某一个项目而组成团队，项目经理是项目团队的领导者，他们肩负的责任就是领导团队准时、优质地完成全部工作，在不超出预算的情况下实现项目目标。项目的管理者不仅是项目的执行者，还参与项目的需求确定、项目选择、计划直至收尾的全过程，并在时间、成本、质量、风险、合同、采购、人力资源等各方面对项目进行全方位的管理。因此，项目管理可以帮助企业处理需要跨领域解决的复杂问题，并提高运营效率。

2. 项目管理的内容

（1）项目范围管理。项目范围管理是指为实现项目的目标，对项目的工作内容进行控制的管理过程，包括范围的界定、范围的规划、范围的调整等。

（2）项目时间管理。项目时间管理是指为确保项目最终按时完成的一系列管理过程，包括具体活动界定、活动排序、时间估计、进度安排及时间控制等工作。许多人把GTD时间管理引入其中，大大提高了工作效率。

（3）项目成本管理。项目成本管理是指为保证完成项目的实际成本、费用不超过预算成本、费用而开展的管理活动，包括资源的配置，成本、费用的预算以及费用的控制等工作。

（4）项目质量管理。项目质量管理是指为确保项目达到客户规定的质量要求所实施的一系列管理措施，包括质量规划、质量控制和质量保证等。

（5）项目人力资源管理。项目人力资源管理是指为保证所有项目关系人的能力和积极性都得到最有效的发挥和利用所实施的一系列管理措施，包括组织的规划、团队的建设、人员的选聘和项目班子建设等一系列工作。

（6）项目沟通管理。项目沟通管理是指为确保项目信息的合理收集和传输所需要实施的一系列措施，包括沟通规划、信息传递和进度报告等。

（7）项目风险管理。项目风险管理是指对项目风险从识别到分析乃至采取应对措施等一系列活动，包括风险识别、风险量化、对策制订和风险控制等。

（8）项目采购管理。项目采购管理是指为从项目实施组织之外获得所需资源或服务所采取的一系列管理措施，包括采购计划、采购与征购、资源的选择以及合同的管理等工作。

（9）项目集成管理。项目集成管理是指为确保项目各项工作能够有机协调和配合所展开的综合性和全局性的项目管理工作和过程，包括项目集成计划的制订、项目集成计划的实施、项目变动的总体控制等。

3. 项目管理的三要素

在项目管理中，最重要的是质量、进度与成本三要素。

（1）质量是项目成功的必要保证，质量管理包括质量计划、质量保证与质量控制。

（2）进度管理是保证项目能够按期完成所需的过程。在总体计划的指导下，各参与建设的单位编制自己的分解计划，以保证项目顺利进行。

（3）成本管理是保证项目在批准的预算范围内完成的过程，包括资源计划的编制、成本估算、成本预算与成本控制。

三、项目管理的发展历程

1. 国际项目管理的发展历程

项目管理的发展历程虽然很长，但形成完整的现代项目管理理论体系的时间并不长，一般认为从20世纪50年代开始出现科学的项目管理方法，到20世纪80年代整合为较为系统的项目管理理论和方法体系。项目管理的发展阶段在国际项目管理界有几种提法。经过比较和总结，国际项目管理发展历程可以归纳为六个阶段，如表1-1所示。

表1-1　国际项目管理的发展历程

发展阶段	年代	特点	应用领域
项目管理实践阶段	由来已久	没有时间和费用的约束	建设工程领域

发展阶段	年代	特点	应用领域
传统项目管理阶段	20世纪50年代末至20世纪80年代中期	集中在预算、工期等技术上,高度关注三重约束;系统刚性复杂	主要在国防和技术工程领域
新型项目管理阶段	20世纪80年代中期至20世纪90年代初	以顾客满意为中心;扁平化组织结构;增强员工能力/授权;项目管理方法的改进	航天航空、制药、汽车等领域
现代项目管理阶段	从20世纪90年代初起	软技术和硬技术的平衡及知识体系的完善,高级管理人员的高度关注;现代项目管理方法的采用	IT、高科技、政府、公共机构等几乎所有领域
战略项目管理阶段	从21世纪起	追求项目的创新和高附加值;与组织战略结合;价值管理、项目环境及平台建设、组织项目管理成熟	所有行业及组织
通用项目管理阶段	正在形成	理想、丰富、多元化、具有预见性并易于使用的方法;社会项目管理;项目管理无处不在并深入人心	所有的组织和个人

1)项目管理实践阶段

项目管理的实践由来已久,从建设周期非常长的故宫到巧夺天工的都江堰水利工程,从我国的长城到埃及的金字塔,无不体现古代人民在项目管理上的伟大智慧。但古代的项目管理更多是依赖经验的积累,没有形成管理原理和知识体系。

2)传统项目管理阶段

20世纪50年代末,美国的路易斯维化工厂的工程技术人员在设备检修过程中摸索出后来被称为工程网络计划的关键线路法(critical path method,CPM),用于控制进度,当年就产生效益约100万美元。20世纪60年代,美国海军武器局在研制北极星导弹核潜艇的过程中,由于无法确定研制的时间和进度,研究出另一种网络计划——计划评审法(program evaluation and review technique,PERT),用于协调进度,使研究时间比预期缩短了两年。这两种网络计划为后来的项目管理及进度(时间)管理奠定了良好的基础。

1965年,以欧洲国家为主的一些国家成立了国际项目管理协会(International Project Management Association,IPMA)。目前,IPMA已经拥有40多个会员。1969年,美国也成立了一个相同性质的组织,即美国项目管理协会(PMI)。该组织目前是个人会员最多的国际性专业组织。在这期间,产生了一系列项目管理的技术:工作分解结构(work breakdown structure,WBS)、三重约束管理(质量、成本、范围)以及赢得值法。

3)新型项目管理阶段

20世纪80年代,伴随着全球经济的发展,各行各业都加速发展。市场经济要求越来越高,加之专业相互融合,各类项目日益复杂,建设规模日趋庞大,项目的外部环境变化频繁,出现了各种新型的项目管理模式。项目管理越来越强调以顾客满意为中心,创造出矩阵式、项目式等更为扁平化的组织结构,更加重视员工能力的提升和管理中的授权与分权。项目管理的方法不断改进,项目管理的应用也逐步拓展到军事、建筑、航天、水利、电力等各个行业。

4)现代项目管理阶段

现代项目管理阶段的主要成就是项目管理知识体系的逐步成熟。美国项目管理协会(PMI)于 1996 年出版了第一版《项目管理知识体系指南》(*Project Management Body of Knowledge*,简称 PMBOK),随后每四年修订一次,最新的为 2021 年出版的第七版。

国际项目管理协会(IPMA)在项目管理知识体系方面也做了卓有成效的工作。IPMA 从 1987 年就着手进行"项目管理人员能力基准"的开发,在 1997 年推出了 ICB,即 IPMA competence baseline。在这个能力基准中,IPMA 把个人能力划分为 42 个要素,包括 28 个核心要素、14 个附加要素。能力基准还涉及个人素质的八大特征及总体印象的十个方面。

这个阶段的项目管理的突出特点是平衡了项目管理程序中硬性和软性两个方面(硬性的方面包括质量、成本、时间、采购等;软性的方面包括范围、风险、沟通、人力资源、组织及综合因素等)并将产品过程和项目过程做了区分。

5)战略项目管理阶段

从 21 世纪起,国际项目管理发展到一个新的阶段,即战略项目管理阶段。在 20 世纪,人们普遍认为,战略商业管理和项目管理是两个不相干的分支。然而,随着科学技术的日新月异、飞速发展,产品(商品)和项目的专业界限日益模糊,因此有必要将复杂的社会、经济与商业问题当作组织项目来考虑,战略项目管理模型也应运而生。

战略项目管理模型强调寻求创新,以及项目之外的增值价值,通过项目组合管理、项目群组管理与项目管理等方式将组织战略与项目有机地结合起来,安排拟订项目群组管理与大型项目管理,重视反馈与产品的持续应用,建立和运用组织项目管理成熟度模型,促进组织项目管理水平不断提升。

6)通用项目管理阶段

通用项目管理是指项目管理作为一门学科、一套理论和知识体系,已经被广泛应用于各行各业和不同类型的管理机构。除了工程建设行业以外,项目管理也应用于工业生产、软件研发、计算机技术、信息系统集成、机械制造、科学研发、国防工业等行业的研发和生产。除了应用于企业,项目管理也应用于政府机关、学校、医院、社团等的活动。个人也可以运用项目管理的知识和方法来管理自己的学习和生活。比如,大学生组织一次秋游活动也是一个项目,可运用项目管理的方法来制订计划和实施计划。

项目管理的应用广泛,在行业中体现了显著的价值。合理地运用项目管理知识和方法,可以取得节约时间、降低成本、保证质量等效果,从而产生经济效益。专业的项目管理人才受到各行业的广泛欢迎,项目管理已经成为一种职业。同时,项目管理的信息化工具、软件也十分丰富和有用。因此,当今国际项目管理的发展,呈现出全球化、多元化、专业化、标准化、信息化和职业化的特点。

2. 国内项目管理的发展历程

我国从 20 世纪 80 年代初期开始引进建设工程项目管理的概念,世界银行和一些国际金融机构要求接受贷款的业主方采用项目管理的思想、组织、方法和手段组织实施工程项目的建设。

1982 年,鲁布革水电站引水导流工程是我国第一个实施工程项目管理的工程,日本企业运用项目管理方法对这一工程的施工进行了有效的管理。

1983 年,原国家计划委员会提出推行项目前期项目经理负责制。

1987 年,原国家计划委员会等五部委联合发出通知,确定了一批试点企业和建设项目,要求采用项目管理。

1988 年,我国开始推行建设工程监理制度。

1991 年,我国全面推广工程项目管理。

1995 年,建设部颁发《建筑施工企业项目经理资质管理办法》,推行项目经理责任制。

2003 年,建设部发出《关于建筑业企业项目经理资质管理制度向建造师执业资格制度过渡有关问题的通知》。

我国自 20 世纪 80 年代开始宣传项目管理思想,自 20 世纪 90 年代开始逐步推行建设监理制度,直至今天,工程建设领域的多数人已经认识到进行科学的项目管理的重要性和必要性。

随着我国科学技术的发展和对项目管理的深入研究,项目管理的理念已经渗透到 IT、机械、医药、金融、服务等各个领域,按项目进行管理成为各行各业发展的共识。例如我国 2008 年举办的奥运会,各奥运场馆的建设应用了工程项目管理的方法,各项比赛以及奥运会开幕式等活动的筹划也运用了项目管理的思想。随着项目管理应用领域的多元化发展,具有行业特色的项目管理研究日趋普及,如 IT 项目管理、研发项目管理等。此外,我国的项目管理体现出集成化、信息化、量化等特点。在项目管理组织体系内运用集成思想,综合考虑工期、成本、质量、安全、环境等要素,并将其与信息系统相结合,形成项目管理的集成信息系统,同时对各项要素进行量化的管理和控制,成为当前项目管理的研究重点和发展趋势。

任务单元二 建筑工程项目的概念和特征

建设工程项目是项目中数量最大的一类。建设工程项目一般是指为完成依法立项的新建、扩建、改建等各类工程而进行的、有起止日期的、达到规定要求的一组互相关联的受控活动组成的特定过程,包括策划、勘察、设计、采购、施工、试运行、竣工验收和考核评价等。这里所指的"建设工程项目"可能是一个建设项目的施工,也可能是其中的一个单项工程或单位工程的施工。

建筑工程项目是建设工程项目的一个专业类型,这里主要指把建设工程项目中的建筑安装施工任务独立出来形成的一种项目。建筑工程项目是建筑施工企业对一个建筑产品的施工过程及成果,也就是建筑施工企业的生产对象。

一、建筑工程项目的组成

建筑工程项目可分为单项工程、单位工程、分部工程和分项工程。

(1)单项工程。单项工程是指具有独立的设计文件,竣工后可以独立发挥生产能力或效益的一组配套齐全的工程项目,如生产车间、学校的教学楼、影剧院等。

(2)单位工程。单位工程是指具有独立的设计文件,可以独立组织施工,但建成后不能单独进行生产或发挥效益的单体工程。例如,某信息楼是一个单项工程,该信息楼的土建工程就是一个单位工程,信息楼的设备安装工程也是一个单位工程。单位工程是单项工程的组成部分。

(3)分部工程。分部工程是单位工程的组成部分。例如,一般土建工程可按其主要部位划分为基础工程、主体工程、装饰装修工程和屋面工程等;设备安装工程可按其设备种类和专业不同划分为建筑采暖工程、建筑电气安装工程、通风与空调工程、电梯安装工程等。

(4)分项工程。分项工程是分部工程的组成部分,一般按主要工种、材料、施工工艺、设备类别等进行划分。例如,钢筋工程、模板工程、混凝土工程、砌砖工程、门窗工程等都是分项工程。分项工程是建筑施工生产活动的基础,也是计量工程用工、用料和机械台班消耗的基本单元,还是工程质量形成的直接过程。分项工程是由专业工种完成的产品。

二、建筑工程项目的特点

建筑工程除了具有一般项目的基本特点外,还有自身的基本特点。建筑工程项目的特点表现在以下几个方面:

①具有明确的建设任务,如建设一座医院或一条高速公路;

②具有明确的质量、进度和费用目标;

③建设成果和建设过程固定在某一地点;

④建设产品具有唯一性;

⑤建设产品具有整体性。

三、建筑工程项目管理

1.建筑工程项目管理的概念

建筑工程项目管理是针对建筑工程而言的,即在一定约束条件下,以建筑工程项目为对象,以实现最优建筑工程项目目标为目的,以建筑工程项目经理责任制为基础,以建筑工程承包合同为纽带,对建筑工程项目进行高效率的计划、组织、协调、控制和监督的系统管理活动。

2. 建筑工程项目管理的主要内容

在建筑工程项目管理的过程中,为了实现各阶段目标和最终目标,在进行各项活动时都要加强管理,具体内容包括建立项目管理组织、目标管理、资源管理、合同管理、采购管理、信息管理、风险管理、沟通管理、安全管理和后期管理等。

1)建筑工程项目管理组织

(1)组织协调是工程项目管理的职能之一,是实现项目目标必不可少的方法和手段。在项目实施过程中,项目的参与单位要处理和调整众多复杂的关系,主要包括以下内容。

①外部环境协调:与政府管理部门之间的协调,如与规划、城建、市政、消防、人防、环保、城管部门的协调;资源供应方面的协调,如供水、供电、供热、通信、运输和排水等方面的协调;生产要素方面的协调,如图纸、材料、设备、劳动力和资金等方面的协调;社区方面的协调等。

②项目参与单位之间的协调。项目参与单位之间的协调主要包括业主、监理单位、设计单位、施工单位、供货单位、加工单位等的协调。

③项目参与单位内部的协调。项目参与单位内部的协调是指项目参与单位内部各部门、各层次及个人之间的协调。

(2)建筑工程项目管理组织包括以下内容。

①由企业采取适当的方式选聘称职的施工项目经理。

②根据施工项目组织原则选用适当的组织形式,组建施工项目管理机构,明确责任权限和义务。

2)建筑工程项目目标管理

建筑工程项目的目标有阶段性目标和最终目标,实现各项目标是项目管理的目的。因此,项目管理人员应当坚持以控制论原理和理论为指导,进行全过程的科学管理。工程项目的控制目标主要包括进度、质量、成本及安全目标。

由于项目目标的控制过程会不断受到各种客观因素的干扰,各种风险因素随时可能出现,项目管理人员应通过组织协调和风险管理,对项目目标进行动态管理。

3)建筑工程项目合同管理

建筑工程合同是指业主和参与项目实施各主体之间明确责任、权利和义务关系的具有法律效力的协议文件,也是运用市场经济体制、组织项目实施的基本手段。从某种意义上讲,项目的实施过程就是建筑工程合同订立和履行的过程。

建筑工程项目管理是对在市场条件下进行的特殊交易活动的管理,因此必须依法签订合同,进行履约经营。合同管理的水平直接关系到项目管理及工程施工的技术经济效果和目标实现。因此,项目管理人员要从招标投标开始,加强工程承包合同的策划、签订、履行和管理。为了取得经济效益,项目管理人员必须注意处理好索赔,在具体索赔过程中要讲究方法和技巧,提供充分的证据。

4)建筑工程项目采购管理

建筑工程项目在实施过程中,需要采购大量的材料和设备等。施工方应设置采购部门,制订采购管理制度、工作程序和采购计划;施工项目采购工作应依据合同、设计文件所规定的数量、技术要求和质量标准,符合进度、安全、环境和成本管理等要求;产品供应和服务单位应通过合格评定;在采购过程中应按规定对产品或服务进行检验,对不符合要求或不合格的产品按规定处置。采购过程应真实、有效、完整,具有可追溯性。

5)建筑工程项目风险管理

建筑工程项目在实施过程中必然会受到各种不确定因素的干扰,存在引发项目控制目标不能实现的风险。因此,项目管理人员必须重视工程项目风险管理并将其纳入工程项目管理。建筑工程项目风险管理包括施工项目全过程的风险识别、风险评估、风险响应及风险控制。

6)建筑工程项目信息管理

信息管理工作的好坏将直接影响项目管理的成败。信息管理是建筑工程项目管理的基础工作,是实现项目目标控制的保证。只有不断提高信息管理水平,才能更好地承担起项目管理的任务。

现代化管理要依靠信息。建筑工程项目管理是一项复杂的管理活动,需要处理大量信息,必须依靠计算机辅助进行,依靠网络技术形成项目管理系统,从而使信息管理实现现代化。

3. 建筑工程项目管理的参与方

建筑工程项目的实施和管理贯穿从项目策划到投入使用的全过程,这个过程的实施需要多方单位的参与,如建筑项目投资方(项目法人或项目业主)、勘察单位、设计单位、施工单位、材料设备供应单位、监理单位等。各单位所起的作用各不相同,从管理的角度来看,它们有各自的管理职责和范围。业主方在整个建筑工程项目生产过程中负总责,是建筑工程项目生产过程的总组织者和总协调者。因此,对于一个建筑工程项目而言,业主方的项目管理是核心。

(1)业主方,又称法人单位或建设单位,是指建筑工程项目最终成果的接收者或经营者。

(2)勘察设计方,包括工程勘察单位、工程规划单位、工程设计单位等。

(3)施工方,包括施工总承包单位、专业工程承包单位等。

(4)供货方,包括材料、设备的生产厂家和供应单位等。

(5)工程咨询服务机构,包括工程咨询单位、造价咨询单位、招标代理单位、工程建设监理单位等。

(6)项目总承包方,指受业主委托,按合同约定对建设工程的设计、采购、施工、试运行等实行全过程承包的单位。

除此之外,建筑工程项目实施过程还涉及许多其他相关部门和单位,这些均可称为项目相关方,如金融机构、政府及社会有关管理部门。

以上各方形成了建筑工程项目的不同管理主体。

参与单位承担着不同的建设任务和管理任务。各参与方的工作性质、工作任务和利益不同,因此形成了不同类型的项目管理。按建筑工程项目、参与方的工作性质和组织特征划分,项目管理主要有业主方项目管理、设计方项目管理、施工方项目管理、供货方项目管理、监理方项目管理等。

4. 建筑工程项目管理的目标和任务

1）建设单位项目管理的目标和任务

建设单位即业主，负责从建筑工程项目提出设想到项目竣工交付使用全过程涉及的全部工作。建设单位项目管理的目标：实现投资者的目标和期望；努力使工程项目投资控制在预定或可接受的范围之内；保证工程项目的功能与质量等达到设计标准。在项目实施阶段，业主的主要工作是提供必要的条件，在实施过程中督促、检查并协调各方的工作，定期对项目的进展情况进行研究分析，最终实现合同约定的目标和国家强制性规范要求的目标。

2）设计方项目管理的目标和任务

设计方是项目建设的一个参与方，其项目管理主要服务于项目的整体利益和设计方本身的利益。由于项目的投资目标能否实现与设计工作密切相关，设计方项目管理的目标包括设计的成本目标、设计的进度目标和设计的质量目标，以及项目的投资目标。

设计方的项目管理工作主要在设计阶段进行，同时也涉及设计准备阶段、施工阶段、动用前准备阶段和保修期。设计方项目管理包括以下任务：

①与设计工作有关的安全管理；

②设计成本控制和与设计工作有关的工程造价控制；

③设计进度控制；

④设计质量控制；

⑤设计合同管理；

⑥设计信息管理；

⑦与设计工作有关的组织和协调。

3）供货方项目管理的目标和任务

供货方是项目建设的一个参与方，其项目管理主要服务于项目的整体利益和供货方本身的利益。供货方项目管理的目标包括供货方的成本目标、供货的进度目标和供货的质量目标。供货方的项目管理主要在施工阶段进行，同时也涉及设计准备阶段、设计阶段、动用前准备阶段和保修期。供货方项目管理包括以下任务：

①供货的安全管理；

②供货方的成本控制；

③供货的进度控制；

④供货的质量控制；

⑤供货的合同管理；

⑥供货的信息管理；

⑦与供货有关的组织与协调。

4）项目总承包方项目管理的目标和任务

（1）项目总承包方项目管理的目标。

项目总承包方（或称建筑项目工程总承包方，简称工程总承包方）受业主方的委托承担工程建设任务，故项目总承包方必须树立服务观念，为项目建设服务，为业主服务。另外，合同也规定了项目总承包方的义务。因此，项目总承包方是项目建设的一个重要参与方,其项目管理主要服务于项目的整体利益和项目总承包方本身的利益。项目总承包方项目管理的目标应符合合同的要求,包括以下内容:

①工程建设的安全管理目标;

②项目的总投资目标和成本目标(前者是业主方的总投资目标,后者是项目总承包方的成本目标);

③项目总承包方的进度目标;

④项目总承包方的质量目标。

项目总承包方项目管理工作涉及项目实施阶段的全过程,即设计准备阶段、设计阶段、施工阶段、动用前准备阶段和保修期。

(2)项目总承包方项目管理的任务。

项目总承包方项目管理包括以下任务:

①安全管理;

②项目的总投资控制和项目总承包方的成本控制;

③进度控制;

④质量控制;

⑤合同管理;

⑥信息管理;

⑦与项目总承包方有关的组织和协调等。

5)施工方项目管理的目标和任务

(1)施工方项目管理的目标。

由于施工方受业主方的委托承担工程建设任务,施工方必须树立服务观念,为项目建设服务,为业主服务。另外,合同也规定了施工方的义务。因此,施工方是项目建设的一个重要参与方,其项目管理不仅应服务于施工方本身的利益,也必须服务于项目的整体利益。项目的整体利益和施工方本身的利益是对立统一关系,两者有其统一的一面,也有其矛盾的一面。

施工方项目管理的目标应符合合同的要求,包括以下几项:

①施工的安全管理目标;

②施工的成本目标;

③施工的进度目标;

④施工的质量目标。

如果采用工程施工总承包或工程施工总承包管理模式,施工总承包方或施工总承包管理方必须按工程合同规定的工期目标和质量目标完成建设任务。施工总承包方或施工总承包管理方的成本目标是由施工企业根据其生产和经营的情况自行确定的。分包方必须按工程分包合同规定的工期目标和质量目标完成建设任务,分包方的成本目标是分包方自行确定的。

按工程项目管理的国际惯例,当采用指定分包方时,指定分包方不论是与施工总承包方、与施工总承包管理方,还是与业主方签订合同,指定分包方合同在签订前必须得到施工总承包方或施工总承包管理方的认可。因此,施工总承包方或施工总承包管理方应对合同规定的工期目标和质量目标负责。

(2)施工方项目管理的任务。

施工方项目管理包括以下任务：

①施工安全管理；

②施工成本控制；

③施工进度控制；

④施工质量控制；

⑤施工合同管理；

⑥施工信息管理；

⑦与施工有关的组织与协调等。

施工方的项目管理工作主要在施工阶段进行。由于设计阶段和施工阶段在时间上往往是交叉的，施工方的项目管理工作也会涉及设计阶段。在动用前准备阶段和保修期，施工合同尚未终止，还有可能出现工程安全、费用、质量、合同和信息等方面的问题，因此施工方的项目管理还涉及动用前准备阶段和保修期。

任务单元三　建设工程项目全生命周期管理

一、建设工程项目全生命周期管理的概念

建设工程项目全生命周期管理于 20 世纪 60 年代出现在美国军界，主要用于军队航母、激光制导导弹、先进战斗机等高科技武器的管理。从 20 世纪 70 年代开始，全生命周期管理理念被各国广泛应用于交通运输、航天科技、国防建设、能源工程等领域。全生命周期管理，就是从长期效益出发，应用一系列先进的技术手段和管理方法，统筹规划、建设、生产、运行和退役等各环节，在确保规划合理、工程优质、生产安全、运行可靠的前提下，以建设工程项目全生命周期的整体最佳作为管理目标。

建设工程项目全生命周期各阶段的工作程序如下。

(1)根据国民经济和社会发展长远规划，结合行业和地区发展规划的要求，编制项目建议书。

(2)在勘察、试验、调查研究及详细技术经济论证的基础上编制可行性研究报告。

(3)根据项目的咨询评估情况对建设项目进行决策。

(4)根据可行性研究报告编制设计文件。

(5)在初步设计批准后，做好施工前的各项准备工作。

(6)组织施工并根据工程进度做好生产准备。

(7)项目按批准的设计内容建成并经竣工验收合格后正式投产，交付生产使用。

(8)生产运营一段时间(一般为两年)后进行项目后评价。

我国现行的基本建设程序包括项目决策阶段、项目实施阶段和项目后评价阶段(或称

为运营阶段、运行阶段)。

　　建设工程项目全生命周期是指从建设项目构思开始到建设工程报废(或建设项目结束)的全过程。项目决策阶段包括编制项目建议书和可行性研究报告,项目实施阶段包括设计准备阶段、设计阶段、施工阶段、动用前准备阶段和保修阶段,如图 1-1 所示。

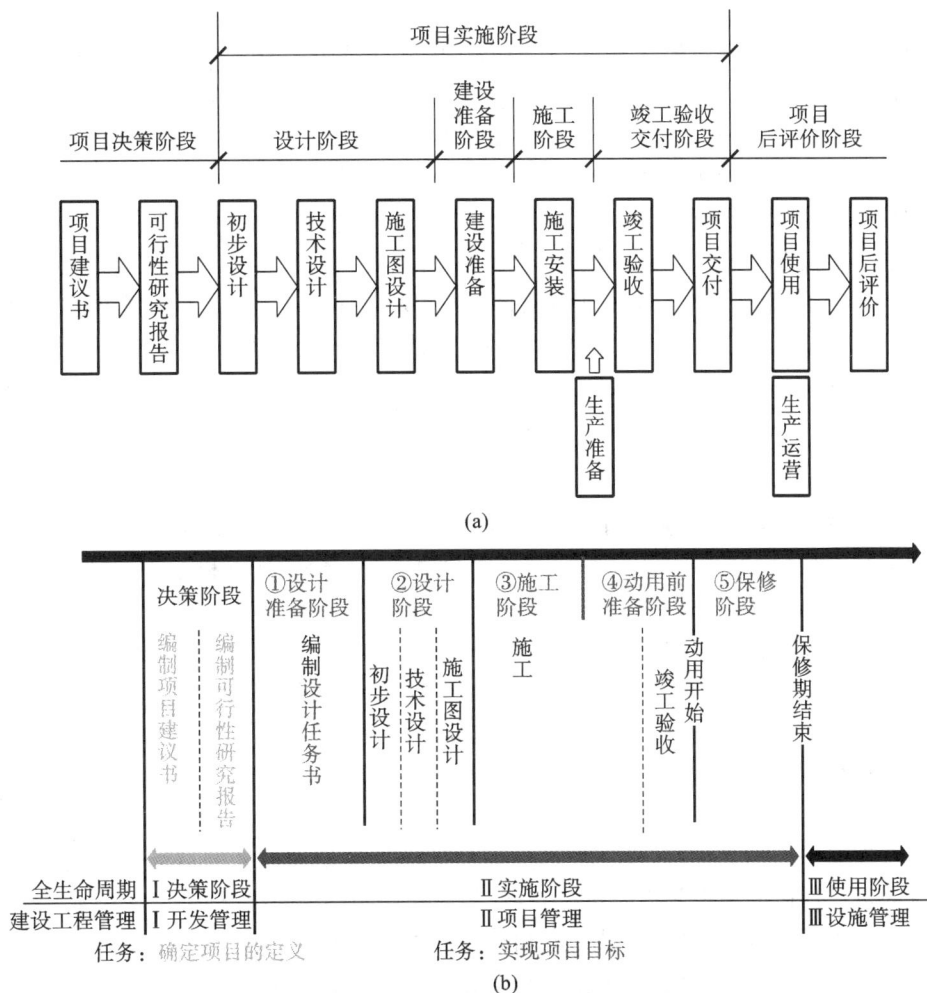

图 1-1　建设工程项目全生命周期各阶段的工作程序

二、建设工程项目全生命周期各阶段的工作内容

1.编制项目建议书阶段

　　项目建议书是业主单位向国家提出的要求建设某一项目的建议性文件,是对工程项目建设的设想。项目建议书的主要作用是推荐一个拟建项目,论述其建设的必要性、建设条件的可行性和获利的可能性,供国家选择并确定是否进行下一步工作。

　　项目建议书的内容视项目的不同而有繁有简,但一般应包括以下几个方面:

　　①项目提出的必要性和依据。

②产品方案、拟建规模和建设地点的初步设想。

③资源情况、建设条件、协作关系等的初步分析。

④投资估算和资金筹措设想。

⑤项目的进度安排。

⑥经济效益和社会效益的估计。

项目建议书按要求编制完成后,应根据建设规模和限额划分报送有关部门审批。按现行规定,大中型及限额以上项目的项目建议书应报送行业主管部门,同时抄送国家发展和改革委员会(以下简称发改委)。行业主管部门根据国家中长期规划要求,着重从资金来源、建设布局、资源合理利用、经济合理性、技术政策等方面进行初审。行业主管部门初审通过后报国家发改委,国家发改委从建设总规模、生产力总布局、资源优化配置及资金供应可能、外部协作条件等方面进行综合平衡,并委托具有相应资质的工程咨询单位评估后审批。行业主管部门初审未通过的项目,国家发改委不予审批。小型或限额以下项目的项目建议书,按项目隶属关系由部门或地方发改委审批。项目建议书经批准后,业主单位可以进行详细的可行性研究工作,但并不表示项目非上不可。项目建议书不是项目的最终决策。

2. 编制可行性研究报告阶段

项目建议书一经批准,业主单位即可着手开展项目可行性研究工作。可行性研究是对工程项目在技术上是否可行和经济上是否合理进行科学的分析和论证。

1)可行性研究的工作内容

(1)进行市场研究,以解决项目建设的必要性问题。

(2)进行工艺技术方案的研究,以解决项目的技术可行性问题。

(3)进行财务和经济分析,以解决项目建设的合理性问题。

经可行性研究未通过的项目,不得进行下一步工作。

2)可行性研究报告的内容

可行性研究工作完成后,研究人员要编写反映全部工作成果的可行性研究报告。各类项目的可行性研究报告的内容不尽相同,但一般应包括以下基本内容:

①项目提出的背景、投资的必要性和研究工作的依据。

②需求预测及拟建规模、产品方案和发展方向的技术比较和分析。

③资源、原材料、燃料及公用设施情况。

④项目设计方案及协作配套工程。

⑤建厂条件与厂址方案。

⑥环境保护、防震、防洪等要求及相应措施。

⑦企业组织、劳动定员和人员培训。

⑧建设工期和实施进度。

⑨投资估算和资金筹措方式。

⑩经济效益和社会效益。

3)可行性研究报告的审批

按照国家现行规定,中央政府投资、中央和地方政府合资的大中型和限额以上项目的可行性研究报告,应报送国家发改委审批。国家发改委在审批过程中要征求行业主管部门和专业投资公司的意见,同时要委托具有相应资质的工程咨询公司进行评估。总投资在 2 亿元以上的项目,无论是中央政府投资还是地方政府投资,都要经国家发改委审查后报国务院审批。中央各部门所属小型和限额以下项目的可行性研究报告,由各部门审批。总投资额在 2 亿元以下的地方政府投资项目的可行性研究报告由地方发改委审批。

可行性研究报告经过正式批准后,将作为初步设计的依据,不得随意修改和变更。如果在建设规模、产品方案、建设地点、主要协作关系等方面有变动以及突破原定投资控制数额,应报请原审批单位同意,并正式办理变更手续。可行性研究报告经批准后,建设项目才算正式"立项"。

3. 设计阶段

设计是对拟建工程的实施在技术上和经济上进行的全面、详尽的安排,是基本建设计划的具体化,也是组织施工的依据。工程项目的设计工作一般分为两个阶段,即初步设计阶段和施工图设计阶段。重大项目和技术复杂项目,可根据需要增加技术设计阶段。

(1)初步设计。初步设计是根据可行性研究报告的要求所做的具体实施方案,目的是阐明在指定的地点、时间和投资控制数额内,拟建项目在技术上的可行性和经济上的合理性,并通过对工程项目所做的基本技术经济规定编制项目总概算。

初步设计不得随意改变被批准的可行性研究报告所确定的建设规模、产品方案、工程标准、建设地址和总投资等控制目标。如果初步设计提出的总概算超过可行性研究报告总投资的 10% 或其他主要指标需要变更时,应说明原因和计算依据,并重新向原审批单位报批可行性研究报告。

(2)技术设计。技术设计是根据初步设计和更详细的调查研究资料,进一步解决初步设计中的重大技术问题,如工艺流程、建筑结构、设备选型等,使工程建设项目的设计更具体、更完善,技术指标更好。

(3)施工图设计。施工图设计是根据初步设计或技术设计的要求,结合现场实际情况,完整地表现建筑物外形、内部空间分割、结构体系、构造状况以及建筑群的组成和周围环境的配合,还包括运输、通信、管道系统,建筑设备的设计。在工艺方面,施工图设计应具体确定各种设备的型号、规格及各种非标准设备的制造加工图。

4. 建设准备阶段

项目在开工建设之前要切实做好各项准备工作,其主要内容包括以下几项:

①征地、拆迁和场地平整。

②完成施工用水、电、路等工程。

③组织设备、材料订货。

④准备必要的施工图纸。

⑤组织施工招标,择优选定施工单位。

按规定进行建设准备和具备开工条件以后,建设单位可以组织开工。部门和地方政府无权自行审批大中型和限额以上工程建设项目开工报告。年度大中型和限额以上新开工项目须经国务院批准,国家发改委下达项目计划。

一般项目在报批开工前,必须由审计机关对项目的有关内容进行审计。审计机关主要审查项目的资金来源是否正当及其落实情况,项目开工前的各项支出是否符合国家有关规定,资金是否存入规定的专业银行等。新开工的项目还必须具备按施工顺序需要至少3个月以上的工程施工图纸,否则不能开工建设。

5. 施工阶段

施工活动应按照工程设计要求、施工合同条款及施工组织设计,在保证工程质量、工期、成本及安全、环保等目标的前提下进行。达到竣工验收标准后,施工单位将项目移交建设单位。

6. 生产准备阶段

对于生产性工程建设项目而言,生产准备是项目投产前由建设单位进行的一项重要工作。它是衔接建设和生产的桥梁,是项目建设转入生产经营的必要条件。建设单位应适时组成专门班子或机构做好生产准备工作,确保项目建成后能及时投产。

生产准备工作的内容根据项目或企业的不同而不同,但一般应包括以下主要内容。

(1)招收和培训生产人员。招收项目运营过程中所需的人员,并采用多种方式进行培训。组织生产人员参加设备的安装、调试和工程验收工作,使其能尽快掌握生产技术和工艺流程。

(2)组织准备。组织准备主要包括生产管理机构设置、管理制度和有关规定的制订、生产人员配备等。

(3)技术准备。技术准备主要包括国内装置设计资料的汇总,国外技术资料的翻译、编辑,各种生产方案、岗位操作法的编制以及新技术的准备等。

(4)物资准备。物资准备主要包括落实原材料、协作产品、燃料、水、电、气等的来源和其他需协助配合的条件,并组织工装、器具、备品、备件等的制造或订货工作。

7. 竣工验收交付阶段

工程项目按设计文件的规定内容和施工图纸的要求全部建成后,便可组织验收。竣工验收是工程建设过程的最后一道工序,是投资成果转入生产或使用的标志,也是全面考核基本建设成果、检验设计和工程质量的重要步骤。竣工验收对促进建设项目及时投产、发挥投资效益及总结建设经验都有重要作用。通过竣工验收,建设单位可以检查建设项目实际形成的生产能力或效益,也可以避免项目建成后继续消耗建设费用。

1)竣工验收的范围和标准

按照国家现行规定,所有基本建设项目和更新改造项目,按批准的设计文件规定的内容建成,符合验收标准[工业项目经过投料试车(带负荷运转)合格,形成生产能力;非工业项目符合设计要求、能够正常使用],都应及时组织验收,办理固定资产移交手续。工程项目竣工验收、交付使用,应达到下列标准。

(1)生产性项目和辅助公用设施已按设计要求完成,能满足生产要求。

(2)主要工艺设备已安装配套,经联动负荷试车合格,形成生产能力,能够生产出设计文件规定的产品。

(3)职工宿舍和其他必要的生产福利设施能适应投产初期的需要。

(4)生产准备工作能适应投产初期的需要。

(5)环境保护设施、劳动安全卫生设施、消防设施已按设计要求与主体工程同时建成并投入使用。

各类工程建设项目除了遵循这些共同标准外,还要结合专业特点确定其竣工应达到的具体条件。

对于某些特殊情况,工程施工虽未全部按设计要求完成,也应进行验收。这些特殊情况如下。

(1)因少数非主要设备或某些特殊材料短期内不能解决,工程内容虽然尚未全部完成,但已可以投产或使用。

(2)已按规定的内容建成,但因外部条件的制约(如流动资金不足、生产所需原材料不能满足等),已建成工程不能投入使用。

(3)有些工程项目或单位工程已形成部分生产能力,但近期不能按原设计规模续建,应从实际情况出发,经主管部门批准后,缩小规模并对已完成的工程和设备组织竣工验收,移交固定资产。

按国家现行规定,已具备竣工验收条件的工程,3个月内不办理验收投产和移交固定资产手续的,取消企业和主管部门(或地方)的基建试车收入分成,由银行监督全部上缴财政。如果3个月内办理竣工验收确有困难,经验收主管部门批准,可以适当推迟竣工验收时间。

2)竣工验收的准备工作

建设单位应认真做好工程竣工验收的准备工作,主要包括以下工作。

(1)整理技术资料。技术资料主要包括土建施工、设备安装方面的资料及各种有关的文件、合同和试生产情况报告等。

(2)绘制竣工图。工程建设项目竣工图是真实记录各种地下、地上建筑物的详细情况的技术文件,是对工程进行竣工验收、维护、扩建、改建的依据,也是使用单位长期保存的技术资料。绘制竣工图有如下规定。

①凡按图施工、没有变动的,由施工承包单位(包括总承包单位和分包单位)在原施工图上加盖"竣工图"标志后将其作为竣工图。

②在施工中,虽有一般性设计变更,但能将原施工图加以修改、补充作为竣工图的,可不重新绘制,由施工承包单位负责在原施工图上注明修改部分,并附以设计变更通知单和施工说明,加盖"竣工图"标志后作为竣工资料。

③凡结构形式改变、工艺改变、平面布置改变、项目改变以及有其他重大改变,不宜再在原施工图上修改、补充的,应重新绘制改变后的竣工图。由设计原因造成的,设计单位负责重新绘图;由施工原因造成的,施工承包单位负责重新绘图;由其他原因造成的,业主自行绘图或委托设计单位绘图。施工承包单位负责在新图上加盖"竣工图"标志,并附以有关记录和说明,作为竣工图。

竣工图必须准确、完整,符合归档要求,方能竣工验收。

(3)编制竣工决算。建设单位必须及时清理所有财产、物资、未花完或应收回的资金,编制工程竣工决算,分析概(预)算执行情况,考核投资效益,报请主管部门审查。

3)竣工验收的程序和组织

根据国家现行规定,规模较大、较复杂的工程建设项目应先进行初验,然后进行正式验收;规模较小、较简单的工程项目,可以一次进行全部项目的竣工验收。

工程项目全部建成,经过各单位工程的验收,符合设计要求,并具备竣工图、竣工决算、工程总结等必要文件资料后,由项目主管部门或建设单位向负责验收的单位提出竣工验收申请。

大中型和限额以上项目由国家发改委或由国家发改委委托项目主管部门、地方政府组织验收。小型和限额以下项目由项目主管部门或地方政府组织验收。竣工验收要根据工程规模及复杂程度组成验收委员会或验收组。验收委员会或验收组负责审查工程建设的各个环节,听取各有关单位的工作汇报,审阅工程档案,实地查验建筑安装工程实体,对工程设计、施工和设备质量等做出全面评价。不合格的工程不予验收。建设单位要对遗留问题提出具体解决办法,限期落实完成。

8. 项目后评价阶段

项目后评价是工程项目竣工投产、生产运营一段时间后,对项目的立项决策、设计施工、竣工投产、生产运营等全过程进行系统评价的一种技术经济活动,是固定资产投资管理的一项重要内容,也是固定资产投资管理的最后一个环节。项目后评价可以达到肯定成绩、总结经验、研究问题、吸取教训、提出建议、改进工作、不断提高项目决策水平和投资效果的目的。

项目后评价的内容包括立项决策评价、设计施工评价、生产运营评价和建设效益评价。在实际工作中,项目后评价可以根据建设项目的特点和工作需要而有所侧重。

项目后评价的基本方法是对比法,就是将工程项目投产后取得的实际效果、经济效益和社会效益、环境保护等情况与前期决策阶段的预测情况对比,与项目建设前的预测情况对比,从中发现问题,并总结经验和教训。在实际工作中,我们往往从以下三个方面对建设项目进行后评价。

(1)影响评价。影响评价是指通过项目竣工投产(营运、使用)后对社会的经济、政治、技术和环境等方面产生的影响来评价项目决策的正确性。如果项目投产后达到预期的效果,对国民经济发展、产业结构布局、人民生活水平、环境保护等方面都带来有益的影响,说明项目决策是正确的;如果背离了既定的决策目标,就应具体问题具体分析,找出原因,改进工作。

(2)经济效益评价。经济效益评价是指通过项目竣工投产后产生的实际经济效益与可行性研究时预测的经济效益相比较,对项目进行评价。根据生产性建设项目投产运营后的实际资料计算财务内部收益率、财务净现值、财务净现值率、投资利润率、投资利税率、贷款偿还期、国民经济内部收益率、经济净现值等一系列后评价指标,与可行性研究阶段预测的相应指标进行对比,可以从经济上分析项目投产运营后是否达到了预期效果;没有达到预期效果的,应分析原因,采取措施,提高经济效益。

(3)过程评价。过程评价是指对工程项目的立项决策、设计施工、竣工投产、生产运营等全过程进行系统分析,找出项目后评价与预期效益之间的差异及其产生的原因,使后评价结论有依有据,同时针对问题提出解决办法。

以上三个方面的评价有着密切的联系,必须全面理解和运用,才能在项目后评价中得出客观、公正、科学的结论。

三、建设工程项目全生命周期管理的内容和基本特点

1. 建设工程项目全生命周期管理的内容

建设工程项目全生命周期管理的内容包括对资产、时间、费用、质量、人力资源、沟通、风险、采购的集成管理。管理的周期由原来的以项目期为主转变为现在的以运营期为主的全生命模式,能更全面地考虑项目面临的机遇和挑战,有利于提高项目价值。建设工程项目全生命周期管理具有宏观预测与全面控制两大特征,考虑了工程项目从规划设计到报废的整个生命周期,避免了成本管理的短期行为,并从制度上保证了 LCC(生命周期成本)方法的应用;打破了部门界限,将规划、基建、运行等不同阶段的成本统筹考虑,以企业总体效益为出发点寻求最佳方案;考虑了所有会产生的费用,在合适的可用率和全部费用之间寻求平衡,找出了最佳的 LCC 方案。

2. 建设工程项目全生命周期管理的基本特点

建设工程项目全生命周期管理具有与其他管理理念不同的特点。

(1)建设工程项目全生命周期管理是一个系统工程,需要系统、科学的管理,才能实现各阶段目标,确保最终目标(投资的经济、社会和环境效益最大化)的实现。

(2)建设工程项目全生命周期管理贯穿建设项目全过程,在不同阶段有不同的特点和目标,各阶段的管理环环相扣,如图 1-2 所示。

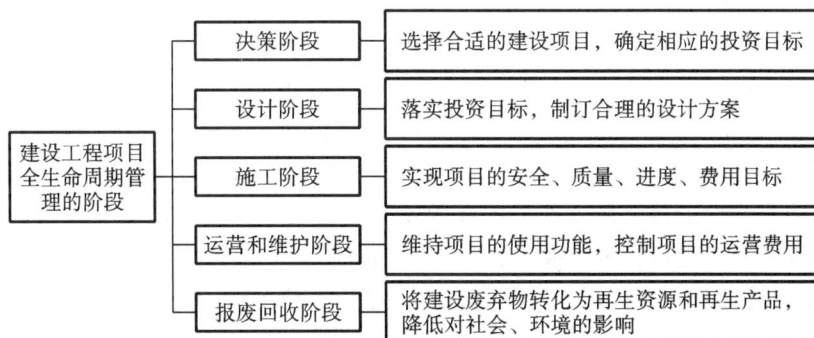

图 1-2 建设工程项目全生命周期各阶段的管理目标

(3)建设工程项目全生命周期管理既具有阶段性,又具有整体性,要求各阶段工作具有良好的持续性。

(4)建设工程项目全生命周期管理的参与主体多,各主体之间相互联系、相互制约。

(5)建设工程项目全生命周期管理的复杂性由建设工程项目全生命周期管理的系统性、阶段性、多主体性决定。

任务单元四　建设工程项目管理规划

一、编制建设工程项目管理规划的目的和作用

1.编制建设工程项目管理规划的目的

建设工程项目管理规划是对项目全过程中的各种管理职能、各种管理过程以及各种管理要素进行完整的、全面的、整体的计划。因此,编制建设工程项目管理规划的目的是确定建设工程项目管理的目标、依据、内容、组织、资源、方法、程序和控制措施,以保证建设工程项目管理的正常进行和项目成功。

2.编制建设工程项目管理规划的作用

编制建设工程项目管理规划的作用如下。

(1)研究和制订建设工程项目管理目标。建设工程项目管理采用目标管理方法,因此目标对项目管理的各个方面具有规定性。有了目标,就有了行动的方向、追求的结果、管理的灵魂。

(2)规划和实施建设工程项目目标管理的组织、程序和方法,落实组织责任。

组织是建设工程项目管理的源泉,是建设工程项目管理的载体。用建设工程项目管理规划做好组织规划,便为建设工程项目管理的成功提供了最基本的保证。

程序是工作的步骤,是规律,是项目管理有序进行的保证。建设工程项目管理规划必须把项目管理的程序规划得科学、合理、有效。

(3)建设工程项目管理规划相当于相应建设工程项目的管理规范,必须在建设工程项目管理过程中落实执行。建设工程项目管理规划编制完成后,在整个建设工程项目管理过程中就要严格遵照执行,建设工程项目经理必须依靠它进行组织指挥,按照它管理人员。

(4)作为对建设工程项目经理部进行考核的依据之一。由于建设工程项目管理规划的重要性,以及其对项目管理成败的决定性,它必须作为项目经理部的考核依据,从而给建设工程项目管理规划的执行者以强有力的促进和激励作用。

二、建设工程项目管理规划的种类

建设工程项目管理规划按编制目的可分为建设工程项目管理规划大纲和建设工程项目管理实施规划。

(1)建设工程项目管理规划大纲。它是建设工程项目管理工作中具有战略性、全局性和宏观性的指导文件,由组织的管理层或组织委托的建设工程项目管理单位编制,目的是满足战略上、总体控制上和经营上的需要。例如,建设单位为了实现全过程式的建设工程项目管理,需要编制建设工程项目管理规划;咨询单位为了揽取建设工程项目管理咨询任务,设计单位为了揽取设计任务,施工单位为了揽取施工任务,建设工程项目管理公司为

了揽取项目管理任务,都要编制项目管理规划大纲。

（2）建设工程项目管理实施规划。建设工程项目管理实施规划具有作业性或可操作性,由项目经理组织编制,除了对项目管理规划大纲进行细化外,还根据实施建设工程项目管理的需要补充更具体的内容。除了建设单位之外,其他各单位在中标并签订合同之后都要编制建设工程项目管理实施规划。建设单位不编制建设工程项目管理实施规划,原因是建设单位在项目实施过程中的主要任务是进行审查和监督,从而实现自身的项目管理规划大纲(建设工程项目管理规划)。

三、建设工程项目管理规划大纲

1. 建设工程项目管理规划大纲的性质和作用

1）建设工程项目管理规划大纲的性质

《建设工程项目管理规范》(GB/T 50326—2017)(以下简称《规范》)规定:"项目管理规划大纲应是项目管理工作中具有战略性、全局性和宏观性的指导文件。"战略性,主要指其内容高屋建瓴,有原则,具有长期、长效的指导作用。全局性,是指它所考虑的是项目管理的整体而不是某一部分,是全过程的而不是某个阶段的。宏观性,是指它涉及客观环境、内部管理、相关组织的关系、项目实施等,都是重要的、关键的、大范围的,而不是微观的。

2）建设工程项目管理规划大纲的作用

（1）对项目管理的全过程进行规划,为全过程的建设工程项目管理指明方向和提出纲领。

（2）作为承揽业务、编制投标文件的依据。

（3）作为中标后签订合同的依据。

（4）作为编制建设工程项目管理实施规划的依据。

（5）建设单位的建设工程项目管理规划大纲对各相关单位的建设工程项目管理和建设工程项目管理规划起指导作用。

2. 建设工程项目管理规划大纲的编制依据

建设工程项目管理规划大纲的编制依据有可行性研究报告、设计文件、标准、规范与有关规定、招标文件及有关合同文件、相关市场信息与环境信息。

编制建设工程项目管理规划大纲应注意以下几点。

（1）不同的建设工程项目管理组织编制项目管理规划大纲的依据不完全相同。建设单位和设计单位在编制建设工程项目管理规划大纲时需要可行性研究报告,而施工单位编制建设工程项目管理规划大纲时不一定需要可行性研究报告;设计单位和施工单位编制建设工程项目管理规划大纲时还需要上述其他依据。

（2）招标文件及发包人对招标文件的解释是除建设单位外其他各单位编制建设工程项目管理规划大纲的重要依据。在招标过程中,发包人常会以补充和说明的形式修改、变更招标文件的内容。在标前会议上,发包人也会对承包人提出的问题、对招标文件不理解的地方进行解释。承包人在建设工程项目管理规划大纲的编写过程中一定要注意这些修改、变更和解释。

（3）在编制规划大纲前应进行对招标文件的分析：①通过对投标人须知的分析，了解投标条件和招标人的招标程序安排，进一步分析投标风险；②通过对合同条件的审查，分析合同的完备性、合法性以及单方面约束性条款和合同风险，确定承包人总体的合同责任；③对技术文件进行分析、会审，以确定招标人的工程要求，确定项目管理的工程范围、技术规范、工作量等。对于招标文件分析中发现的问题、矛盾、错误和不理解的地方，应及早向发包人提出，请发包人解释。这对正确地编制规划大纲和投标文件是十分重要的。

（4）分析相关市场信息与环境信息。市场信息主要是供求信息、价格信息和竞争信息，这对编制建设工程项目管理规划大纲的各单位来说都是相当重要的。环境信息范围较广，包括政策环境、经济环境、管理环境、国际环境、政治环境、自然环境、现场环境乃至发包人提供的信息等，在建设工程项目管理规划大纲起草前应进行有针对性的调查。调查应有计划、有系统地进行，在调查前可以列出调查提纲。由于投标过程中时间和费用的限制，调查人员应主要着眼于对工作方案、合同的执行、合同履约成本有重大影响的环境因素，应充分利用企业的信息网络系统和以前参与工程建设所获得的信息。

（5）组织对承揽任务的投标总体战略、中标后的经营方针和策略，必须体现在建设工程项目管理规划大纲中。因此，项目管理规划大纲的编制依据还应包括企业在建设工程项目所在地以及建设工程项目所涉及的领域的发展战略、建设工程项目在企业经营中的地位、项目的成败对将来经营状况的影响（如是否是创品牌工程、是否是形象工程）、发包人的基本情况（如信用、管理能力和水平、发包人取得后续任务的可能性等）。

3. 建设工程项目管理规划大纲的编制程序

建设工程项目管理规划大纲的编制程序如图1-3所示。

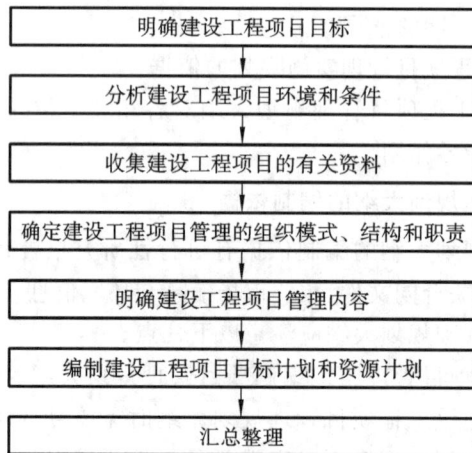

图1-3 建设工程项目管理规划大纲的编制程序

4. 建设工程项目管理规划大纲的内容

建设工程项目管理规划大纲应该包含下列内容，企业也可以根据工程项目的实际需要在其中选定：

①项目概况；

②项目范围管理;

③项目管理目标;

④项目管理组织;

⑤项目采购与投标管理;

⑥项目进度管理;

⑦项目质量管理;

⑧项目成本管理;

⑨项目安全生产管理;

⑩绿色建造与环境管理;

⑪项目资源管理;

⑫项目信息管理;

⑬项目沟通与相关方管理;

⑭项目风险管理。

四、建设工程项目管理实施规划

1. 建设工程项目管理实施规划的性质

建设工程项目管理实施规划与建设工程项目管理规划大纲不同,它在建设工程项目实施前编制,是为指导建设工程项目实施而编制的。因此,建设工程项目管理实施规划是建设工程项目管理规划大纲的细化,应具有操作性。它以建设工程项目管理规划大纲的总体构想和决策意图为指导,具体规定各项管理业务的目标要求、职责分工和管理方法,为履行合同和建设工程项目管理目标责任书规定的任务做出精细的安排。它可能以整个项目为对象,也可能以项目的某一阶段或某一部分为对象。它是建设工程项目管理的执行规划,也是建设工程项目管理的规范。

2. 建设工程项目管理实施规划的作用

建设工程项目管理实施规划的主要作用如下。

(1)执行并细化建设工程项目管理规划大纲。建设工程项目管理规划大纲是企业管理层编制的战略性的、控制性的、粗线条的、时间较早的规划,所以要通过建设工程项目管理实施规划进行贯彻、加以细化,为建设工程项目管理提供具体的指导。

(2)指导建设工程项目的过程管理。建设工程项目的过程管理需要明确目标、组织、职责、依据、计划、程序、过程、标准、方法、资源、措施、评价、认定、考核等要素,而这些要素需要项目管理实施规划提供。

(3)将建设工程项目管理目标责任书落实到项目经理部,形成规划性文件,以便完成组织管理层给予的任务。建设工程项目管理目标责任书是组织管理层根据合同和经营管理目标的要求,明确规定项目经理部应达到的控制目标的文件,是项目经理部任务的来源。项目经理部必须通过编制项目管理实施规划做出安排,才能按计划实施,从而达到完成任务的目的。

(4)为项目经理进行项目管理提供依据。高质量的项目管理实施规划可以有效指导项目经理在建设工程项目管理中做什么、怎么做、何时做、依据什么做、用什么方法做、如何应对风险、怎样沟通与协调等。所以，它是项目经理开展管理工作的依据，像项目经理的"管理手册"那样可靠和有用。

（5）建设工程项目管理实施规划是项目管理的重要档案资料，存档后就是可贵的管理储备资料。

3. 建设工程项目管理实施规划的编制程序

建设工程项目管理实施规划的编制程序如图1-4所示。

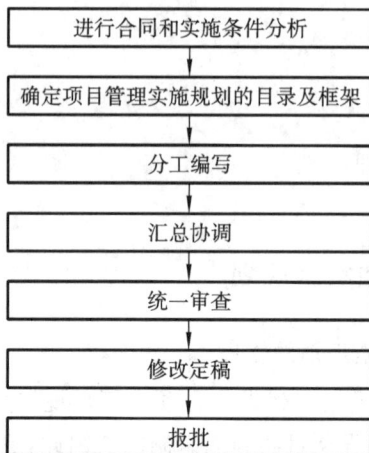

进行合同和实施条件分析

确定项目管理实施规划的目录及框架

分工编写

汇总协调

统一审查

修改定稿

报批

图1-4 建设工程项目管理实施规划的编制程序

4. 建设工程项目管理实施规划的编制依据

建设工程项目管理实施规划的编制依据主要有4项，包括项目管理规划大纲、项目条件和环境分析资料、工程合同及相关文件、同类项目的相关资料。

（1）项目管理规划大纲。从原则上讲，建设工程项目管理实施规划是建设工程项目管理规划大纲的细化和具体化。

（2）项目条件和环境分析资料。编制项目管理实施规划的时候，建设工程项目条件和环境分析资料应当比较清晰，因此要获得这两个方面的详细信息，这些信息越清楚、可靠，编制的建设工程项目管理实施规划就越有用。因此，一是要通过广泛收集和调查获得建设工程项目条件和环境的资料；二是要进行科学的去粗取精的分析，使资料和信息可用、适用、有效。

（3）工程合同及相关文件。合同内容是建设工程项目管理任务的源头，是建设工程项目管理实施规划编制的背景，也是建设工程项目管理实施规划是否有用的判别标准，因此这项依据更具有规定性乃至强制性。

（4）同类项目的相关资料。同类项目的相关资料具有可模仿性，因为建设工程项目具有相近性，积累资料的作用此时也得到了印证。

另外，组织管理层与项目经理签订的项目管理目标责任书规定了项目经理的权力、责任和利益，规定了建设工程项目的目标管理过程，以及在项目实施过程中组织管理层与项目经理之间的工作关系等。因此,项目管理目标责任书也应作为编制建设工程项目管理实施规划的依据。

项目管理目标责任书体现了组织的总体经营战略,符合组织的根本利益,保证了组织对项目的有力控制,可以防止项目失控,能够充分发挥项目经理和项目经理部各部门(人员)的积极性和创造性,保证在项目中能够利用组织的资源和组织的总体优势,对项目管理实施规划成功编制和发挥作用很有用。组织也应将项目管理目标责任书作为组织管理系统的一部分,进行专门设计并实现标准化。

5.建设工程项目管理实施规划的编制内容

(1)项目概况。项目概况应在项目管理规划大纲的基础上根据项目实施的需要进一步细化,一般包括工程特点、建设地点及环境特征、施工条件、工程管理特点、工程管理总体要求等。

(2)总体工作计划。总体工作计划应对项目管理目标、项目实施的总时间和阶段划分予以明确,对各种资源的总投入做出安排,提出技术路线、组织路线和管理路线,一般包括以下内容:

①项目的质量、进度、成本及安全目标;

②拟投入的劳动力人数(包括高峰人数、平均人数);

③资源计划(包括劳动力使用计划、材料设备供应计划、机械设备供应计划);

④分包计划;

⑤区段划分与施工程序;

⑥项目管理总体安排(包括施工项目经理部组织机构、施工项目经理部主要管理人员、施工项目经理部工作总流程、施工项目经理部工作分解和责任矩阵,以及施工项目管理过程中的控制、协调、总结、考核工作过程的规定)。

(3)组织方案。组织方案应编制出项目的项目结构图、组织结构图、合同结构图、编码结构图、重点工作流程图、任务分工表、职能分工表,并进行必要的说明。

(4)技术方案。技术方案主要是技术性或专业性的实施方案,应辅以构造图、流程图和各种表格。

(5)各种管理计划。进度计划、质量计划、职业健康安全与环境管理计划、成本计划、资源需求计划、风险管理计划、信息管理计划、项目沟通管理计划和项目收尾管理计划等的编制均应满足项目实施的需求,应尽量细化,尽可能利用图表表示。

(6)项目现场平面布置图。

①应说明施工现场情况、施工现场平面的特点、施工现场平面布置的原则。

②确定现场管理目标、现场管理的原则、现场管理的主要措施、施工平面图及其说明。

③确定在施工现场平面图布置和施工现场管理规划中必须符合的环境保护法、劳动保护法、城市管理规定、工程施工规范、文明现场标准等。

(7)项目目标控制措施。项目目标控制措施应针对目标需要进行制订,具体包括技术措施、经济措施、组织措施及合同措施等。

(8)技术经济指标。技术经济指标应根据项目的特点选定有代表性的指标,且应突出实施难点和对策,以满足分析评价和持续改进的需要。每个项目的项目管理实施规划执行完成以后,都应当按照管理的计划、实施、检查、处置循环原理(PDCA)进行认真总结,形成文字资料,并同其他档案资料一并归档保存,为项目管理实施规划的持续改进积累管理资源。

本 章 小 结

本章介绍了项目的概念、项目的特征,项目管理的概念、项目管理的内容、项目管理的工作内容、项目管理的形式;建筑工程项目的概念、建筑工程项目的特点、建筑工程项目的分类、建筑工程项目的划分,建筑工程项目管理的概念、类型、目标和任务;全生命周期管理的概念,建设工程项目全生命周期各阶段的工作程序、工作内容,全生命周期管理的内容和基本特点,建设工程项目全生命周期管理的目标和任务;建设工程项目管理规划大纲和管理实施规划。

思考与练习

一、单项选择题

1.项目是(　　)。

A.一个实施相应工作范围的计划

B.一组以协作方式管理、获得一个期望结果的主意

C.提供独特的产品或服务所承担的临时任务

D.必须在规定的时间、费用和资源等约束条件下完成的一次性任务

2.以下属于项目的实例的是(　　)。

A.管理一个公司　　　　　　　　B.提供技术服务

C.建设一栋楼房　　　　　　　　D.提供金融服务

3.以下不是项目全生命周期的一个过程的是(　　)。

A.识别　　　　B.结束　　　　C.执行　　　　D.项目可行性研究

4.项目区别于其他任务(运作)的最基本特征是(　　)。

A.目标明确性　　B.一次性　　C.整体性　　D.依赖性

5.项目的特征不包括(　　)。

A.一次性　　　　B.冲突性　　C.唯一性　　D.稳定性

6.聘请国外项目管理咨询公司提供的代表业主方利益的项目管理服务属于(　　)的项目管理。

A.业主方　　　B.监理工程师　　C.施工单位　　D.甲方

7.项目的投资目标、进度目标和质量目标之间的关系是(　　)。

A.相互独立　　　　　　　　B.完全矛盾

C.对立的统一关系　　　　　D.有时互相联系,有时毫无关系

8.设计方的项目管理工作主要在(　　)阶段进行。

A.准备 　　　　　　　　　　　　B.设计

C.施工 　　　　　　　　　　　　D.动工前准备阶段或保修期

9.供货方项目管理的目标包括供货方的成本目标、供货的进度目标和供货的(　　)。

A.投资目标　　　B.财务目标　　　C.销售额目标　　　D.质量目标

10.建设工程项目管理规划涉及项目整个实施阶段,它属于(　　)项目管理的范畴。

A.承包方　　　B.业主方　　　C.监理工程师　　　D.乙方

11.根据项目的定义,可以总结出的项目特征不包括(　　)。

A.项目经理起着重要作用　　　　　B.项目具有生命周期

C.有明确的目标　　　　　　　　　D.项目具有一定的约束性

12.建筑工程项目全生命周期是指从(　　)到建设工程报废(或建设项目结束)的全过程。

A.可行性研究阶段　　　　　　　　B.建设项目立项

C.建设项目开始施工　　　　　　　D.建设项目构思

二、多项选择题

1.下列属于项目的实例的有(　　)。

A.举办一场婚礼　　　　　　　　　B.开发一款新的计算机软件系统

C.提供金融服务　　　　　　　　　D.管理一个公司

E.修建一座体育馆

2.下列属于施工项目管理的目标的有(　　)。

A.投资目标　　　B.进度目标　　　C.质量目标

D.成本目标　　　E.利润目标

3.建设工程项目的全生命周期包括(　　)。

A.决策阶段　　　B.实施阶段　　　C.使用阶段

D.可行性研究阶段　　E.设计阶段

4.设计方是项目建设的一个参与方,其项目管理的目标包括(　　)。

A.投资目标　　　　　　　　　　　B.设计的成本目标

C.设计的进度目标　　　　　　　　D.设计的质量目标

E.利润目标

5.项目可行性分析的内容包括(　　)。

A.技术可行性　　　B.财务可行性　　　C.对环境的影响

D.社会经济效益　　E.实施的难易程度

三、简答题

1.建设工程项目管理具有哪些特征?

2.简述建设单位项目管理的目标和任务。

3.什么是全生命周期管理?

4.简述建设工程项目全生命周期各阶段的工作程序。

5.在实际工作中,我们可以从哪几个方面对建设工程项目进行后评价?

四、案例题

背景:某建筑施工企业承包了某建设工程项目的施工任务。该项目建设单位法人要求施工承包单位必须在施工合同生效后的一个月内提交施工项目管理实施规划。因此施工单位立即着手编制工作,收集编制施工项目管理实施规划的依据资料,具体如下。

(1)施工项目管理规划大纲。

(2)项目设计、监理单位的资料。

(3)工程合同及相关资料。

(4)项目的可行性研究报告。

施工项目管理实施规划的基本内容如下。

(1)做好参与项目建设各方的协调工作。

(2)施工项目概况。

(3)总体工作计划。

(4)项目管理目标规划。

(5)项目管理组织规划。

(6)项目成本管理规划。

(7)技术方案。

(8)进度计划。

问题:1.施工项目管理规划大纲的作用是什么?

2.在一般情况下,施工项目管理实施规划由谁组织编写?

3.在收集的资料中,哪些是编制施工项目管理实施规划所必需的?还应补充哪些方面的资料?

4.上面所列的哪些内容应该编入施工项目管理实施规划?进一步补充施工项目管理实施规划的内容。

5.项目法人要求的编制完成时间合理吗?

第二章　建设工程项目管理组织

任务单元一　建设工程项目管理组织结构

一、建设工程项目组织概述

1. 组织的含义

组织有各种各样的类型,如企业、机关、协会、医院、学校,从组织的角度来说,它们有共同的特点。组织论将组织的主要特点归纳为是社会实体、有确定的目标、有精心设计的结构和协调的活动系统、与外部环境相联系。

组织是指人们为了实现某种既定目标,根据一定的规则,通过明确分工协作关系,建立不同层次的权力、责任、利益制度,有意形成的职务结构或者职位结构。组织是一种能够一体化运行的人、资源、信息的复合系统。

"组织"一词有组织机构和组织行为两层含义。前者侧重于组织机构的建立;后者侧重于通过组织机构的活动和运行,为实现预定目标而合理配置资源,妥善处理人、事、物之间的各种关系。

2. 建设工程项目组织的基本原理

建设工程项目组织的基本原理源于组织论。组织论是一门科学,是关于组织应该采取哪种组织结构才能提高效率的观点、见解和方法的集合,主要研究系统的组织结构模式、组织分工和工作流程组织(见图2-1),是与项目管理学相关的一门非常重要的基础理论学科。

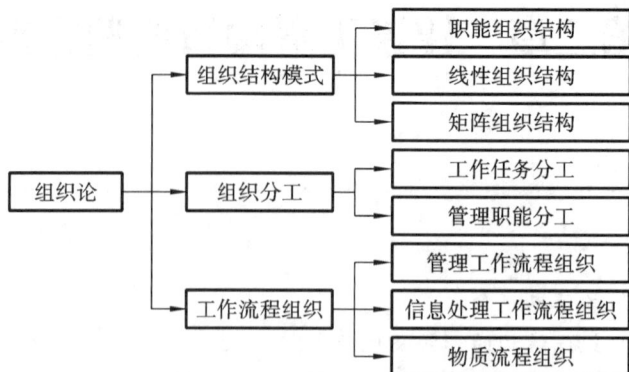

图 2-1　组织论的基本内容

建设工程项目组织是指为完成特定的建设工程项目而建立起来的,从事建设工程项目具体工作的组织。该组织是在项目全生命周期内临时组建的、暂时的、为完成特定的目标而存在的。

建设工程项目组织作为组织机构,是根据项目管理目标通过科学设计而建立健全的组织实体,是由一定的领导机制、部门设置、层次划分、职责分工、规章制度、信息管理系统等构成的有机整体。

建设工程项目组织利用项目管理组织机构赋予的权力组织工作,具有一定的组织力、影响力,在工程项目管理中,负责合理配置生产要素、协调内外部及人员之间的关系、发挥各业务职能部门的能动作用、确保信息畅通、推进工程项目目标的实现等全部管理活动。

组织结构模式反映了一个组织中各子系统之间或各元素(各工作部门或各管理人员)之间的指令关系。指令关系指的是哪个工作部门或哪位管理人员可以对哪个工作部门或哪位管理人员下达工作指令。

组织分工反映了一个组织系统中各子系统或各元素的工作任务分工和管理职能分工。组织结构模式和组织分工都是一种相对静态的组织关系。

工作流程组织反映了一个组织系统中各项工作之间的逻辑关系,是一种动态关系。对建设工程项目而言,工作流程组织是项目实施任务的工作流程组织。例如,设计的工作流程组织可以是方案设计、初步设计、技术设计、施工图设计,也可以是方案设计、初步设计(扩大初步设计)、施工图设计;施工作业也有多个可能的工作流程。

在考虑一个建设工程项目的组织问题,或进行项目管理的组织设计时,应充分考虑以下特征。

(1)建设项目都是一次性的,没有两个完全相同的项目。

(2)建设项目全生命周期一般由决策阶段、实施阶段和运营阶段组成,各阶段的工作任务和工作目标不同,参与或涉及的单位也不同。

(3)一个建设项目的任务往往由多个单位共同完成,它们的合作关系多数不是固定的;一些参与单位的利益不尽相同,甚至相对立。

3.建设工程项目组织的构成要素

建设工程项目组织由管理层次、管理幅度、管理部门和管理职能四大要素构成,形成相互关联、相互制约的关系。

(1)管理层次。管理层次是指从组织的高层管理者到基层的实际工作人员的等级层次的数量。

(2)管理幅度。管理幅度是指某组织单元直接管理下一层次的组织单元的数量。在组织中,某级管理人员管理跨度的大小直接取决于该组织管理人员所需协调的工作量。

管理层次受到组织规模和管理幅度的影响。管理层次与组织规模成正比:组织规模越大,包括的成员越多,则管理层次越多。在组织规模一定的条件下,管理层次与管理幅度成反比:主管直接管理的下属越多,管理层次越少;管理幅度减小,则管理层次增加。管理层次与管理幅度的反比关系决定了两种基本的管理组织结构形态:扁平结构形态和锥型结构形态。

(3)管理部门。管理部门按照类别对通过专业化细分的工作进行分解,以便将共同的工作进行协调,即部门化。组织中的各部门的合理划分对发挥组织效能非常重要。如果部门划分得不合理,会造成控制和协调的困难,浪费人力、物力和财力。

(4)管理职能。管理职能是指组织机构设计确定的各部门的职能:在纵向,要将指令进行传递,信息反馈要及时;在横向,要将各部门的关系进行协调,使各部门之间相互联系、协调一致。管理职能主要包括组织设计、组织联系、组织运行、组织行为和组织调整五个方面。

二、建设工程项目组织的结构形式

建设工程项目组织的结构形式是指在建设工程项目管理组织中处理管理层次、管理幅度、部门设置和上下级关系的组织结构的类型。工程施工单位在实施工程项目管理的过程中常用的组织结构形式有以下几种。

1.直线式组织结构

直线式组织结构来源于军事组织系统。在直线式组织结构下,职权直接从高层开始向下"流动"(传递、分解),经过若干管理层次达到组织最末端。直线式组织结构没有设置职能部门,项目管理组织中各种职能均按直线排列,项目经理直接进行单线垂直领导,任何一个下级只能接收唯一上级的指令。每个工作部门也只有一个直接的上级部门。因此,每个工作部门只有唯一的指令源,避免了矛盾的指令影响组织系统的运行。直线式组织结构如图 2-2 所示。

优点:组织结构简单,隶属关系明确,权力集中,命令统一,职责分明,决策迅速,易于管理和协调。

缺点:当项目比较多、比较大时,每个项目对应一个组织,资源不能合理使用;管理层次多,指令传递时间长,即在一个较大的组织系统中,直线式组织结构的指令路径过长,有可能造成组织系统在一定程度上的运行困难;由于直线式组织结构实行没有职能部门的"个人管理",项目经理应通晓各种业务和知识技能,成为"全能"式人物。

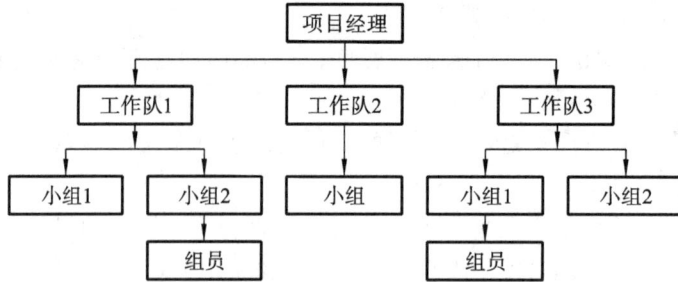

图 2-2　直线式组织结构

直线式组织结构比较适合中小型项目。

2.职能式组织结构

职能式组织结构是传统的项目组织形式,是当今世界上最为普遍的组织结构。职能式组织结构是指项目任务是以企业中现有的职能部门作为承担任务的主体来完成的组织结构。

在该组织结构中,项目管理组织中设置若干职能部门,各职能部门在其职能范围内有权直接指挥下级。在职能式组织结构中,每个部门要接收来自其直接的和非直接的上级部门的工作指令,因此,存在多个指令源。职能式组织结构如图 2-3 所示。

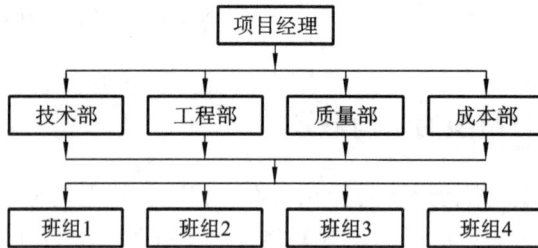

图 2-3　职能式组织结构

优点:加强了项目管理目标控制的职能分工,充分发挥了职能机构的专业管理作用;如果各职能部门能相互协作,对整个项目任务的完成会起到事半功倍的效果。

缺点:项目信息传递途径不畅,容易产生互相矛盾的指令;不同职能部门之间意见有分歧、难以统一时,沟通、协调缓慢;项目经理对工程项目的控制能力在一定程度上被弱化。

职能式组织结构一般适用于任务相对比较稳定、小型或单一的、专业性较强、不涉及许多部门的项目。

3.直线职能式组织结构

在直线职能式组织结构中,项目管理组织呈直线状,并且设有职能部门或职能人员,如图 2-4 所示。图中的实线为领导关系,虚线为指导关系。

优点:既保持了直线式组织结构的统一指挥、职责明确等优点,又体现了职能式组织结构的目标管理专业化等优点。

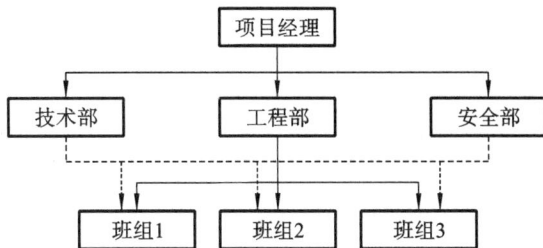

图 2-4 直线职能式组织结构

缺点：职能部门可能与指挥部门产生矛盾，信息传递线路较长，不容易进行适应环境变化的调整。

直线职能式组织结构适用于中小型项目。

4. 矩阵式组织结构

矩阵式组织结构是一种较新的组织结构形式，项目管理组织由公司职能部门、项目两个维度组成，并呈矩阵状。其中的项目管理人员由企业相关职能部门派出并进行业务指导，而这些人员在项目部工作期间，在项目工作内容上服从项目团队的安排，人员不独立于职能部门之外。矩阵式组织结构是一种暂时的、半松散的组织形式。项目团队成员之间的沟通不需通过其职能部门领导，项目经理往往直接向公司领导汇报工作。矩阵式组织结构如图 2-5 所示。

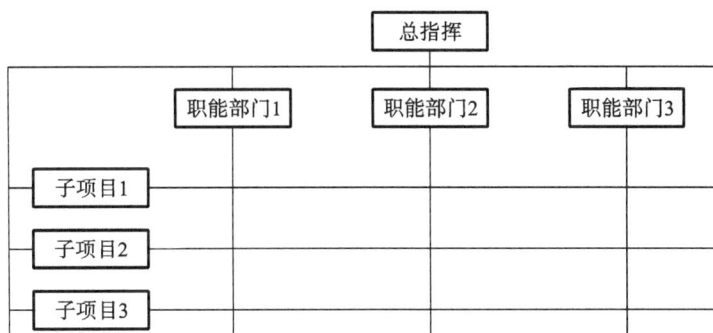

图 2-5 矩阵式组织结构

优点：加强了各职能部门之间的横向联系，体现了职能原则与对象原则的有机结合，求得了企业长期例行性管理与项目一次性管理的一致性；组织具有弹性，应变能力强，能有效地利用人力资源，有利于人才的全面培养。

缺点：由于人员来自职能部门且仍受职能部门管理，凝聚在项目上的力量减弱，使项目组织的作用受到影响；员工要同时面对两个上级，纵向、横向的协调工作量大，可能产生矛盾指令，易出现项目经理的责任与权力不统一的现象；对管理人员的素质要求较高，协调较困难。

矩阵式组织结构适用于大型复杂项目或多个同时进行的项目。

5.事业部式组织结构

在事业部式组织结构中,企业成立事业部,即在企业内部按地区或工程类型设立事业部,事业部对企业内部来说是职能部门,对企业外部可以说是一个独立单位,具有相对独立的经营权、相对独立的利益和相对独立的市场,这三者构成事业部的基本要素。

在企业承揽工程类型多、工程任务所在地区分散或经营范围多样化时,采取事业部式组织结构有利于提高企业管理效率。需要注意的是,一个地区只有一个项目,没有后续工程时,不宜设立事业部。事业部式组织结构如图 2-6 所示。

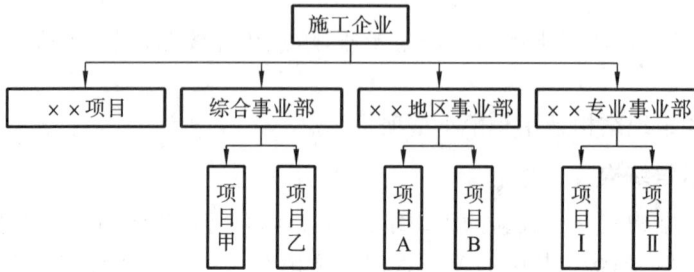

图 2-6　事业部式组织结构

优点:适用于大型经营性企业的工程承包,特别适用于远离公司本部的工程;有利于延伸企业的经营职能,扩大企业的经营业务,便于开拓企业的业务领域,有利于迅速适应环境变化以加强项目管理。

缺点:企业对项目经理部的约束力减弱,协调指导的机会减少,故有时会造成企业机构松散。

事业部式组织结构适用于在一个地区有长期市场或拥有多种专业施工能力的大型施工企业。

三、项目经理部

项目经理部是施工企业为了完成某项建设工程施工任务而设立的临时组织,是由项目经理在企业的支持下组建并领导、进行项目管理的组织机构。项目经理部,也就是由一个项目经理(项目法人)与技术、生产、材料、成本等管理人员组成的项目管理班子,是一次性的具有弹性的现场生产组织机构。项目经理部不具备法人资格,而是施工企业根据建设工程施工项目而组建的非常设的下属机构。

1.项目经理部的规章制度

规章制度是为了保证组织任务的完成和目标的实现而做出的规定,是例行性活动应当遵循的方法、程序、要求及标准。它是完善施工项目组织关系,保证组织机构正常运行的基本手段。项目经理部应建立健全规章制度,主要包括以下制度:

①项目管理人员岗位责任制度;
②项目技术管理制度;
③项目质量管理制度;

④项目安全管理制度；

⑤项目计划、统计与进度管理制度；

⑥项目成本核算制度；

⑦项目材料、机械设备管理制度；

⑧项目现场管理制度；

⑨项目分配与奖励制度；

⑩项目例会及施工日志制度；

⑪项目分包及劳务管理制度；

⑫项目组织协调制度；

⑬项目信息管理制度。

项目经理部的规章制度，应报上一级管理层批准。

2. 项目经理部的运行程序

（1）项目经理部在工程项目启动前由项目经理在组织职能部门的支持下组建。

（2）项目经理与公司法定代表人签订项目管理目标责任书，确认项目的工作范围、质量标准、预算及进度计划的标准和限制。

（3）项目经理部编制项目管理实施规划，明确各项管理业务的目标要求、职责分工和管理方法。

（4）进行开工前的各项施工准备工作。

（5）组织工程分包、材料采购、施工机械租赁，选择或批准分包施工队伍、租赁商，签订工程分包、机械租赁合同。

（6）组织项目竣工验收、工程资料移交工作。

（7）组织竣工结算、分包结算工作，清理各种债权债务。

（8）进行经济活动分析，做出项目管理工作总结和项目审计申请报告，接受项目审计、考核。

（9）项目经理部的解体和善后工作。

3. 项目经理部的解体

项目经理部是施工现场的一次性且具有弹性的施工生产经营管理机构，随项目的开始而产生，随项目的完成而解体。在工程项目竣工且审计完成后，其使命便宣告结束，项目经理部要根据各种需要向企业工程管理部提交项目经理部解体申请报告，按规定程序解体。企业必须高度重视项目经理部的解体和善后工作。

项目经理部的解体有利于企业公平公正地评价项目管理的实际效果；有利于适应不同类型的施工项目对管理层的需求，便于施工项目管理层的重组和匹配；有利于打破传统的管理模式，改变传统的思想观念；有利于促进施工项目的发展和管理人才的职业化。

项目经理部的解体应具备下列条件：

①工程已经竣工验收；

②与各分包单位已经结算完毕；

③已协助企业管理层与发包人签订工程质量保修书；

④项目管理目标责任书已经履行完成,经企业管理层审核合格;

⑤已与企业管理层办理有关手续,如在文件上签字,档案资料的移交,账目的清结,材料设备的回收,人员的遣散、移交等;

⑥现场清理完毕。

项目经理部解体时,若项目经理部与企业有关职能部门发生矛盾,由企业经理裁决;项目经理部与劳务、专业分公司及作业队发生矛盾时,按业务分工由企业劳动人事管理部门、经营部门和工程管理部门裁决,所有仲裁的依据原则上是双方签订合同内的有关签证。

任务单元二　建设工程项目经理

一、建设工程项目经理概述

1. 建设工程项目经理的概念

一个工程项目是一项一次性的整体活动,为完成这个任务,必须有一个最高的责任者和组织者,这就是通常所说的项目经理。施工企业通过投标获得工程施工项目后,通过一定的程序任命项目经理。

建设工程项目经理简称项目经理,是企业为建立以建设工程项目管理为核心的质量、安全、进度和成本的责任保证体系,全面提高工程项目管理水平而设立的重要管理岗位,是受企业法定代表人委托对工程项目施工过程全面负责的项目管理者。任命行为一经产生后,项目经理就成为企业法定代表人在工程项目的授权委托代理人,直接对企业经理负责,双方经过协商签订项目管理目标责任书,若无特殊原因,在项目完成前不宜随意更换。

2. 建设工程项目经理的地位

(1)项目经理是项目中责、权、利的主体。

①项目经理是项目中人、财、物、技术、信息和管理等所有生产要素的组织管理人。与技术、财务等专业的负责人不同,项目经理必须把组织管理职责放在首位。项目经理必须是项目实施阶段的责任主体,是实现项目目标的最高责任者。目标的实现应该不超出限定的资源条件。项目经理的责任是实现项目经理责任制的核心,构成项目经理工作的压力,是确定项目经理权力和利益的依据。对项目经理的上级管理部门来说,最重要的工作就是把项目经理的这种压力转化为动力。

②项目经理必须是项目的权力主体。权力是确保项目经理能够承担起责任的条件与手段,所以权力的范围必须视项目经理责任的要求而定,如果没有相应的权力,项目经理就无法对工作负责。项目经理还必须是项目的利益主体。利益是项目经理工作的动力,是项目经理因负有相应的责任而得到的报酬,所以,利益的形式及利益的多少也应该视项目经理的责任而定。项目经理必须处理好与项目经理部、企业和职工之间的利益关系。

（2）项目经理是各种信息的集散中心。自上、自下、自外而来的信息通过各种渠道汇集到项目经理处。项目经理通过报告和计划等形式对上反馈信息、对下发布信息，通过信息的集散达到控制的目的，使项目管理取得成功。

（3）项目经理是协调各方面关系的桥梁与纽带。项目经理对项目承担合同责任，履行合同义务，执行合同条款，处理合同纠纷，是协调各方面关系的桥梁与纽带。

（4）项目经理是项目实施阶段的第一责任人。从企业内部看，项目经理是施工项目实施过程中所有工作的总负责人，是项目动态管理的体现者，是项目生产要素合理投入和优化组合的组织者。从对外方面看，企业法定代表人不直接对每个建设单位负责，而是由项目经理在授权范围内对建设单位直接负责。由此可见，施工项目经理是项目目标的全面实现者，既要对建设单位的成果性目标负责，又要对企业的效益性目标负责。

3.项目管理目标责任书

项目经理应根据企业法定代表人通过项目管理目标责任书授权的范围、时间和内容，对施工项目自开工准备至竣工验收实施全过程、全方位管理。

项目管理目标责任书是遵循目标管理法的基本原则，由组织管理层与项目经理部签订的，根据施工合同和经营管理目标要求，明确规定项目经理部应达到的成本、质量、进度、安全和环境等管理目标及其承担的责任，并作为项目完成后考核评价依据的文件。项目管理目标责任书应在项目实施之前，由组织法定代表人或其授权人与项目经理协商签订。

项目管理目标责任书应属于组织内部明确责任的系统性管理文件，一般包括以下内容：

①项目管理实施目标；

②组织和项目管理机构职责、权限和利益的划分；

③项目现场质量、安全、环保、文明、职业健康和社会责任目标；

④项目设计、采购、施工、试运行管理的内容和要求；

⑤项目所需资源的获取和核算办法；

⑥法定代表人向项目管理机构负责人委托的相关事项；

⑦项目管理机构负责人和项目管理机构应承担的风险；

⑧项目应急事项和突发事件处理的原则和方法；

⑨项目管理效果和目标实现的评价原则、内容和方法；

⑩项目实施过程中相关责任和问题的认定和处理原则；

⑪项目完成后对项目管理机构负责人的奖惩依据、标准和办法；

⑫项目管理机构负责人解职和项目管理机构解体的条件及办法；

⑬缺陷责任期、质量保修期及之后对项目管理机构负责人的相关要求。

编制项目管理目标责任书时，组织管理层和项目经理还可以针对每个工程项目设计管理职能分工表，在该表中明确项目经理对哪些任务承担策划、决策、执行、检查等职能，并承担相应的策划、决策、执行、检查等责任。

在执行项目管理目标责任书的过程中，应该强调的是组织必须"兑现"，即组织管理层应对项目管理目标责任书的完成情况进行考核，根据考核结果和责任书中的奖惩规定提出奖惩意见,真正落实对项目经理部的奖励或处罚措施。

此外,为了落实项目管理目标责任书,组织要以项目经理责任制为核心,建立健全适应项目管理活动的各项制度。这些制度主要包括岗位责任制度、计划管理制度、质量安全保证制度、财务核算制度、绩效考核奖惩制度及内业管理制度等。

二、建设工程项目经理的素质

项目经理从事工程项目管理必须具备相应的资质条件,包括学历、经历、知识结构、组织能力、实践经验、工作业绩、思想作风、职业道德和身体状况等,具体来说分为以下几个方面。

1. 政治素质

(1)具有高度的政治思想觉悟,能正确处理各方利益关系。

(2)遵守国家的法律、法规,服从企业的领导和监督。

(3)有强烈的事业心和责任感,敢于承担风险,实事求是,开拓进取。

(4)具有良好的道德品质和团队意识,诚实守信,公道正直,以身作则。

(5)密切联系群众,发扬民主作风,大公无私、作风正派、克己奉公、不谋私利。

2. 能力素质

1)领导能力

(1)具有指导和教练式的领导方式。

(2)制订目标、规则、结果评价办法,让项目成员在自己的职责范围内自主决策。

(3)营造相互信任、积极向上、充满乐趣的环境。

(4)多表扬、赞赏、奖励,少批评;多倾听。

(5)身体力行,言行一致。

2)人员开发能力

(1)重视项目成员的训练和培养,营造学习环境。

(2)向项目成员阐述自我发展的重要意义。

(3)鼓励项目成员创新、承担风险。

3)沟通能力

(1)增进理解,聚焦共同目标。

(2)具有主持会议的技巧,增强凝聚力,提高工作效率,减少浪费。

4)人际交往能力

(1)树立平等意识,了解项目成员的个人兴趣,关心项目成员的生活困难。

(2)慎重处理项目成员之间的矛盾。

5)处理压力的能力

(1)敢于承担责任,保护项目成员。

(2)激励项目成员克服困难。

6)解决问题的能力

(1)尽早发现问题。

（2）对于影响项目目标的重大问题,集体讨论,项目经理决策。

（3）有洞察全局的能力,考虑问题对其他部分的影响。

7）应变能力

（1）建立完整的文件记录和批准审核工作程序。

（2）指定专人负责评估变化的影响。

（3）充分讨论、沟通,使用户了解实情,减少变化。

3. 知识素质

（1）项目经理应当接受过良好的教育,具有相应的学历水平及相应的职业和岗位资格证书,并在工作中注意更新知识、不断提高。

（2）掌握建筑施工技术知识、经营管理知识,掌握施工项目管理的基本规律和基本知识。

（3）懂得基本经济理论,了解国家的方针、政策,特别是有关经济方面的法令、法规和法律知识。

（4）接受过有关项目经理的专门培训,取得相关资质证书。

4. 身体素质

（1）项目经理必须具有健康的身体、充沛的精力,应思维敏捷、记忆力良好。

（2）项目经理要有坚强的毅力和意志、健康的情感、良好的个性。

5. 实践经验

（1）项目经理必须具有相应的施工项目管理经验以及必要的业绩。

（2）项目经理要有一定的施工实践经历,有处理实际问题的能力。

三、建设工程项目经理的任务

项目经理的总任务:保证施工项目按照合同规定和预定目标高效、优质、低耗地完成,使客户满意;在项目经理权限范围内,优化配置各生产要素,实现项目效益。具体的工作任务如下。

（1）组织项目经理部,确定机构形式和结构分层,合理配备人员,制订规章制度,明确管理人员的职责,组织领导项目经理部的运行。

（2）制订项目管理总目标、阶段性目标以及总体控制计划并实施控制,保证项目管理目标的全面实现。

（3）对项目管理中的重大问题及时决策,严格管理,保证合同的顺利实施。

（4）制订岗位责任制等各项规章制度,有序地组织项目开展工作。

（5）在委托权限范围内,代表本企业法人代表进行有关签证。

（6）协调项目组织与相关单位之间的协作关系,协调技术与质量控制、成本控制、进度控制之间的关系。

（7）建立完善的内部及对外信息管理系统,确保信息畅通无阻、工作高效进行。

综上所述,项目经理与职能经理存在着很大的区别,如表2-1所示。

表 2-1　项目经理与职能经理的比较

比较项目	项目经理	职能经理
扮演角色	"帅",找适当的人去完成工作	"将",直接指导他人完成工作
知识结构	通才,具有丰富的经验及知识	专才,技术专业领域专家
管理方式	目标管理	过程管理
工作方式	系统的方法	分析的方法
工作手段	个人实力,责大权小	职位实力,权责对等
主要任务	规定项目任务何时开始、何时达到最终目标、整个过程需要多少经费	规定谁负责任务、技术工作如何完成、完成任务需要多少经费

四、建设工程项目经理的职责

项目经理的职责总体上是组织、计划和控制。一般来讲,项目经理应当履行下列职责。

(1)代表企业实施施工项目管理,贯彻执行法律、法规、方针、政策和强制性标准,执行企业的管理制度,维护企业的合法权益。

(2)履行项目管理目标责任书规定的任务。

(3)组织编制项目管理实施规划。

(4)对进入现场的生产要素进行优化配置和动态管理。

(5)建立质量、安全和环境管理体系并组织实施。

(6)在授权范围内负责与企业管理层、劳务作业层、各协作单位、发包人、分包人和监理工程师等的协调,解决项目中出现的问题。

(7)按项目管理目标责任书处理项目经理部与国家、企业、分包单位以及职工之间的利益分配。

(8)进行现场文明施工管理,发现和处理突发事件。

(9)参与工程竣工验收,准备结算资料和分析总结,接受审计。

(10)处理项目经理部的善后工作。

(11)协助企业进行项目检查、鉴定和评奖申报。

五、建设工程项目经理的权限

在承担工程项目施工管理的过程中,项目经理的权限是企业法定代表人授予的,以委托代理形式一次性确定。一般来说,项目经理应具有以下权限:

①参与项目招标、投标和合同签订;

②在授权范围内协调项目的对内、对外关系;

③参与组建项目经理部,确定项目经理部的组织结构,选择、聘任管理人员,确定管理人员的职责并定期进行考核、评价和奖惩;

④主持项目经理部工作;

⑤在企业财务制度规定的范围内,根据企业法定代表人授权和施工项目管理的需要,决定资金的投入和使用,制订内部计酬办法;

⑥参与选择物资供应单位;

⑦根据企业法定代表人授权或按照企业的规定,选择施工作业队伍;

⑧主持项目经理部工作,组织制订施工项目的各项管理制度;

⑨法定代表人授予的其他权力。

六、建设工程项目经理的利益和责任

施工企业应当确立、维护项目经理的地位和正当权利,并做到分配合理、奖惩分明。项目经理最终的利益是项目经理行使权力和承担责任的结果,也是市场经济条件下责、权、利、效统一的具体体现。项目经理享有的利益和承担的责任主要表现在以下几个方面。

(1)获得基本工资、岗位工资和绩效工资。

(2)除按项目管理目标责任书获得物质奖励外,还可以获得表彰、记功和评优秀项目等荣誉。

(3)有条件的企业应选择项目经理参加项目管理研究班或到国外考察和参加短期培训,不断提高他们的能力。

(4)经考核和审计,未完成项目管理目标责任书确定的项目管理责任目标或造成亏损的,应按其中有关条款承担责任,并接受经济或行政处罚。

思政案例及拓展

某建筑施工企业拟投标某建筑工程招标项目,按招标文件要求,应确定拟派该工程的项目经理。该施工企业计划采取直接任命项目经理的方法。

请思考以下问题:

1.企业在分析项目工程的概况和企业的人才储备等情况后,应该从哪些方面对候选的拟派建造师进行综合评价并最终确定人选?

2.一个建造师存在哪些缺点会直接影响他被聘任为项目经理?

思政拓展:建设工程项目经理在企业、行业及社会具有较高的认同度和地位,是不少从业者追求的职业规划目标。但同时,我们从前面的课程内容应该清楚地了解到,一个合格的建设工程项目经理,应该具备良好的政治素质、能力素质、知识素质、身体素质及丰富的实践经验等多方面的条件,特别在关乎国家利益、合法合规等原则性问题上不能存在认知缺失或态度不端,如有不良记录。可以想象,一个不爱国、不遵纪守法的项目经理会给承包方、发包方以及国家带来多么严重的损害。

其实,任何一个企业在一些重要岗位的人事任命上都应该像选择项目经理一样重视这些因素。

因此,每个学生若想在个人事业上有所建树,都应该树立并坚持爱党爱国、遵纪守法的理念,秉持良好的职业道德,做好个人职业发展规划,并持之以恒地去践行。

七、建设工程项目经理的选聘和培养

建设工程项目经理的选聘要注意采取合适的方式,同时选聘程序应具有审查和监督机制。目前,我国最常用的选聘方式是经理委任制,也可以采用自荐制和竞争招聘制。

经理委任制是根据建设工程项目经理职业资格管理规则,经企业人事部门推荐,并征得本人同意,由企业法定代表人直接签发建设工程项目经理聘任书。

自荐制是由本人提出申请,企业人事部门根据建设工程项目经理职业资格管理规则进行审核,经领导办公会议研究同意后,由法定代表人签发建设工程项目经理聘任书。

竞争招聘制是根据工程项目的需要,企业按照建设工程项目经理职业资格管理规则和有关规定程序,向内部或外部发布招聘建设工程项目经理公告,并对报名参加竞聘人进行考核和评价,中选后由企业法定代表人签发建设工程项目经理聘任书。

项目经理需具备的能力可以通过下述渠道获得:通过工作、书本等获取经验;自我批评总结,改正错误;与具备相应技能的项目经理进行探讨;参加培训;参加组织团体等。

八、项目经理责任制

1. 项目经理责任制概述

工程项目施工应建立以项目经理为首的生产经营管理系统。项目经理责任制是指企业以项目经理为责任主体,确保项目管理目标实现的责任制度。项目经理责任制是项目管理目标实现的具体保障和基本条件。它是以施工项目为对象,以项目经理全面负责为前提,以项目管理目标责任书为依据,以求得项目产品的最佳经济效益为目的,实行从施工项目开工到竣工验收的一次性全过程管理的制度。

项目经理责任制是项目管理的基本制度,是评价项目经理绩效的依据。项目经理责任制的核心是项目经理承担实现项目管理目标责任书确定的项目目标的责任。项目经理与项目经理部在工程建设中应严格遵守和实行项目管理责任制度,以确保项目目标全面实现。

项目经理责任制有利于梳理项目经理、企业、职工三者之间的责、权、利、效关系,有利于对项目进行法制管理,有利于管理规范化、科学化和提高产品质量,有利于提高经济效益和社会效益。

2. 项目经理责任制的特点

(1)对象终一性,即以施工项目为对象,实行项目产品形成过程的一次性全面负责。

(2)主体直接性,即项目经理负责、全员管理、标价分离、指标考核、项目核算。

(3)内容全面性,即全过程的目标责任制。

(4)责任风险性,即经济利益与责任风险同在。

3. 实行项目经理责任制的条件

(1)项目任务落实,开工手续齐全,具有切实可行的项目管理规划大纲或施工组织总设计。

(2)各种工程技术资料、施工图纸、劳动力配备、三大主材已经落实,能按计划提供。

（3）有一批懂法律、会管理、敢负责并掌握施工项目管理技术的人才,组织一个精干、得力和高效的项目管理班子。

（4）实现企业业务工作系统化管理,企业具有为项目经理部提供人力、材料、设备及生活设施等各项服务的功能。

九、项目团队建设

1.项目团队的定义

工程项目团队是指项目经理及其领导下的项目经理部和各职能管理部门。显然,工程项目的工程建设任务依靠工程项目团队来完成。实现工程项目管理目标的重点不仅在于专业分工,更在于加强协作,搞好工程项目团队协作,积极开发工程项目团队能力。因此,项目建设特别需要强调项目团队的团队精神,团队精神对项目经理部的成功运作起关键作用。

2.项目团队建设的意义

项目团队建设的目的就是要使项目团队所有成员做到情感上凝聚、思想上统一、目标上一致,形成合力,使项目团队形成一个整体。项目团队建设是随着项目的进展而不断进行的过程,是项目经理和项目团队的共同职责。项目团队建设应营造一种开放和自信的氛围,使团队成员有归属感并为实现项目目标积极做出各自的贡献。

3.项目团队的核心

项目经理是项目团队的核心,应起到示范和表率作用,通过自身的言行、素质,调动广大成员的工作积极性和向心力。

4.项目团队建设的内容

项目团队建设的要点:配备一个合格的项目经理和一批合格的团队成员,并不断提高素质;设计合理的团队组织结构形式和运行规则;进行有效的人力资源管理;建立与项目管理相适应的团队文化;创造和谐、协调的工作氛围。

1)树立团队意识

工程项目团队建设的主要任务是增强成员的团队意识,树立团队精神,统一思想,步调一致,沟通顺畅,运作高效。

为树立工程项目团队意识,应满足下列要求:

（1）围绕项目目标形成和谐一致、高效运行的工程项目团队。

（2）建立协同工作的管理机制和工作模式。

（3）建立畅通的信息沟通渠道和各方共享的信息工作平台,保证信息准确、及时和有效传递。

2)项目经理的作用

项目经理对项目团队建设负责,应尽早培育团队、识别关键成员,适当进行工作授权,定期评估团队运作绩效,最大限度地调动每个成员的工作积极性。

项目经理应通过表彰奖励、学习交流等多种方式营造健康和谐的团队氛围,统一团思想,倡导集体观念,通过沟通、协调处理管理冲突,提高项目运作效率。

3)团队能力开发

为开发工程项目团队能力,应积极开展以下工作。

(1)加强团队成员的培训。通过培训,提高团队成员的综合素质、工作技能、技术水平、管理水平和道德品质等。根据工程项目管理的特点,培训以短期性的、片段式的、针对性强的、见效快的方式为好。

(2)注重对团队成员的激励。激励是调动团队成员工作积极性和创造性的重要手段,应做到明确责任、充分授权、科学考评、适当奖惩。要注意的问题:对不同的员工,应采取不同的激励手段;应准确把握奖惩时机和奖惩频率;应注意对期望心理、公平心理的疏导;应适当拉开实际效价的档次。

(3)进行有效的冲突管理。解决冲突的方法有协商、妥协、缓和、强制、退出等,工程项目管理中应以前两者为主。

(4)加强团队文化建设。团队文化属于亚文化范畴,是团队的管理理念、经营目标、管理制度、价值观念、行为规范、道德风尚、社会责任、队伍形象等的综合。

总之,工程项目团队建设应注重绩效管理,有效发挥团队成员的积极性,并充分利用成员的协作成果,形成积极向上、凝聚力强的工程项目团队。

十、建设工程执业资格制度

1. 建设工程执业资格制度概述

《中华人民共和国建筑法》第十四条规定:"从事建筑活动的专业技术人员,应当依法取得相应的执业资格证书,并在执业资格证书许可的范围内从事建筑活动。"我国在建设领域已设立注册建筑师、注册结构工程师、注册监理工程师、注册造价工程师、注册房地产估价师、注册规划师、注册岩土工程师等执业资格。2002年12月9日,原人事部、建设部联合下发了《关于印发〈建造师执业资格制度暂行规定〉的通知》(人发〔2002〕111号),标志着我国建立建造师执业资格制度的工作正式启动。

2. 建造师与项目经理的区别

1)本质区别

(1)建造师是指从事建设工程项目总承包和施工管理关键岗位的执业注册人员。要获得建造师执业资格,就要具备一定的条件,如学历、从事工作的年限、通过全国建造师执业资格的统一考试,同时要获得国家主管部门授权的机构颁发的建造师执业资格证书。

(2)项目经理是建筑业企业为实施工程项目管理而设置的一个岗位,项目经理根据企业法定代表人的授权,对工程项目自开工准备至竣工验收实施全面全过程的组织管理。项目经理的资质由行政审批获得。

2)定位不同

(1)建造师。

①建造师执业资格制度是政府对某种责任重大、社会通用性强、关系公共安全利益的专业技术工作实行的市场准入控制,是专业技术人员从事某种专业技术工作的学识、技术

和能力的起点标准。建造师从事建造活动是一种执业行为,取得资格后可使用建造师名称,依法单独执行建造业务,并承担法律责任。

②建造师是某个专业人士从事某种专业技术工作的知识和实践能力的体现。一旦取得建造师执业资格,工作服务的对象有多种选择,可以是建设单位(业主方),也可以是施工单位(承包人),还可以是政府行政管理部门、科研单位等。

(2)项目经理。

①经理或项目经理与建造师不仅名称不同,其内涵也不一样。经理通常解释为经营管理,这是广义概念;狭义的解释即负责经营管理的人,可以是经理、项目经理和部门经理。项目经理是负责工程项目经营管理的人,其对工程项目的管理是全方位、全过程的。对项目经理的要求不仅是在专业知识方面具有建造师执业资格,更重要的是具备政治和领导素质、组织协调和对外洽谈能力以及工程项目管理的实践经验。

②项目经理是企业法定代表人在项目上的一次性授权管理者和责任主体。

项目经理从事项目管理活动,通过实行项目经理责任制履行岗位职责,在授权范围内行使权力,并接受企业的监督考核。项目经理资质是企业资质的人格化体现,工程投标时就必须出示项目经理资质证书,并不得低于工程项目和业主对资质等级的要求。

3. 建造师与项目经理的联系

建造师与项目经理的定位不同,但从事的都是建设工程的管理工作。建造师执业的覆盖面较大,可涉及工程建设项目管理的许多方面,担任项目经理只是建造师执业中的一项;项目经理仅限于企业内某一特定工程的项目管理。建造师选择工作相对自由,可在市场上有序流动,有较大的活动空间;项目经理岗位是企业设定的,项目经理是由企业法定代表人授权或聘用的一次性的工程项目施工管理者。

本 章 小 结

本章介绍了建设工程项目组织的含义及其结构形式。项目组织结构的形式有直线式组织结构、职能式组织结构、直线职能式组织结构、矩阵式组织结构和事业部式组织结构。在进行组织结构设计时,应综合考虑管理层次、管理幅度、管理部门、管理职能这些因素之间的关系。组织机构的设计原则有目的性原则、精简高效原则、集权与分权统一原则、管理幅度与层次合理原则、系统化管理原则、弹性和流动性原则。本章重点介绍了建设工程项目经理的定义,项目经理的素质、能力、职责、地位及工作性质,项目经理的责、权、利,项目经理责任制,项目经理部的作用、设立及解体。本章简单介绍了建设工程执业资格制度。

思考与练习

一、单项选择题

1. 容易造成多头管理的组织结构是(　　　　)。

A. 项目型　　　　　B. 矩阵型　　　　　C. 混合型　　　　　D. 职能型

2. 每个部门只有唯一的指令源的组织结构是（　　）组织结构。

A. 直线式　　　　　B. 职能式　　　　　C. 矩阵式　　　　　D. 事业部式

3. 反映一个组织系统中各子系统之间的指令关系的是（　　）。

A. 组织结构模式　　　　　　　　B. 职能分工表

C. 项目合同图　　　　　　　　　D. 工作流程图

4. 在矩阵式组织结构中，指令来自纵向和横向工作部门，其指令来源有（　　）。

A. 一个　　　　　B. 两个　　　　　C. 三个　　　　　D. 多个

5. 项目结构图描述的是（　　）之间的关系。

A. 工作单位　　　B. 工作人员　　　C. 工作对象　　　D. 工作过程

6. 反映一个组织系统中各项工作之间的逻辑关系的是（　　）。

A. 组织机构　　　B. 任务分工表　　　C. 项目结构图　　　D. 工作流程图

7. 项目经理责任制规定应该由（　　）与劳务作业层签订劳务分包合同。

A. 项目经理　　　B. 项目管理层　　　C. 企业管理层　　　D. 企业法人

8. 施工项目管理规划大纲是由企业（　　）之前编制的，作为投标依据、满足招标文件要求及签订合同要求的文件。

A. 管理层在投标　　　　　　　　B. 项目经理在投标

C. 管理层在施工开工　　　　　　D. 项目经理在施工开工

9. 施工项目管理实施规则是（　　）主持编制的，旨在指导项目实施阶段管理的文件。

A. 在投标之前，由企业管理层　　　　B. 在投标之前，由项目经理

C. 在施工开工之前，由企业管理层　　D. 在施工开工之前，由项目经理

10. 关于项目经理部的运行，下列说法正确的是（　　）。

A. 应按责任制度运行，控制管理人员的管理行为，以实现项目管理目标

B. 应按规章制度的规定运行，控制管理人员和分包人的管理行为，以实现项目管理目标

C. 应按合同运行，控制管理人员和分包人的管理行为，以实现项目管理目标

D. 应按责任制度运行，控制管理人员和分包人的管理行为，以实现项目管理目标

11. 下列职责中，（　　）不是项目经理的职责。

A. 负责质量计划的制订与实施　　　　B. 做好组织协调

C. 进行现场文明施工管理　　　　　　D. 组织编制项目管理实施规划

12. 项目经理不负责管理的过程是（　　）。

A. 竣工验收　　　B. 施工阶段　　　C. 投标过程　　　D. 开工准备

13. 大中型项目宜按（　　）组织结构设置项目经理部。

A. 直线职能式　　　B. 项目式　　　C. 事业部式　　　D. 矩阵式

二、多项选择题

1. 在职能式组织结构中，当同时存在多个项目需要管理时，将会产生一些重大困难，这是因为（　　）。

A. 不同项目对有限资源进行竞争，从而导致项目的相对优先顺序发生矛盾

B. 各项目经理的权限级别不同,导致一些冲突

C. 项目团队成员会把精神集中于他所属的职能部门的专业,而不是项目

D. 项目经理与职能部门经理之间的权限问题

E. 项目管理工作内容太多,应付不过来

2. 组织论是与项目管理学相关的一门重要的基础理论学科,主要研究系统的（　　）。

A. 工作流程组织　　　　　　　　　B. 技术流程组织

C. 组织协调　　　　　　　　　　　D. 组织分工

E. 组织结构模式

3. 关于矩阵式组织结构的描述正确的是（　　）。

A. 指令源不唯一　　　　　　　　　B. 指令源肯定会产生矛盾

C. 指令路径过长　　　　　　　　　D. 适用于大的组织系统

E. 适用于小的组织系统

4. 项目管理基本的组织工具有（　　）。

A. 利益关系图　　　　　　　　　　B. 组织结构

C. 任务分工图　　　　　　　　　　D. 管理职能分工图

E. 工作流程图

5. 在一个建设项目实施过程中,属于工作流程组织范畴的有（　　）。

A. 管理工作的流程　　　　　　　　B. 技术工艺流程

C. 设计工作的流程　　　　　　　　D. 物资采购工作的流程

E. 信息处理的流程

6. 职能式组织结构的优点有（　　）。

A. 沟通简单

B. 有利于提高部门的专业化水平

C. 最大限度地利用资源

D. 每个项目成员都有明确的责任和权力

E. 组织结构简单

7. 项目经理具有的权力包括（　　）。

A. 挑选项目经理部成员　　　　　　B. 对项目进行决策

C. 对项目团队的资源进行分配　　　D. 决定项目的预算

E. 评定项目经理部人员的技术等级

8. 项目经理的权力取决于（　　）。

A. 公司采用的组织结构　　　　　　B. 项目的工期

C. 项目对公司的重要性　　　　　　D. 项目的规模

E. 企业法人的授权

9. 设立项目经理部的依据有（　　）。

A. 项目管理规划大纲确定的组织形式

B. 施工项目的规模、复杂程度、专业特点、人员素质和地域范围

C. 施工项目的规模、复杂程度和专业特点

D. 部门和人员设置应满足目标控制的需要,项目经理部不应固化

E. 有益于组织运转的规章制度

10. 关于工作任务分工和管理职能分工的说法,正确的有(　　　)。

A. 管理职能由管理过程的多个环节组成

B. 管理职能分工表既可用于项目管理,也可用于企业管理

C. 在项目实施的全过程中,应视具体情况对工作任务分工表进行调整

D. 项目各参与方应编制统一的工作任务分工表和管理职能分工表

E. 编制工作任务分工表前应对项目实施各阶段的具体管理工作进行详细分解

三、简答题

1. 考虑一个建筑工程项目的组织问题或进行项目管理的组织设计时,应充分考虑哪些特征?

2. 项目经理所需的能力素质包括哪些?

3. 实行项目经理责任制的条件有哪些?

四、案例题

背景:某住宅楼工程的建筑面积为 9865 m²,主体结构为砖混结构,基础类型为条形基础,建筑檐高为 18.75 m,地下 1 层为设备层,地上 6 层,工期为 290 d。承建方企业资质等级为建筑工程总承包三级,在施工现场设立项目经理部。

问题:1. 施工项目管理组织的主要形式有哪些?

2. 施工项目管理组织的设计原则有哪些?

3. 对委派的项目经理的资格有什么要求,为什么? 对其素质有什么要求?

4. 在施工过程中,项目经理部应协调哪些公共关系?

5. 项目经理部的解体应符合什么条件?

第三章 建设工程项目进度管理

【学习目标】

1. 知识目标

(1)熟悉建设工程项目进度控制的目的与任务。

(2)了解建设工程项目进度控制的原理。

(3)熟悉建设工程项目进度计划的类型和作用。

2. 能力目标

(1)掌握进度控制横道图、网络图的编制和使用方法。

(2)掌握工程网络计划有关参数的计算与应用。

(3)掌握进度计划调整方法。

(4)掌握建设工程项目进度控制的措施。

任务单元一 建设工程项目进度管理概述

建设工程项目进度管理是建设工程项目管理的一个重要方面,它与项目成本管理、项目质量管理等同为项目管理的重要组成部分。它是保证项目如期完成、合理安排资源供应、节约工程成本的重要措施之一。

项目进度管理应采用科学的方法确定进度目标,编制进度计划和资源供应计划,进行进度控制,在与质量、费用目标协调的基础上,实现工期目标。项目进度管理的主要目标是在规定的时间内,制订出合理、经济的进度计划,然后在该计划的执行过程中,检查实际进度是否与计划进度一致,必要时做出调整,保证工程项目按时完成。

一、建设工程项目进度管理的概念

1. 进度

进度反映的是工程项目的进展情况,通常以项目任务的完成情况来表示。由于项目任务的完成需要消耗一定的时间、资金、劳动力、材料等,在现代项目管理中,进度被赋予更丰富的内涵。它将项目的任务、工期、成本和资源消耗等有机地结合起来,能全面反映项目各活动(工作)的进展情况,是一个综合性指标。因此,进度控制不只是工期控制,而是将工期与工程实物、成本、劳动消耗、资源等统一起来的综合控制。

2. 进度管理

进度管理是指在项目实施过程中,对各阶段的进展程度和项目最终完成的期限所进行的管理。在合同要求的工期内,拟订出合理且经济的进度计划(包括多级管理的子计划);在执行该计划的过程中,检查实际进度,若出现偏差,要及时分析,找出偏差产生的原因,采取必要的补救措施或调整、修改进度计划,直至项目完成。

进度管理的目的就是保证项目在满足其时间约束的条件下完成总体目标。工期是进度的一个重要指标,进度管理首先表现为工期管理,有效的工期管理才能实现有效的进度管理。但不能狭义地把进度管理理解为简单的工期管理,应将工期与工程实物、成本、劳动消耗、资源等统一起来综合控制。在进度管理的过程中,不仅要追求时间的一致性,还要追求劳动效率的一致性。

工程项目实施活动的时间进度计划,即工期计划,是进度计划的主要内容。同时,作为项目总目标之一的进度目标对工期计划具有规定性和限制性。若出现进度延误,最终工期目标也将受到影响。进度管理具有以下特点。

(1)进度管理是一个动态过程。通常工程项目建设周期较长,随着工程项目的进展,各种内部、外部环境和条件的变化都会使工程项目受到一定的影响。因此,在工程实施过程中,进度计划也应随着环境和条件的改变做出相应的修改和调整,以保证进度计划的指导性和可行性。

(2)工程项目进度计划具有系统性,既有总的进度计划安排,又有各个阶段的计划,如项目前期工作计划、工程设计进度计划、工程施工进度计划等。每个阶段的计划又可以分解为若干子项计划,所有这些计划的内容相互联系、相互影响。因此,进度计划是控制工程项目进度的系统性计划。

(3)进度管理是一种既有综合性又有创造性的工作。进行项目进度管理不仅要沿用前人的管理理论知识,借鉴同类工程项目的进度管理经验和技术成果,而且要结合工程项目的具体情况,进行大胆创新。

(4)进度管理具有阶段性和不均衡性。工程进展的各个阶段,如工程前期阶段、招标投标阶段、勘察设计阶段、施工阶段、竣工验收阶段等都有明确的起始与完成时间和不同的工作内容,因此,相应的进度计划和实施进度控制的方法也不相同。与此同时,在项目不同计划期内,外界自然条件、工作环境也都有所不同,这就使得进度计划具有很大的不均衡性,会给进度管理工作带来一定的困难。

本章重点从项目施工的角度阐述施工项目进度的管理。

二、影响建设工程施工项目进度的因素

由于工程项目在客观上具有周期长、施工过程复杂、规模庞大以及协作单位比较多等固有特点,因此,影响工程项目施工进度的因素也很多,总体来讲可以概括为以下几个方面。

(1)政府机构或者工程项目的建设单位、上级建设主管部门以及工程业主代表等各方力量的影响,如当工程项目的监理机构已经签发了工程开工指令时,项目施工的场所还不

能够完全交付给承建单位或者工程项目的业主还没办妥工程手续等。

（2）材料设备供应的影响。工程项目的施工过程中需要基本的材料、零配件以及机器设备的充足保障，如果这些物资没能按时按量运抵工程施工现场，或者质量达不到工程设计需求，势必会对工程项目的进展造成影响。

（3）资金的影响。工程项目若想顺利地开展与实施，需要有足够的资金保障，一般情况下这些资金应该由工程项目业主解决，但是如果工程项目业主不能够及时、充足地保障工程资金的供给（如拖欠工人工资与工程进度款等），会造成承包单位资金周转困难，从而影响工程进度。

（4）施工条件与环境的影响。比如在某项工程项目的桩基施工现场，因为施工地点属于淤泥冲积层，障碍物较多，且地下的水位较高，这必然会给工程施工带来预料之外的困难，从而造成工期的延长。此外，在工程项目实施过程中，水位、地质、气候等各方面环境因素都会对工程项目的施工进度造成不同程度的影响。

（5）各种风险因素的影响。工程项目的风险因素包括经济、政治、自然、技术等多个方面存在的不可预见及可预见的因素，如政治方面的制裁、内乱、战争等，经济方面的通货膨胀、延期付款等，技术方面标准的变化、试验失败、工程事故等，以及自然方面的洪水、地震等都会对工程进度造成影响。

（6）施工企业自身管理状况的影响。工程项目施工现场的状况通常是瞬息万变的，如果工程施工单位在施工方案、计划、管理以及解决问题方面不能及时高效，会影响工程项目的进度。

影响施工项目进度的因素来自很多方面，在控制工程进度过程中采取的方法也很多，但是所有的进度控制工作都必须围绕一个中心来展开，就是必须因地、因时、因事制宜，充分结合实际情况采取合适的方法和手段，这样才能确保工程进度始终处于可控状态。

三、建设工程项目进度控制的原理

1. 动态控制原理

施工项目进度控制是一个不断进行的动态控制，也是一个循环进行的过程。从项目施工开始，实际进度出现了运动的轨迹，也就是计划进入执行的动态。实际进度按照计划进度进行时，两者相吻合；实际进度与计划进度不一致时，便产生超前或落后的偏差。分析产生偏差的原因，采取相应的措施，调整原来的计划，可以使两者在新的起点上重合，使施工活动继续进行。尽量发挥组织管理的作用，使实际工作按调整后计划进行。但是在新的干扰因素的作用下，又会产生新的偏差，又要再次进行调整。施工进度计划控制就是采用这种动态循环的控制方法。

2. 系统原理

为了对施工项目实行进度计划控制，必须编制施工项目的各种进度计划，包括施工项目总进度计划、单位工程进度计划、分部分项工程进度计划、季度和月（旬）作业计划，这些计划组成一个施工项目进度计划系统。计划的编制对象由大到小，计划的内容从粗到细。

编制时从总体计划到局部计划,逐层进行控制目标分解,以保证计划控制目标的落实。执行计划时,从月(旬)作业计划开始实施,逐级按目标控制,从而达到对施工项目整体进度目标的控制。

3. 信息反馈原理

信息反馈是施工项目进度控制的主要环节。施工的实际进度通过信息系统反馈给负责基层施工项目进度控制的工作人员,相关工作人员在职责范围内对其进行加工,再将信息逐级向上反馈,直到主控制室,主控制室整理统计各方面的信息,经比较分析做出决策,调整进度计划,使其符合预定工期目标。若不应用信息反馈原理不断进行信息反馈,则无法进行计划控制。施工项目进度控制的过程就是信息反馈的过程。

4. 弹性原理

施工项目进度计划工期长,影响进度的因素多,其中有的已被人们掌握,可以根据统计经验估计出影响的程度和出现的可能性,并在确定进度目标时进行实现目标的风险分析。计划编制者具备了这些知识和实践经验之后,在编制施工项目进度计划时就会留有余地,使施工进度计划具有弹性。在进行施工项目进度控制时,管理人员可以利用这些弹性,缩短有关工作的时间,或者改变它们之间的搭接关系,检查之前拖延了的工期,通过缩短剩余计划工期的方法,仍然达到预期的计划目标。这就是施工项目进度控制中对弹性原理的应用。

5. 封闭循环原理

项目的进度计划控制的全过程是计划、实施、检查、比较分析、确定调整措施、再计划。从编制项目施工进度计划开始,经过实施过程中的跟踪检查,收集有关实际进度的信息,比较和分析施工实际进度与计划进度之间的偏差,找出偏差产生原因和解决办法,确定调整措施,再修改原进度计划,形成一个封闭的循环系统,如图 3-1 所示。

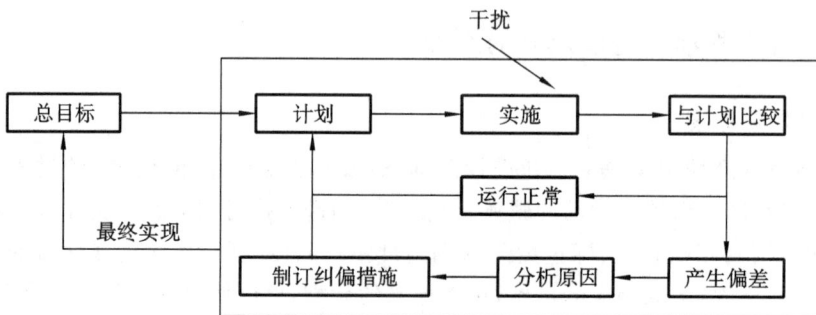

图 3-1　工程项目进度控制的封闭循环

6. 网络计划技术原理

在施工项目进度的控制中利用网络计划技术原理编制进度计划,根据收集的实际进度信息分析进度计划,再利用网络计划的工期与成本优化和资源优化的理论调整计划。网络计划技术原理是施工项目进度控制的完整的计划管理和分析计算的理论基础。

四、建设工程项目进度控制的方法和措施

1. 施工项目进度控制的方法

施工项目进度控制方法主要是规划、控制和协调。规划是指确定施工项目总进度控制目标和分进度控制目标，并编制进度计划。控制是指在施工项目实施的全过程中，进行施工实际进度与施工计划进度的比较，出现偏差时及时采取措施调整。协调是指协调与施工进度有关的单位、部门和工作队组之间的进度关系。

2. 施工项目进度控制的措施

施工项目进度控制采取的主要措施有组织措施、技术措施、合同措施、经济措施和信息管理措施等。

组织措施主要是指落实各层次的进度控制的人员、具体任务和工作责任；建立进度控制的组织系统；按照施工项目的结构、进展的阶段或合同结构等进行项目分解，确定其进度目标，建立控制目标体系；确定进度控制工作制度，如检查时间、方法和协调会议时间、参会人员等；对影响进度的因素进行分析和预测。

技术措施主要是采取加快施工进度的设计技术和施工方案。

合同措施是指对分包单位签订的施工合同的合同工期与有关进度计划目标进行协调。

经济措施是指实现进度计划的资金需求计划、资金供应的条件及经济激励措施等。

信息管理措施是指不断收集施工实际进度的有关资料并进行整理统计，与计划进度比较，定期向建设单位提供比较报告。

施工项目进度控制的具体措施见表 3-1。

表 3-1　施工项目进度控制的具体措施

措施种类	措施内容
组织措施	建立施工项目进度控制的组织系统； 订立进度控制工作制度，如检查时间、方法和协调会议时间、参会人员等； 落实各层次进度控制人员、具体任务和工作职责； 确定施工项目进度目标，建立施工项目进度控制目标体系
技术措施	尽可能采用先进的施工技术、方法和新材料、新工艺、新技术，保证进度目标实现； 落实施工方案，在发生问题时，能适时调整工作之间的逻辑关系，加快施工进度
合同措施	以合同形式保证工期进度的实现：总进度控制目标与合同总工期一致；分包合同的工期与总承包合同的工期一致；供货、供电、运输和构件加工等合同规定的提供服务时间与有关的进度控制目标一致
经济措施	落实实现进度目标的保证资金； 签订并实施关于工期和进度的经济承包责任制； 建立并实施关于工期和进度的奖惩制度
信息管理措施	建立能有效控制施工进度的监测、分析、调整、反馈信息系统和信息管理工作制度； 随时监控施工过程的信息流，实现连续、动态的全过程进度目标控制

五、建设工程项目进度控制的目的和任务

1. 项目进度控制的目的

项目进度控制的目的是通过控制实现工程的进度目标。如只重视进度计划的编制，而不重视进度计划必要的调整，则进度无法得到有效控制。为了实现进度目标，进度控制的过程应是随着项目的进展，不断调整进度计划的过程。

施工方是工程实施的一个重要参与方，许多工程项目，特别是大型重点建设工程项目，工期要求十分紧迫，施工方的工程进度压力非常大。数百天的连续施工、一天两班制施工，甚至24 h连续施工时有发生。非正常有序施工或者盲目赶工，难免会导致施工质量问题和施工安全问题的出现，并且会引起施工成本增加。因此，施工进度控制不仅关系到施工进度目标，还直接关系到工程的质量和成本。在工程施工实践中必须树立和坚持一个最基本的工程管理原则，即在确保工程质量和安全的前提下，控制工程的进度。

2. 项目进度控制的任务

业主方进度控制的任务是控制整个项目实施阶段的进度，包括控制设计准备阶段的工作进度、设计工作进度、施工进度、物资采购工作进度，以及项目动用前准备阶段的工作进度。

设计方进度控制的任务是依据设计任务委托合同对设计工作进度的要求控制设计工作进度，这是设计方履行合同的义务。另外，设计方应尽可能使设计工作的进度与招标、施工和物资采购等工作的进度相协调。

供货方进度控制的任务是依据供货合同对供货的要求控制供货进度，这是供货方履行合同的义务。供货进度计划应包括供货的所有环节，如采购、加工制造、运输等。

施工方进度控制的任务是依据施工承包合同对施工进度的要求控制施工进度，这是施工方履行合同的义务。编制施工总进度计划并控制其执行，按期完成整个施工项目的任务；编制单位工程施工进度计划并控制其执行，按期完成单位工程的施工任务；编制分部分项工程施工进度计划并控制其执行，按期完成分部分项工程的施工任务；编制季度、月（旬）作业计划并控制其执行，实现规定的任务目标等。

六、施工项目进度控制程序

施工项目进度控制程序如下。

（1）项目经理部根据施工合同的要求确定施工进度目标，明确计划开工日期、计划总工期和计划竣工日期，确定项目分期分批的开竣工日期。

（2）编制施工进度计划，具体安排实现计划目标的工艺关系、组织关系、搭接关系、起止时间、劳动力计划、材料计划、机械计划及其他保证性计划。分包人负责根据项目施工进度计划编制分包工程施工进度计划。

（3）向监理工程师提交开工申请报告，按监理工程师开工指令确定的日期开工。

（4）实施施工进度计划。项目经理应通过施工部署、组织协调、生产调度和指挥、改善

施工程序和方法的决策等,应用技术、经济和管理手段实现有效的进度控制。项目经理部首先要建立进度实施、控制的科学组织系统和严密的工作制度,然后依据施工项目进度控制目标体系,对施工的全过程进行系统控制。

(5)全部任务完成后,进行进度控制总结并编写进度控制报告。

施工项目进度控制的程序如图 3-2 所示。

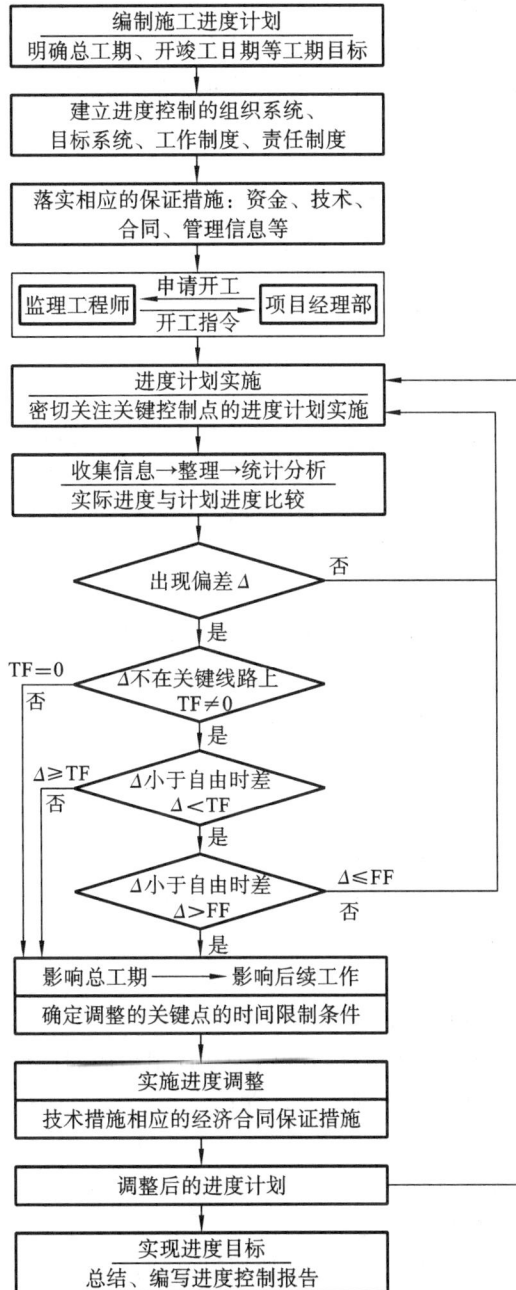

图 3-2　施工进度控制程序示意图

任务单元二 建设工程项目进度计划的编制

进度计划是工程项目计划体系的重要组成部分,是成本、资源等其他计划的基础。它是在工程项目总进度目标的约束下,依据各层次项目单元的工作内容、工作程序、持续时间及其内在联系等制订的项目活动安排计划,为项目实施过程中的进度管理、资源配置和有关各方在时间上的协调配合提供依据。

一、建设工程项目进度计划系统

工程项目进度计划是工程项目实施活动的时间进度计划,即工期计划,也就是根据项目所必须进行的工程活动之间的内在联系及持续时间,用横道图方法或网络计划进行安排。它是项目计划的主要内容,也是其他计划工作的基础。工程项目进度目标是项目的主要目标之一,对工期计划具有规定性和限制性。

从项目整体的角度来看,建设工程包括多个相互关联的进度计划,各项目参与方、各不同层次项目管理者都有进度计划,它们组成了一个系统,对于总目标的实现而言,缺一不可。建设工程项目进度计划系统是项目进度控制的依据。由于各种进度计划编制所需的资料是在项目进展过程中逐步形成的,项目进度计划系统的建立和完善也有一个过程,它是逐步形成的。

根据项目进度控制不同的需要和不同的用途,业主方和各项目参与方可以构建多个不同的建设工程项目进度计划系统。

(1)由多个相互关联的不同深度的进度计划组成的计划系统,包括以下内容:

①总进度规划(计划);

②项目子系统进度规划(计划);

③项目子系统中的单项工程进度计划等。

(2)由多个相互关联的不同功能的进度计划组成的计划系统,包括以下内容:

①控制性进度规划(计划);

②指导性进度规划(计划);

③实施性(操作性)进度计划等。

(3)由多个相互关联的不同项目参与方的进度计划组成的计划系统,包括以下内容:

①业主方编制的整个项目实施的进度计划;

②设计进度计划;

③施工和设备安装进度计划;

④采购和供货进度计划等。

(4)由多个相互关联的不同周期的进度计划组成的计划系统等,包括以下内容:

①5年建设进度计划;

②年度、季度、月度和旬计划等。

在建设工程的各进度计划系统中,对各进度计划或各子系统进度计划进行编制和调整时必须注意它们之间的联系和协调。

施工项目进度计划按编制对象的不同可分为施工总进度计划、单位工程进度计划、分阶段工程(或专项工程)进度计划、分部分项工程进度计划四种。

施工总进度计划是以一个建设项目或一个建筑群体为编制对象,用以指导整个建设项目或建筑群体施工全过程进度控制的指导性文件。它按照总体施工部署确定每个单项工程、单位工程在整个项目施工组织中所处的地位,也是安排各类资源计划的主要依据和控制性文件。由于施工的内容较多,施工工期较长,施工总进度计划的综合性强,较多关注控制性,很少关注作业性。施工总进度计划一般在总承包企业的总工程师的领导下进行编制。

单位工程进度计划是以一个单位工程为编制对象,在项目总进度计划控制目标的引领下,用以指导单位工程施工全过程进度控制的指导性文件。它包含的施工内容比较具体明确,施工工期较短,故其作业性较强,是进度控制的直接依据。单位工程进度计划在单位工程开工前由项目经理组织,在项目技术负责人的领导下进行编制。

分阶段工程(或专项工程)进度计划是以阶段目标(或专项)为编制对象,用以指导其施工阶段(或专项工程)实施过程的进度控制文件。分部分项工程进度计划是以分部分项工程为编制对象,用以具体实施操作其施工过程进度控制的专业性文件。二者编制的对象为阶段性工程目标或分部分项细部目标,目的是把进度控制进一步具体化、可操作化,因此是专业工程具体安排控制的体现。此类进度计划与单位工程进度计划类似,且由于比较简单、具体,通常由专业工程师或负责分部分项的工长进行编制。

二、施工进度计划的编制

1. 施工进度计划的编制需遵循合理施工程序和顺序安排的原则

施工进度计划是施工现场各项施工活动在时间、空间上前后顺序的体现。合理编制施工进度计划就必须遵循施工技术程序的规律,根据施工方案和工程开展程序去组织施工,这样才能保证各项施工活动紧密衔接和相互促进,起到充分利用资源、确保工程质量、加快施工速度、达到最佳工期目标的作用,同时,还能起到降低建设工程成本、充分发挥投资效益的作用。

施工程序和施工顺序随着施工规模、性质、设计要求、施工条件和使用功能的不同而变化,但仍有可供遵循的共同规律。在施工进度计划编制过程中,需注意如下基本原则:

①安排施工程序的同时,安排相应的准备工作;

②先进行全场性工程的施工,然后按照工程排队的顺序,逐个进行单位工程的施工;

③三通工程应先场外后场内,由远而近,先主干后分支,排水工程要先下游后上游;

④先地下后地上,先深后浅;

⑤主体结构施工在前,装饰工程施工在后,随着建筑产品生产工厂化程度的提高,它们之间的时间间隔也将发生变化;

⑥既要考虑施工组织要求的空间顺序,又要考虑施工工艺要求的工种顺序,必须在满

足施工工艺要求的条件下尽可能利用工作面,使相邻两个工种在时间上合理且最大限度地搭接起来。

2. 施工进度计划的编制依据

1)施工总进度计划的编制依据

(1)工程项目承包合同及招标投标书。

(2)工程项目全部设计施工图纸及变更洽商。

(3)工程项目所在地的自然条件和技术经济条件。

(4)工程项目设计概算和预算资料、劳动定额、机械台班定额等。

(5)工程项目拟采用的主要施工方案及措施、施工顺序、流水段划分等。

(6)工程项目需用的主要资源,主要包括劳动力状况、机具设备能力、物资供应来源条件等。

(7)建设方及上级主管部门对施工的要求。

(8)现行规范、规程和技术经济指标等有关技术规定。

2)单位工程进度计划的编制依据

(1)主管部门的批示文件及建设单位的要求。

(2)施工图纸及设计单位对施工的要求。

(3)施工总进度计划或者施工企业年度计划对该工程的安排和规定的有关指标。

(4)施工组织总设计或者大纲对该工程有关部门的规定和安排。

(5)资源配备情况,如施工中需要的劳动力、施工机具和设备、材料、预制构件和加工品的供应能力及来源情况。

(6)建设单位可能提供的条件和水电供应情况。

(7)施工现场条件和勘察资料。

(8)预算文件和国家及地方规范等资料。

3. 施工进度计划的编制步骤

1)施工总进度计划的编制步骤

(1)根据独立交工系统的先后顺序,明确划分建设工程项目的施工阶段,按照施工部署要求,合理确定各阶段各单项工程的开、竣工日期。

(2)分解单项工程,列出每个单项工程的单位工程和每个单位工程的分部工程。

(3)计算每个单项工程、单位工程和分部工程的工程量。

(4)确定单项工程、单位工程和分部工程的持续时间。

(5)编制初始施工总进度计划:为了使施工总进度计划清楚明了,可分级编制。按单项工程编制一级计划;按各单项工程中的单位工程和分部工程编制二级计划;按单位工程中的分部工程和分项工程编制三级计划;大的分部工程可编制四级计划,具体到分项工程。

(6)进行综合平衡后,绘制正式施工总进度计划图,编制说明。

2)单位工程进度计划的编制步骤

(1)收集编制依据。

(2)划分施工过程、施工段和施工层。

（3）确定施工顺序。

（4）计算工程量。

（5）计算劳动量或机械台班需用量。

（6）确定持续时间。

（7）绘制可行的施工进度计划图。

（8）优化并绘制正式施工进度计划图，编制说明。

三、建设工程项目进度计划的表示方法

工程项目进度计划的表示方法有多种，常用的有横道图、网络图的方法。线形工程，如管道工程、隧道工程和道路工程还可以采用线形图的方法。

1. 横道图

横道图是亨利·甘特于 20 世纪 40 年代开发的一种计划与管理技术，又称甘特图。它在以时间和工序为横、纵轴的坐标图中，用比例横线条表示各项工作的持续时间和先后顺序。横道图的最大特点是绘制简单、直观易懂、使用方便，所以直到现在仍然在工程建设行业广泛使用。横道图的结构如图 3-3 所示，表头为工作及其简要说明，工作的进展表示在时间表格上，其时间单位可以是小时、天、周、月等。根据不同使用者的要求，各工作可以按照实施的先后顺序、项目对象、同类资源等进行排列，应用最为广泛的是以时间先后顺序排列工作。

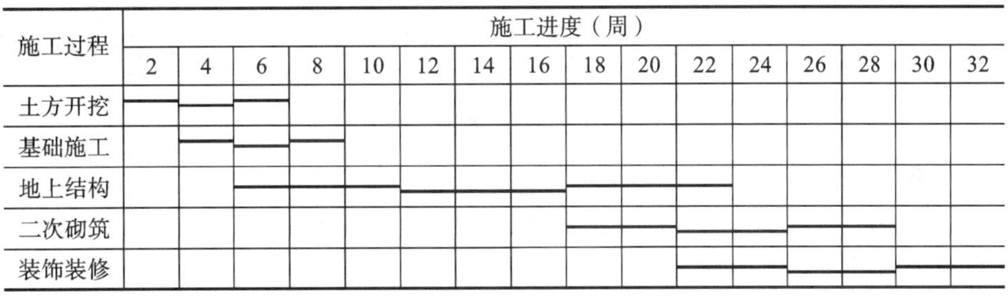

施工过程	施工进度（周）															
	2	4	6	8	10	12	14	16	18	20	22	24	26	28	30	32
土方开挖																
基础施工																
地上结构																
二次砌筑																
装饰装修																

图 3-3　横道图示例

1）横道图的优点

（1）能够清楚地表达活动的开始时间、结束时间和持续时间，一目了然，易于理解，并能够为各层次的人员（上至决策者，下至基层的操作工人）所掌握和运用。

（2）不仅能够安排工期，而且可以与劳动力计划、资源计划、资金计划相结合。

（3）使用方便，制作简单。

2）横道图的缺点

（1）不能反映各项工作之间错综复杂的联系和制约关系。

（2）不能反映哪些工作是主要的、关键性的，反映不出全局的关键所在，可能造成在不重要的工作上投入过多的资源，却忽视影响大局的关键性工作。

3）横道图的适用范围

横道图的优缺点决定了它既有广泛的应用范围和很强的生命力，又有局限性。

（1）它可直接用于一些简单的小项目。由于活动较少，可以直接用它排工期计划。

（2）由于项目初期尚没有做详细的项目结构分解，工程活动之间复杂的逻辑关系尚未分析出来，一般人们都用横道图做总体计划。

（3）上层管理者一般仅需了解总体计划，此时可用横道图表示。

（4）作为网络计划分析的输出结果。现在几乎所有的网络计划分析程序都有横道图的输出功能，可以很好地弥补横道图的缺点。

在现代各种计划方法中，各种网络图、线形图、速度图等都可以与横道图配合使用。

2. 网络图

网络图是由箭线和节点组成的，用来表示工作流程的有向、有序的网状图形。采用网络图编制的进度计划是用表示工程项目所包含的全部工作逻辑关系的网状图形并加注作业时间来表示的进度计划，称为网络计划。

1）网络图的优点

（1）网络图把工程项目中的各项工作作为一个有机整体进行统筹安排，能全面清楚地表达各项工作的先后顺序以及它们之间相互联系和相互制约的关系，如图3-4所示。

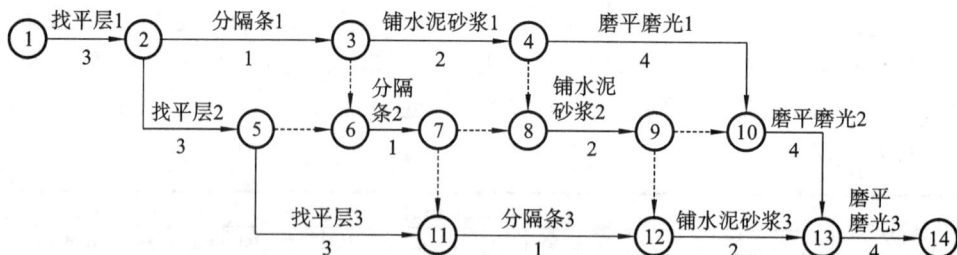

图 3-4　网络图的示例

（2）网络计划时间参数的计算，有利于人们在错综复杂的工作任务中识别对全局有影响的关键工作和关键线路，从而针对主要问题采取相关措施，确保按期完工。

（3）利用网络计划中某些工作的机动时间，可以合理安排人力、物力资源，达到降低工程成本的目的。

（4）通过网络计划的优化，能从若干个可行方案中找出最优方案，还可以合理地进行资源优化配置，取得好、快、省的全面效果。

（5）在网络计划执行过程中，能够对其进行有效的监督和控制。如当某项工作提前或推迟完成时，计划管理者可以预见到它对总工期及后续工作的影响程度，以便及时采取相应措施予以调整。

（6）可以利用计算机和有关的项目管理软件进行计划编制、各项参数计算和优化，为实现管理现代化创造条件。

2）网络图的缺点

（1）参数化的网络计划不如横道图那样简单明了、形象直观，但可以通过绘制带有时间坐标的网络计划弥补其不足。

（2）绘制劳动力和资源需要量曲线较困难，流水施工的情况亦很难在网络计划上全面反映出来，但在信息技术的帮助下，该缺点已不是问题。

3)网络图的适用范围

网络图相较于其他计划模型,在工程项目领域适用范围最为广泛,在对规模大、要素复杂、协作广泛的项目进行进度管理时特别有优势。具体而言,它既适合单体工程,又适合群体工程;既适合土建工程,又适合安装工程;既适合部门计划,又适合企业的年、季、月度计划;既可以进行常规时间参数的计算,又可以进行计划优化和调整。其他计划模型均无法与之比拟。

3. 线形图

基于网络计划技术的进度计划管理中,各任务逻辑关系清楚,时间参数明确,便于工期、成本和资源的优化。但在线形工程(如管道工程、隧道工程和道路工程)中,运用这种方法编制进度计划,会导致进度计划非常复杂,难以直观反映任务的地理位置及工作面搭接关系和施工过程中的空间冲突问题。线形图是一种基于作业面的进度计划方法,即基于地理位置的进度管理,又称平衡线法、流程线法、时空线形图、时空进度计划法等。它可以形象地显示线性工程的每一个任务的地理位置和耗费的时间,以及同一工作面上不同任务的相对关系。图 3-5 所示为某管道安装项目的线形图,该项目由 A 地铺设到 B 地,共 4 km。其中,硬土段 1 km,软土段 1 km,平地段 1 km,软土段 1 km。平地段无须挖土和回填。

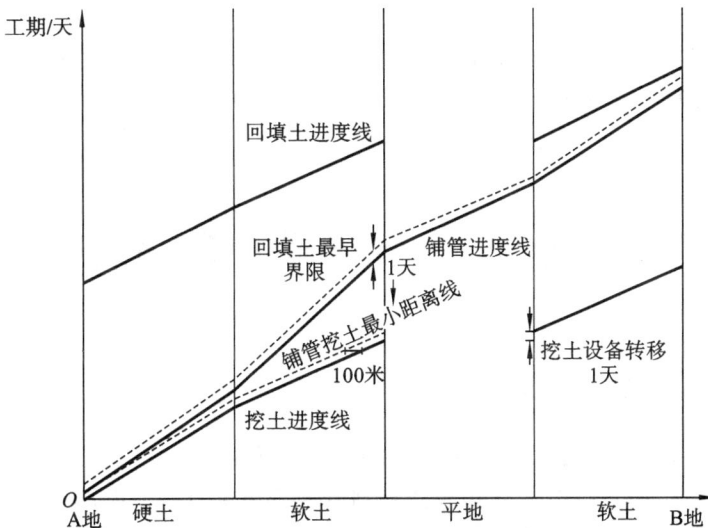

图 3-5 线形图示例

利用线形图进行线形工程进度控制与传统进度管理方法相比具有以卜优点。

(1)有效地体现线形工程所经地理位置及同一工作面上不同任务的位置搭接关系,图示化地体现施工建设过程。传统的进度管理方法没有涵盖工程项目的地理位置信息,也就难以表达出工程所经位置信息以及同一工作面上任务间的搭接关系。而这些恰是项目管理者关注的重点,因为高层管理者往往关心的是项目的关键节点,即某一时间点上项目的进展状况。

(2)随着工序的增多,应用一般的进度计划工具编制工程项目计划横道图和网络图非常复杂,而线形图能够简洁有效地表达线形工程的进度。因此,管理者能够通过实时生成的时空线形图清楚地了解当前工程任务的位置信息及进展状况。

(3)在工程项目的建设过程中,不同工作面同一时间点上或同一工作面上的不同任务的搭接冲突经常会造成工期的延误。时空线形图能够形象地体现工作面上各项任务的搭接关系,因此研究时空线形图进度冲突能够检查不同工作面同一时间点上或同一工作面上的各任务是否会产生冲突。

4.计算机辅助建设项目进度控制

国外有很多用于进度计划编制的商业软件。20世纪70年代末期至80年代初期,我国也开始研制进度计划编制软件,这些软件都是在工程网络计划原理的基础上编制进度计划的。应用这些软件可以实现计算机辅助建设工程项目进度计划的编制和调整,以确定工程网络计划的时间参数。

计算机辅助工程网络计划编制的意义如下。

(1)解决工程网络计划计算量大而手工计算难以承担的困难。

(2)确保工程网络计划计算的准确性。

(3)有利于工程网络计划的及时调整。

(4)有利于编制资源需求计划等。

进度控制是一个动态编制和调整计划的过程,初始的进度计划和在项目实施过程中不断调整的计划,以及与进度控制有关的信息应尽可能对项目各参与方透明,以便各方为实现项目的进度目标协同工作。

任务单元三　流水施工原理简述

一、工程施工组织实施的方式

工程施工组织实施的方式分三种:依次施工、平行施工、流水施工。

依次施工又称顺序施工,是将拟建工程划分为若干个施工过程,每个施工过程按施工工艺流程顺次进行施工,前一个施工过程完成后,后一个施工过程才开始施工。

拟建工程十分紧迫时通常组织平行施工,在工作面、资源供应允许的前提下,组织多个相同的施工队,在同一时间、不同的施工段上同时组织施工。

流水施工是将拟建工程划分为若干施工段,并将施工对象分解为若干个施工过程,按施工过程成立相应工作队,各工作队按施工过程顺序依次完成施工段内的施工过程,并依次从一个施工段转到下一个施工段,施工在各施工段、施工过程上连续、均衡地进行,使相邻专业工作队间最大限度地实现搭接施工。

流水施工的特点如下。

(1)科学利用工作面,争取时间,合理压缩工期。

(2)工作队实现专业化施工,有利于工作质量和效率的提升。

（3）工作队及其工人、机械设备连续作业,同时使相邻专业队的开工时间能够最大限度地搭接,减少窝工和其他支出,降低建造成本。

（4）单位时间内资源投入量较均衡,有利于资源组织与供给。

【案例 3-1】

背景:有三幢同类型房屋的基础工程,分挖土、垫层、基础及回填四个施工过程,它们在每幢房屋上的延续时间分别为 4 天、2 天、6 天、2 天,它们所需劳动人数分别为 10 人、10 人、15 人、10 人,试组织施工并画出劳动力动态曲线(每天工作一班)。

【解】

1. 依次施工:完成一个施工过程之后,再完成另一个施工过程,直到将所有施工过程全部完成的组织方式,如图 3-6 所示。

2. 平行施工:所有施工过程同时开始、同时结束的组织方式,如图 3-7 所示。

3. 流水施工:将施工过程划分成若干个施工过程和施工段,各施工过程分别由专业班组完成,各专业班组携带一定的工具依次在各个不同的施工段上完成相同施工任务的组织方式,如图 3-8 和图 3-9 所示。

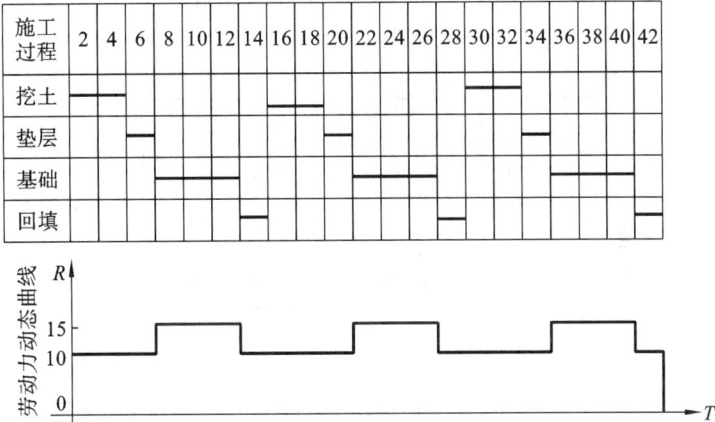

图 3-6 依次施工

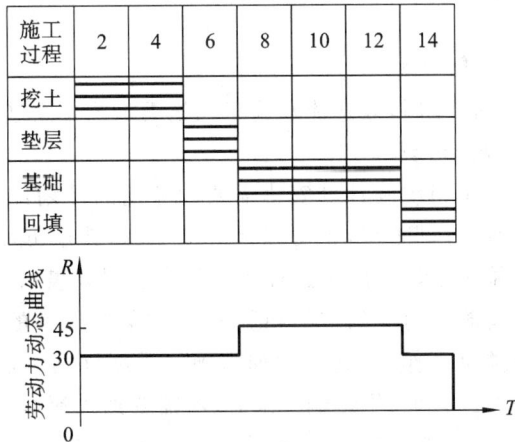

图 3-7 平行施工

施工过程	2	4	6	8	10	12	14	16	18	20	22	24	26
挖土													
垫层													
基础													
回填													

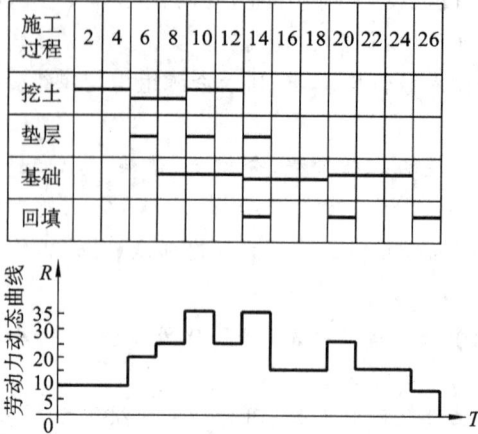

图 3-8　流水施工之一

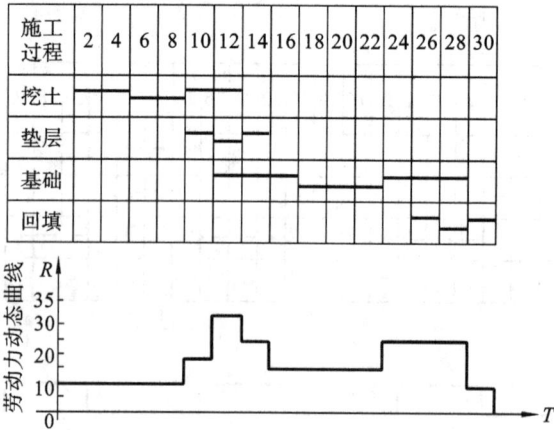

施工过程	2	4	6	8	10	12	14	16	18	20	22	24	26	28	30
挖土															
垫层															
基础															
回填															

图 3-9　流水施工之二

二、流水施工参数

1. 工艺参数

工艺参数指组织流水施工时,表达流水施工在施工工艺方面进展状态的参数,通常包括施工过程和流水强度两个参数。

(1)施工过程:根据施工组织及计划安排需要划分出的计划任务子项称为施工过程。施工过程可以是单位工程、分部工程,也可以是分项工程,甚至可以是将分项工程按照专业工种不同分解而成的施工工序。施工过程的数目一般用 n 表示。

建造类施工过程占有施工对象的空间和资源,直接影响工期的长短,其中大多数为起主导作用的施工过程或关键工作,因此必须列入施工进度计划。运输类与制备类施工过程一般不占有施工对象的工作面,不影响工期,故不需要列入流水施工进度计划。只有当其占有施工对象的工作面、影响工期时,才列入施工进度计划。

（2）流水强度：流水强度是指流水施工的某施工过程（专业工作队）在单位时间内所完成的工程量，也称为流水能力或生产能力。流水强度一般用 V 表示。

2. 空间参数

空间参数指组织流水施工时，表达流水施工在空间布置上划分的个数，可以是施工区（段），也可以是多层的施工层数，数目一般用 m 表示。

划分施工段的原则：施工段内的施工任务由专业工作队依次完成，在两个施工段之间容易形成一个施工缝，同时施工段数量的多少将直接影响流水施工的效果，为使施工段划分得合理，一般应遵循下列原则。

（1）同一专业工作队在各施工段上的劳动量应大致相等，相差幅度不宜超过 10%。

（2）每个施工段内要有足够的工作面，以保证工人的数量和主导施工机械的生产效率满足合理组织劳动的要求。

（3）施工段的界限应尽可能与结构界限（如沉降缝、伸缩缝等）吻合，或设在对建筑结构整体性影响小的部位，以保证建筑结构的整体性。

（4）施工段的数目要满足合理组织流水施工的要求。施工段过多，会降低施工速度，延长工期；施工段过少，不利于充分利用工作面，可能造成窝工。

（5）多层建筑物、构筑物或需要分层施工的工程，应既分施工段，又分施工层。各专业工作队依次完成第一施工层中各施工段任务后，转入第二施工层的施工段上作业，依此类推，以确保相应专业队在施工段与施工层之间连续、均衡、有节奏地进行流水施工。

3. 时间参数

时间参数是在组织流水施工时，表达流水施工在时间安排上所处状态的参数，主要包括流水节拍、流水步距和工期等。

（1）流水节拍。流水节拍是指在组织流水施工时，某个专业队在一个施工段上的施工持续时间，以符号 t 表示。

（2）流水步距。流水步距是指两个相邻的专业队进入流水作业的时间间隔，以符号 K 表示。

（3）工期。工期是指从第一个专业队投入流水作业开始，到最后一个专业队完成最后一个施工过程的最后一段工作、退出流水作业为止的整个持续时间。由于一项工程往往由许多流水组构成，因此这里所说的是流水组的工期，而不是整个工程的总工期。工期可用符号 T 表示。

（4）平行搭接时间。在组织流水施工时，有时为了缩短工期，在工作面允许的条件下，如果前一个专业工作队完成部分施工任务后，能够提前为后一个专业工作队提供工作面，后者就可提前进入前一个施工段，两者在同一施工段上平行搭接施工。这个搭接的时间称为平行搭接时间，通常用 C 来表示。

（5）技术间歇时间。技术间歇时间是指流水施工中某些施工过程完成后需要的合理的工艺间歇（等待）时间。技术间歇时间与材料的性质和施工方法有关。设备基础在浇筑混凝土后，必须经过一定的养护时间，使基础达到一定强度后才能进行设备安装；设备涂刷底漆后，必须经过一定的干燥时间，才能涂面漆。技术间歇时间通常用 Z 表示。

(6)组织间歇时间。组织间歇时间是指流水施工中某些施工过程完成后,根据组织管理的需要而产生的间歇时间,如必要的检查验收或施工过程准备时间。组织间歇时间用 G 表示。

任务单元四 网络计划技术

工程网络计划包括双代号网络计划、双代号时标网络计划、单代号网络计划、单代号搭接网络计划等。

我国在工程中常用的是双代号网络计划和双代号时标网络计划。双代号时标网络计划兼有网络图与横道图的优点,能够清楚地将网络计划的时间参数直观地表达出来,随着计算机应用技术的发展成熟,双代号时标网络计划目前已成为应用最为广泛的一种网络计划。

一、双代号网络计划

双代号网络图是以箭线及其两端节点的编号表示工作的网络图,如图 3-10 所示。

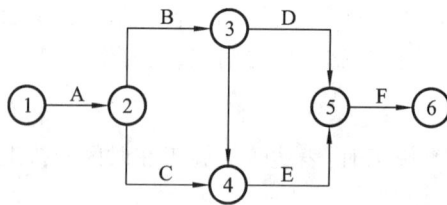

图 3-10 双代号网络图

1.箭线

工作泛指一项需要消耗人力、物力和时间的具体活动过程,也称工序、活动、作业。在双代号网络图中,每一条箭线表示一项工作。箭线的箭尾节点表示该工作的开始,箭线的箭头节点表示该工作的完成。工作名称可标注在箭线的上方,该项工作的持续时间可标注在箭线的下方,如图 3-11 所示。一项工作需用一条箭线和其箭尾与箭头处两个圆圈中的号码来表示,故称为双代号网络计划。

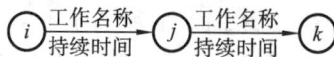

图 3-11 双代号网络图工作的表示方法

在双代号网络图中,任意一条实箭线都要占用时间,多数情况下要消耗资源。在建设工程中,一条箭线表示项目中的一个施工过程,它可以是一道工序、一个分项工程、一个分部工程或一个单位工程,其粗细程度和工作范围的划分根据计划任务的需要确定。

在双代号网络图中,为了正确地表达图中工作之间的逻辑关系,往往需要应用虚箭线。虚箭线是实际工作中并不存在的一项虚设工作,既不占用时间,也不消耗资源,一般是为了表达正确的逻辑关系,在双代号网络图中起工作之间的联系、区分和断路三个作用。

(1)联系作用是指应用虚箭线正确表达工作之间相互依存的关系。

(2)区分作用是指双代号网络图中每一项工作都必须用一条箭线和两个代号表示,若两项或者多项工作的开始和完成节点的代号相同,应使用虚工作加以区分,如图 3-12 所示。

(3)断路作用是用虚箭线断掉多余联系,即在双代号网络图中,无逻辑联系的工作被连接上时,应加上虚工作将其断开。

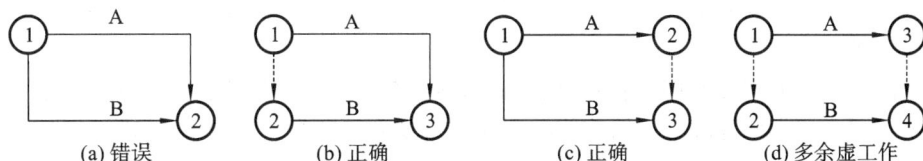

图 3-12　虚箭线的区分作用

在无时间坐标的网络图中,箭线的长度原则上可以任意画,其占用的时间以下方标注的时间参数为准。箭线可以为直线、折线或斜线,但其行进方向均应从左向右。在有时间坐标的网络图中,箭线的长度必须根据完成该工作所需时间的长短按比例绘制。

在双代号网络图中,通常将工作用前后节点的代号表示。紧排在本工作之前的工作称为紧前工作,紧排在本工作之后的工作称为紧后工作,与之平行进行的工作称为平行工作,如图 3-13 所示。

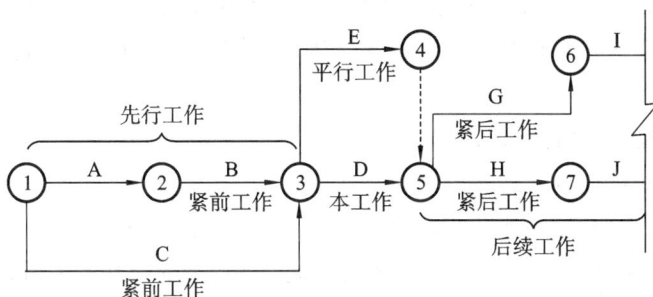

图 3-13　双代号网络图中工作的相对关系

2.节点(又称结点、事件)

节点是网络图中箭线之间的连接点。在时间上,节点表示指向某节点的工作全部完成后该节点后面的工作才能开始的瞬间,它反映前后工作的交接点。网络图中有三个类型的节点。

(1)起点节点,即网络图的第一个节点,它只有外向箭线(由节点向外指的箭线),一般表示一项任务或一个项目的开始。

(2)终点节点,即网络图的最后一个节点,它只有内向箭线(指向节点的箭线),一般表示一项任务或一个项目的完成。

(3)中间节点,即网络图中既有内向箭线,又有外向箭线的节点。

在双代号网络图中,节点应用圆圈表示,并在圆圈内标注编号。一项工作应当只有唯一的一条箭线和相应的一对节点,且要求箭尾节点的编号小于其箭头节点的编号。网络图节点的编号顺序应从小到大,可不连续,但不允许重复。

3. 线路

网络图中从起点节点开始,沿箭头方向顺序通过一系列箭线与节点,最后到达终点节点的通路称为线路。在一个网络图中可能有很多条线路,线路中各项工作持续时间之和就是该线路的长度,即线路所需的时间。一般网络图有多条线路,可依次用该线路上的节点代号来记述。例如,图 3-10 中的线路有三条:1—2—3—5—6、1—2—4—5—6、1—2—3—4—5—6。

在各条线路中,持续总时间最长的线路称为关键线路,网络图中有时只有一条关键线路,有时会有多条关键线路。关键线路一般用双线或粗线标注。其他线路长度均小于关键线路,称为非关键线路。

4. 逻辑关系

网络图中工作之间相互制约或相互依赖的关系称为逻辑关系,包括工艺关系和组织关系,在网络图中均应表现为工作之间的先后顺序。

(1)工艺关系。生产性工作之间由工艺过程决定的、非生产性工作之间由工作程序决定的先后顺序称为工艺关系。例如,钢筋混凝土楼板的施工顺序为模板—钢筋—混凝土。

(2)组织关系。工作之间由于组织安排需要或资源(人力、材料、机械设备和资金等)调配需要而确定的先后顺序称为组织关系,如建筑群中各建筑物的先后开工顺序。

网络图必须正确地表达整个工程或任务的工艺流程和各工作开展的先后顺序,以及它们之间相互依赖和相互制约的逻辑关系。因此,绘制网络图时必须遵循一定的基本规则和要求。

5. 双代号网络计划时间参数

1)双代号网络计划时间参数的关系

双代号网络计划时间参数的关系如图 3-14 所示。ES(earliest start time)表示最早开始时间,LS(latest start time)表示最迟开始时间,EF(earliest finish time)表示最早完成时间,LF(latest finish time)表示最迟完成时间,TF(total float)表示总时差,FF(free float)表示自由时差。

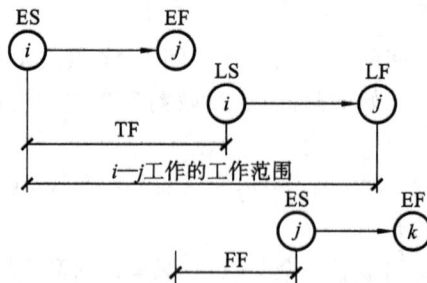

图 3-14 双代号网络计划时间参数的关系

2）双代号网络计划时间参数的含义

双代号网络计划时间参数的含义如表 3-2 所示。

表 3-2　双代号网络计划时间参数的含义

参数	含义	
ES	在紧前工作和有关时限约束下	该工作有可能开始的最早时刻
EF		该工作有可能完成的最早时刻
LS	在不影响整个项目按期完成和有关时限约束下	该工作最迟必须开始的时刻
LF		该工作最迟必须完成的时刻
TF	总时差，即在不影响总工期和有关时限的前提下，该工作可以利用的机动时间	
FF	自由时差，即在不影响其紧后工作最早开始和有关时限的前提下，该工作可以利用的机动时间	
D	工作持续时间，指一项工作从开始到完成的时间	
T_c	根据网络计划时间参数计算得出的工期，即计算工期	
T_t	指令性工期，即要求工期	
T_p	在要求工期和计算工期的基础上综合考虑需要和可能而确定的工期，即计划工期	

3）双代号网络计划时间参数计算

按工作计算法计算网络计划中各时间参数，其计算结果应标注在箭线之上，如图 3-15 所示。

$$\frac{ES_{i-j} \ \vert \ LS_{i-j} \ \vert \ TF_{i-j}}{EF_{i-j} \ \vert \ LF_{i-j} \ \vert \ FF_{i-j}}$$

$$i \xrightarrow[\text{持续时间}]{\text{工作名称}} j$$

图 3-15　按工作计算法的标注内容

双代号网络计划时间参数的计算方法如表 3-3 所示。

表 3-3　双代号网络计划时间参数的计算方法

参数	计算方法	
ES	起点节点	ES＝0
	其他节点	ES＝其紧前工作的 EF
		若有多个紧前工作，ES＝max｛所有紧前工作的 EF｝
	计算的顺序	应顺着箭头方向递推计算，即从起点节点的工作开始到终点节点的工作结束
EF	EF＝ES＋D	
LS	LS＝LF－D	

参数		计算方法
LF	终点节点	$LF=T_p$(计划工期)，一般取 $T_p=T_c$（T_c 为计算工期，等于终点节点工作 EF 的最大值）
	其他节点	LF=其紧后工作的 LS
		若有多个紧后工作，则 $LF=\min\{$所有紧后工作的 LS$\}$
	计算的顺序	应逆着箭头方向递推计算，即从终点节点的工作开始到起点节点的工作结束
TF		TF=LF−EF
		TF=LS−ES
FF	终点节点	$FF=T_p-EF$
	其他节点	FF=其紧后工作的 ES−本工作的 EF
		若有多个紧后工作，$FF=\min\{$其紧后工作的 ES$\}$−本工作的 EF

4）关键工作和关键线路的确定

（1）关键工作。

网络计划中总时差最小的工作是关键工作，判别条件如表 3-4 所示。

表 3-4　关键工作的判别条件

情况	判别条件
$T_p=T_c$	总时差为零的工作是关键工作
$T_p<T_c$	总时差最小的工作是关键工作

（2）关键线路。

全部由关键工作组成的线路为关键线路，或线路上总的工作持续时间最长的线路为关键线路。网络图上的关键线路可用双线或粗线标注。关键线路具有以下特点：

①关键线路的总持续时间代表整个网络图的计划总工期，延长关键线路上任何工作的作业时间都会导致总工期的延长。

②在同一个网络图中，至少存在一条关键线路。

③缩短某些关键工作的作业时间，有可能将关键线路转化为非关键线路。

【案例 3-2】

背景：已知网络计划的资料见表 3-5。

问题：1. 试绘制双代号网络图。

2. 若计划工期等于计算工期，试计算各项工作的六个时间参数。

3. 确定关键工作及关键线路，并标注在网络图上。

表 3-5 某网络计划工作逻辑关系及持续时间

工作	紧前工作	紧后工作	持续时间/d
A1	—	A2、B1	2
A2	A1	A3、B2	2
A3	A2	B3	2
B1	A1	B2、C1	3
B2	A2、B1	B3、C2	3
B3	A3、B2	D、C3	3
C1	B1	C2	2
C2	B2、C1	C3	4
C3	B3、C2	E、F	2
D	B3	G	2
E	C3	G	1
F	C3	I	2
G	D、E	H、I	4
H	G	—	3
I	F、G	—	3

【解】

1.根据表 3-5 中网络计划的有关资料,按照网络图的绘图规则,绘制双代号网络图,如图 3-16 所示。

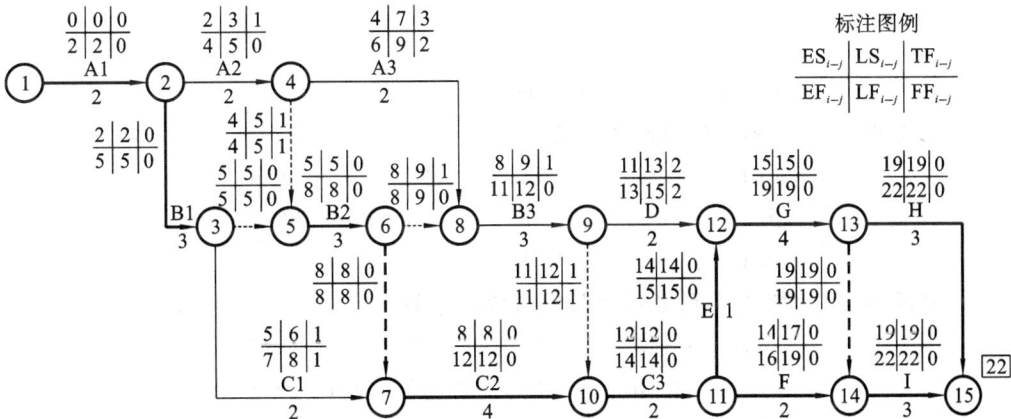

图 3-16 双代号网络图计算实例

2.计算各项工作的时间参数,并将计算结果标注在箭线上方相应的位置。

(1)计算各项工作的最早开始时间和最早完成时间。

从起点节点开始顺着箭线方向依次逐项计算到终点节点。

①以网络计划起点节点为开始节点的各项工作的最早开始时间为零。

工作 1—2 的最早开始时间 ES_{1-2} 从网络计划的起点节点开始,顺着箭线方向依次逐项计算,因未规定其最早开始时间 ES_{1-2},故按 $ES_{1-2}=0$ 确定。

②计算各项工作的最早开始时间和最早完成时间。

部分工作的最早开始时间的计算如下。

$$ES_{2-3}=ES_{1-2}+D_{1-2}=(0+2)\ d=2\ d$$
$$ES_{2-4}=ES_{1-2}+D_{1-2}=(0+2)\ d=2\ d$$
$$ES_{3-5}=ES_{2-3}+D_{2-3}=(2+3)\ d=5\ d$$
$$ES_{4-5}=ES_{2-4}+D_{2-4}=(2+2)\ d=4\ d$$

$$ES_{5-6}=\max\{ES_{3-5}+D_{3-5},ES_{4-5}+D_{4-5}\}=\max\{5+0,4+0\}\ d=\max\{5,4\}\ d=5\ d$$

工作的最早完成时间就是本工作的最早开始时间 ES_{i-j} 与本工作的持续时间 D_{i-j} 之和。

$$EF_{1-2}=ES_{1-2}+D_{1-2}=(0+2)\ d=2\ d$$
$$EF_{2-4}=ES_{2-4}+D_{2-4}=(2+2)\ d=4\ d$$
$$EF_{5-6}=ES_{5-6}+D_{5-6}=(5+3)\ d=8\ d$$

(2)确定计算工期 T_c 及计划工期 T_p。

已知计划工期等于计算工期,即网络计划的计划工期 T_p 取以终点节点为箭头节点的工作 13—15 和工作 14—15 的最早完成时间的最大值。

$$T_p=T_c=\max\{EF_{13-15},EF_{14-15}\}=\max\{22,22\}\ d=22\ d$$

(3)计算各项工作的最迟开始时间和最迟完成时间。

从终点节点(15 节点)开始逆着箭线方向依次逐项计算到起点节点(1 节点)。

①以网络计划终点节点为箭头节点的工作的最迟完成时间等于计划工期网络计划结束工作的最迟完成时间。

$$LF_{13-15}=T_p=22\ d$$
$$LF_{14-15}=T_p=22\ d$$

②计算各项工作的最迟开始时间和最迟完成时间。

依此类推,算出其他工作的最迟完成时间。

$$LF_{13-14}=LF_{14-15}-D_{14-15}=(22-3)\ d=19\ d$$
$$LF_{12-13}=\min\{LF_{13-15}-D_{13-15},LF_{13-14}-D_{13-14}\}=\min\{22-3,19-0\}\ d=19\ d$$
$$LF_{11-12}=LF_{12-13}-D_{12-13}=(19-4)\ d=15\ d$$

部分网络计划所有工作的最迟开始时间的计算如下。

$$LS_{14-15}=LF_{14-15}-D_{14-15}=(22-3)\ d=19\ d$$
$$LS_{13-15}=LF_{13-15}-D_{13-15}=(22-3)\ d=19\ d$$
$$LS_{12-13}=LF_{12-13}-D_{12-13}=(19-4)\ d=15\ d$$

③计算各项工作的总时差。

总时差可以用工作的最迟开始时间减去最早开始时间或用工作的最迟完成时间减去最早完成时间计算。

$$TF_{1-2}=LS_{1-2}-ES_{1-2}=(0-0)\ d=0\ d$$
$$TF_{2-3}=LS_{2-3}-ES_{2-3}=(2-2)\ d=0\ d$$

$$TF_{5-6}=LS_{5-6}-ES_{5-6}=(5-5)d=0\ d$$

④计算各项工作的自由时差。

网络计划中工作的自由时差等于紧后工作的最早开始时间减去本工作的最早完成时间。

$$FF_{1-2}=ES_{2-3}-EF_{1-2}=(2-2)d=0\ d$$
$$FF_{2-3}=ES_{3-5}-EF_{2-3}=(5-5)d=0\ d$$
$$FF_{5-6}=ES_{6-8}-EF_{5-6}=(8-8)d=0\ d$$

网络计划中的结束工作的自由时差的计算如下。

$$FF_{13-15}=T_p-EF_{13-15}=(22-22)d=0\ d$$
$$FF_{14-15}=T_p-EF_{14-15}=(22-22)d=0\ d$$

将以上计算结果标注在图中的相应位置。

3.确定关键工作及关键线路。

在图3-16中,最小的总时差是0,所以总时差为0 d的工作均为关键工作。

该例中的关键工作是A1、B1、B2、C2、C3、E、F、G、H、I。

在图3-16中,全由关键工作组成的关键线路用粗箭线进行标注。

二、双代号时标网络计划

双代号时标网络计划兼有网络计划和横道图的优点,能够清楚地表明计划的时间进程,各项工作的开始与完成时间、工作的自由时差、工期及关键线路可以在图上直接显示出来。因此,双代号时标网络计划的分析直观简单。某分部工程双代号时标网络计划如图3-17所示。

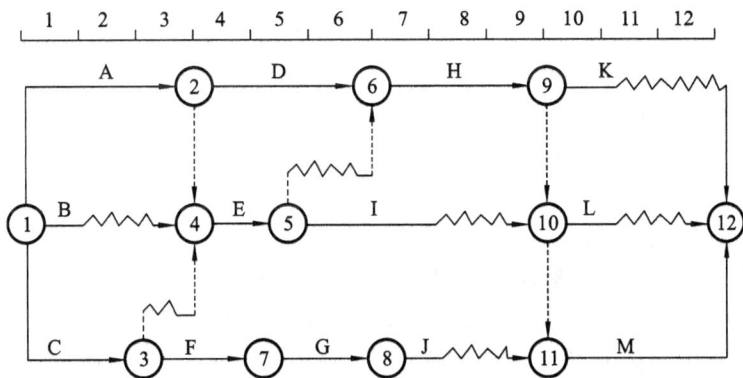

图3-17　某分部工程双代号时标网络计划

1.双代号时标网络计划中的相关含义

双代号时标网络计划中的相关含义如表3-6所示。

表3-6　双代号时标网络计划中的相关含义

类别	含义	说明
实箭线	实工作	应水平画,其水平投影长度表示该工作的持续时间
虚箭线	虚工作	应垂直画,虚工作持续时间为零,其波形线应水平画

类别	含义	说明
波形线	工作的自由时差	表示工作或线路的机动时间
关键线路	逆着箭线方向没有波形线的线路	判断关键工作

2. 双代号时标网络计划的编制

根据《工程网络计划技术规程》(JGJ/T 121—2015)，双代号时标网络计划应符合下列规定。

(1)双代号时标网络计划应以水平时间坐标为尺度表示工作时间，时标的时间单位应根据需要在编制网络计划之前确定，可为小时、天、周、旬、月、季或年。

(2)双代号时标网络计划应以实箭线表示实工作，以虚箭线表示虚工作，以波形线表示工作的自由时差。

(3)双代号时标网络计划中所有符号在时间坐标上的水平投影位置，都必须与其时间参数相对应。节点中心必须对准相应的时标位置。虚工作必须以垂直方向的虚箭线表示，有自由时差时应用波形线表示。

双代号时标网络计划编制的要求如下。

(1)双代号时标网络计划可按最早时间编制，也可按最迟时间编制，一般安排计划宜早不宜迟，因此通常采用按最早时间编制的方法。

(2)编制双代号时标网络计划之前，应先按已确定的时间单位绘出时标计划表。时标可标注在时标计划表的顶部或底部。时标的长度单位必须注明。可在顶部时标之上或底部时标之下加注日历的对应时间。

(3)采用间接法绘制时标网络计划可按下列步骤进行：

①绘制出无时标网络计划；

②计算各节点的最早时间；

③根据节点最早时间在时标计划表上确定节点的位置；

④按要求连线，某些工作箭线长度不足以达到该工作的完成节点时，用波形线补足。

(4)采用直接法绘制时标网络计划可按下列步骤进行：

①将起点节点定位在时标计划表的起始刻度线上；

②按工作持续时间在时标计划表上绘制起点节点的外向箭线；

③其他工作的开始节点必须在所有紧前工作都绘出以后，定位在这些紧前工作最早完成时间最大值的时间刻度上，某些工作的箭线长度不足以到达该节点时，用波形线补足，箭头画在波形线与节点连接处；

④从左至右依次确定其他节点位置，直至网络计划终点节点，绘图完成。

3. 双代号时标网络计划的关键工作和关键线路

逆着箭线方向，自始至终不出现波形线的线路即为关键线路。关键线路上的工作即为关键工作。

4. 双代号时标网络计划的计算工期

双代号时标网络计划的计算工期应等于终点节点对应的时标值与起点节点对应的时

标值之差。

5. 双代号时标网络计划时间参数的计算

双代号时标网络计划时间参数的计算方法如表 3-7 所示。

表 3-7　双代号时标网络计划时间参数的计算方法

参数		计算方法
ES		工作箭线左端节点中心对应的时标值
EF	工作箭线中不存在波形线	右端节点中心对应的时标值
	工作箭线中存在波形线	工作箭线实线部分右端点对应的时标值
LS		LS＝ES＋TF
LF		LF＝EF＋TF
TF	终点节点	TF＝T_p－EF
	其他节点	TF＝min{其紧后工作的 TF}＋本工作的 FF
FF	终点节点	FF＝T_p－EF
	其他节点	FF＝该工作箭线中波形线的水平投影长度

【案例 3-3】

背景:某分部工程双代号时标网络计划如图 3-18 所示。

问题:计算工作 B、C、E 的总时差及工作 G 的自由时差,确定网络图的关键线路。

【解】

(1)对于双代号时标网络计划的识读应首先找出关键线路,并用粗线表示,如图 3-18 所示。在双代号时标网络图中,没有波形线的通路是关键线路,则此网络图的关键线路为 A—D—H—M。

(2)在双代号时标网络图中,工作的波形线长度为自由时差,因此工作的自由时差可以直接在图中读出。工作 G 没有自由时差,即 $FF_G＝0$ d。

(3)最后一项工作的总时差＝本身的自由时差,其他工作的总时差＝紧后工作总时差的最小值＋本工作的自由时差。由图可知:$TF_B＝(1.5＋2)$ d＝3.5 d;$TF_C＝(2＋0)$ d＝2 d;$TF_E＝(0＋1.5)$ d＝1.5 d。

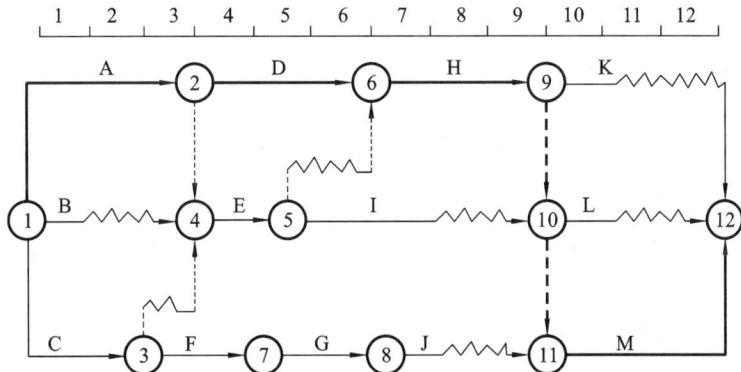

图 3-18　在双代号时标网络计划中用粗线标出关键线路

三、单代号网络计划

单代号网络计划是由单代号网络图进行表达的。单代号网络图是由一个节点表示一项工作,以箭线表示工作顺序的网络图,如图 3-19 所示。

单代号网络图工作间的逻辑关系容易表达,且不用虚箭线,便于检查和修改,但不易绘制成时标网络计划,使用不直观。单代号网络计划在国内工程的实际应用中不如双代号网络计划常见。

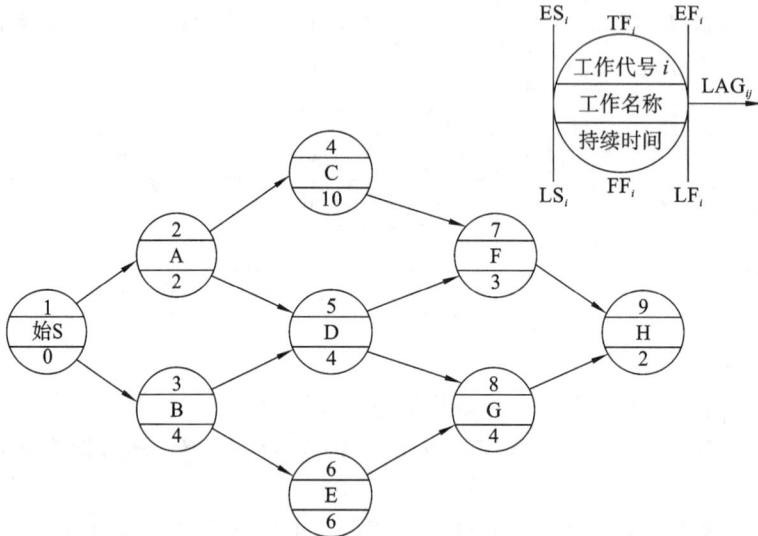

图 3-19 单代号网络图

1. 单代号网络图的基本构成与符号

在单代号网络图中,箭线表示相邻工作之间的逻辑关系。一个节点表示一项工作,一般用圆圈或矩形表示。节点表示的工作名称、持续时间和工作代号等应标注在节点内,如图 3-20 所示。

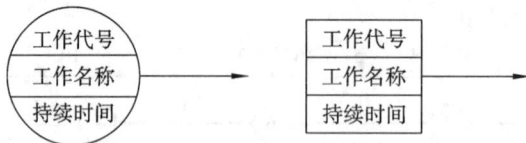

图 3-20 单代号网络图的节点形式

2. 单代号网络图的绘制

单代号网络图的绘图规则基本上与双代号网络图相同,比双代号网络图更容易绘制。其不同之处主要有两点。

(1)单代号网络图不需要设置虚工作。

(2)当单代号网络图中有多项起始工作或多项结束工作时,应在网络图的两端设置一项虚拟的工作,作为网络图的起点节点和终点节点。

在绘制单代号网络图时,可参照图 3-21 进行时间参数的标注。

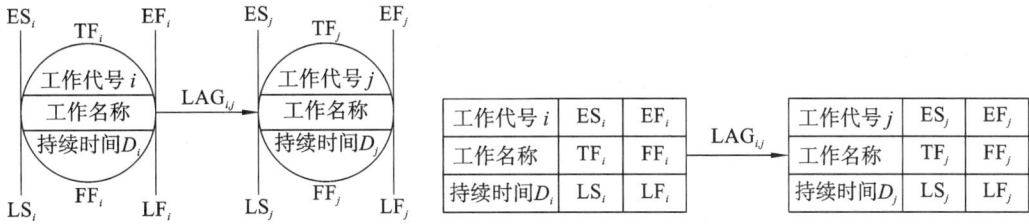

图 3-21 单代号网络图时间参数的标注

3. 单代号网络计划时间参数的计算

单代号网络计划与双代号网络计划只是表现形式不同,它们所表达的内容完全一样。单代号网络计划时间参数的计算方法如表 3-8 所示。

表 3-8 单代号网络计划时间参数的计算方法

参数		计算方法
ES	起点节点	$ES=0$
	其他节点	$ES=$ 其紧前工作的 EF
		若有多个紧前工作,$ES=\max\{$所有紧前工作的 $EF\}$
	计算的顺序	应顺着箭头方向递推计算,即从起点节点的工作开始到终点节点的工作结束
EF		$EF=ES+D$
LS		$LS=LF-D$
		$LS=ES+TF$
LF	终点节点	$LF=T_p$(计划工期),一般取 $T_p=T_c$(T_c 为计算工期,等于终点节点工作的 EF)
	其他节点	$LF=$ 其紧后工作的 LS
		若有多个紧后工作,则 $LF=\min\{$所有紧后工作的 $LS\}$
	计算的顺序	应逆着箭头方向递推计算,即从终点节点的工作开始到起点节点的工作结束
TF	终点节点	$TF=T_p-EF$
	其他节点	$TF=\min\{$其紧后工作的 $TF+$本工作与其紧后工作之间的 LAG(时间间隔)$\}$ ($LAG=$ 其紧后工作的 $ES-$本工作的 EF)
FF	终点节点	$FF=T_p-EF$
	其他节点	$FF=$本工作与其紧后工作之间的 LAG,若有多个紧后工作, 则 $FF=\min\{$本工作与其紧后工作之间的 $LAG\}$

【案例 3-4】

背景:某分部工程单代号网络计划如图 3-22 所示。

问题:试用图上计算法计算工作的六个时间参数和 LAG,判断关键线路。

【解】

(1)计算工作的最早开始时间和最早完成时间。

工作最早时间的计算应从网络计划的起点节点开始,顺着箭线方向按节点编号从小到大的顺序依次进行,如图 3-22 所示。

①网络计划起点节点代表的工作的最早开始时间未规定时取值为零。

②工作的最早完成时间应等于本工作的最早开始时间与持续时间之和。

③其他工作的最早开始时间应等于其紧前工作最早完成时间的最大值。

(2)网络计划的计算工期等于其终点节点代表的工作的最早完成时间。

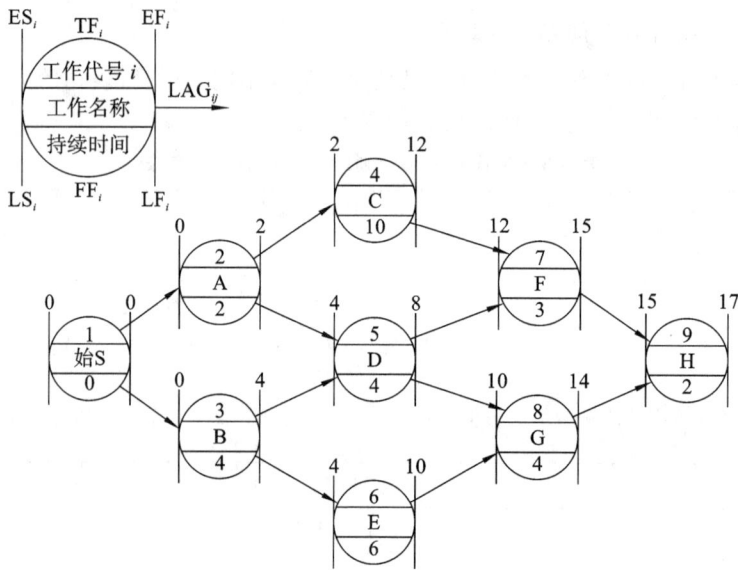

图 3-22 单代号网络计划工作最早时间的计算

(3)计算相邻两项工作之间的时间间隔(LAG_{ij})。

相邻两项工作之间的时间间隔是指其紧后工作的最早开始时间与本工作最早完成时间的差值,如图 3-23 所示。

(4)计算工作的总时差。

工作总时差的计算应从网络计划的终点节点开始,逆着箭线方向按节点编号从大到小的顺序依次进行。

①网络计划终点节点代表的工作的总时差应等于计划工期与计算工期之差。当计划工期等于计算工期时,该工作的总时差为零。

②其他工作的总时差等于本工作与其各紧后工作之间的时间间隔与该紧后工作的总时差之和的最小值,如图 3-24 所示。

(5)计算工作的自由时差。

①网络计划终点节点代表的工作的自由时差等于计划工期与本工作的最早完成时间之差。

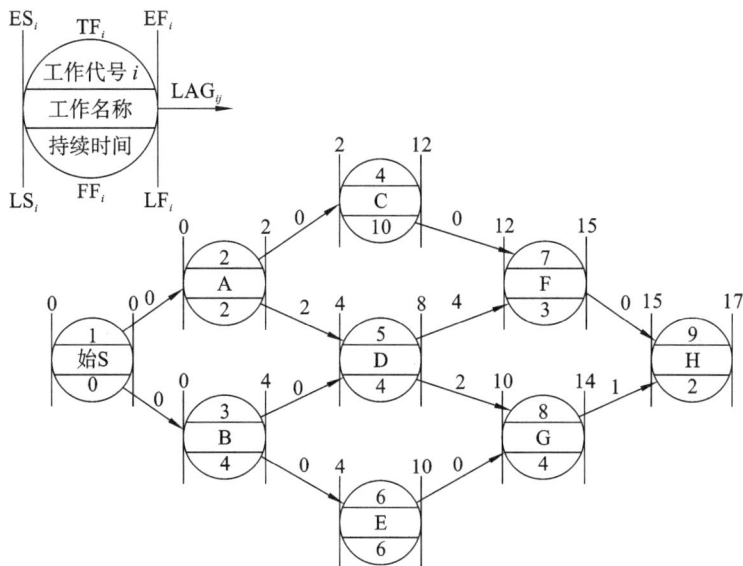

图 3-23 单代号网络计划时间间隔的计算

②其他工作的自由时差等于本工作与其紧后工作之间时间间隔的最小值,如图 3-24 所示。

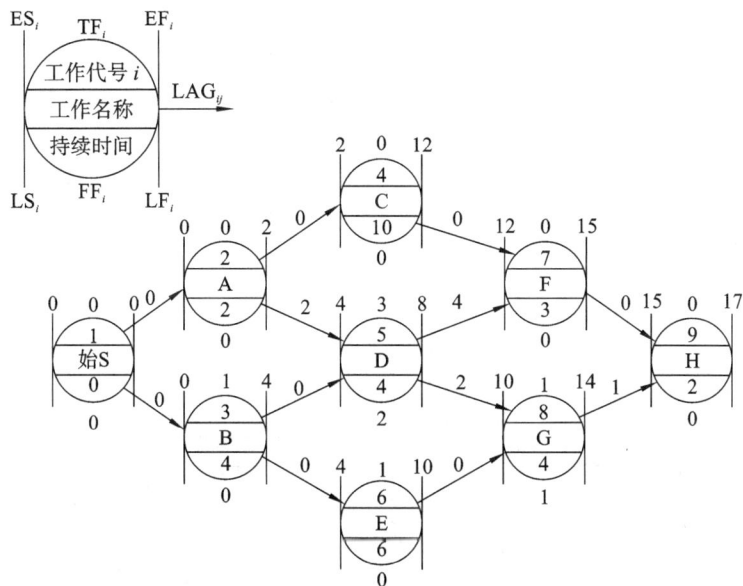

图 3-24 单代号网络计划总时差和自由时差的计算

(6)计算工作的最迟完成时间和最迟开始时间。

工作的最迟完成时间和最迟开始时间可根据总时差计算。

①工作的最迟完成时间等于本工作的最早完成时间与其总时差之和。

②工作的最迟开始时间等于本工作的最早开始时间与其总时差之和,计算如图 3-25 所示。

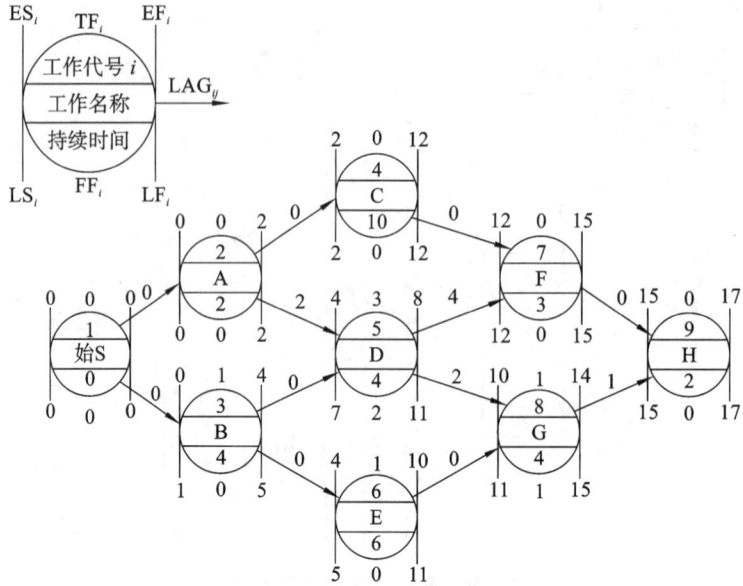

图 3-25　单代号网络计划工作最迟时间的计算

（7）确定网络计划的关键线路。

①利用关键工作确定关键线路。

如前所述,总时差最小的工作为关键工作。将这些关键工作相连,并保证相邻两项关键工作之间的时间间隔为零而构成的线路就是关键线路。

②利用相邻两项工作之间的时间间隔确定关键线路。

从网络计划的终点节点开始,逆着箭线方向依次找出相邻两项工作之间时间间隔为零的线路就是关键线路。在网络计划中,关键线路可以用粗箭线或双箭线标出,如图 3-26 所示。

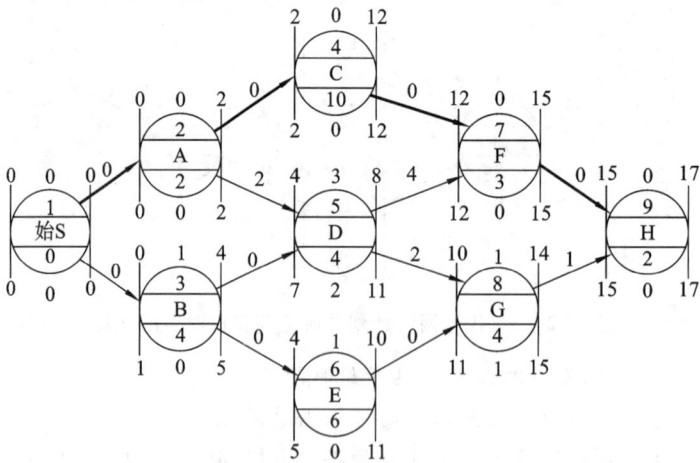

图 3-26　单代号网络计划的关键线路

任务单元五　建设工程项目进度计划的实施与检查

一、建设工程项目进度计划的实施

工程项目进度计划的实施实际上就是进度目标的过程管理,在这一阶段应主要做好以下工作:编制年、季、月、旬、周作业计划和施工任务书,明确负责人,记录计划实施的实际情况,调整进度计划。

1.年、季、月、旬、周作业计划

施工组织设计中编制的施工进度计划,是按整个项目(或单位工程)编制的,具有一定的控制性(或指导性),但不能满足施工作业(操作)的要求。实际作业时是按年(或季)、月(或旬、周)的作业计划和施工任务书执行的,故应认真编制作业计划。

作业计划除依据施工进度计划编制外,还应依据现场情况及年(季)、月(旬、周)的具体要求编制。作业计划以贯彻施工进度计划、明确当期任务及满足作业要求为前提。大型项目的工期往往有几年,这就需要编制年(季)度施工进度计划,所以实现施工总进度计划对于单位工程来说,月(旬、周)计划有实施作业的作用要求,因此要具体编制成作业计划,也就是将施工进度计划转化为作业计划,由指导性转化为操作性。作业计划应在单位工程施工进度计划的基础上分段细化编制。年、季、月、旬、周作业计划应逐级落实,最终以施工任务书的形式落实到施工班组实施。

2.施工任务书

施工任务书是向施工班组下达施工任务的一种工具,如表 3-9 所示。施工任务书的背面是考勤表。限额领料单、材料发放记录表随施工任务书下达并流转,它是进行材料管理和核算的良好手段,如表 3-10 和表 3-11 所示。施工任务书是面向施工班组的一份计划文件,也是一份核算文件,还是作业实施的原始记录。它把作业计划下达到施工班组,并将计划执行与技术管理、质量管理、安全管理、成本核算、原始记录和资源管理等融为一体。

3.生产调度

在施工进度计划的实施过程中,管理人员应跟踪计划的实施并进行监督,当发现进度计划执行受到干扰时,应采取调度措施。调度工作主要对进度控制起协调作用,协调配合关系,排除施工中出现的各种矛盾,克服薄弱环节,实现动态平衡。调度工作的内容包括检查作业计划执行中出现的问题,找出原因并采取措施解决;督促供应单位按进度要求供应资源;控制施工现场临时设施的使用;按计划进行作业条件准备;传达决策人员的决策意图;发布调度令等。调度工作要求做到及时、灵活、准确和果断。

表 3-9　施工任务书

项目名称			编号		开工日期		考勤记录						
部位名称			签发人		交底人		姓名			日期			
施工班组			签发日期		回收日期								
定额编号	分项工程名称	单位	定额情况				实际完成情况						
			工程量	时间定额	定额工数		工程量	实需工数	实耗工数	工效/（%）			
				定额系数									
小计													
材料名称	单位	单位定额	定额数量	实需数量	实耗数量	施工要求及注意事项							
						验收内容	签证人						
						质量分							
						安全分							
						文明施工分		合计					

计划施工日期：　　　　　　实际施工日期：　　　　　　工期偏差：

表 3-10　限额领料单

　　　　　　　　　　　　　　　　　　　　　　　　　　　　　　年　　　月　　　日

单位工程		施工预算工程量			任务单编号			
分项工程		实际工程量			执行班组			
材料名称	规格	单位	施工定额	计划用量	实际用量	计划单价	金额	级配	节约	超用

表 3-11 材料发放记录表

日期	名称、规格	单位	数量	领用人

二、建设工程项目进度计划的检查

1. 进度计划的检查方法

（1）计划执行中的跟踪检查。在网络计划的执行过程中，必须建立相应的检查制度，定期对计划的实际执行情况进行跟踪检查，收集反映实际进度的有关数据。

（2）收集数据的加工处理。反映实际进度的原始数据量大面广，必须对其进行整理、统计和分析，形成与计划进度具有可比性的数据，以便在网络图上进行记录。根据记录的结果可以分析判断进度的实际状况，及时发现进度偏差，为网络图的调整提供信息支持。

2. 实际进度检查的方式

（1）当采用时标网络计划时，可采用实际进度前锋线记录计划实际执行状况，进行实际进度与计划进度的比较。

实际进度前锋线是在原时标网络计划上，自上而下从计划检查时刻的时标点出发，用点画线依次将各项工作实际进度达到的前锋点连接而成的折线。通过实际进度前锋线与原进度计划中各工作箭线交点的位置可以判断实际进度与计划进度的偏差。图 3-27 所示是一份时标网络计划用前锋线进行检查记录的实例。该图有 2 条前锋线，分别记录了第 4 周、第 10 周的检查结果。检查发现：第 4 周末检查时工作 A 拖后 1 周，影响工期 1 周，工作 B 拖后 2 周，影响工期 1 周，工作 C 进度正常；第 10 周检查时工作 I 提前 1 周，但不可使工期提前 1 周，工作 H 进度正常，工作 G 拖后 1 周，但不影响工期。

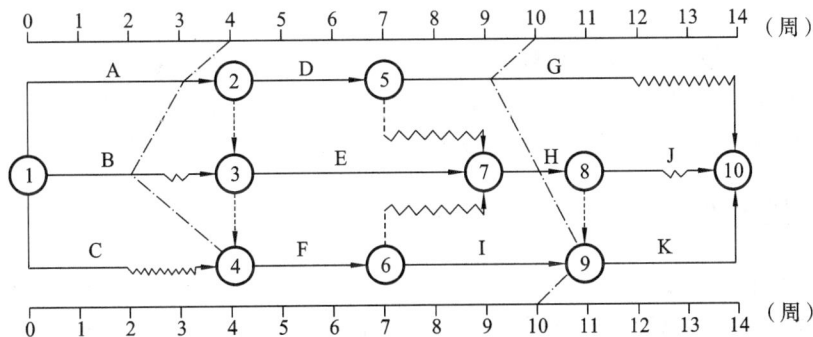

图 3-27 实际进度前锋线实例

（2）当采用无时标网络计划时，可在图上直接用文字、数字、适当符号或列表记录计划的实际执行状况，进行实际进度与计划进度的比较。

3. 网络计划检查的主要内容

（1）关键工作的进度。

（2）非关键工作的进度及时差利用情况。

（3）实际进度对各项工作之间逻辑关系的影响。

（4）资源状况。

（5）成本状况。

（6）存在的其他问题。

4. 对检查结果进行分析判断

对网络计划执行情况检查的结果进行分析判断，可为计划的调整提供依据，一般应进行如下分析判断。

（1）对时标网络计划，宜利用绘制的实际进度前锋线，分析计划的执行情况及其发展趋势，对未来的进度做出预测、判断，找出偏离计划目标的原因及可供挖掘的潜力。

（2）对无时标网络计划，宜按表 3-12 记录的情况，对计划中未完成的工作进行分析判断。

表 3-12 网络计划检查结果分析表

工作编号	工作名称	检查时尚需工作天数/d	按计划最迟完成尚有天数/d	总时差/d		自由时差/d		情况分析
				原有	目前尚有	原有	目前尚有	

任务单元六　建设工程项目实际进度与计划进度的比较方法

进度计划的检查方法主要是对比法，即将实际进度与计划进度进行对比，从而发现偏差，以便调整或修改计划，主要在图上对比。根据进度计划图形的不同，有多种实际进度与计划进度的比较方法，主要有横道图比较法、前锋线比较法和香蕉形曲线比较法等。

一、横道图比较法

横道图比较法就是将项目实施中针对工作任务检查实际进度收集到的信息经过整理后直接用横道双线（彩色线或其他线型）并列标注于原计划的横道单线下方（或上方），进行直观比较的方法。某工程的实际进度与计划进度的比较如图 3-28 所示。从比较中可以看出，在第 9 天末进行施工进度检查时，挖土方、垫层工作已经完成；支模板的工作按计划进度应当完成,而实际只完成了75%的任务,已经拖欠了25%的工作任务;绑钢筋工作应完成3天的工作任务,而实际只完成了1天的工作任务,施工实际进度比计划进度拖后了2天。

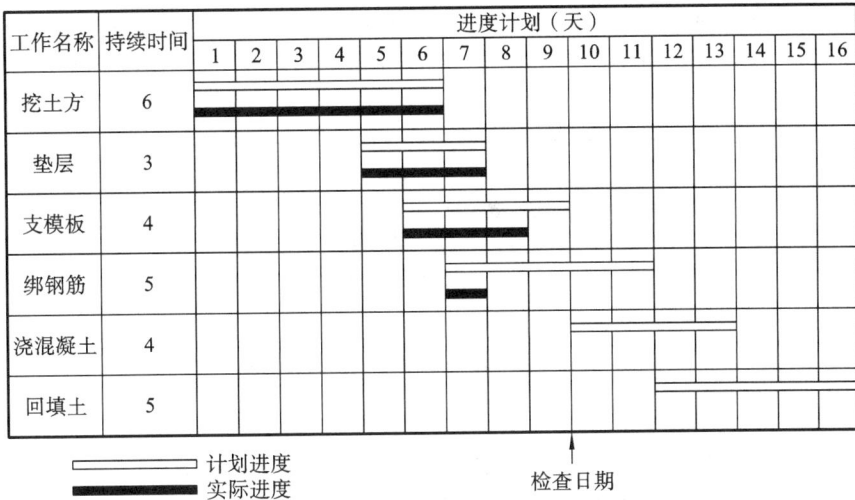

图3-28 横道图比较法示例

上述记录与比较,为进度控制者提供了施工实际进度与计划进度之间的偏差信息,为采取调整措施提供了明确的任务。这是人们进行施工项目进度控制经常用的一种简单、熟悉的方法。但是它仅适用于施工中的各项工作都是按均匀的速度进行的情况,即每项工作在单位时间里完成的任务量都是相等的。

完成任务量可以用实物工程量、劳动消耗量和工作量三种物理量表示,为了便于比较,一般用实际完成量的累计百分比与计划完成量的累计百分比进行比较。

由于施工项目施工中各项工作的速度不同,以及进度控制要求和提供的进度信息不同,我们可以采用以下几种横道图比较法。

1.匀速施工横道图比较法

匀速施工是指施工项目中,每项工作的施工进展都是匀速的,即在单位时间内完成的任务量都是相等的,累计完成的任务量与时间呈线性关系。匀速施工横道图比较法是把在项目施工中检查实际进度收集到的信息经整理后直接用横道线并列标注于原计划的横道线上进行直观比较的方法,一般是按比例用涂黑粗线(或其他图案)标注于计划进度线的上方、下方或中间,如图3-29所示。

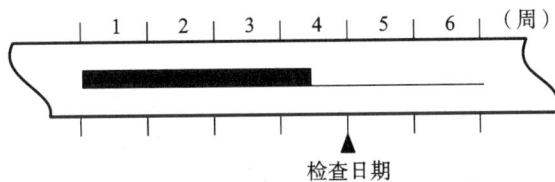

图3-29 匀速施工横道图比较法示例

2. 非匀速施工横道图比较法

当工作在不同的单位时间里的施工速度不同时，可以采用非匀速施工横道图比较法。该方法在用涂黑粗线表示工作实际进度的同时，标出其对应时刻完成任务量的累计百分比，将该百分比与其同时刻计划完成任务量的累计百分比比较，判断工作的实际进度与计划进度之间的关系，如图 3-30 所示。此方法多采用双比例单侧横道图的画法，如图 3-31 所示。

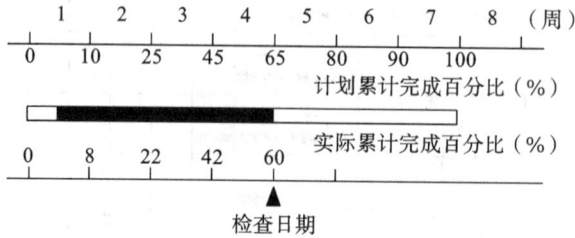

图 3-30　非匀速施工横道图比较法示例

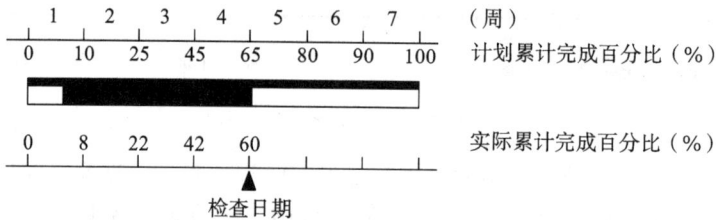

图 3-31　双比例单侧横道图比较法示例

3. 双比例双侧横道图比较法

双比例双侧横道图比较法是双比例单侧横道图比较法的改进和发展，它是将表示工作实际进度的涂黑粗线（或其他图案），按检查的期间和累计完成百分比交替地绘制在计划横道线上下两面，用长度表示该时间内完成的任务量。工作的实际累计完成百分比标于横道线下面的检查日期处，通过两个上下相对的百分比的比较，判断该工作的实际进度与计划进度之间的关系。这种比较方法可从各阶段的涂黑粗线（或其他图案）的长度看出各期间实际完成的任务量及本期间的实际进度与计划进度的关系，如图 3-32 所示。

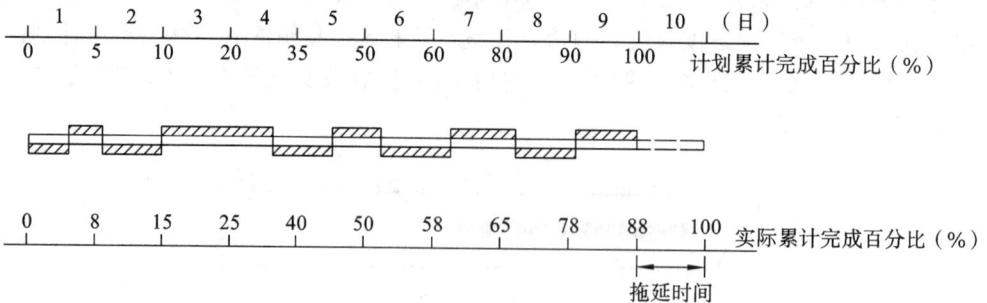

图 3-32　双比例双侧横道图比较法示例

双比例双侧横道图比较法除了能提供匀速施工横道图比较法与双比例单侧横道图比

较法这两种方法提供的信息外,还能用各段涂黑粗线表示在相应检查期间的工作实际进度,便于比较各阶段工作完成情况。但是其绘制方法和识别都比前两种方法复杂。

二、S 形曲线比较法

S 形曲线是一个以横坐标表示时间,以纵坐标表示累计工作量完成情况的曲线图。该图工作量可以用实物工程量、工时消耗或费用支出额表示,也可用相应的百分比表示。该曲线因形如"S"而得名。

1. S 形曲线绘制

以时间为横坐标,以累计工作量为纵坐标绘出的时间—累计工作量图的作图步骤如下。

(1)确定工程进展速度曲线。该曲线主要反映不同时间的工作量完成情况。

(2)计算不同时间累计完成的工作量。

(3)将不同时间累计完成的工作量用曲线连接起来,形成 S 形曲线。

2. S 形曲线比较

S 形曲线比较是将实施过程中定期检查收集的累计工程量数据与计划进度 S 形曲线进行比较。进度控制人员在计划实施前绘制出计划进度 S 形曲线,在项目实施过程中,按规定时间将检查的实际完成任务情况绘制在同一张计划进度 S 形曲线图上,可得出实际进度 S 形曲线,通过分析可以得到以下几个方面的信息。

(1)实际工程进展状况。当实际进展点落在计划 S 形曲线左侧时,表明实际进度比计划进度超前;若落在其右侧,则表示进度落后。

(2)实际进度比计划进度超前或者拖后的时间。ΔT_a 表示 T_a 时刻实际进度超前的时间,ΔT_b 表示 T_b 时刻实际进度拖后的时间。

(3)工程量的完成情况,体现超额完成的任务量和拖欠的任务量。ΔQ_a 表示在 T_a 时刻超额完成的任务量,ΔQ_b 表示在 T_b 时刻拖欠的任务量。

(4)预测工程进度。通过所绘成图形体现出来的时刻做出工期预测,判断是否需要调整进度。ΔQ 表示预测的工期偏差。

图 3-33 是项目运用 S 形曲线比较法绘制的 S 形曲线。

三、香蕉形曲线比较法

香蕉形曲线是两条 S 形曲线组合成的闭合曲线。从 S 形曲线比较法中得知,按某一时间开始的施工项目的进度计划在计划实施过程中的时间与累计完成任务量的关系都可以用一条 S 形曲线表示。一个施工项目的网络计划,在理论上总是分为最早和最迟两种开始与完成时间。因此,在一般情况下,任何一个施工项目的网络计划都可以绘制出两条曲线:一条是计划以各项工作的最早开始时间安排进度而绘制的 S 形曲线,称为 ES 曲线;另一条是计划以各项工作的最迟开始时间安排进度而绘制的 S 形曲线,称为 LS 曲线。两条 S 形曲线都是从计划的开始时刻开始,到完成时刻结束,因此两条曲线是闭合的。在一般情况下,ES 曲线上的各点均落在 LS 曲线相应点的左侧,形成形如香蕉的曲线,故称为香蕉形曲线,如图 3-34 所示。

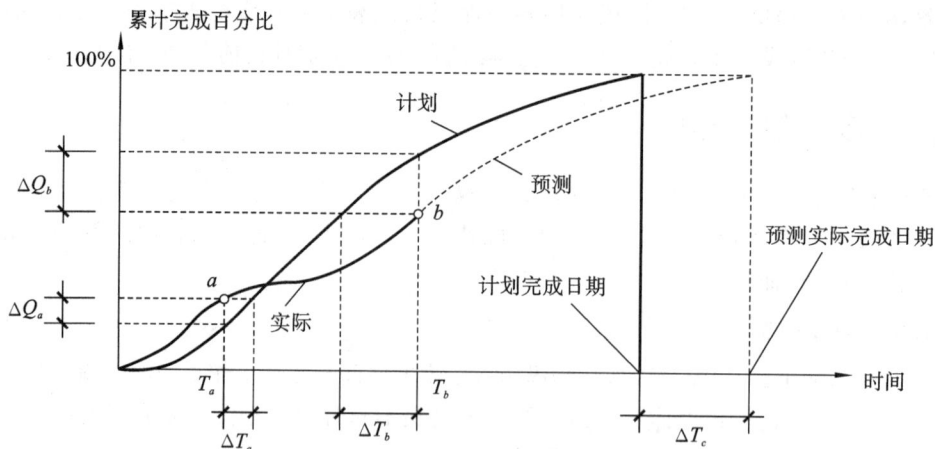

图 3-33　S 形曲线

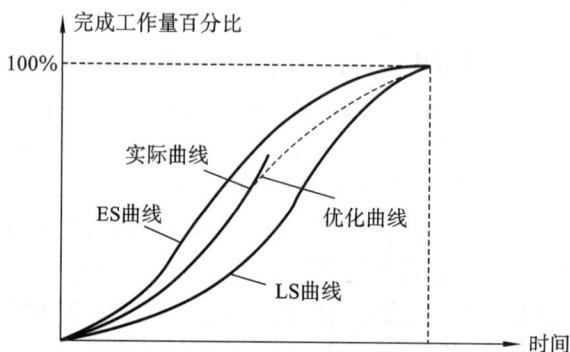

图 3-34　香蕉形曲线

在项目的实施中,进度控制的理想状况是任一时刻按实际进度描绘的点,均落在香蕉形曲线的区域内。

四、前锋线比较法

前锋线是指在原时标网络计划上,从检查时刻的时标点出发,用点画线依次将各项工作实际进展位置点连接而成的折线。前锋线比较法就是通过实际进度前锋线与原进度计划中各工作箭线交点的位置来判断工作实际进度与计划进度的偏差,进而判定该偏差对后续工作及总工期影响程度的一种方法。

采用前锋线比较法进行实际进度与计划进度的比较的步骤如下。

1. 绘制时标网络计划图

工程项目实际进度前锋线是在时标网络计划图上标示的,为清楚起见,可在时标网络计划图的上方和下方各设一时间坐标。

2. 绘制实际进度前锋线

一般从时标网络计划图上方时间坐标的检查日期开始绘制,依次连接相邻工作的实际进展位置点,最后与时标网络计划图下方坐标的检查日期连接。

工作实际进展位置点的标定方法有两种。

1)按该工作已完成任务量比例进行标定

假设工程项目中各项工作均为匀速进展,根据实际进度检查时刻该工作已完成任务量占其计划完成总任务量的比例,在工作箭线上从左至右按相同的比例标定其实际进展位置点。

2)按尚需作业时间进行标定

当某些工作的持续时间难以按实物工程量来计算而只能凭经验估算时,可以先估算出检查时刻到该工作全部完成尚需作业的时间,然后在该工作箭线上从右向左逆向标定其实际进展位置点。

3.进行实际进度与计划进度的比较

前锋线可以直观地反映出检查日期有关工作实际进度与计划进度的关系。对某项工作来说,实际进度与计划进度的关系可能存在以下三种情况。

(1)工作实际进展位置点落在检查日期的左侧,表明该工作实际进度拖后,拖后的时间为二者之差。

(2)工作实际进展位置点与检查日期重合,表明该工作实际进度与计划进度一致。

(3)工作实际进展位置点落在检查日期的右侧,表明该工作实际进度超前,超前的时间为二者之差。

4.预测进度偏差对后续工作及总工期的影响

通过实际进度与计划进度的比较确定进度偏差后,还可根据工作的自由时差和总时差预测该进度偏差对后续工作及项目总工期的影响。前锋线比较法既适用于工作实际进度与计划进度之间的局部比较,又可用来分析和预测工程项目整体进度状况。

例如,某分部工程施工网络计划,在第4天下班时检查,C工作完成了30%的工作量,D工作完成了25%的工作量,E工作已完成全部工作量,则实际进度前锋线为图3-35中点画线构成的折线。

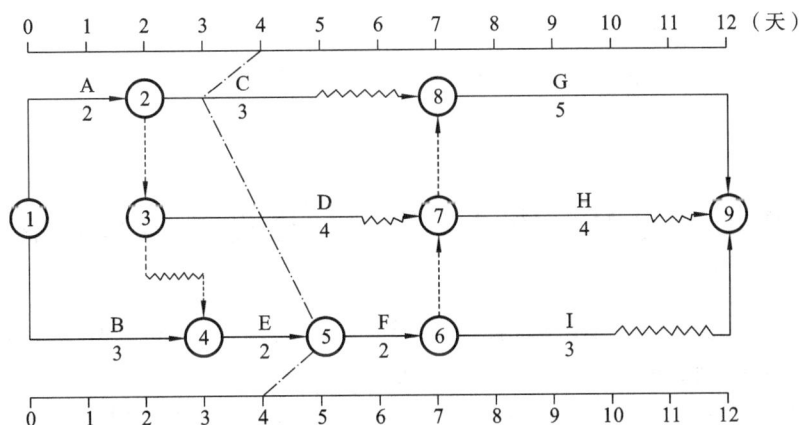

图3-35 某网络计划前锋线比较图

通过比较可以看出以下内容。

(1)工作 C 的实际进度拖后 1 天,其总时差和自由时差均为 2 天,既不影响总工期,也不影响其后续工作的正常进行。

(2)工作 D 的实际进度与计划进度相同,对总工期和后续工作均无影响。

(3)工作 E 的实际进度提前 1 天,其为关键线路上的工作,将使其后续工作 F、I、H、G 的最早开始时间提前 1 天,从而使总工期提前 1 天。

五、列表比较法

列表比较法是指记录检查时正在进行的工作的名称和已进行的天数,然后列表计算有关参数,根据原有总时差和尚有总时差比较实际进度与计划进度的方法。列表比较法的步骤如下:

①计算检查时正在进行的工作;

②计算工作最迟完成时间;

③计算工作时差;

④列表分析工作实际进度与计划进度的偏差,如表 3-13 所示。

表 3-13　工程进度检查结果分析表示例

工作代号	工作名称	检查计划时尚需作业周数	到计划最迟完成时尚余周数	原有总时差	尚有总时差	情况判断
5—8	F	4	4	1	0	拖后 1 周,但不影响工期
6—7	G	1	0	0	−1	拖后 1 周,影响工期 1 周
4—8	H	3	4	2	1	拖后 1 周,但不影响工期

在运用列表比较法时,工作实际进度与计划进度的偏差可能有以下几种情况。

①若工作尚有总时差与原有总时差相等,则说明该工作的实际进度与计划进度一致。

②若工作尚有总时差小于原有总时差,但仍为正值,则说明该工作的实际进度比计划进度拖后,产生偏差值为二者之差,但不影响总工期。

③若尚有总时差为负值,则说明对总工期有影响,应当调整计划。

任务单元七　建设工程项目进度计划的调整

在计划执行过程中,由于组织、管理、经济、技术、资源、环境和自然条件等因素的影响,实际进度与计划进度往往会产生偏差。偏差如果不能及时纠正,必将影响进度目标的实现。因此,在计划执行过程中采取相应措施来进行管理,对保证计划目标的顺利实现具有重要意义。

进度计划执行中的管理工作主要有以下几个方面:

①检查并掌握实际进度的情况；

②分析产生进度偏差的主要原因；

③确定相应的纠偏措施或调整方法。

一、工程项目进度偏差分析

通过分析和比较，如发现实际进度和计划进度产生偏差（实际进度提前或落后于计划进度），这时就要对导致偏差的原因进行分析。

1. 分析产生进度偏差的原因

在工程项目实施过程中，实际进度和计划进度出现偏差时，进度管理者应该找出导致偏差的具体原因，并对导致偏差的原因进行分析。

进度偏差产生的原因是多方面的，概括起来主要有下述几个方面的原因。

（1）由业主方面的原因引起的进度偏差。

①业主提供的施工准备工作完成不足。

②业主未按期提供工程建设所需的技术资料。

③业主未按合同规定及时提供材料、设备及资金。

（2）由设计方面的原因引起的进度偏差。

①设计交底不清，使承包方对设计意图理解不够，造成技术处理方面的分歧而影响建设进度。

②设计变更频繁，工程量变化大或返工浪费大。

③设计单位对施工中出现的问题处理不及时，相互协调配合差。

（3）由施工方面的原因引起的进度偏差。

①施工组织设计得不到落实，管理混乱。

②施工技术方案变动频繁。

③材料、设备等供不应求。

④施工质量及施工安全事故的发生。

⑤施工调度失灵。

⑥与业主、设计等单位配合不协调。

（4）由监理单位方面的原因引起的进度偏差。

①重视质量控制而忽视进度控制。

②监理工程师履行职责不力，决策不果断，甚至发布错误指令。

③监理工程师未按建设合同规定及时处理工程建设中出现的问题，拖延工期。

④监理工程师与业主、设计及施工单位配合不协调。

（5）由不可抗拒的因素引起的进度偏差。

（6）由工期提前引起的进度偏差。

2. 分析偏差对后续工作的影响

实际进度和计划进度出现偏差时，一般会对后续工作产生两个方面的影响，即工期影响和资源影响。偏差的大小及其所处位置的不同，对后续工作和总工期的影响程度是不同的。进行分析时,一般利用网络计划中各项工作总时差和自由时差的大小进行判断。具体分析步骤如图 3-36 所示。

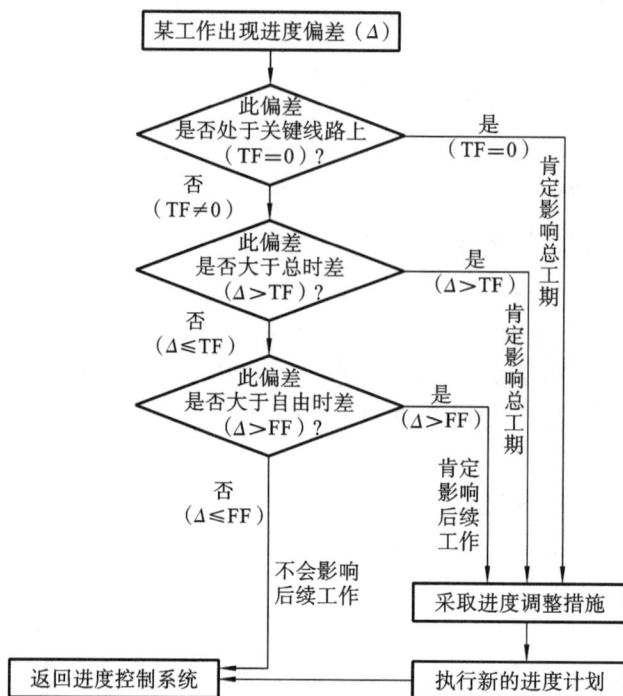

图 3-36　分析偏差对后续工作的影响流程图

(1)如果关键工作出现偏差,无论偏差多少,均对后续工作和总工期产生影响。

(2)如果非关键工作出现偏差,有以下几种情况。

①当 $\Delta \leq FF$ 时,对后续工作的最早开始时间和总工期均无影响。

②当 $FF < \Delta \leq TF$ 时,只对后续工作的最早开始时间有影响,对总工期无影响。

③当 $\Delta > TF$ 时,对后续工作的最早开始时间和总工期均产生影响。

(3)确定是否采取进度调整措施。

①如果进度偏差对总工期产生负面影响,应采取相应的调整措施。

②如果进度偏差未对总工期产生负面影响,但影响后续工作的开展,应根据具体情况,视后续工作的限制条件采取相应的措施。

③如果进度偏差对总工期和后续工作均无负面影响,则不需要采取调整措施,但应防止偏差继续变大。

二、建设工程进度计划的调整方法

1.网络计划调整的内容

(1)调整关键线路的长度。

(2)调整非关键线路时差。

(3)增、减工作项目。

（4）调整逻辑关系。

（5）重新估计某些工作的持续时间。

（6）对资源的投入做相应调整。

2. 网络计划调整的方法

1）调整关键线路的方法

当关键线路的实际进度比计划进度拖后时，应在尚未完成的关键工作中，选择资源强度小或费用低的工作并缩短其持续时间，并重新计算未完成部分的时间参数，将其作为一个新计划来实施。

当关键线路的实际进度比计划进度提前时，若不需要提前工期，可以选择资源占用量大或者直接费用高的后续关键工作并适当延长其持续时间，以降低其资源强度或费用；当确定要提前完成计划时，应将计划尚未完成的部分作为一个新计划，重新确定关键工作的持续时间，按新计划实施。

2）非关键线路时差的调整方法

非关键线路时差的调整应在其时差的范围内进行，以便更充分地利用资源、降低成本或满足施工的需要。每次调整后都必须重新计算时间参数，观察该调整对计划全局的影响。非关键线路时差可采用以下几种调整方法：

①将工作在其最早开始时间与最迟完成时间范围内调整；

②延长工作的持续时间；

③缩短工作的持续时间。

3）增、减工作项目时的调整方法

增、减工作项目时应符合下列规定：

①不打乱原网络计划总的逻辑关系，只对局部逻辑关系进行调整；

②在增、减工作项目后应重新计算时间参数，分析对原网络计划的影响，当对工期有影响时，应采取调整措施，以保证计划工期不变。

4）逻辑关系的调整方法

逻辑关系的调整只有当实际情况要求改变施工方法或组织方法时才可进行。调整时应避免影响原定计划工期和其他工作的顺利进行。

5）工作的持续时间的调整方法

当发现某些工作的原持续时间估计有误或实现条件不充分时，应重新估算其持续时间，并重新计算时间参数，尽量使原计划工期不受影响。

6）资源的投入的调整方法

当资源供应发生异常时，应采用资源优化方法对计划进行调整，或采取应急措施，使其对工期的影响最小。

网络计划的调整，可以定期进行，亦可根据计划检查的结果在必要时进行。工程进度计划调整的目的是使工程进度更加合理。客观上，对于既定的计划不要随意、频繁地调整，以免使工程处于高度不确定状态，不利于工程的管理，任何调整都应该是必要的和被迫做出的。对于工程进度管理来讲，"均衡"的理念是值得注重的。

【案例 3-5】

背景:某工程按双代号网络计划编制进度计划并组织施工,如图 3-37 所示。

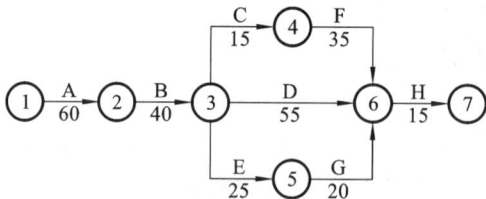

图 3-37 某工程的双代号网络计划

原计划工期是 170 d。在第 75 天进行进度检查时发现:工作 A 已全部完成,工作 B 刚开工。由于工作 B 是关键工作,工作 B 拖后 15 d 将导致总工期延长 15 d。本工程各工作相关参数见表 3-14。

表 3-14 各工作相关参数

序号	工作	最大可压缩时间/d	赶工费率/(元/d)
1	A	10	200
2	B	5	200
3	C	3	100
4	D	10	300
5	E	5	200
6	F	10	150
7	G	10	120
8	H	5	420

问题:1. 为使本工程仍按原工期完成,必须调整原计划,应如何调整原计划才能既经济又保证整个工作在计划的 170 d 内完成?列出详细的调整过程。

2. 试计算调整后所需投入的赶工费用。

3. 重新绘制调整后的进度计划网络图,并列出关键线路(以工作表示)。

【解】

1. 目前总工期拖后 15 d,此时的关键线路为 B—D—H。

(1)工作 B 的赶工费率最低,故先对工作 B 的持续时间进行压缩:工作 B 压缩 5 d,增加费用为 5×200 元=1000 元;总工期为(185-5) d=180 d;关键线路为 B—D—H。

(2)剩余关键工作中,工作 D 的赶工费率最低,故应对工作 D 的持续时间进行压缩。压缩工作 D 的同时,应考虑与之平行的各线路,以各线路工作正常进展、不影响总工期为限。所以工作 D 只能压缩 5 d,增加费用为 5×300 元=1500 元;总工期为(180-5) d=175 d;关键线路为 B—D—H 和 B—C—F—H。

(3)剩余关键工作,存在三种压缩方式:

①同时压缩工作 C 和工作 D;

②同时压缩工作 F 和工作 D;

③压缩工作 H。

同时压缩工作 C 和工作 D 的赶工费率最低,故应同时对工作 C 和工作 D 进行压缩。工作 C 的最大可压缩天数为 3 d,故本次调整只能压缩 3 d,增加费用为(3×100＋3×300)元＝1200 元;总工期为(175－3) d＝172 d;关键线路为 B—D—H 和 B—C—F—H。

剩余关键工作中,工作 H 的赶工费率最低,故应对工作 H 进行压缩。工作 H 压缩 2 d,增加费用为 2×420 元＝840 元;总工期为(172－2) d＝170 d。

通过以上工期调整,工作仍能按原计划的 170 d 完成。

2.所需投入的赶工费用为(1000＋1500＋1200＋840)元＝4540 元。

3.调整后的双代号网络计划如图 3-38 所示。

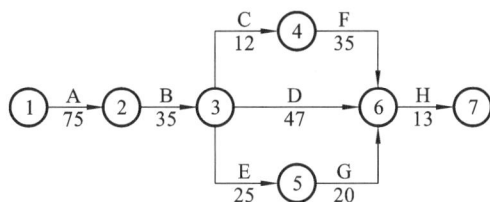

图 3-38　调整后的双代号网络计划

关键线路为 A—B—D—H 和 A—B—C—F—H。

本 章 小 结

建设工程项目进度管理与成本管理和质量管理一样是项目施工过程中的管理重点之一,它是保证施工项目按期完成、合理安排资源供应、节约工程成本的重要措施。影响施工项目进度的因素是多方面的,管理人员在管理时要掌握工程项目进度控制的原理,结合实际情况采取合适的方法和手段,确保工程进度始终处于可控状态。

进度计划是工程项目计划体系的重要组成部分,是成本、资源等其他计划的基础,一般采用横道图方法或网络计划技术进行进度安排。横道图方法和网络计划技术各有优缺点和适用的范围,应灵活运用。对于线形工程(如管道工程、隧道工程和道路工程),使用线形图可以直观地体现该线形工程所经各站点、路段、长度及其所经过的区域。项目进度计划是依据不同深度、不同功能、不同项目参与方、不同周期构成的进度计划系统,不是单一的计划图表。

项目进度计划的实施与控制是有效进行项目进度管理的重要环节,它需要通过检查、分析、比较、判断、调整等工作保证进度处于受控的状态,从而促使工程项目能够按照计划工期完成。

思考与练习

一、单项选择题

1. 业主方进度控制的任务是控制（ ）的工作进度。

A. 管理阶段   B. 设计阶段

C. 施工阶段   D. 整个项目实施阶段

2. 在双代号时标网络计划中，波形线表示工作的（ ），虚箭线表示虚工作。

A. 逻辑关系   B. 总时差   C. 关键线路   D. 自由时差

3. 在单代号网络计划中，设工作 F 的紧后工作有 G 和 H，总时差分别为 3 天和 4 天，工作 F、G 之间的间隔时间为 8 天，工作 F、H 之间的间隔为 6 天，则工作 F 的总时差为（ ）。

A. 6 天   B. 8 天   C. 10 天   D. 11 天

4. 某工程网络计划中，工作 P 的最迟完成时间为第 25 天，其持续时间为 6 天。该工作有三项紧前工作，它们的最早完成时间分别为第 10 天、第 12 天和第 13 天，则工作 P 的总时差为（ ）。

A. 6 天   B. 10 天   C. 12 天   D. 14 天

5. 某工程项目分部工程双代号网络计划如图 3-39 所示，其关键线路为（ ）。

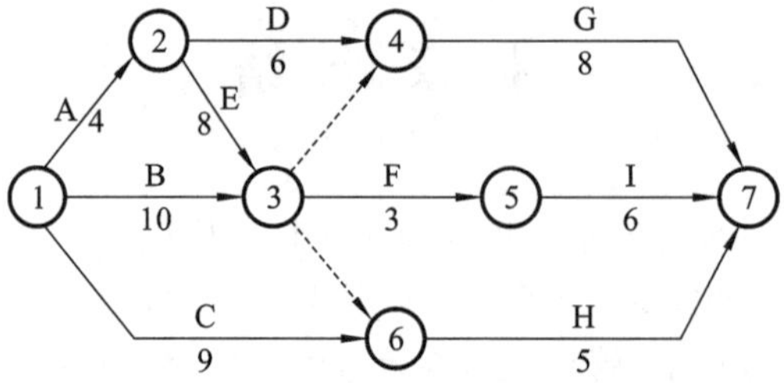

图 3-39   某工程项目分部工程双代号网络计划

A. 1—2—4—7   B. 1—2—3—6—7

C. 1—2—3—5—7   D. 1—3—6—7

6. 建设工程项目总进度目标的控制是（ ）项目管理的任务。

A. 施工方   B. 供货方   C. 管理方   D. 业主方

7. 在双代号时标网络计划中，关键线路是指（ ）。

A. 没有虚工作的线路   B. 持续时间最长工作所在的线路

C. 没有波形线的线路   D. 由关键节点组成的线路

8. 在工程网络计划执行过程中，如果某项工作实际进度拖延的时间超过其自由时差，则该工作（ ）。

A. 必定影响其紧后工作的最早开始时间

B. 不会影响其紧后工作的最早开始时间

C. 必定影响工程总工期

D. 不会影响其紧后工作的最早完成时间

9. 某分项工程双代号时标网络计划如图 3-40 所示,其中工作 C 和 I 的最迟完成时间分别为第(　　)天。

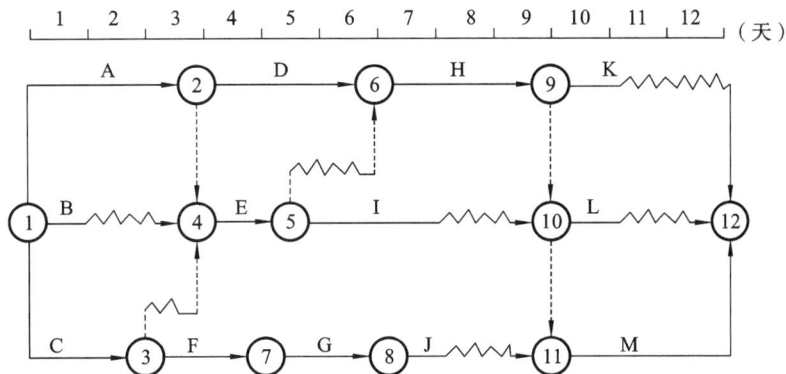

图 3-40　某分项工程双代号时标网络计划

A. 4 和 11　　　　B. 4 和 9　　　　C. 3 和 11　　　　D. 3 和 9

10. 为实现进度目标,不但应进行控制,还应(　　),并在分析的基础上采取风险管理措施,以减少进度失控的风险量。

A. 重视总进度目标的论证　　　　　　B. 选择合理的承发包模式

C. 选用有利的设计和施工技术　　　　D. 分析影响工程进度的风险

11. 某网络计划的工作 M 的 TF=6,FF=4,检查时发现工作 M 的持续时间延长了 5 天,工作 M 的实际进度将导致其紧后工作推迟(　　)。

A. 1 天,不影响总工期　　　　　　　B. 5 天,不影响总工期

C. 5 天,使总工期延长 1 天　　　　　D. 4 天,使总工期延长 1 天

12. 对建设工程项目进度目标进行分析和论证的目的是(　　)。

A. 论证进度目标实现的经济性

B. 确定调整进度目标的方法

C. 制订进度控制措施

D. 论证进度目标是否合理

13. 关于进度调整的说法,正确的是(　　)。

A. 根据计划检查的结果在必要时进行计划的调整

B. 网络计划中某项工作进度超前,不需要进行计划的调整

C. 非关键线路上的工作不需要进行调整

D. 当某项工作实际进度拖延的时间超过其总时差时,只需要考虑总工期的限制

14. 某双代号网络计划如图 3-41 所示,则工作 D 的自由时差是(　　)天。

A. 3　　　　　　B. 2　　　　　　C. 1　　　　　　D. 0

15. 双代号网络计划中,工作 M 的总时差为 5 天,自由时差为 3 天,在计划执行情况的检查中发现只有工作 M 的实际进度拖后了 4 天,则关于工作 M 实际进度的说法,正确的是(　　)。

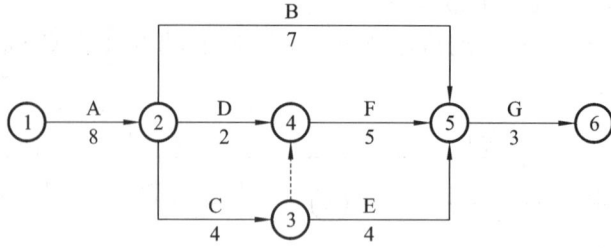

图 3-41　某双代号网络计划

A. 使总工期拖后 1 天,使后续工作最早开始时间拖后 1 天

B. 不影响总工期,但使后续工作最早开始时间拖后 1 天

C. 使总工期拖后 1 天,但不影响后续工作的正常进行

D. 不影响总工期,也不影响后续工作的正常进行

16. 在建设工程项目进度控制措施中,采用信息技术辅助进度控制属于进度控制的( )措施。

A. 经济　　　　　　B. 技术　　　　　　C. 组织　　　　　　D. 管理

17. 某工作有且仅有两个紧后工作 C、D,其中 C 工作的最早开始时间为第 10 天(计算坐标系,下同),最迟完成时间为第 18 天,持续时间为 5 天;工作 D 的最早完成时间为第 18 天,最迟完成时间为第 20 天,持续时间为 6 天;该工作与工作 C 的时间间隔为 2 天,与工作 D 的时间间隔为 4 天,则该工作的总时差为( )天。

A. 3　　　　　　　　B. 4　　　　　　　　C. 5　　　　　　　　D. 6

18. 某分部工程双代号网络计划如图 3-42 所示,则工作 C 的自由时差为( )天。

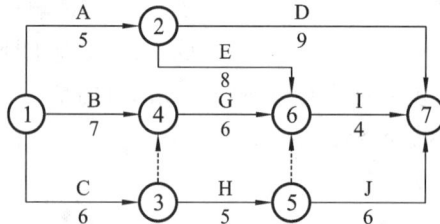

图 3-42　某分部工程双代号网络计划

A. 1　　　　　　　　B. 2　　　　　　　　C. 3　　　　　　　　D. 0

19. 关于关键工作和关键线路的说法,正确的是( )。

A. 关键线路上的工作全部是关键工作

B. 关键工作不能在非关键线路上

C. 关键线路上不允许出现虚工作

D. 关键线路上的工作的总时差均为零

20. 在项目进度控制的主要工作环节中,应最先进行的工作是( )。

A. 编制进度计划　　　　　　　　　　B. 分析和论证进度目标

C. 定期跟踪进度计划的执行情况　　　D. 采取纠偏措施

二、多项选择题

1.关于建设工程项目进度控制的说法,正确的有( )。

A.进度控制的目的是通过控制实现工程进度目标

B.进度控制是一个动态的管理过程

C.业主方进度控制的任务是控制施工进度

D.项目参与各方进度控制的目标和时间范畴是相同的

E.项目参与各方的控制任务各不相同

2.下列提法正确的有( )。

A.进度控制的目的是实现项目的整体目标

B.进度控制的目的是实现工程的进度目标

C.业主方控制进度的任务是控制整个项目的实施阶段进度

D.进度计划执行过程产生的偏差可以由施工方进行调节

E.设计方控制进度的任务是控制整个项目的实施阶段进度

3.在建设工程施工阶段,为了有效地控制施工进度,不仅要明确施工进度总目标,还要将此总目标按( )进行分解,形成从总目标到分目标的目标体系。

A.设计单位   B.项目组成

C.承包单位   D.竣工验收

E.施工阶段

4.建设工程项目进度的资金供应条件包括( )。

A.可能的资金供应总量   B.资金来源

C.资金供应的方式   D.资金供应的时间

E.资金供应的方案

5.某工程双代号时标网络计划执行到第6天结束时,检查其实际进度并绘制出进度前锋线(用点画线表示),如图3-43所示,以下说法正确的有( )。

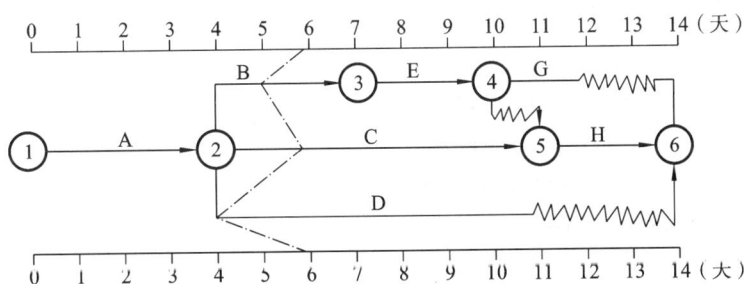

图 3-43 某工程双代号时标网络计划

A.按原计划,工作G有2天的自由时差

B.工作B的实际进度与计划进度一致

C.工作C的实际进度与计划进度一致

D.根据检查结果,预计总工期将不会延误

E.工作D的实际进度比计划进度拖后2天

6.关于建设工程项目进度控制措施的说法,正确的有( )。

A.各类进度计划的编制程序、审查流程属于组织措施的范畴

B.管理措施主要涉及管理的思想、方法和承发包模式

C.风险管理属于进度控制管理措施的范畴

D.在工程进度受阻时,应首先对有无设计变更的可能性进行分析

E.应用信息技术属于进度控制管理措施的范畴

7.建设工程项目进度控制的主要工作环节包括( )等。

A.进度目标的分析和论证

B.进度控制工作职能分工

C.定期跟踪进度计划的执行情况

D.采取纠偏措施及调整进度计划

E.进度控制工作流程的编制

8.下列建设工程项目进度控制措施中,属于经济措施的有( )。

A.应用价值工程方法　　　　　　　B.审核设计预算

C.编制资金需求计划　　　　　　　D.明确资金供应条件

E.落实经济激励措施

9.进度控制的措施有( )。

A.组织措施　　　　　　　　　　　B.管理措施

C.技术措施　　　　　　　　　　　D.监理措施

E.经济措施

10.进度计划实施的对比分析可采用( )。

A.横道图法　　　　　　　　　　　B.前锋线法

C.计算法　　　　　　　　　　　　D.S形曲线法

E.因素分析法

11.在工程网络计划中,关键线路是指( )的线路。

A.双代号网络计划中无虚箭线

B.双代号网络计划中持续时间最长

C.双代号网络计划中持续时间最短

D.TF=0的工作,自始至终连接而成

E.双代号时标网络计划中无波形线

三、简答题

1.施工项目进度控制措施有哪些?

2.施工项目进度控制原理有哪些?

3.施工项目进度计划的调整方法有哪些?

4.施工项目进度控制的程序是什么?

四、案例题

背景:某工程包括三个结构形式与建造规模完全一样的单体建筑,共由五个施工过程

组成,分别为土方开挖、基础施工、地上结构、二次砌筑、装饰装修。根据施工工艺要求,地上结构、二次砌筑两个施工过程的时间间隔为2周。现在拟采用五个专业工作队组织施工,各施工过程的流水节拍如表3-15所示。

表 3-15　各施工过程的流水节拍

施工过程编号	施工过程	流水节拍/周
1	土方开挖	2
2	基础施工	2
3	地上结构	6
4	二次砌筑	4
5	装饰装修	4

　　问题:1.上述五个专业工作队的流水施工属于哪种形式的流水施工? 绘制其流水施工进度计划并计算总工期。

　　2.根据本工程的特点,宜采用哪种流水施工形式? 简述理由。

　　3.如果采用第2问的方式,重新绘制流水施工进度计划并计算总工期。

第四章　建设工程项目质量管理

任务单元一　建设工程项目质量管理概述

质量是建设工程项目管理的主要控制目标之一。建设工程项目质量的管理与控制需要系统有效地应用质量管理和质量控制的基本原理和方法,建立和完善工程项目质量保障体系,落实项目各参与方的质量责任,通过项目实施过程各个环节质量控制的职能活动,有效预防和正确处理可能发生的工程质量事故,在政府的监督下实现建设工程项目的质量目标。

一、建设工程项目质量、质量管理与质量控制的概念

1.质量

《现代汉语词典》中质量的意思是产品或工作的优劣程度。《质量管理体系 基础和术语》(GB/T 19000—2016)对质量的定义:一个关注质量的组织倡导一种通过满足顾客和其他有关相关方的需求和期望来实现其价值的文化,这种文化将反映在其行为、态度、活动和过程中。组织的产品和服务质量取决于满足顾客的能力,以及对有关相关方的有意和无意的影响。产品和服务的质量不仅包括其预期的功能和性能,而且涉及顾客对其价值和受益的感知。

2.工程项目质量

工程项目质量的概念有广义和狭义之分。狭义的工程项目质量是指产品质量;广义

的工程项目质量除了指产品质量之外,还指工程项目建设全过程的工序质量和工作质量。

1)工程项目产品质量

工程项目产品质量是指工程项目具有的满足相应设计和规范要求的属性,其主要体现在工程产品"真材实料"和"精工细作"两个方面。真材实料是指用于建设工程施工的材料符合设计和合同的要求;精工细作是指施工人员的操作质量高,即施工人员根据施工图纸及相关规范进行施工。例如,住宅、办公楼、医院、工厂、道路和桥梁等项目的施工,必须保证工程对象结构的可靠性、安全性及耐久性,以及该工程的可用性、使用效果和产出效益、运行的安全性和稳定性。施工项目的质量取决于各施工工序和各工种的操作质量,其主要影响因素有施工人员、建筑材料、施工方法、施工的机械设备、施工环境等五个方面(简称4M1E)。工程项目产品质量可以通过下面六个方面来说明:

(1)适用性,即功能,是指工程满足使用目的的各种性能,包括理化性能、结构性能、使用性能、外观性能。

(2)可靠性,是指工程在规定的时间和规定的条件下完成规定功能的能力,即工程项目具有的坚实稳固、承担它负载的人和物的重量,以及满足抗风和抗震要求的属性等。

(3)耐久性,是指工程在规定的条件下,满足规定功能要求使用的年限,也就是工程竣工后的合理使用生命周期,如工程项目具有的在材料和构造上满足防水、防腐,从而满足使用生命周期要求的属性。

(4)安全性,是指工程建成后在使用过程中保证结构安全、保证人身和环境免受危害的属性。

(5)经济性,是指工程从规划、勘察、设计、施工到整个产品使用生命周期内的成本和消耗的费用,即工程项目在形成中和交付使用后的全生命周期经济节约的属性,如工程项目建设成本低、使用中节省能源和维护修理费用低等属性。工程经济性具体表现为设计成本、施工成本和使用成本三者的总和。

(6)与环境的协调性,即工程与其周围生态环境协调、与所在地区经济环境协调以及与周围已建工程协调,以适应可持续发展的要求。

2)工程项目工序质量

工序是工作的程序,是人、材料、机械、方法和环境对工程项目质量起综合作用的过程,这个过程体现的产品质量叫工序质量。在"项目法"施工中,每个分部或分项工程都有其形成的步骤,称为施工程序。不同工种的作业程序不同,但都要由一道道工序进行组合。每道工序的质量是满足下道工序相应要求的属性。

3)工程项目工作质量

工程项目工作质量是指工程项目建设中必须进行的组织管理、技术运用、思想政治工作、后勤服务等工作的效率对工程项目质量的保证属性,它虽然不像工序质量和产品质量那样直观,但体现在整个工程项目建设的过程中。一般来说,工作质量决定工序质量,工序质量又决定产品质量。因此,管理人员必须通过保证和提高工作质量来保证和提高工序质量,在此基础上达到保证工程项目质量的最终目标,即保证达到设计要求的产品质量。

工程项目质量的形成包括三个阶段:策划阶段,形成工程对象的质量及技术目标,主要由业主或业主聘请的项目管理公司来完成;设计阶段,对工程项目进行详细的规划与设计以满足策划阶段的项目目标,一般由设计单位完成;施工阶段,建成项目实体,主要由施工单位来完成。当工程项目采用 EPC 总承包模式时,这三个阶段由项目总承包企业来完成。这体现了 EPC 总承包模式在工程项目质量管理责任上的连续性。本章重点介绍施工阶段的质量管理,也就是项目施工的质量管理。

3. 工程项目质量管理

多年来,我国在工程建设中一直奉行"百年大计、质量第一"的方针,建设工程质量目标是工程项目建设目标中最为重要的一个,是工程项目施工阶段项目管理的核心工作之一。

工程项目的投资以及在建设中耗费的人工、材料、能源都相当多。如果工程质量差,达不到业主的生产或使用要求,不但不能发挥应有的效益,还会造成极大的浪费,影响工程项目的进度、成本与安全管理,甚至会影响国计民生和社会环境的安全。因此,对项目施工管理者来说,项目施工的质量管理是施工管理中的一项重要内容。

由于工程质量的影响重大,我国在施工质量管理上实行多方参与管理。项目施工的质量管理包括以下几个层次。

(1)政府方管理,通过宏观的质量管理活动,如制定政策、规范,以及奖励优质工程、处罚劣质工程等调节手段来控制整个建筑市场在质量管理方面的秩序。

(2)业主方管理,一般由业主方直接进行管理。出于建设相关法规的规定和管理上的需要,业主往往聘请专业的监理公司参与管理,以加强施工现场的质量控制与管理。

(3)施工方管理,可分为施工企业级管理和施工项目部级管理。施工企业级管理是通过制订企业质量管理体系,调节企业资源,对施工项目部的施工活动进行总体的指导和监控来实现施工质量管理;施工项目部级管理是通过对影响施工项目质量的具体活动进行全面的、全过程的管理来保证项目施工的质量。

从施工方进行工程项目质量管理的角度,项目的质量管理是围绕项目施工的质量进行的指挥和控制组织的协调活动。它是工程项目管理的重要内容之一,我们可以从以下几个方面来理解。

1)质量管理的基本活动

从质量管理体系的角度而言,质量管理的基本活动通常包括制订质量方针和质量目标,以及质量策划(包括质量计划)、质量控制、质量保证和质量改进等活动。质量管理的范畴如图 4-1 所示。

在质量管理体系中,我们常把施工企业称作管理组织。组织的总方针是指由组织的最高管理者正式发布的该组织总的宗旨和方向。质量方针是关于质量的方针。质量方针通常与组织的总方针一致,可以与组织的愿景和使命保持一致并为制订质量目标提供框架。它体现了该组织的质量意识和质量追求,是组织内部的行为准则,也体现了顾客的期望和对顾客做出的承诺。质量方针是组织总方针的一个组成部分,由最高管理者批准确定。

质量目标是关于质量的目标,也就是在质量方面追求的目标。质量目标通常依据组织的质量方针制订,针对组织的相关职能、层级和过程分别制订。质量目标是落实质量方针的具体要求,它从属于质量方针,应与利润目标、成本目标、进度目标相协调。质量目标必须明确并且具体,尽量用定量化的语言进行描述,使其容易被理解。质量目标应分解落

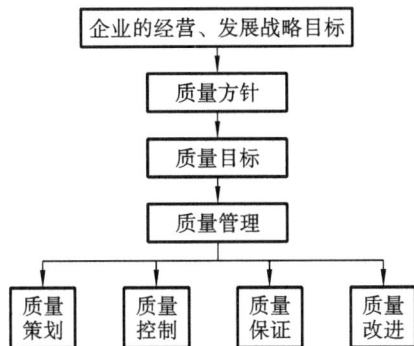

图 4-1 质量管理的范畴

实到各部门及项目的全体成员,以便实施、检查、考核。

质量管理的核心是建立健全质量管理体系。组织的最高管理者应正式发布组织的质量方针,根据质量方针设立质量目标,并在此基础上按照质量管理的基本原则和标准,运用管理的系统方法建立健全质量管理体系,配备必要的人力和物质资源,充分调动全体员工的积极性,开展各项质量活动,不断提高顾客的满意度。

质量控制是质量管理的一部分,致力于满足质量要求。工程项目质量控制是指为达到工程项目质量要求所采取的作业技术和活动。工程质量要求主要表现为工程合同、设计文件、技术规范、标准规定的质量标准。

2)工程项目质量控制主体

工程项目质量控制主体分为自控主体和监控主体。前者是指直接从事质量职能活动的活动者,后者是指对他人质量管理能力和管理效果进行监控的监控者。

(1)政府的工程质量控制。

政府属于监控主体,政府主要是以法律、法规为依据,通过抓工程报建、施工图设计文件审查、施工许可、材料和设备准用、工程质量监督、工程竣工验收备案等主要环节进行质量控制。

(2)工程监理单位的质量控制。

工程监理单位属于监控主体,主要是受建设方(业主方)的委托,代表建设方(业主方)对工程实施全过程质量监督和控制,包括勘察设计阶段质量控制、施工阶段质量控制,以满足建设单位对工程质量的要求。

(3)勘察设计单位的质量控制。

勘察设计单位属于自控主体,以法律、法规及合同为依据,对勘察设计的整个过程进行控制,包括对工作程序、工作进度、费用及成果文件包含的功能和使用价值进行控制,以满足建设单位对勘察设计质量的要求。

(4)施工单位的质量控制。

施工单位属于自控主体,以工程合同、设计图纸和技术规范为依据,对施工准备阶段、施工阶段、工程验收交付阶段等施工全过程的工作质量和工程项目质量进行控制,以达到合同文件规定的质量要求。

二、建设工程项目施工质量管理的特点

由于施工项目涉及面广,过程极其复杂,且具有一次性的特征,不同项目的规模、目标、要求、施工方案、施工条件都不尽相同。因此,施工项目的质量比一般工业产品的质量更难以控制,主要表现在以下方面。

1. 质量影响因素多

设计、材料、机械条件、自然条件、施工工艺、操作方法、技术措施和管理制度等,均直接影响施工项目的质量。

2. 容易产生质量变异

影响施工项目质量的偶然性因素和系统性因素较多,很容易导致施工项目产生质量变异。材料性能微小的差异、机械设备的正常磨损、操作的微小变化和环境的微小波动等会引起施工项目产生偶然性的质量变异。使用材料的规格、品种有误,施工方法不妥,操作不按规程,机械故障,仪表失灵,设计计算错误等会引起施工项目产生系统性的质量变异,甚至造成工程质量事故。因此,在施工中要严防出现系统性的质量变异,要把施工项目质量变异控制在偶然性因素范围内。

3. 容易产生错误判断

由于施工项目工序交接多、中间产品多、隐蔽工程多,若不及时检查施工过程以及中间产品,事后再看表面,就容易产生错误判断,也就是容易把不合格的产品误认为合格的产品;如果检查不认真、测量仪表不准、读数有误,也会产生错误判断,容易将合格产品误认为不合格产品。

4. 质量检查不能解体、拆卸

工程项目建成后,不能像工业产品那样解体、拆卸以检查内在的质量,也不能重新更换配件。即使发现质量有问题,也不可能像工业产品那样,可以轻易地向业主实行"包换"或"退款"处理。

5. 质量受成本、进度的制约较大

一般情况下,成本控制压力相对较小,工期相对较长,施工质量就容易得到控制,反之,施工质量管理的难度就会加大,有时甚至会造成不可弥补的质量问题。

三、建设工程项目施工质量的影响因素

影响工程项目施工质量的主要因素有人(man)、材料(material)、机械设备(machine)、方法(method)和环境(environment),简称为4M1E因素,如图4.2所示。

1. 人员素质

人是生产经营活动的主体,也是工程项目建设的决策者、管理者、操作者。工程建设的全过程,如项目的规划、决策、勘察、设计和施工,都是通过人来完成的。人员素质,即人的文化水平、技术水平、决策能力、管理能力、组织能力、作业能力、控制能力、身体素质及

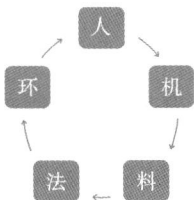

图 4-2 施工质量的影响因素

职业道德等,都将直接或间接对规划、决策、勘察、设计和施工的质量产生影响。我国实行建筑业企业资质管理制度、市场准入制度、执业资格注册制度、作业及管理人员持证上岗制度等,从本质上说,都是对从事建设工程活动的人的素质和能力进行必要的控制。作为控制主体,人的工作应避免失误;作为控制动力,应充分调动人的积极性,发挥人的主导作用。因此,必须有效控制项目参与各方的人员素质,不断提高人的质量活动能力,才能保证项目质量。所以人员素质是影响工程质量的一个重要因素。

2. 材料(含设备)

工程所用材料泛指构成工程实体的各类原材料、半成品、成品、构配件和不构成工程实体的周转材料等。材料是工程施工的基本物质条件,工程材料选用是否合理、产品是否合格、材质是否经过检验、保管使用是否得当等都将直接影响工程建设的质量。这里说的设备是指工程设备,是组成工程实体的工艺设备和各类机具,如各类生产设备、装置和辅助配套的电梯、泵机,以及通风、空调、消防、环保设备等。它们是工程项目的重要组成部分,其质量的优劣直接影响工程使用功能的发挥。所以加强材料设备的质量控制是保证工程质量的基础。

3. 机械设备

机械设备主要是指施工机械和各类施工用的工器具,包括施工过程中使用的运输设备、吊装设备、操作工具、测量仪器、计量器具以及施工安全设施等。施工机械设备是所有施工方案和工法得以实施的重要物质基础,施工机械设备的类型及数量是否符合工程施工特点、性能是否先进稳定、操作是否方便安全等,都将影响工程项目的质量。合理选择和正确使用施工机械设备是保证项目施工质量和安全的重要条件。

4. 方法

方法包含工程项目整个建设期内勘察、设计、施工所采用的技术方案、工艺流程、组织措施、计划与控制段、施工方案,以及工程检测、试验的技术和方法等。在工程施工中,施工方案是否合理、施工工艺是否先进、施工操作是否正确,都将对工程质量产生重大的影响。依据科学的理论,采用先进合理的技术方案和措施,按照规范进行勘察、设计、施工,必将对保证项目的结构安全和满足使用功能,对组成质量因素的产品精度、强度、平整度、清洁度、耐久性等物理、化学特性等方面起到良好的推进作用。建设主管部门推广应用的建筑业 10 项新技术如下:地基基础和地下空间工程技术,钢筋与混凝土技术,模板及脚手架技术,装配式混凝土结构技术,钢结构技术,机电安装工程技术,绿色施工技术,防水技术与维护结构节能技术,抗震、加固与监测技术,信息化技术等。这些技术对消除质量通病、提升建设工程品质都有积极作用,能收到明显的效果。

5. 环境条件

环境条件是指对工程质量特性起重要作用的环境因素。影响工程项目质量的环境因素较多,有自然环境因素、社会环境因素、管理环境因素和作业环境因素等。

1)自然环境因素

自然环境因素主要指工程地质、水文、气象条件和地下障碍物,以及其他不可抗力等影响项目质量的因素。例如,复杂的地质条件必然对建设工程的地基处理和基础设计提出更高的要求,处理不当就会对结构安全造成不利影响;在地下水位高的地区,若在雨期进行基坑开挖,遇到连续降雨或排水困难,就会引起基坑塌方或地基受水浸泡影响承载力等;在寒冷地区若冬期施工措施不当,工程会因受到冻融而影响质量;在基层未干燥时或大风天进行卷材屋面防水层的施工,会导致粘贴不牢及空鼓等质量问题。

2)社会环境因素

会对项目质量造成影响的各种社会环境因素有:国家建设法律、法规的健全程度及其执法力度;建设工程项目法人决策的理性化程度以及经营者的经营管理理念;建筑市场(包括建设工程交易市场和建筑生产要素市场)的发育程度及交易行为的规范程度;政府的工程质量监督及行业管理成熟程度;建设咨询服务业的发展程度及其服务水准的高低;廉政管理及行业风气建设的状况等。

3)管理环境因素

管理环境因素主要是指项目参建单位的质量管理体系、质量管理制度和各参建单位之间的协调等因素。参建单位的质量管理体系是否健全、运行是否有效,决定了该单位的质量管理能力;在项目施工中根据承发包的合同结构,理顺管理关系,建立统一的现场施工组织系统和质量管理的综合运行机制,确保工程项目质量保证体系处于良好的状态,创造良好的质量管理环境和氛围是施工顺利进行及提高施工质量的保证。

4)作业环境因素

作业环境因素主要指项目实施现场平面和空间环境条件,各种能源、介质供应,施工照明、通风、安全防护设施,施工场地给水排水,以及交通运输和道路条件等因素。这些条件是否良好,都直接影响到施工能否顺利进行以及施工质量能否得到保证。

上述因素对项目质量的影响,具有复杂多变和不确定的特点。对这些因素进行控制,是项目质量控制的主要内容。

四、施工质量控制的依据

1. 共同性依据

共同性依据指适用于施工质量管理的、通用的、具有普遍指导意义和必须遵守的基本法规,主要包括国家和政府有关部门颁布的与工程质量管理有关的法律法规性文件,如《中华人民共和国建筑法》《中华人民共和国招标投标法》和《建设工程质量管理条例》等。

2. 专业技术性依据

专业技术性依据指针对不同的行业、不同质量控制对象的专业技术规范文件,包括规范、规程、标准、规定等,如工程建设项目质量检验评定标准,建筑材料、半成品和构配件质量方面的专门技术法规性文件,材料验收、包装和标志等方面的技术标准和规定,施工工艺质量等方面的技术法规性文件,新工艺、新技术、新材料、新设备方面的质量规定和鉴定意见等。

3. 项目专用性依据

项目专用性依据指本项目的工程建设合同、勘察设计文件、设计交底及图纸会审记录、设计修改和技术变更通知,以及相关会议记录和工程联系单等。

五、项目质量控制的原则、目标与任务

1. 项目质量控制的原则

项目质量控制应遵循的主要原则如下。

(1)坚持质量第一的原则。

(2)坚持质量标准的原则。工程项目质量是否满足要求,应通过质量检验,严格对照标准来评定。

(3)坚持以"人"为核心的原则。在工程项目质量控制中,要重点控制人的素质和行为,提高人的质量意识,防止工作失误,充分发挥人的积极性和创造性,通过提高人的工作质量来保证工程项目的质量。

(4)坚持预防为主的原则。应加强事前控制和事中控制,减少事后控制,以预防为主,加强工序和中间产品的质量控制。

(5)坚持依据合同按图施工的原则。合同双方均要建立合同意识,遵守合同义务,恰当行使合同权利。

(6)依靠确切的数据和资料,应用数理统计方法,科学分析工作对象和工程项目实体,研究项目质量的波动情况,寻找影响工程项目质量的主次原因,采取有效的改进措施,掌握保证和提高工程项目质量的客观规律。

2. 项目质量控制的目标

建设工程项目质量控制的目标就是实现由项目决策决定的项目质量目标,使项目的适用性、安全性、耐久性、可靠性、经济性及与环境的协调性等方面满足业主需要并符合国家法律、行政法规和技术标准、规范的要求。项目的质量涵盖设计质量、材料质量、设备质量、施工质量和影响项目运行或运营的环境质量等,各项质量均应符合相关的技术规范和标准的规定,满足业主方的质量要求。

3. 项目质量控制的任务

工程项目质量控制的任务是对项目的建设、勘察、设计、施工、监理单位的工程质量行为,以及涉及项目工程实体质量的设计质量、材料质量、设备质量、施工安装质量进行控制。

项目的质量目标最终是由项目工程实体的质量来体现的,项目工程实体的质量最终是通过施工作业过程直接形成的,设计质量、材料质量、设备质量往往也要在施工过程中进行检验,因此施工质量控制是项目质量控制的重点。

根据国资委《关于开展对标世界一流管理提升行动的通知》(国资发改革〔2020〕39号)的精神,中央企业和地方国有重点企业应对标世界一流企业找差距,切实采取有效措施,全面提升管理能力和水平,努力使建设工程品质达到世界一流水平。

六、项目质量控制的责任和义务

《中华人民共和国建筑法》和《建设工程质量管理条例》规定,建设工程项目的建设单位、勘察单位、设计单位、施工单位、工程监理单位都要依法对建设工程质量负责,尤其要突出建设单位首要责任和落实施工单位主体责任。

1. 建设单位的质量责任和义务

(1)建设单位应当将工程发包给具有相应资质等级的单位,并不得将建设工程肢解发包。

(2)建设单位应当依法对工程建设项目的勘察、设计、施工、监理以及与工程建设有关的重要设备、材料等的采购进行招标。

(3)建设单位必须向有关的勘察、设计、施工、监理等单位提供与建设工程有关的原始资料。原始资料必须真实、准确、齐全。

(4)建设工程发包单位不得迫使承包方以低于成本的价格竞标,不得任意压缩合理工期;不得明示或者暗示设计单位或者施工单位违反工程建设强制性标准,降低建设工程质量。

(5)施工图设计文件审查的具体办法,由国务院建设行政主管部门、国务院其他有关部门制定。施工图设计文件未经审查批准的,不得使用。

(6)实行监理的建设工程,建设单位应当委托具有相应资质等级的工程监理单位进行监理,也可以委托具有工程监理相应资质等级并与被监理工程的施工承包单位没有隶属关系或者其他利害关系的该工程的设计单位进行监理。

(7)建设单位在开工前,应当按照国家有关规定办理工程质量监督手续,工程质量监督手续可以与施工许可证或者开工报告合并办理。

(8)按照合同约定,由建设单位采购建筑材料、建筑构配件和设备的,建设单位应当保证建筑材料、建筑构配件和设备符合设计文件和合同要求。建设单位不得明示或者暗示施工单位使用不合格的建筑材料、建筑构配件和设备。

(9)涉及建筑主体和承重结构变动的装修工程,建设单位应当在施工前委托原设计单位或者具有相应资质等级的设计单位提出设计方案;没有设计方案的,不得施工。房屋建筑使用者在装修过程中,不得擅自变动房屋建筑主体和承重结构。

(10)建设单位收到建设工程竣工报告后,应当组织设计、施工、工程监理等有关单位进行竣工验收。建设工程经验收合格的,方可交付使用。

(11)建设单位应当严格按照国家有关档案管理的规定,及时收集、整理建设项目各环节的文件资料,建立健全建设项目档案,并在建设工程竣工验收后,及时向建设行政主管部门或者其他有关部门移交建设项目档案。

2.勘察、设计单位的质量责任和义务

(1)从事建设工程勘察、设计的单位应当依法取得相应等级的资质证书,在其资质等级许可的范围内承揽工程,并不得转包或者违法分包所承揽的工程。

(2)勘察、设计单位必须按照工程建设强制性标准进行勘察、设计,并对其勘察、设计的质量负责。注册建筑师、注册结构工程师等注册执业人员应当在设计文件上签字,对设计文件负责。

(3)勘察单位提供的地质、测量、水文等勘察成果必须真实、准确。

(4)设计单位应当根据勘察成果文件进行建设工程设计。设计文件应当符合国家规定的设计深度要求,注明工程合理使用年限。

(5)设计单位在设计文件中选用的建筑材料、建筑构配件和设备,应当注明规格、型号、性能等技术指标,其质量要求必须符合国家规定的标准。除有特殊要求的建筑材料、专用设备、工艺生产线等外,设计单位不得指定生产、供应商。

(6)设计单位应当就审查合格的施工图设计文件向施工单位做出详细说明。

(7)设计单位应当参与建设工程质量事故分析,并对因设计造成的质量事故提出相应的技术处理方案。

3.施工单位的质量责任和义务

(1)施工单位应当依法取得相应等级的资质证书,并在其资质等级许可的范围内承揽工程,不得转包或者违法分包工程。

(2)施工单位对建设工程的施工质量负责。施工单位应当建立质量责任制,确定工程项目的项目经理、技术负责人和施工管理负责人。建设工程实行总承包的,总承包单位应当对全部建设工程质量负责;建设工程勘察、设计、施工、设备采购的一项或者多项实行总承包的,总承包单位应当对其承包的建设工程或者采购的设备的质量负责。

(3)总承包单位依法将建设工程分包给其他单位的,分包单位应当按照分包合同的约定对其分包工程的质量向总承包单位负责,总承包单位与分包单位对分包工程的质量承担连带责任。

(4)施工单位必须按照工程设计图纸和施工技术标准施工,不得擅自修改工程设计,不得偷工减料。施工单位在施工过程中发现设计文件和图纸有差错的,应当及时提出意见和建议。

(5)施工单位必须按照工程设计要求、施工技术标准和合同约定,对建筑材料、建筑构配件、设备和商品混凝土进行检验,检验应当有书面记录和专人签字;未经检验或者检验不合格的,不得使用。

(6)施工单位必须建立、健全施工质量的检验制度,严格工序管理,做好隐蔽工程的质量检查和记录。隐蔽工程在隐蔽前,施工单位应当通知建设单位和建设工程质量监督机构。

(7)对涉及结构安全的试块、试件以及有关材料,施工人员应当在建设单位或者工程监理单位监督下现场取样,并送具有相应资质等级的质量检测单位进行检测。

(8)对施工中出现质量问题的建设工程或者竣工验收不合格的建设工程,施工单位应当负责返修。

(9)施工单位应当建立健全教育培训制度,加强对职工的教育培训;未经教育培训或者考核不合格的人员,不得上岗作业。

4.工程监理单位的质量责任和义务

(1)工程监理单位应当依法取得相应等级的资质证书,在其资质等级许可的范围内承担工程监理业务,并不得转让工程监理业务。

(2)工程监理单位与被监理工程的施工承包单位以及建筑材料、建筑构配件和设备供应单位有隶属关系或者其他利害关系的,不得承担该项建设工程的监理业务。

(3)工程监理单位应当依照法律、法规以及有关技术标准、设计文件和建设工程承包合同,代表建设单位对施工质量实施监理,并对施工质量承担监理责任。

(4)工程监理单位应当选派具备相应资格的总监理工程师和监理工程师进驻施工现场。未经监理工程师签字,建筑材料、建筑构配件和设备不得在工程上使用或者安装,施工单位不得进行下一道工序的施工。未经总监理工程师签字,建设单位不得拨付工程款,不得进行竣工验收。

(5)监理工程师应当按照工程监理规范的要求,采取旁站、巡视和平行检验等形式,对建设工程实施监理。

为贯彻《建设工程质量管理条例》,提高质量责任意识,强化质量责任追究,保证工程建设质量,住房和城乡建设部制定了《建筑工程五方责任主体项目负责人质量终身责任追究暂行办法》(建质〔2014〕124 号)。该办法有如下规定。

建筑工程五方责任主体项目负责人是指承担建筑工程项目建设的建设单位项目负责人、勘察单位项目负责人、设计单位项目负责人、施工单位项目经理、监理单位总监理工程师。

建筑工程五方责任主体项目负责人质量终身责任,是指参与新建、扩建、改建的建筑工程项目负责人按照国家法律、法规和有关规定,在工程设计使用年限内对工程质量承担相应责任。

符合下列情形之一的,县级以上地方人民政府住房和城乡建设主管部门应当依法追究项目负责人的质量终身责任:

①发生工程质量事故;

②发生投诉、举报、群体性事件、媒体报道并造成恶劣社会影响的严重工程质量问题;

③由于勘察、设计或施工原因造成尚在设计使用年限内的建设工程不能正常使用;

④存在其他需追究责任的违法违规行为。

工程质量终身责任实行书面承诺和竣工后永久性标牌等制度。违反法律、法规规定,造成工程质量事故或严重质量问题的,除依照该办法规定追究项目负责人终身责任外,还应依法追究相关责任单位和责任人员的责任。

任务单元二　建设工程项目质量控制

根据《建筑工程施工质量验收统一标准》(GB 50300—2013)的规定,建设工程的施工质量控制应符合下列规定。

(1)建设工程采用的主要材料、半成品、成品、建筑构配件、器具和设备应进行进场检验。涉及安全、节能、环境保护和主要使用功能的重要材料、产品,应按各专业工程施工规范、验收规范和设计文件等规定进行复验,并应经监理工程师检查认可。

(2)各施工工序应按施工技术标准进行质量控制,每道施工工序完成后,经施工单位自检符合规定后,才能进行下道工序施工。各专业工种之间的相关工序应进行交接检验,并应记录。

(3)监理单位提出检查要求的重要工序,应经监理工程师检查认可,才能进行下道工序施工。

一、施工质量控制的思想、原理与环节

施工质量控制应贯彻全面、全过程、全员质量管理的思想,运用 PDCA 循环控制原理,进行质量的事前控制、事中控制和事后控制。

1. 全面质量管理的思想

TQC(total quality control)即全面质量管理,是 20 世纪中期开始在欧美和日本广泛应用的质量管理理念和方法。我国从 20 世纪 80 年代开始引进和推广全面质量管理。其基本原理就是强调在企业或组织最高管理者的质量方针指引下,实行全面、全过程和全员参与的质量管理。

TQC 的主要特点:以顾客满意为宗旨;领导参与质量方针和目标的制订;提倡预防为主、科学管理、用数据说话等。在当今世界标准化组织颁布的 ISO 9000 质量管理体系标准中,处处都体现了这些特点和思想。其中质量管理的八项原则对建设工程项目的质量管理有重要的意义,它们分别是以顾客为关注焦点、领导作用、全员参与、过程方法、系统的管理方法、持续改进、基于事实的决策方法、与供货方的互利关系。

1)全面质量管理

建设工程项目的全面质量管理,是项目参与各方进行的工程项目质量管理的总称,包括工程(产品)质量和工作质量的全面管理。工作质量是产品质量的保证,工作质量直接影响产品质量的形成。建设单位、监理单位、勘察单位、设计单位、施工总承包单位、施工分包单位、材料设备供应商等任何一方、任何环节的怠慢疏忽或质量责任不落实都会对建设工程质量造成不利影响。

2)全过程质量管理

全过程质量管理,是指根据工程质量的形成规律,从源头抓起,全过程推进。我国质

量管理体系标准强调质量管理的"过程方法"原则,要求应用"过程方法"进行全过程质量控制。要控制的主要过程有项目策划与决策过程,勘察、设计过程,设备、材料采购过程,施工组织与实施过程,检测设施控制与计量过程,施工生产的检验试验过程,工程质量的评定过程,工程竣工验收与交付过程,工程回访维修服务过程等。

3)全员参与质量管理

按照全面质量管理的思想,组织内部的每个部门和工作岗位都承担着相应的质量职能。组织的最高管理者确定质量方针和目标后,应组织和动员全体员工参与实施质量方针的系统活动,发挥自己的角色作用。开展全员参与质量管理的重要手段就是运用目标管理方法,将组织的质量总目标逐级进行分解,使之形成自上而下的质量目标分解体系和自下而上的质量目标保证体系,发挥组织系统内部每个工作岗位、部门或团队在实现质量总目标过程中的作用。

2. 质量管理的 PDCA 循环原理

在长期的生产实践和理论研究中形成的 PDCA 循环,是建立质量管理体系和进行质量管理的基本方法。PDCA 循环如图 4-3 所示。从某种意义上说,管理就是确定任务目标,并通过 PDCA 循环来实现预期目标。每个循环都围绕着实现预期的目标,进行计划、实施、检查和处理活动,随着对存在问题的解决和改进,在一次次的滚动循环中逐步上升,不断增强质量管理能力,不断提高质量水平,如图 4-4 所示。每个循环的四大职能活动相互联系,共同构成了质量管理的系统过程。

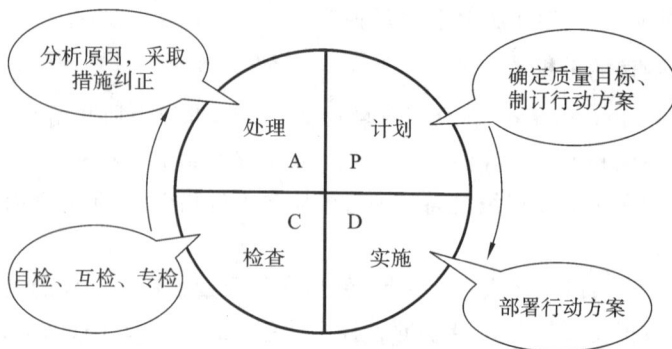

图 4-3 PDCA 循环

1)计划

计划由目标和实现目标的手段组成,所以说计划是一条"目标—手段"链。质量管理的计划职能,包括确定质量目标和制订实现质量目标的行动方案两个方面。实践表明,质量计划的严谨周密、经济合理和切实可行,是保证工作质量、产品质量和服务质量的前提条件。

建设工程项目的质量计划,是由项目参与各方根据其在项目实施中承担的任务、责任范围和质量目标,分别制订质量计划而形成的质量计划体系。建设单位的工程项目质量计划包括确定和论证项目总体的质量目标,确定项目质量管理的组织、制度、工作程序、方法和要求。项目其他各参与方根据国家法律、法规和工程合同规定的质量责任和义务,在

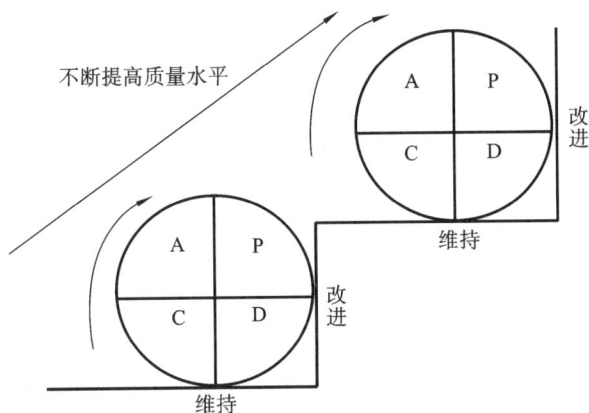

图 4-4　不断上升的循环

明确各自质量目标的基础上,制订实施相应范围质量管理的行动方案(包括技术方法、业务流程、资源配置、检验试验要求、质量记录方式、不合格处理及相应管理措施等具体内容和做法的质量管理文件),同时须对其实现预期目标的可行性、有效性、经济合理性进行分析论证并按照规定的程序与权限审批后执行。

2)实施

实施职能在于将质量的目标值,通过生产要素的投入、作业技术活动和产出过程,转化为质量的实际值。为保证工程质量的产出或形成过程能够达到预期的结果,在各项质量活动实施前,要根据质量管理计划进行行动方案的部署和交底,交底的目的在于使具体的作业者和管理者明确计划的意图和要求,掌握质量标准及其实现的程序与方法。在质量活动的实施过程中,要求严格执行计划的行动方案,规范行为,把质量管理计划的各项规定和安排落实到具体的资源配置和作业技术活动中。

3)检查

检查指对计划实施过程进行各种检查,包括作业者的自检、互检和专职管理者的专检。各类检查都包含两大方面:一是检查是否严格执行了计划的行动方案、实际条件是否发生了变化、不执行计划的原因;二是检查计划执行的结果,即产出的质量是否达到标准的要求,对此进行确认和评价。

4)处理

处理指对于质量检查发现的质量问题或质量不合格情况,及时进行原因分析,采取必要的措施予以纠正,保持工程质量形成过程的受控状态。处理分为纠偏和预防改进两个方面。前者是采取有效措施,解决当前的质量偏差、问题或事故;后者是将目前质量状况信息反馈到管理部门,反思问题症结或计划时的不周,确定改进目标和措施,为今后类似质量问题的预防提供借鉴。

3. 施工质量控制的环节

事前控制、事中控制和事后控制是施工质量控制的基本环节。

1)事前控制

事前控制即在正式施工前进行的事前主动质量控制,通过编制施工质量计划,明确质量目标,制订施工方案,设置质量控制点,落实质量责任,分析可能导致质量目标偏离的各种影响因素,针对这些影响因素制订有效的预防措施,防患于未然。事前质量控制要求针对质量控制对象的控制目标、活动条件、影响因素进行周密分析,找出薄弱环节,制订有效的控制措施和对策。

2)事中控制

事中控制是指在施工质量形成过程中,对影响施工质量的各种因素进行全面的动态控制。事中控制也称为作业活动过程质量控制,包括质量活动主体的自我控制和他人监控的控制方式。自我控制是第一位的,即作业者在作业过程中对自己的质量活动行为进行约束和发挥技术能力,以完成符合预定质量目标的作业任务;他人监控是指作业者的质量活动过程和结果接受来自企业内部管理者和企业外部有关方面的监督检查,如工程监理机构、政府质量监督部门的监控。

施工质量的自控和监控是相辅相成的系统过程。自控主体的质量意识和能力是关键,是施工质量的决定因素;监控主体进行的施工质量监控是对自控行为的推动和约束。因此,自控主体必须正确处理自控与监控的关系,在致力于施工质量自控的同时,接受来自业主、监理等方面对其质量行为和结果的监督管理,包括质量检查、评价和验收。自控主体不能因为监控主体的存在和监控职能的实施而减轻或推脱其质量责任。

事中控制的目标是确保工序质量合格、杜绝质量事故发生;控制的关键是坚持质量标准;控制的重点是对工序质量、工作质量和质量控制点的控制。

3)事后控制

事后控制也称为事后质量把关,以使不合格的工序不流入下一道工序或最终产品(单位工程或整个工程项目)不得进行交付使用。事后控制包括对质量活动结果的评价、认定,对工序质量偏差的纠正,对不合格产品的整改和处理。事后控制的重点是发现施工质量方面的缺陷,通过分析提出施工质量改进的措施,保证施工质量处于受控状态。

二、施工各阶段的质量控制

1. 施工准备阶段的质量控制

施工准备阶段的质量控制是指在项目正式施工活动开始前,对各项准备工作及影响质量的各种因素和有关方面进行的质量控制。施工准备是为保证施工生产正常进行而必须事前做好的工作。施工准备不仅要在工程开工前做好,而且要贯穿整个施工过程。施工准备的基本任务就是为施工项目建立一切必要的施工条件,确保施工生产顺利进行,确保工程质量符合要求。

1)技术资料、文件准备的质量控制

(1)施工项目所在地的自然条件及技术经济条件调查资料。对施工项目所在地的自然条件和技术经济条件的调查,是为选择施工技术与组织方案收集基础资料,并以此作为施工准备工作的依据。收集的资料包括地形与环境条件,地质条件,地震级别,工程水文地质情况,气象条件,当地水、电、能源供应条件,交通运输条件,材料供应条件等。

(2)施工组织设计、施工项目管理规划。施工组织设计或施工项目管理规划是指导施工准备和组织施工的全面性技术经济文件。要进行两个方面的控制：一是选定施工方案后，在制订施工进度计划的过程中必须考虑施工顺序、施工流向，以及主要分部分项工程的施工方法、特殊项目的施工方法和技术措施能否保证工程质量；二是在制订施工方案时，必须进行技术经济比较，使工程项目满足符合性、有效性和可靠性要求，达到施工工期短、成本低、安全生产、效益好的经济质量目标。

（3）质量管理方面的法律、法规性文件及质量验收标准。国家及政府有关部门颁布的有关质量管理的法律、法规，规定了工程建设参与各方的质量责任和义务。质量管理体系建立的要求、标准，质量问题处理的要求，质量验收标准等是进行质量控制的重要依据。

（4）工程测量控制资料。施工现场的原始基准点、基准线、参考标高及施工控制网等数据资料，是施工之前进行质量控制的基础性资料，是进行工程测量控制的重要内容。

2）设计交底和图纸审核的质量控制

设计图纸是进行质量控制的重要依据。为使施工单位熟悉有关的设计图纸，充分了解拟建项目的特点、设计意图和工艺与质量要求，减少图纸的差错，消除图纸中的质量隐患，要做好设计交底和图纸审核工作。

（1）设计交底。

工程施工前，设计单位向施工单位有关人员进行设计交底，其主要内容如下：

①地形、地貌、水文气象、工程地质及水文地质等自然条件；

②施工图设计依据，即初步设计文件、规划、环境等要求，设计规范；

③设计意图，即设计思想、设计方案比较、基础处理方案、结构设计意图、设备安装和调试要求、施工进度安排等；

④施工注意事项，即对基础处理的要求，对建筑材料的要求，采用新结构、新工艺的要求，施工组织和技术保证措施等。

（2）图纸审核。

图纸审核是设计单位和施工单位进行质量控制的重要手段，也是使施工单位通过审查熟悉设计图纸，了解设计意图和关键部位的工程质量要求，发现和减少设计差错，保证工程质量的重要方法。图纸审核的主要内容如下：

①对设计者的资质进行认定；

②设计是否满足抗震、防火、环境卫生等要求；

③图纸与说明是否齐全；

④图纸中是否有遗漏、差错或相互矛盾之处，图纸表示方法是否清楚并符合标准要求；

⑤工程地质及水文地质等资料是否充分、可靠；

⑥所需材料来源是否有保证和是否能替代；

⑦施工工艺、方法是否合理，是否切合实际，是否便于施工，能保证质量要求；

⑧施工单位是否满足施工图及说明书中涉及的各种标准、图册、规范和规程等。

3）采购质量控制

采购质量控制主要包括对采购产品及其供货方的控制，制订采购要求和验证采购产品。施工项目中的工程分包或劳务分包，也应符合规定的采购要求。

（1）物资采购。

物资采购应符合设计文件、标准、规范、相关法规及承包合同的要求。如果项目部另有附加的质量要求，也应满足。对于重要物资、大批量物资、新型材料以及对工程最终质量有重要影响的物资，企业主管部门应对可选用的供货方进行逐个评价，并确定合格供货方名单。

（2）分包服务。

对各种分包服务的控制应根据其规模以及对它控制的复杂程度区别对待。分包应符合业主的要求，大多数分包须进行招标，并接受企业、业主或监理监督，报业主或监理批准，通过分包合同对分包服务进行动态控制。

（3）采购要求。

采购要求是采购质量控制的重要内容，其形式可以是合同、订单、技术协议、询价单及采购计划等。采购要求包括以下内容：

①有关产品的质量要求或外包服务要求；

②有关产品提供的程序性要求，如供货方提交产品的程序、供货方生产或服务提供的过程要求、供货方设备方面的要求；

③对供货方人员资格的要求；

④对供货方质量管理体系的要求。

（4）采购产品验证。

①对采购产品的验证有多种方式，如在供货方现场检验、进货检验、查验供货方提供的合格证据等。采购方应根据不同的产品或服务验证要求规定验证的主管部门及验证方式，并严格执行。

②当采购方拟在供货方现场实施验证时，采购方应在采购要求中事先做出规定。

2. 施工阶段的质量控制

1）技术交底

单位工程开工前，应按照工程重要程度，由企业或项目技术负责人组织全面的技术交底。工程复杂、工期长的工程可按基础、结构、装修几个阶段分别组织技术交底。各分项工程施工前，应由项目技术负责人向参加该项目施工的所有班组和配合工种进行交底。交底内容包括图纸交底、施工组织设计交底、分项工程技术交底和安全交底等。交底应明确对轴线、尺寸、标高、预留孔洞、预埋件、材料规格及配合比等的要求，明确工序搭接、工种配合、施工方法和进度等施工安排，明确质量、安全、节约措施。交底的形式除书面、口头外，必要时可采用样板、示范操作等。

2）测量控制

（1）对给定的原始基准点、基准线和参照标高等的测量控制点做好复核工作，审核批准后才能进行准确的测量放线。

（2）施工测量控制网的复测。准确测定与保护好场地平面控制网和主轴线的桩位，是整个场地内建筑物、构筑物定位的依据，是保证整个施工测量精度和顺利进行施工的基础。因此，在复测施工测量控制网时，应抽检建筑方格网、控制高程的水准网点以及标桩埋设位置等。

（3）施工测量复核。

①建筑定位测量复核：建筑定位就是把房屋外轮廓的轴线交点标定在地面上，然后根据这些交点测设房屋的细部。

②基础施工测量复核：基础施工测量复核包括基础开挖前对所放灰线的复核，以及当基槽挖到一定深度后对槽壁上所设的水平桩的复核。

③砌体砌筑测量复核：当基础与墙体用砌块砌筑时，为控制基础及墙体标高，要设立皮数杆。

④楼层轴线检测：在多层建筑墙身砌筑过程中，为保证建筑物轴线位置正确，在每层楼板中心线均测设长线 1～2 条、短线 2～3 条。轴线经校核合格后，方可开始该层的施工。

⑤楼层间高程传递检测：多层建筑施工中，要由下层楼板向上层传递标高，以便使楼板、门窗和室内装修等工程的标高符合设计要求。标高经校核合格后方可施工。

（4）高层建筑测量复核。高层建筑的场地控制测量、基础以上的平面与高程控制与一般民用建筑相同，应特别重视建筑物垂直度及施工过程中沉降变形的检测。高层建筑垂直度的偏差必须严格控制，不得超过规定要求。高层建筑施工中，要定期进行沉降变形观测，以便及时发现问题，采取措施，确保建筑物安全使用。

3）材料质量控制

（1）建立材料管理制度，减少材料损失、变质。对材料的采购、加工、运输、储存建立管理制度，可加快材料的周转，减少材料占用量，避免材料损失、变质，按质、按量、按期满足工程项目的需求。

（2）对原材料、半成品、构配件进行标识。

进入施工现场的原材料、半成品、构配件要按型号、品种分区堆放，予以标识；对有防湿、防潮要求的材料，要有防雨防潮措施，并进行标识；对容易损坏的材料、设备，要做好防护；对有保质期要求的材料，要定期检查，以防过期，做好标识。标识应具有可追溯性，即应标明其规格、产地、日期、批号、加工过程、安装交付后的分布和场所。

（3）加强材料检查验收。

工程的主要材料在进场时应有出厂合格证和材质化验单。对于标志不清或认为质量有问题的材料，要进行追踪检验，以确保质量。未经检验或已经检验证实为不合格的原材料、半成品、构配件和工程设备不能投入使用。

（4）发包人提供的原材料、半成品、构配件和设备。

发包人提供的原材料、半成品、构配件和设备用于工程时，项目组织应对其做出专门的标识，在接收时进行验证，在储存或使用时进行保护和维护，并正确使用。上述材料经验证不合格，不得用于工程。发包人有责任提供合格的原材料、半成品、构配件和设备。

（5）材料质量抽样和检验方法。

材料质量抽样应按规定的部位、数量及采选的操作要求进行。材料质量的检验项目分为一般试验项目和其他试验项目，一般试验项目是通常进行的试验项目，其他试验项目是根据需要进行的试验项目。材料质量检验方法有书面检验、外观检验、理化检验和无损检验等。

4）施工机械设备选用的质量控制

施工机械设备是实现施工机械化的重要物质基础，是现代化施工中必不可少的设施，对施工项目的进度、质量均有直接影响。

（1）施工机械设备的选用对保证工程质量起重要作用。土方压实时，小面积黏性土可采用夯实机械，面积比较大的黏性土应选用碾压机械；沙性土应选用振动压实机械或夯实机械。预应力混凝土施工中的预应力张拉设备应根据锚具的形式选用不同形式的张拉设备，其千斤顶的张拉力必须大于张拉程序中所需的最大张拉力，且千斤顶和油表要定期配套校正才能保证张拉质量。

（2）机械设备的主要性能参数是选择机械设备的依据。选择打桩设备时，要根据土质、桩的种类、施工条件等确定锤的类型。同时，为保证打桩应采用的"重锤低击"，锤的质量一般要大于桩的质量；当桩的质量大于 2 t 时，锤的质量不能小于桩的质量的 75%。

（3）合理使用机械设备，正确地进行操作，是保证施工项目质量的重要环节。项目组织要落实定机、定人、定岗位责任的"三定"制度。操作人员必须认真执行各项规章制度，严格遵守操作规程，防止出现质量安全事故。例如，采用插入式振捣器捣实混凝土时，应按"直上直下、快插慢拔、插点均匀、切勿漏插、上下抽动、层层搭扣、时间掌握好、密实质量佳"的操作要点进行，否则混凝土质量没有保障。

5）工序质量控制

工序质量控制是指使工序的成果符合设计、工艺或技术标准的要求。人、机械、原材料、方法、环境 5 种因素对工程质量有不同程度的直接影响。

工序质量控制包含两个方面的内容：一是工序活动条件的质量，即每道工序投入品的质量（4M1E 的质量）；二是工序活动效果的质量，即每道工序施工完成的工程产品是否达到有关质量标准。工序质量控制，就是对工序活动条件的质量控制和工序活动效果的质量控制，从而达到整个施工过程的质量控制。工序质量控制的原理是，采用数理统计方法，通过对工序一部分（子样）检验的数据进行统计、分析，来判断整道工序的质量是否稳定、正常。若不稳定，产生异常情况，必须及时采取对策和措施进行改善，从而实现对工序质量的控制。

工序管理就是分析和发现影响施工中每道工序质量的偶然性因素和系统性因素中的异常因素，并采取相应的技术和管理措施，使这些因素被控制在允许的范围内，从而保证每道工序的质量。工序管理的实质是工序质量控制，即使工序处于稳定受控状态。

工序质量控制是为把工序质量的波动限制在要求的界限内进行的质量控制活动。工序质量控制的最终目的是要保证稳定地生产合格产品。具体来说，工序质量控制是使工序质量的波动处于允许的范围之内，一旦超出允许范围，应立即对影响工序质量的因素进行分析，针对问题采取必要的组织、技术措施，对工序进行有效的控制。工序质量控制的实质是对工序因素的控制，特别是对主导因素的控制。所以，工序质量控制的核心是管理因素，而不是管理结果。

进行工序质量控制，应着重 4 个方面的工作：严格遵守工艺规程，主动控制工序活动条件的质量，及时检验工序活动效果的质量，设置工序质量控制点。

6）质量控制点的设置与控制

质量控制点一般指对工程的性能、安全、生命和可靠性等有严重影响的关键部位或对下道工序有严重影响的关键工序。在施工项目中存在一些特殊施工过程或工序，其施工质量不易或不能通过其后的检验和试验得到充分的验证，若发生质量事故则难以挽救。

设置质量控制点就是要根据工程项目的特点，抓住影响工序施工质量的主要因素。这些控制点的质量得到了有效控制，工程质量就有了保证。质量控制点可分为 A、B、C 三级。A 级为特别重点的质量控制点，由施工项目部、施工单位、业主或监理工程师三方检查确认。B 级为重点质量控制点，由施工项目部、监理工程师两方检查确认。C 级为一般质量控制点，由施工项目部检查确认。

（1）质量控制点设置原则。

①对工程的适用性、安全性、可靠性、经济性有直接影响的关键部位应设立控制点，如高层建筑垂直度、预应力张拉和楼面标高控制等。

②对下道工序有较大影响的上道工序应设立控制点，如砖墙黏结率、墙体混凝土浇捣等。

③对质量不稳定、经常容易出现不良品的工序应设立控制点，如阳台地坪、门窗装饰等。

④对用户反馈和过去有过返工的不良工序应设立控制点，如屋面和油毡铺设等。

一般建设工程质量控制点的设置可参考表 4-1。

表 4-1　一般建设工程质量控制点的设置

分项工程	质量控制点
工程测量定位	标准轴线桩、水平桩、龙门板、定位轴线、标高
地基、基础（含设备基础）	基坑（槽）尺寸、标高、土质、地基承载力，基础垫层标高，基础位置、尺寸、标高，预埋件、预留孔洞的位置、标高、规格、数量，基础杯口弹线
砌体	砌体轴线，皮数杆，砂浆配合比，预留孔洞、预埋件的位置、数量，砌块排列
模板	位置、标高、尺寸，预留孔洞的位置、尺寸，预埋件的位置，模板的承载力、刚度和稳定性，模板内部清理及隔离剂情况
钢筋混凝土	水泥品种、强度等级，砂石质量，混凝土配合比，外加剂掺量，混凝土振捣，钢筋品种、规格、尺寸、搭接长度，钢筋焊接、机械连接，预留孔洞及预埋件的规格、位置、尺寸、数量，预制构件吊装或出厂（脱模）强度、吊装位置、标高、支承长度、焊缝长度
吊装	吊装设备的起重能力、吊具、索具、地锚
钢结构	翻样图、放大样
焊接	焊接条件、焊接工艺
装修	视具体情况而定

（2）质量控制点的管理。

在操作人员上岗前，施工员、技术员要做好交底及记录。操作人员在明确工艺要求、质量要求、操作要求的基础上方能上岗。操作人员在施工中发现问题时应及时向技术人员反映，由有关人员指导后，操作人员方可继续施工。

为了保证质量控制点的目标实现,要建立三级检查制度:操作人员每日自检一次,组员之间或班长、班组质量负责人与组员进行互检;质检员进行专检;上级部门进行抽查。在施工中,如果发现质量控制点有异常情况,应立即停止施工,召开分析会,找出产生异常的主要原因,并用对策表写出对策。如果是因为技术要求不当而出现异常,必须重新修订标准,在明确操作要求和掌握新标准的基础上继续进行施工,同时应提高自检、互检的频率。

7)施工质量预控

施工质量预控,是事前分析施工中可能或容易出现的质量问题,从而提出相应的对策,采取预控的措施,从而达到控制目的。我们以钢筋焊接质量预控为例进行说明。

(1)可能出现的质量问题如下:

①焊接接头偏心弯折;

②焊条规格长度不符合要求,焊条型号不符合要求;

③焊缝长、宽、厚度不符合要求;

④气压焊粗面尺寸不符合规定;

⑤凹陷、焊瘤、裂纹、烧伤、咬边、气孔、夹渣等。

(2)质量预控措施如下:

①检查焊工是否有合格证,禁止无证上岗;

②焊工正式施焊前,必须按规定进行焊接工艺试验;

③每批钢筋焊接完成后,应进行自检,并按规定取样进行机械性能试验,专职检查人员应在自检的基础上对焊接质量进行抽查,对质量有怀疑时,应抽样复查其机械性能;

④采用气压焊时,应先对缺乏经验的焊工进行培训;

⑤检查焊缝质量时,应同时检查焊条型号。

8)建设工程施工现场质量检查的内容和方法

(1)现场质量检查的内容。

①开工前的检查。检查施工项目是否具备开工条件、开工后能否连续正常施工、能否保证施工项目质量。

②工序检查。对于重要的工序或对施工项目质量有重大影响的工序,在自检、互检的基础上,还要专职质检人员进行专检和工序的交接检查。

③隐蔽工程检查。隐蔽工程均应经检查认证后方能掩盖。

④停工后复工前的检查。因处理质量问题或某种原因停工后需复工时,应经检查认可后方能复工。

⑤分项、分部工程完工后,应经检查人员签署验收记录后才能进行下一分项、分部工程施工。

⑥成品保护检查。检查成品是否有保护措施及保护措施是否可靠。

此外,管理人员还应经常深入现场,对施工操作质量进行巡视检查;必要时,还应进行跟班、旁站或追踪检查。

(2)现场质量检查的方法。

现场质量检查的方法有目测法、实测法和试验法三种。

①目测法。其手段可归纳为看、摸、敲、照4个字。看，就是根据质量标准进行外观目测，如饰面表面是否光洁平整、线条是否顺直等，以及施工顺序是否合理、施工操作是否正确等，可通过目测检查、评价。摸，就是手感检查，主要用于装饰工程的某些检查项目，如饰面的牢固程度、光滑度可通过手感加以鉴别。敲，就是运用工具进行音感检查，如各种面砖和大理石贴面等，均应进行敲击检查，通过声音的虚实确定是否有空鼓。照，就是采用镜子反射或灯光照射的方法对难以看到或光线较暗的部位进行检查。

②实测法。实测法就是通过实测数据与施工规范及质量标准所规定的允许偏差的对照，来判断施工质量是否合格。其手段也可归纳为靠、吊、量、套4个字。靠，就是用直尺、塞尺检查墙面、地面、屋面的平整度。吊，就是用托线板配合吊锤线检查构件的垂直度。量，就是用测量工具和计量仪器检查构件位置、湿度、温度等的偏差。套，就是以方尺套方，辅以塞尺检查，如对阴阳角的方正、踢脚线的垂直度等项目的检查。

③试验法。试验法指必须通过试验手段，才能对质量进行判断的检查方法。桩或地基的静载，混凝土、砖、砂浆的抗压强度，钢筋及其焊接接头拉力等都必须采用试验法检查。

9)成品保护

在工程项目施工中，特别是装饰工程阶段，某些部位已完成，而其他部位正在施工。如果对已完成部位或成品不采取妥善的措施加以保护，就会造成损伤，影响工程质量，造成人、财、物的浪费和工期的拖延，更为严重的是有些损伤难以恢复原状，成为永久性的缺陷。加强成品保护要从两个方面着手：首先应加强教育，提高全体员工的成品保护意识；其次要合理安排施工顺序，采取有效的保护措施。成品保护包括以下措施。

(1)护，就是提前保护，防止对成品的污染及损伤。例如，外檐水刷石大角或柱子要立板固定保护，为了防止清水墙面污染，在相应部位提前钉上塑料布或纸板。

(2)包，就是进行包裹，防止对成品的污染及损伤，如在喷浆前对电气开关、插座和灯具等设备进行包裹，用塑料布对铝合金门窗进行包扎。

(3)盖，就是表面覆盖，防止堵塞、损伤，如高级水磨石地面或大理石地面完成后用苫布覆盖，落水口、排水管安好后加覆盖以防堵塞。

(4)封，就是局部封闭，如室内塑料墙纸、木地板油漆完成后立即锁门封闭，屋面防水完成后封闭上屋面的楼梯门或出入口。

3.竣工验收阶段的质量控制

1)建设工程施工质量的验收要求

根据《建筑工程施工质量验收统一标准》(GB 50300—2013)的规定，建设工程施工质量应按下列要求进行验收。

(1)工程质量验收均应在施工单位自检合格的基础上进行。

(2)参加工程施工质量验收的各方人员应具备相应的资格。

(3)检验批的质量应按主控项目和一般项目验收。

(4)对涉及结构安全、节能、环境保护和主要使用功能的试块、试件及材料，应在进场时或施工中按规定进行见证检验。

(5)隐蔽工程在隐蔽前应由施工单位通知监理单位进行验收并应形成验收文件，验收合格后方可继续施工。

（6）涉及结构安全、节能、环境保护和使用功能的重要分部工程，应在验收前按规定进行抽样检验。

（7）工程的观感质量应由验收人员现场检查，并应共同确认。

2）建设工程施工质量验收合格标准

建设工程施工质量验收应符合工程勘察、设计文件的要求，符合施工质量验收统一标准和相关专业验收规范的规定。

3）建设工程施工质量验收

建设工程施工质量验收划分为检验批、分项工程、分部工程和单位工程质量验收。

（1）检验批质量验收合格应符合下列规定。

①主控项目的质量经抽样检验均合格。

②一般项目的质量经抽样检验合格。当采用计数抽样时，合格点率应符合有关专业验收规范的规定，且不得存在严重缺陷。

③具有完整的施工操作依据、质量验收记录。

（2）分项工程质量验收合格应符合下列规定。

①所含检验批的质量均验收合格。

②所含检验批的质量验收记录完整。

（3）分部工程质量验收合格应符合下列规定。

①所含分项工程的质量均验收合格。

②质量控制资料完整。

③有关安全、节能、环境保护和主要使用功能的抽样检验结果符合相应规定。

④观感质量符合要求。

（4）单位工程质量验收合格应符合下列规定。

①所含分部工程的质量均验收合格。

②质量控制资料完整。

③所含分部工程中有关安全、节能、环境保护和主要使用功能的检验资料完整。

④主要使用功能的抽查结果符合相关专业验收规范的规定。

⑤观感质量符合要求。

4）施工质量不符合要求时的处理

当建设工程施工质量不符合要求时，应按下列规定进行处理。

（1）经返工或返修的检验批，应重新进行验收。

（2）经有资质的检测机构检测鉴定能够达到设计要求的检验批，应予以验收。

（3）经有资质的检测机构检测鉴定达不到设计要求，但经原设计单位核算认为能够满足安全和使用功能的检验批，可予以验收；经返修或加固处理的分项、分部工程，满足安全及使用功能要求时，可按技术处理方案和协商文件的要求予以验收。

（4）工程质量控制资料应齐全完整。当部分资料缺失时，应委托有资质的检测机构按有关标准进行相应的实体检验或抽样试验；经返修或加固处理仍不能满足安全或重要使用要求的分部工程及单位工程，严禁验收。

三、建设工程项目质量控制的数理统计方法

施工项目质量管理的一个重要问题,就是是否能及时发现项目实施过程、项目系统等存在异常,以便及时采用对策加以纠正,故需要多种质量管理工具。常用的质量管理工具有直方图法、分层法、因果分析图法、排列图法等。

1. 直方图法

直方图法是频数分布直方图法的简称,是将收集到的质量数据进行分组整理,绘制成频数分布直方图,用以描述质量分布状态的一种分析方法,所以又称质量分布图法。

通过对直方图的观察与分析,可以了解工程质量的波动情况,掌握质量特征的分布规律,以便对质量状况进行分析判断。

1)直方图的绘制步骤

直方图绘制的主要步骤如下。

(1)收集整理数据。用随机抽样的方法抽取数据。

(2)计算极差 R。极差 R 是数据中最大值与最小值之差。

(3)确定组数、组距、组限。确定组数的原则是分组的结果能正确反映数据的分布规律。组距是组与组之间的间隔,即一个组的范围,各组组距应相等。每组的最大值为上限,最小值为下限,上、下限统称为组限。

(4)编制数据频数统计表。统计各组数据频数,频数总和应等于全部数据个数。

(5)绘制直方图。在直方图中,横坐标表示质量特性值,纵坐标表示频数。

例如,某工程 10 组试块的抗压强度数据有 50 个(见表 4-2),从这些数据很难直接判断其质量状况、稳定程度和受控情况,如将其数据整理后绘制成直方图(见图 4-5),就可以根据正态分布的特点进行分析判断。

表 4-2　数据整理表

序号	抗压强度/(N/mm²)					最大值/(N/mm²)	最小值/(N/mm²)
1	39.8	37.7	33.8	31.5	36.1	39.8	31.5
2	37.2	38.0	33.1	39.0	36.0	39.0	33.1
3	35.8	35.2	31.8	37.1	34.0	37.1	31.8
4	39.9	34.3	33.2	40.4	41.2	41.2	33.2
5	39.2	35.4	34.4	38.1	40.3	40.3	34.4
6	42.3	37.5	35.5	39.3	37.3	42.3	35.5
7	35.9	42.4	41.8	36.3	36.2	42.4	35.9
8	46.2	37.6	38.3	39.7	38.0	46.2	37.6
9	36.4	38.3	43.4	38.2	38.0	43.4	36.4
10	44.4	42.0	37.9	38.4	39.5	44.4	37.9

2)直方图的观察与分析

(1)观察直方图的形状,判断质量分布状态。

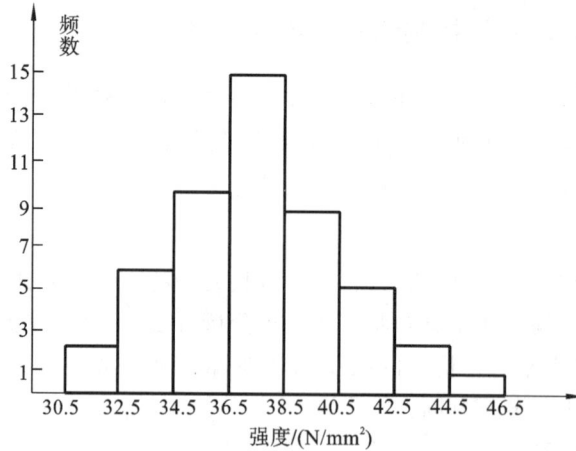

图 4-5　混凝土强度分布直方图

绘制完直方图后,首先要认真观察直方图的整体形状,看其是否属于正常型直方图。正常型直方图应是中间高、两侧低、左右接近对称的图形,如图 4-6(a)所示。出现非正常型直方图时,表明生产过程或收集数据作图过程有问题。这就要求进一步分析判断,找出原因,从而采取措施加以纠正。非正常型直方图的图形分布有不同缺陷,归纳起来有 5 种类型,如图 4-6 所示。

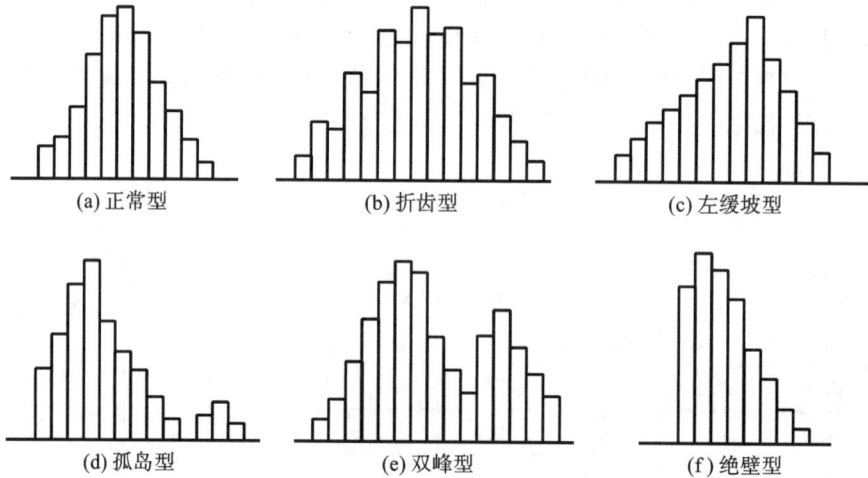

图 4-6　常见的直方图

①折齿型是分组不当或者组距确定不当造成的。

②左缓坡型是操作中对上限控制太严造成的。右缓坡型是对下限控制太严造成的。

③孤岛型是原材料发生变化或临时由他人顶班造成的。

④双峰型是由于用两种不同方法、两台设备或两组工人进行生产时把两组数据混在一起整理造成的。

⑤绝壁型是由于数据收集不正常,可能有意识地去掉下限以下的数据,或是在检测过程中存在某种人为因素造成的。

直方图的分布形状及分布区间取决于质量特性统计数据的平均值和标准偏差。

（2）将绘制的直方图与质量标准进行比较，判断实际生产过程能力。

除了观察直方图的形状、分析质量分布状态外，将正常型直方图与质量标准进行比较，可以判断实际生产过程能力。正常型直方图与质量标准的比较一般有如图 4-7 所示的 6 种情况。

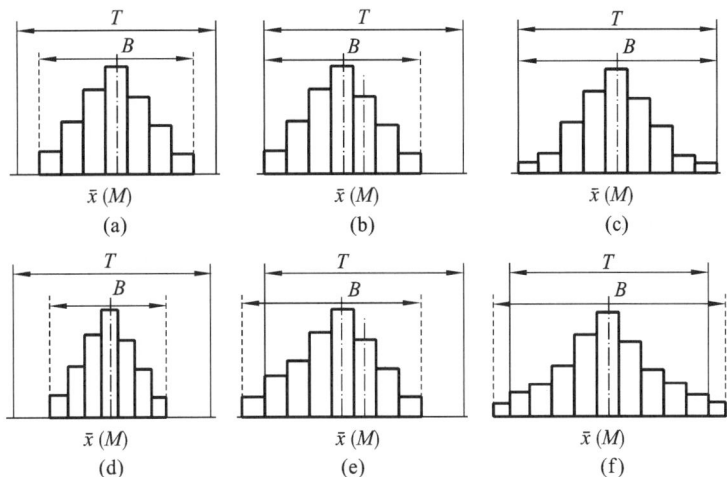

图 4-7　实际质量特性分布与标准比较

T—质量标准要求界限（允许公差）；M—质量标准中心；

B—实际质量特性分布范围；$\bar{x}$—实际质量特性分布中心

①图 4-7（a）中，B 在 T 中间，$\bar{x}$ 与 M 重合，实际数据分布与质量标准相比较两边还有一定的余地。这样的生产过程是理想的，说明生产过程处于正常稳定状态，在这种情况下生产出来的产品全都是合格品。

②图 4-7（b）中，B 虽然落在 T 内，但 $\bar{x}$ 与 M 不重合，偏向一边。在这种情况下，如果生产状态发生变化，就可能超出质量标准下限而出现不合格品。出现这种情况时应迅速采取措施，使直方图移到中间。

③图 4-7（c）中，B 在 T 中间，且 B 的范围接近 T 的范围，没有余地，处于临界状态，生产过程一旦发生小的变化，产品的质量特性值就可能超出质量标准要求范围。出现这种情况时，必须立即采取措施，以缩小质量分布范围。

④图 4-7（d）中，B 在 T 中间，但两边余地太大，说明质量控制过严，质量能力偏大，不经济。在这种情况下，可以对原材料、设备、工艺、操作等控制要求适当放宽些，使 B 扩大，从而有利于降低成本。

⑤图 4-7（e）中，B 已在 T 的下限之外，说明已出现不合格品。此时必须采取措施进行调整，使质量分布位于质量标准要求范围之内。

⑥图 4-7（f）中，B 已超出 T 的上、下界限，散差太大，产生许多废品或质量过剩，说明生产过程能力不足，应提高生产过程能力，使 B 的范围缩小。

3)直方图法的主要用途

施工现场质量管理中,直方图法主要有以下用途:

①分析生产过程质量是否处于稳定状态;

②分析生产过程质量是否处于受控状态;

③分析生产过程质量是否处于正常状态;

④分析质量水平是否保持在公差允许的范围内;

⑤整理统计数据并了解其分布特征;

⑥掌握质量能力状态。

2. 分层法

分层法也称分类法或分组法,它把"类"或"组"称为层。分层法可将杂乱无章的数据和错综复杂的因素按不同的目的、性质、来源等加以分类,使之系统化、条理化。例如,对工程质量状况和质量问题,按总承包、专业分包和劳务分包分门别类地进行调查和分析,可以准确有效地找出问题及其原因。这就是分层法的基本思想。

例如,一个焊工班组有 A、B、C 三位工人实施焊接作业,共抽检 60 个焊接点,发现有18 个点不合格,占 30%。问题究竟出在谁身上? 根据分层调查的统计数据表(见表 4-3)可知,主要是作业工人 C 的焊接质量影响了总体的质量水平。

表 4-3 分层调查的统计数据表

作业工人	抽检点数	不合格点数	个体不合格率	占不合格点总数百分率
A	20	2	10%	11%
B	20	4	20%	22%
C	20	12	60%	67%
合计	60	18	—	100%

在分析质量的影响因素时,一般可以按以下几种特征分层。

(1)按时间分类,如按不同的班次、不同的日期等进行分类。

(2)按操作人员分类,如按新工人、老工人、男工、女工、不同工龄等进行分类。

(3)按使用设备分类,如按不同的机床型号、不同的工器具等进行分类。

(4)按操作方法分类,如按不同的切削用量、温度、压力等工作条件进行分类。

(5)按原材料分类,如按不同的供料单位、不同的进料时间、不同的材料成分等进行分类。

(6)按检测手段分类和其他分类,如按不同的工厂、使用单位、使用条件、气候条件等进行分类。

在工程质量管理中,管理人员可应用分层法准确、有效地找出主要质量问题及其原因。

3. 因果分析图法

因果分析图法又称特性要因图法或鱼刺图法,能系统地分析和寻找某一具体问题可能的原因,找出关键原因,作为制订质量改进措施的重点考虑对象,是用来寻找质量问题产生原因(最主要原因)的有效工具。因果分析图的绘制是从结果开始将原因逐层分解,如图 4-8 所示,具体绘制步骤如下。

(1)明确质量问题(结果)。画出质量特性的主干线,箭头指向右侧的一个矩形框,框内注明研究的质量问题,即结果。

(2)分析确定影响质量特性的大原因。一般来说,影响质量的因素有五大方面,即人员、机械、材料、方法、环境等:人员的分工、培训、技术交底等属于人员方面的原因;搅拌机、振捣器等的失修、损坏属于机械方面的原因;水泥、砂石等的质量问题属于材料方面的原因;计量、养护、振捣等质量问题属于方法方面的原因;温度、施工场地等属于环境方面的原因。

(3)将每种大原因进一步分解为中原因、小原因,直至分解的原因可以采取具体措施加以解决。

(4)检查图中所列原因是否齐全,可以对初步分析结果广泛征求意见,并做必要的补充及修改。

(5)选择影响较大的因素做出标记,以便重点采取措施。

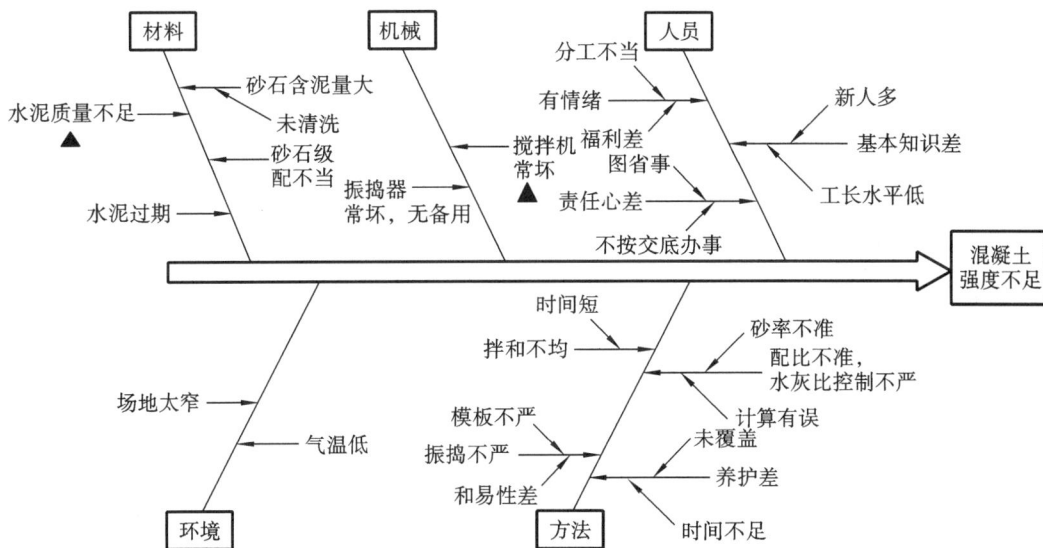

图 4-8 因果分析图的应用示意图

因果分析图的表现形式简单明了,但分析质量问题、绘制成图是比较复杂的过程。首先,绘制者应熟悉专业技术与施工工艺,调查、了解施工现场实际条件和操作的具体情况;应集思广益,以各种形式广泛收集现场工人、班组长、质检员、工程技术人员的意见,相互启发,使因果分析图更符合实际。其次,绘制因果分析图不是最终目的,根据图中所反映的主要原因,制订改进措施和对策,限期解决问题,保证产品质量不断提高才是目的。

4. 排列图法

1)原理

排列图法又称主次因素分析图法或帕累托(柏拉)图法。排列图是用于帮助确认问题和对问题进行排序的柱状图。柱状图描述的变量根据发生的频率排序。

排列图由一个横坐标、两个纵坐标、若干个直方形和一条曲线组成,如图4-9所示。横坐标表示影响质量的各种因素或项目,按影响程度,从左到右依次排列,矩形的高度示意某个因素的影响大小;左纵坐标表示频数(件数、金额、工时等);右纵坐标表示频率(以百分比表示),即某因素发生的累计频率。

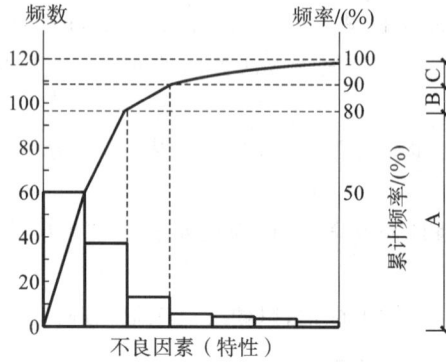

图4-9 排列图

习惯上通常将影响因素分为3类(ABC分类法):A类是指累计频率为0～80%的有关因素,是影响质量的主要因素;B类是指累计频率为80%～90%的因素,是次要因素;C类是指累计频率为90%～100%的因素,是一般因素。

2)排列图的绘制步骤

排列图的绘制步骤如下。

(1)绘制横坐标。根据已经收集的项目质量数据,确定分类角度(如项目产品不良情况),将横坐标按项目数等分,并按项目频数由大到小的顺序从左至右排列。

(2)绘制纵坐标。整理数据,绘制2条纵坐标,左侧的纵坐标表示项目不合格点数(频数),右侧的纵坐标表示累计频率。

(3)绘制频数矩形。将不良项目的数据在横坐标上画成并列矩形,并记下相应名称。

(4)绘制频率曲线。从横坐标左端点开始,依次连接各项目矩形右边线及所对应的累计频率值的交点,所得的曲线即为累计频率曲线。

(5)记录必要事项。将项目名称、排列图标题、收集数据的方法和时间等必要事项记录在图上。

(6)分析影响因素。运用排列图分析影响项目产品质量的主次因素,根据排列图分析结果制订改进措施并实施,跟踪数据,绘制排列图,与项目质量改进前排列图进行比较,评估项目质量改进效果。

3)排列图的观察分析

排列图的观察分析的目的主要是找出关键的少数。一般前2项或前3项(累计频率为0～80%)为A类,是主要问题;累计频率为80%～90%的为B类,是次要问题;累计频率为 90%～100% 的为 C 类,是一般问题。A 类应作为重点管理的对象,对其采取必要的措施可以解决问题。

4)排列图法的应用

(1)排列图法的适用范围。

在质量管理过程中,通过抽样检查或检验试验所得到的偏差、缺陷、不合格等质量问题统计数据,以及造成质量问题的原因分析统计数据,均可采用排列图法进行状况描述,它具有直观、主次分明的特点。

(2)排列图法的应用示例。

表 4-4 中展示了对某项模板施工精度进行抽样检查得到的 150 个不合格点数的统计数据。按照质量特性不合格点数(频数)由大到小的顺序,重新整理为表 4-5,并分别计算出累计频数和累计频率。

表 4-4　某项模板施工精度的抽样检查数据

序号	检查项目	不合格点数	序号	检查项目	不合格点数
1	轴线位置	1	5	平面水平度	15
2	垂直度	8	6	表面平整度	75
3	标高	4	7	预埋设施中心位置	1
4	截面尺寸	45	8	预留孔洞中心位置	1

表 4-5　重新整理后的抽样检查数据

序号	项目	频数	频率/(%)	累计频率/(%)
1	表面平整度	75	50.0	50.0
2	截面尺寸	45	30.0	80.0
3	平面水平度	15	10.0	90.0
4	垂直度	8	5.3	95.3
5	标高	4	2.7	98.0
6	其他	3	2.0	100.0
合计	—	150	100	

根据表 4-5 的统计数据画出排列图,如图 4-10 所示。将累计频率为 0～80% 的问题定为 A 类问题(表面平整度和截面尺寸),即主要问题,进行重点管理;将累计频率为 80%～90% 的问题定为 B 类问题(平面水平度),即次要问题,进行次重点管理;将累计频率为 90%～100% 的问题定为 C 类问题(垂直度、标高和其他),即一般问题,按照常规适当加强管理。

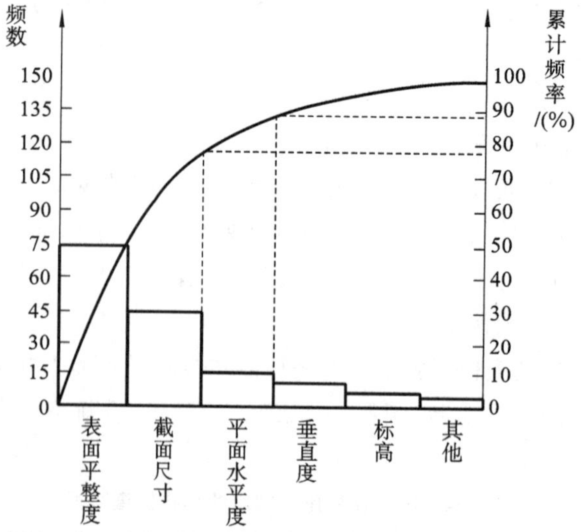

图 4-10 构件尺寸不合格点排列图

任务单元三 工程质量问题和事故的处理

根据我国国家标准《质量管理体系 基础和术语》(GB/T 19000—2016)的定义,工程产品未满足质量要求,即为质量不合格;与预期或规定用途有关的质量不合格,称为质量缺陷。工程质量合格或者不合格是依据工程合同检查与验收的结果,而质量缺陷是产品本身的问题,质量缺陷可能会导致工程检查与验收不合格,但是有的时候,质量缺陷与工程质量是否合格不相关。

凡是工程质量不合格,影响使用功能或工程结构安全,造成永久质量缺陷或存在重大质量隐患,甚至直接导致工程倒塌或人身伤亡的,必须进行返修、加固或报废处理,由此造成的经济损失,按照造成人员伤亡和直接经济损失的大小区分,在规定限额以下的为质量问题,在规定限额以上的为质量事故。

一、质量事故的原因及分类

1. 质量事故的原因

凡通过检查所发现的问题,经自行解决处理,未造成经济损失或延误工期的,均属于未遂事故。凡造成经济损失及不良后果者,则构成已遂事故。常见的质量事故原因如下。

(1)违反建设程序和法律、法规,如"三边"工程、"七无"工程。"三边"工程是指边勘察、边设计、边施工的工程;"七无"工程是指无立项、无报建、无开工许可、无招标投标、无资质、无监理、无验收的工程。

(2)建设工程地质勘察或地基处理不当、设计计算问题等勘察设计失误,如勘察报告不准、不细，构造设计不合理等。

（3）工程施工的非法承包，偷工减料。

（4）施工及管理的失误。如使用不合格的工程材料、半成品、构配件，忽视安全生产施工，违反相关规范施工，施工人员不具备上岗的技术资质，施工管理混乱等。

（5）自然条件等不可抗力的影响，未及时妥善进行处理。

2. 质量事故的分类

建设工程质量事故一般按事故损失的严重程度进行分类。根据《关于做好房屋建筑和市政基础设施工程质量事故报告和调查处理工作的通知》，工程质量事故是指由于建设、勘察、设计、施工、监理等单位违反工程质量有关法律、法规和工程建设标准，工程产生结构安全、重要使用功能等方面的质量缺陷，造成人身伤亡或者重大经济损失的事故。

根据工程质量事故造成的人员伤亡或者直接经济损失，工程质量事故分为 4 个等级。

（1）特别重大事故，是指造成 30 人以上死亡，或者 100 人以上重伤，或者 1 亿元以上直接经济损失的事故。

（2）重大事故，是指造成 10 人以上 30 人以下死亡，或者 50 人以上 100 人以下重伤，或者 5000 万元以上 1 亿元以下直接经济损失的事故。

（3）较大事故，是指造成 3 人以上 10 人以下死亡，或者 10 人以上 50 人以下重伤，或者 1000 万元以上 5000 万元以下直接经济损失的事故。

（4）一般事故，是指造成 3 人以下死亡，或者 10 人以下重伤，或者 100 万元以上 1000 万元以下直接经济损失的事故。

本等级划分所称的"以上"包括本数，所称的"以下"不包括本数。工程质量缺陷造成的直接经济损失低于一般事故的称为质量问题。

二、施工质量缺陷的处理

施工方在施工的过程中应加强施工质量的管理，在工程项目管理中应把质量管理放在首位，在施工过程中发现质量缺陷时应及时妥善处理，降低损失并保证质量目标的实现。

1. 施工质量缺陷的处理方式

（1）质量缺陷处于萌芽状态时：质量指标开始下降，出现个别与质量标准稍有偏离的检测数据，出现少量不影响产品合格检验但应处理修补的质量缺陷，如混凝土表面的麻面、小面积蜂窝等。这时应及时召开质量问题分析会，采取措施纠正，扭转质量下降的趋势。

（2）质量缺陷正在发生时：若正在发生质量缺陷或已经出现质量缺陷，应暂停施工，采取保证施工质量的有效措施并对缺陷进行正确的补救处理后复工。

（3）当质量缺陷发生在某道工序或单项工程完工以后，而且质量缺陷的存在将对下道工序或分项工程产生质量影响时，应返工处理。

2. 质量缺陷的判定方法

（1）目测检查并结合检测工具进行检查。

（2）无法以目测方法对质量缺陷做出准确判断时，应进行实际检验测试或者实验，并根据结果认定质量缺陷。

（3）当质量缺陷被认定，而且质量缺陷的严重程度将影响工程安全时，应邀请设计单位进行现场诊断或验算，以决定采取的处理措施。

3. 质量缺陷的修补

（1）任何质量缺陷的修补都应制订修补方案及方法。

（2）修补方案及方法应不降低质量控制指标和验收标准，并应是技术规范允许的或是行业公认的良好工程技术。

（3）将修补方案及方法准确交底给实施者，在修补的过程中跟踪检查，确保按照修补方案顺利实施。

（4）质量缺陷修补后应及时组织验收。

三、施工质量事故的处理

1. 施工质量事故处理的依据

（1）质量事故的实况资料，包括质量事故发生的时间、地点，质量事故状况的描述，质量事故发展变化的情况，有关质量事故的观测记录，事故现场状态的照片或录像，事故调查组调查研究获得的第一手资料。

（2）有关合同及合同文件，包括工程承包合同、设计委托合同、设备与器材购销合同、监理合同及分包合同等。

（3）有关的技术文件和档案，包括有关的设计文件（如施工图纸和技术说明）、与施工有关的技术文件、档案和资料（如施工方案、施工计划、施工记录、施工日志、建筑材料的质量证明资料、现场制备材料的质量证明资料、质量事故发生后对事故状况的观测记录、试验记录或试验报告等）。

（4）相关的建设法规，包括《中华人民共和国建筑法》《建设工程质量管理条例》和《关于做好房屋建筑和市政基础设施工程质量事故报告和调查处理工作的通知》（建质〔2010〕111号）等与工程质量及质量事故处理有关的法规，勘察、设计、施工、监理等单位资质管理和从业者资格管理方面的法规，建筑市场管理方面的法规，以及相关技术标准、规范、规程和管理办法等。

2. 施工质量事故处理程序

施工质量事故处理的一般程序如图4-11所示。

3. 施工质量事故报告程序

根据《关于做好房屋建筑和市政基础设施工程质量事故报告和调查处理工作的通知》（建质〔2010〕111号），工程质量事故发生后，事故现场有关人员应当立即向工程建设单位负责人报告；工程建设单位负责人接到报告后，应于1小时内向事故发生地县级以上人民政府住房和城乡建设主管部门及有关部门报告。

情况紧急时，事故现场有关人员可直接向事故发生地县级以上人民政府住房和城乡

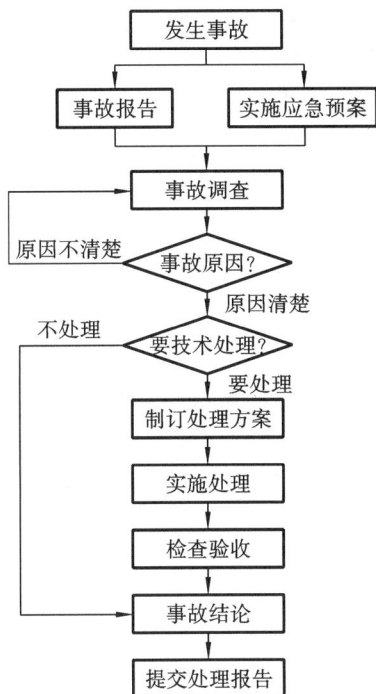

图 4-11　施工质量事故处理的一般程序

建设主管部门报告。

　　住房和城乡建设主管部门接到事故报告后,应当依照下列规定上报事故情况,同时通知公安、监察机关等有关部门。

　　(1)较大、重大及特别重大事故逐级上报至国务院住房和城乡建设主管部门,一般事故逐级上报至省级人民政府住房和城乡建设主管部门,必要时可以越级上报事故情况。

　　(2)住房和城乡建设主管部门上报事故情况,应当同时报告本级人民政府;国务院住房和城乡建设主管部门接到重大和特别重大事故的报告后,应当立即报告国务院。

　　(3)住房和城乡建设主管部门逐级上报事故情况时,每级上报时间不得超过2小时。

　　(4)事故报告应包括以下内容:事故发生的时间、地点,工程项目名称,工程各参建单位名称;事故发生的简要经过、伤亡人数(包括下落不明的人数)和初步估计的直接经济损失;事故的初步原因;事故发生后采取的措施及事故控制情况;事故报告单位、联系人及联系方式;其他应当报告的情况。

　　(5)事故报告后出现新情况,以及事故发生之日起30日内伤亡人数发生变化的,应当及时补报。

　　4.施工质量事故调查

　　事故调查要按规定区分事故的大小,分别由相应级别的人民政府直接或授权委托有关部门组织事故调查组进行调查。未造成人员伤亡的一般事故,县级人民政府也可以委托事故发生单位组织事故调查组进行调查。事故调查应力求及时、客观、全面,以便为事故的分析与处理提供正确的依据。调查结果要整理撰写成事故调查报告,应包括以下主要内容：

①事故项目及各参建单位概况；

②事故发生经过和事故救援情况；

③事故造成的人员伤亡和直接经济损失；

④事故项目有关质量检测报告和技术分析报告；

⑤事故发生的原因和事故性质；

⑥事故责任的认定和对事故责任者的处理建议；

⑦事故防范和整改措施。

5. 事故的原因分析

原因分析要建立在事故情况调查的基础上，避免情况不明就主观推断事故的原因。特别是对涉及勘察、设计、施工、材料和管理等方面的质量事故，事故的原因往往错综复杂，因此，必须对调查所得的数据、资料进行仔细的分析，依据国家有关法律、法规和工程建设标准分析事故的直接原因和间接原因，必要时组织对事故项目进行检测鉴定和专家技术论证，去伪存真，找出造成事故的主要原因。

6. 制订事故处理的技术方案

事故的处理要建立在原因分析的基础上，要广泛听取专家及有关方面的意见，经科学论证，决定事故是否要进行技术处理和怎样处理。在制订事故处理的技术方案时，应做到安全可靠、技术可行、不留隐患、经济合理、具有可操作性、满足项目的安全和使用功能要求。

7. 事故处理

事故处理的内容如下：事故的技术处理，按照经过论证的技术方案进行处理，解决事故造成的质量缺陷问题；事故的责任处罚，依据有关人民政府对事故调查报告的批复和有关法律、法规的规定，对事故相关责任者实施行政处罚，负有事故责任的人员涉嫌犯罪的，依法追究刑事责任。

8. 事故处理的鉴定验收

质量事故的技术处理是否达到预期的目的，是否依然存在隐患，应当通过检查鉴定和验收做出确认。事故处理的质量检查鉴定，应严格按施工验收规范和相关质量标准的规定进行，必要时还应通过实际量测、试验和仪器检测等方法获取必要的数据，以便准确地对事故处理的结果做出鉴定，形成鉴定结论。

9. 提交事故处理报告

事故处理后，必须尽快提交完整的事故处理报告。事故处理报告应包括以下内容：事故调查的原始资料、测试的数据；事故原因分析和论证结果；事故处理的依据；事故处理的技术方案及措施；实施技术处理过程中有关的数据、记录、资料；检查验收记录；对事故相关责任者的处罚情况和事故处理的结论等。

10. 施工质量事故处理的基本要求

（1）质量事故的处理应达到安全可靠、不留隐患、满足生产和使用要求、施工方便、经济合理的目的。

(2)消除造成事故的原因,注意综合治理,防止事故再次发生。

(3)正确确定技术处理的范围和正确选择处理的时间和方法。

(4)切实做好事故处理的检查验收工作,认真落实防范措施。

(5)确保事故处理期间的安全。

11. 施工质量事故或缺陷处理的基本方法

处理质量事故或者质量缺陷时,应当正确地分析和判断事故或缺陷产生的原因,通常根据质量问题的情况,确定不同性质的处理方法,如表 4-6 所示。

表 4-6　质量事故或缺陷处理的基本方法

处理方法	适用情形	实例
加固处理	主要是针对危及结构承载力的质量缺陷的处理。通过加固处理,使建筑结构恢复或提高承载力,重新满足结构安全性与可靠性的要求,使结构能继续使用或改作其他用途	混凝土结构常用的加固方法主要有增大截面加固法、外包角钢加固法、黏钢加固法、增设支点加固法、增设剪力墙加固法、预应力加固法等
返修处理	当项目的某些部分的质量虽未达到规范、标准或设计规定的要求,存在一定的缺陷,但经过采取整修等措施后可以达到要求的质量标准,又不影响使用功能或外观的要求时,可采取返修处理的方法	混凝土结构表面出现蜂窝、麻面,或者混凝土结构局部出现损伤,如结构受撞击、局部未振实、冻害、火灾、酸类腐蚀、碱骨料反应等缺陷或损伤仅在结构的表面或局部,不影响使用和外观,可进行返修处理;混凝土结构出现裂缝,经分析研究认为不影响结构的安全和使用功能时,也可采取返修处理,裂缝宽度不大于 0.2 mm 时可采用表面密封法,裂缝宽度大于 0.3 mm 时可采用嵌缝密闭法,裂缝较深时可采用灌浆修补的方法
返工处理	当工程质量缺陷经过返修、加固处理后仍不能满足规定的质量标准要求,或不具备补救可能性时,必须采取重新制作、重新施工的返工处理措施	防洪堤坝填筑压实后,其压实土的干密度未达到规定值,经核算将影响土体的稳定且不满足抗渗能力的要求,须挖除不合格土,重新填筑,重新施工;公路桥梁工程预应力张拉系数按规定为 1.3,实际仅为 0.8 时属严重的质量缺陷,也无法修补,只能重新制作;在高层住宅施工中,有几层混凝土结构误用了安定性不合格的水泥,无法采用其他补救办法,不得不爆破拆除重新浇筑
限制使用	当工程质量缺陷按修补方法处理后无法保证达到规定的使用要求和安全要求,又无法返工处理时,可做出结构卸荷、减荷以及限制使用的决定	某高层住宅的主体施工至一半时发现桩基有严重质量问题,承载力不足,经综合考虑后,不得已减少建筑设计层数

处理方法	适用情形	实例
不做处理	工程质量问题虽然达不到规定的要求或标准,但其情况不严重,对结构安全或使用功能影响很小,经过分析、论证、法定检测单位鉴定和设计单位等认可后可不做专门处理	放线定位偏差使山墙上窗户位置偏离或者混凝土表面干缩微裂,经验证不影响安全和使用功能;混凝土表面的轻微麻面可通过后续工序弥补;后期的垫层、面层施工弥补楼面平整度的轻微偏差;某检验批混凝土试块强度不满足规范要求,但混凝土实体强度经检测后满足设计要求;结构构件截面尺寸不足或材料强度不足,影响结构承载力,但按实际情况进行复核验算后仍能满足设计要求的承载力时,可不进行专门处理等
报废处理	经过分析或检测,采取上述处理方法后仍不能满足规定的质量要求或标准,应报废处理	某跨海大桥的桥墩质量出现严重问题,无法对其进行处理使其恢复承载功能,只能做报废处理

本 章 小 结

  "百年大计,质量第一",质量管理是建设工程项目管理中非常重要的一个方面,工程项目质量好可以提升项目的使用性能、可靠性能、耐久性能、安全性能,避免返工、返修以节约施工成本和降低使用成本,也有助于施工项目的进度管理。

  由于工程质量的影响重大,我国在工程施工质量管理上进行多方参与管理,有政府方管理、业主方管理(监理方管理)、施工企业级管理和施工项目部级管理。质量控制是施工质量管理的重要环节,质量控制应贯彻全面、全过程、全员质量管理的思想,运用 PDCA 循环控制原理,进行质量的事前控制、事中控制和事后控制。

  建设工程项目质量控制常用的数理统计方法有直方图法、分层法、因果分析图法、排列图法等,通过数理统计分析可以及时发现项目实施过程、项目系统是否存在异常,以便及时采用对策加以纠正。工程项目施工的过程中,由于影响质量的因素众多,如果出现工程质量缺陷,管理上应及时妥善处理,以免产生质量不合格的情况,甚至发生质量事故。如发生质量事故,应依法依规进行专业化的处理。

思考与练习

一、单项选择题

  1. 建设工程项目建成后,在规定的使用年限和正常的使用条件下,应保证工程项目使用安全,建筑物、构筑物和设备系统性能稳定,这是项目质量的(　　)要求。

A.经济性　　　　　B.功能性　　　　　C.观感性　　　　　D.可靠性

2.质量管理体系认证制度是指(　　)对企业的产品及质量管理体系做出可靠的评价。

A.各级质量技术监督局　　　　　　B.各级消费者协会

C.各单位行政主管部门　　　　　　D.公正的第三方认证机构

3.施工承包企业应对建设单位提供的原始坐标点、基准线和水准点等测量控制点进行复核,并将复测结果上报(　　)审批,批准后才能建立施工测量控制网,进行工程定位和标高基准的控制。

A.项目技术负责人　　　　　　　　B.企业技术负责人

C.业主　　　　　　　　　　　　　D.监理工程师

4.施工质量控制点应选择技术要求高、对工程质量影响大、发生质量问题时危害大或(　　)的对象进行设置。

A.劳动强度大　　　　　　　　　　B.施工难度大

C.施工技术先进　　　　　　　　　D.施工管理要求高

5.根据《建筑工程施工质量验收统一标准》(GB 50300—2013),分项工程的质量验收由(　　)主持。

A.监理工程师　　　　　　　　　　B.总监理工程师

C.项目经理　　　　　　　　　　　D.建设单位项目负责人

6.单位工程完工后,施工单位自行组织有关人员进行质量检查评定,在具备竣工验收条件后,向(　　)提交工程验收报告。

A.监理单位　　　　　　　　　　　B.建设单位

C.勘察、设计单位　　　　　　　　D.政府建设工程质量监督部门

7.某砖混结构住宅楼墙体砌筑时,监理工程师发现施工放线错误导致山墙上窗户的位置偏离 30 cm,正确的处理方法是(　　)。

A.加固处理　　　B.修补处理　　　C.不做处理　　　D.返工处理

8.对工程质量状况和质量问题,按总承包、专业分包和劳务分包分门别类地进行调查和分析,以准确有效地找出问题及其原因所在。这是质量管理统计方法中(　　)的基本思想。

A.分层法　　　　　　　　　　　　B.因果分析图法

C.排列图法　　　　　　　　　　　D.直方图法

9.在施工期间,对质量问题严重的单位,政府质量监督机构可根据问题的性质签发(　　)。

A.质量问题整改通知单　　　　　　B.局部暂停施工指令单

C.临时收缴资质证书通知书　　　　D.全面停工通知书

10.对装饰工程中的水磨石、面砖、石材饰面等进行现场检查时,均应进行敲击,检查其铺贴质量。该方法属于现场质量检查方法中的(　　)。

A.目测法　　　B.实测法　　　C.记录法　　　D.试验法

11.下列影响施工质量的生产要素中,只能通过采取预测预防的控制方法以消除其对

施工质量的不利影响的是(　　)。

    A. 施工人员　　　　B. 环境因素　　　　C. 材料设备　　　　D. 施工机械

12. 根据《建筑工程施工质量验收统一标准》(GB 50300—2013),建设工程质量验收逐级划分为(　　)。

    A. 分部工程、分项工程和检验批

    B. 分部工程、分项工程、隐蔽工程和检验批

    C. 单位工程、分部工程、分项工程和检验批

    D. 单位工程、分部工程、分项工程、隐蔽工程和检验批

13. 若工程质量不符合要求,经过加固处理后外形尺寸改变,但能满足安全使用要求,其验收处理方法是(　　)。

    A. 按技术处理方案和协商文件进行验收

    B. 没有质量缺陷应予以验收

    C. 仍按验收不合格处理

    D. 先返工处理,重新进行验收

14. 某工程第三层混凝土现浇楼面的平整度偏差达到 10 mm,其后续作业为找平层和面层的施工,这时应该(　　)。

    A. 加固处理　　　　B. 修补处理　　　　C. 不做处理　　　　D. 限制使用

15. 工程质量统计分析方法中,因果分析图法的主要作用是(　　)。

    A. 对一个质量特性或问题进行深入的原因分析

    B. 判断工程质量是否处于受控状态

    C. 对工程项目的总体质量进行评价

    D. 反映质量的变动情况

16. 政府建设工程质量监督机构参与建设工程项目竣工验收会议的目的是(　　)。

    A. 对建设过程质量情况进行总结,签发竣工验收意见书

    B. 对验收的程序、组织、方法、过程等进行监督

    C. 对影响结构安全的工程实体质量进行检测

    D. 对影响使用功能的相关分部工程进行功能检测

17. 质量验收的最小单元是(　　)。

    A. 分项工程　　　　B. 分部工程　　　　C. 工序　　　　D. 检验批

18. 根据《建筑工程施工质量验收统一标准》(GB 50300—2013),对于通过更换器具、设备可以解决质量缺陷的检验批,应(　　)。

    A. 经设计单位复核后予以验收

    B. 按验收程序重新进行验收

    C. 经检测单位检测鉴定后予以验收

    D. 按技术处理方案和协商文件进行验收

19. 按现行有关规定,应对工程中涉及结构安全的材料及施工内容进行(　　)。

    A. 封样鉴定　　　　　　　　　　　　B. 见证取样检测

    C. 模拟试件检测　　　　　　　　　　D. 同条件养护检测

20.在质量管理过程中,通过检验试验所得的质量问题的数据可采用的统计方法是（　　）。

A.直方图法　　　　　　　　B.因果分析图法

C.排列图法　　　　　　　　D.分布图法

二、多项选择题

1.在下列影响建设工程项目质量的因素中,属于可控因素的有（　　）。

A.社会因素　　　B.人的因素　　　C.技术因素

D.管理因素　　　E.环境因素

2.下列各项工作中,属于施工质量事后控制的有（　　）。

A.分项工程质量验收　　　　　　B.分部工程质量验收

C.隐蔽工程质量验收　　　　　　D.单位工程质量验收

E.组织项目管理者培训学习

3.下列施工现场质量检查的内容中,属于"三检"制度范围的有（　　）。

A.自检自查　　　B.巡视检查　　　C.互检互查

D.平行检查　　　E.专职管理人员的质量检查

4.某防洪堤坝的填筑压实工程的造价约800万元,检测中发现压实土的干密度未达到规定值,经测算得知将影响土体的稳定性且不满足抗渗能力的要求。对此问题的正确处理有（　　）。

A.挖除不合格土,重新填筑

B.施工项目技术负责人按法定时间和程序,及时向施工企业报告事故的状况

C.对责任单位做出相应的行政处罚

D.对责任人做出按比例的经济处罚

E.对第一责任人追究刑事责任

5.在施工质量管理的数理统计方法中,直方图一般用来（　　）。

A.分析生产过程质量是否处于稳定状态

B.分析生产过程质量是否处于正常状态

C.分析质量水平是否保持在公差允许的范围内

D.整理统计数据,了解统计数据的分布特征

E.找出影响质量问题的主要因素

6.关于质量管理体系八项原则的说法,正确的有（　　）。

A.以产品为关注焦点

B.将相关资源和活动作为过程进行管理

C.领导者确立本组织统一的质量宗旨和方向

D.全员参与

E.以事实为依据做出决策

7.建设单位和监理单位应组织设计单位向所有的施工单位进行详细的设计交底,设计交底的主要目的有（　　）。

A.深入发现和解决各专业设计之间可能存在的矛盾

B. 充分理解设计意图

C. 了解设计内容和技术要求

D. 明确质量控制的重点与难点

E. 消除施工图的差错,解决施工的可行性问题

8. 根据《建筑工程施工质量验收统一标准》(GB 50300—2013),检验批质量验收合格应满足的条件有(　　)。

A. 主控项目经抽样检验合格

B. 具有总监理工程师的现场验收证明

C. 一般项目经抽样检验合格

D. 具有完整的施工操作依据

E. 具有完整的质量检查记录

9. 按事故责任分类,工程质量事故可分为(　　)。

A. 指导责任事故　　　　　　　　　　B. 管理责任事故

C. 技术责任事故　　　　　　　　　　D. 操作责任事故

E. 自然灾害事故

10. 在运用分层法对工程项目质量进行统计分析时,通常可以按照(　　)等分层方法获取质量原始数据。

A. 作业班组　　　　B. 作业时间　　　　C. 工程材料

D. 投资主体　　　　E. 工程部位

三、简答题

1. 什么是质量、质量管理、质量方针、质量目标、质量控制、工作质量?

2. 简述施工项目质量管理的原则。

3. 简述 PDCA 循环原理、全面质量管理。

4. 如何设置质量控制点?

5. 简述施工现场质量检查的内容和方法。

6. 施工项目质量管理基本工具及方法有哪些?

7. 什么是质量缺陷和质量事故,处理的方法是什么?

四、案例题

背景:专业监理工程师检查钢筋电焊接头时,发现存在质量问题,如表 4-7 所示。

表 4-7　钢筋电焊接头质量问题统计表

序号	质量问题	数量
1	裂纹	8
2	气孔	20
3	夹渣	54
4	咬边	104
5	焊瘤	14

　　问题:根据质量问题统计表,采用排列图法列表计算质量问题累计频率并画排列图,分别指出哪些是主要质量问题、次要质量问题和一般质量问题。

第五章　建设工程项目合同管理

【学习目标】

1.知识目标

(1)了解合同基础知识、建设工程其他相关合同。

(2)熟悉建设工程合同的特点及分类。

(3)掌握建设工程施工合同的订立、实施、变更、终止,熟悉施工合同示范文本。

(4)掌握索赔的概念、分类、成立的条件以及索赔程序。

2.能力目标

(1)理解建设施工合同结构和条款,能根据示范文本初步编制施工合同。

(2)能结合案例认识合同管理在实际工作中的应用。

(3)能进行施工合同索赔管理。

任务单元一　建设工程合同管理概述

一、合同基础知识

1.合同的概念

《中华人民共和国民法典》(以下简称《民法典》)第四百六十四条规定,"合同是民事主体之间设立、变更、终止民事法律关系的协议",即具有平等民事主体资格的当事人,为了达到一定目的,经过自愿、平等、协商一致设立、变更、终止民事权利、义务关系达成的协议。《民法典》第四百六十五条规定,"依法成立的合同,受法律保护"。

2.合同法律关系的构成要素

合同法律关系是指由合同法律规范调整的,在民事流转过程中产生的权利、义务关系。法律关系是以法律为前提产生的社会关系,它是由法律关系主体、法律关系客体和法律关系的内容(权利、义务)三个要素构成的,缺少其中一个要素就不能构成法律关系。三个要素的内涵不同可以形成不同的法律关系,如民事法律关系、行政法律关系、劳动法律关系、经济法律关系等。

1)法律关系主体

法律关系主体主要是指参加或管理、监督建设活动,受建设工程法律规范调整,在法律上享有权利、承担义务的自然人、法人或其他组织。

(1)自然人。自然人可以成为工程建设法律关系的主体。例如,建设企业工作人员(建筑工人、专业技术人员、注册执业人员等)同企业签订劳动合同时,即成为工程建设法律关系的主体。

(2)法人。法人是指按照法定程序成立,设有一定的组织机构,拥有独立的财产或独立经营管理的财产,能以自己的名义在社会经济活动中享有权利和承担义务的社会组织。

法人的成立要满足四个条件:依法成立;有必要的财产或经费;有自己的名称、组织机构和场所;能独立承担民事责任。

(3)其他组织。其他组织是指依法成立,不具备法人资格,能以自己的名义参与民事活动的经营实体或者法人的分支机构等社会组织,如法人的分支机构、不具备法人资格的联营体、合伙企业、个人独资企业等。

2)法律关系客体

法律关系客体是指参加法律关系的主体享有的权利和承担的义务共同指向的对象。在通常情况下,主体都是为了某客体设立一定的权利、义务,从而产生法律关系。这里的权利、义务所指向的事物,即法律关系的客体。

在法学理论中,一般客体分为财、物、行为和非物质财富。法律关系客体包括四类。

(1)表现为财的客体。财一般指资金及各种有价证券。在法律关系中表现为财的客体主要是建设资金,如基本建设贷款合同的标的,即一定数量的货币。

(2)表现为物的客体。法律意义上的物是指可被人控制并具有经济价值的生产资料和消费资料。

(3)表现为行为的客体。法律意义上的行为是指人的有意识的活动。

(4)表现为非物质财富的客体。法律意义上的非物质财富是指人的脑力劳动的成果或智力方面的创作,也称智力成果。

3)法律关系的内容

法律关系的内容即权利和义务。

(1)权利。权利是指法律关系主体在法定范围内有权进行各种活动。权利主体可要求其他主体做出一定的行为或抑制一定的行为,以实现自己的权利,因其他主体的行为而使权利不能实现时有权要求国家机关加以保护并予以制裁。

(2)义务。义务是指法律关系主体必须按法律规定或约定承担应负的责任。义务和权利是相互对应的,相应主体应自觉履行建设义务,义务主体如果不履行或不适当履行,就要承担相应的法律责任。

3.合同法律关系的产生、变更与终止

1)合同法律关系的产生

合同法律关系的产生是指法律关系的主体之间形成了一定的权利和义务关系。例如,某单位与其他单位签订了合同,主体双方就产生了相应的权利和义务。此时,受法律规范调整的法律关系即宣告产生。

2)合同法律关系的变更

合同法律关系的变更是指法律关系的三个要素发生变化。

(1)主体变更。主体变更是指法律关系主体数目增多、减少或主体改变。在合同中,客体不变,相应权利、义务也不变,此时主体改变也称为合同转让。

(2)客体变更。客体变更是指法律关系中权利、义务所指向的事物发生变化。客体变更可以是其范围变更,也可以是其性质变更。

(3)内容变更。法律关系主体与客体的变更,必然导致相应的权利和义务(内容)的变更。

3)合同法律关系的终止

合同法律关系的终止是指法律关系主体之间的权利、义务不复存在,彼此丧失了约束力。

(1)自然终止。法律关系的自然终止是指某类法律关系所规范的权利、义务顺利得到履行,使主体取得了各自的利益,从而使该法律关系终止。

(2)协议终止。法律关系的协议终止是指法律关系主体之间协商解除某类工程建设法律关系所规范的权利、义务,致使该法律关系终止。

(3)违约终止。法律关系的违约终止是指法律关系主体一方违约或发生不可抗力,致使某类法律关系所规范的权利不能实现。

二、建设工程合同

1.建设工程合同的概念

《民法典》第七百七十条第一款规定:"承揽合同是承揽人按照定作人的要求完成工作,交付工作成果,定作人支付报酬的合同。"《民法典》第七百八十八条第一款规定:"建设工程合同是承包人进行工程建设,发包人支付价款的合同。"建设工程合同实际上是承揽合同的一种特殊类型,但二者仍然存在明显的区别。

建设工程合同在经济活动、社会活动中有重要作用,在国家管理、合同标的等方面均有别于一般承揽合同。考虑到建设工程合同是从承揽合同中分离出来的,因此,《民法典》第八百零八条规定,建设工程合同中没有规定的,适用承揽合同的有关规定。

建设工程合同一般包括建设工程勘察合同、建设工程设计合同、建设工程施工合同。建设工程实行监理的,也应订立委托监理合同。我国建设领域习惯上把建设工程合同的当事人双方称为发包方和承包方,双方当事人在合同中明确各自的权利和义务,主要是承包方进行工程建设、发包方支付工程款。

建设工程合同是一种诺成合同,合同订立生效后双方应当严格履行。

建设工程合同也是一种双务、有偿合同,当事人双方都应当在合同中约定各自的权利和义务,在享有权利的同时履行义务。

2.建设工程合同的特点

建设工程合同除具有合同的一般性特点之外,还具有不同于其他合同的独有特征。

(1)合同主体的严格性。建设工程合同主体只能是法人。发包人只能是经过批准进行工程项目建设的法人,必须有国家批准的建设项目,能落实投资计划且具备相应的协调能力;承包人必须具备法人资格且应当具备相应的从事勘察、设计、施工等工作的资质。无营业执照或无承包资质的单位不能作为建设工程合同的主体,资质等级低的单位不能越级承包建设工程。

(2)合同标的的特殊性。建设工程合同的标的是建筑工程,与其他合同的标的相比,具有以下特性:建筑商品是不动产,建筑工程建造在建设单位选定的地点,建成后不能移动,只能在建造地点使用。另外,建筑产品都要单独建设和施工,即建筑产品是单体性生产,建设工程都是根据每个建设单位的特定要求单独设计的,并在指定的地点单独建造。这就决定了每个建设工程合同标的都是特殊的,具有不可代替性。这也决定了承包方工作的流动性,建筑工程的生产一般是在露天进行的,施工队伍、施工机械必须围绕建筑产品不断移动。

(3)合同履行期限的长期性。建筑工程结构复杂、体积大、建筑材料类型多、工作量大,导致合同履行期限较长;建设工程合同的订立和履行都需要较长的准备期;在合同履行的过程中,可能因为不可抗力、工程变更、材料供应不及时等原因导致合同期顺延。所有这些情况决定了建筑合同的履行期限具有长期性。

(4)计划和程序的严格性。工程建设对国家的经济发展、公民的工作生活都具有重大的影响,因此,国家对建设工程的计划和程序都有严格的管理制度。订立建设工程合同必须以国家批准的投资计划为前提,国家投资以外的、以其他方式筹集的投资也要受到当年的贷款规模和批准限额的限制,纳入当年投资规模的平衡,并经过严格的审批程序。建设工程合同的订立和履行还必须符合国家关于基本建设程序的规定。

3.建设工程合同的类型

建设工程合同可以分为不同的类型,具体如下。

1)按照工程建设阶段分类

建设工程的建设过程大体上经过勘察、设计、施工三个阶段,可围绕不同阶段订立相应的合同。建设工程合同按照各阶段完成的承包内容划分为建设工程勘察合同、建设工程设计合同、建设工程施工合同。

(1)建设工程勘察合同。建设工程勘察合同是承包方进行工程勘察,业主支付价款的合同。建设工程勘察单位称为承包方,建设单位或者有关单位称为发包方(也称为委托方)。建设工程勘察合同的标的是为建设工程需要而做的勘察成果。

工程勘察是工程建设的第一个环节,也是保证建设工程质量的基础环节。为了确保工程勘察的质量,建设工程勘察合同的承包方必须是经国家或省级主管机关批准,持有勘察许可证,具有法人资格的勘察单位。

建设工程勘察合同必须符合国家规定的基本建设程序。建设单位或有关单位提出委托并与勘察单位协商,取得一致意见即可签订勘察合同。任何违反国家规定的建设程序的勘察合同均是无效的。

(2)建设工程设计合同。建设工程设计合同是承包方进行工程设计,委托方支付价款的合同。建设单位或有关单位为委托方,建设工程设计单位为承包方。

建设工程设计合同的标的是为建设工程需要而做的设计成果。工程设计是工程建设的第二个环节,是保证建设工程质量的重要环节。工程设计合同的承包方必须是经国家或省级主管机关批准,持有设计许可证,具有法人资格的设计单位。只有具备上级批准的设计任务书,建设工程设计合同才能订立;小型单项工程必须具有上级机关批准的文件方能订立设计合同;如果只是单独委托设计单位设计一份施工图,应当具有经有关部门批准的初步设计文件方能订立设计合同。

(3)建设工程施工合同。建设工程施工合同是工程建设单位与施工单位,也就是发包方与承包方以完成商定的建设工程为目的,明确双方权利、义务的协议。

施工总承包合同的发包人是建设工程的建设单位或取得建设项目的总承包资格的项目总承包单位,在合同中一般称为业主或发包人。施工总承包合同的承包人是承包单位,一般称为承包方。

施工分包合同分为专业工程分包合同和劳务作业分包合同。分包合同的发包人一般是施工总承包单位。分包合同的承包人一般是专业化的专业工程施工单位或劳务作业单位,在分包合同中一般称为分包人或劳务分包人。

2)按照承发包方式(范围)分类

(1)勘察、设计或施工总承包合同。勘察、设计或施工总承包是指业主将全部勘察、设计或施工的任务分别发包给一个勘察、设计单位或一个施工单位作为总承包人。经业主同意,总承包人可以将勘察、设计或施工任务的一部分分包给其他符合资质的分包人。据此明确各方权利、义务的协议即勘察、设计或施工总承包合同。在这种模式中,业主与总承包人订立总承包合同,总承包人与分包人订立分包合同,总承包人与分包人就工作成果对发包人承担连带责任。

(2)单位工程施工承包合同。单位工程施工承包是指在一些大型、复杂的建设工程中,发包人可以将专业性很强的单位工程发包给不同的承包人,与承包人分别签订土木工程施工合同、电气与机械工程承包合同等,这些承包人之间为平行关系。单位工程施工承包合同常见于大型工业建筑安装工程。据此明确各方权利、义务的协议即单位工程施工承包合同。

(3)工程项目总承包合同。工程项目总承包是指建设单位将包括工程设计、施工、材料和设备采购等一系列工作全部发包给一家承包单位,由其进行实质性设计、施工和采购工作,最后向建设单位交付具有使用功能的工程项目。工程项目总承包实施过程可依法将部分工程分包。据此明确各方权利、义务的协议即工程项目总承包合同。

(4)BOT合同(又称特许权协议书)。BOT承包模式是指由政府或政府授权的机构授予承包人在一定的期限内,以自筹资金建设项目并自费经营和维护,向东道国出售项目产品或服务,收取价款或酬金,期满后将项目全部无偿移交东道国政府的工程承包模式。据此明确各方权利、义务的协议即BOT合同。

3)按照承包工程计价方式(或付款方式)分类

按计价方式不同,建设工程合同可以划分为总价合同、单价合同和成本加酬金合同三大类。工程勘察、设计合同一般为总价合同;工程施工合同可根据招标准备情况和建设工程项目的特点不同选用其中的任何一种。

(1)总价合同。总价合同又分为固定总价合同和可调总价合同。

①固定总价合同。承包人按投标时业主接受的合同价格一笔包死。在合同履行过程中，如果业主没有要求变更原定的承包内容，承包人在完成承包任务后，不论其实际成本如何，均应按合同价获得工程款。

采用固定总价合同时，承包人要考虑承担合同履行过程中的主要风险，因此，投标报价较高。固定总价合同的适用条件如下。

a.工程招标时的设计深度已达到施工图设计的深度，在合同履行过程中不会出现较大的设计变更，承包人依据的报价工程量与实际完成的工程量不会有较大差异。

b.工程规模较小、技术不太复杂的中小型工程或承包工作内容较为简单的工程部位。这样可以使承包人在报价时合理地预见实施过程中可能遇到的各种风险。

c.工程合同期较短（一般为一年之内），双方可以不必考虑市场价格浮动可能对承包价格的影响。

②可调总价合同。这类合同与固定总价合同基本相同，但合同期较长（一年以上），只是在固定总价合同的基础上，增加合同履行过程中因市场价格浮动对承包价格调整的条款。由于合同期较长，承包人不可能在投标报价时合理地预见一年后市场价格浮动的影响，应在合同内明确约定合同价款的调整原则、方法和依据。常用的调价方法有文件证明法、票据价格调整法和公式调价法。

（2）单价合同。单价合同是指承包人按工程量报价单内分项工作内容填报单价，以实际完成工程量乘以所报单价确定结算价款的合同。承包人所填报的单价应为计算各种摊销费用后的综合单价，而非直接费单价。

单价合同大多用于工期长、技术复杂、实施过程中产生各种不可预见因素较多的大型土建工程，以及业主为了缩短工程建设周期在初步设计完成后就进行施工招标的工程。单价合同的工程量清单内所列的工程量为估计工程量，而非准确工程量。

单价合同较为合理地分担了合同履行过程中的风险。因为承包人据以报价的清单工程量为初步设计估算的工程量，如果实际完成工程量与估计工程量有较大差异，采用单价合同可以避免业主过大的额外支出或承包人的亏损。此外，承包人在投标阶段不可能合理、准确预见的风险可不必计入合同价内，有利于业主取得较为合理的报价。单价合同按照合同工期的长短，也可以分为固定单价合同和可调单价合同两类，调价方法与总价合同的调价方法相同。

（3）成本加酬金合同。成本加酬金合同将工程项目的实际造价划分为直接成本费和承包人完成工作后应得酬金两部分。工程实施过程中发生的直接成本费由业主实报实销，承包人应得酬金按合同约定的方式付给承包人。

成本加酬金合同大多用于边设计、边施工的紧急工程或灾后修复工程。在签订合同时，业主还不能为承包人提供用于准确报价的详细资料，只能在合同中商定酬金的计算方法。在成本加酬金合同中，业主需承担工程项目实际发生的一切费用，也就承担了工程项目的全部风险。承包人无风险，其报酬往往也较低。

按照酬金的计算方式不同，成本加酬金合同的形式有成本加固定酬金合同、成本加固定百分比酬金合同、成本加浮动酬金合同、目标成本加奖罚合同等。

在传统承包模式下，不同计价方式的合同的比较见表5-1。

表 5-1　不同计价方式的合同的比较

合同类型	总价合同	单价合同	成本加酬金合同			
			固定百分比酬金	固定酬金	浮动酬金	目标成本加奖罚
应用范围	广泛	广泛	有局限性			酌情
业主方造价控制	易	较易	最难	难	不易	有可能
承包人风险	风险大	风险小	基本无风险		风险不大	有风险

【案例 5-1】

背景:某房地产开发公司投资建造一座高档写字楼,采用钢筋混凝土结构。设计项目已明确,功能布局及工程范围都已确定。为减少建设周期、尽快获得投资收益,业主在施工图设计未完成时就进行了招标,确定了某建筑工程公司为总承包单位。

业主与承包方签订施工合同时,由于设计未完成,工程性质已明确但工程量还难以确定,双方通过多次协商,拟采用总价合同形式签订施工合同,以减少双方的风险。合同条款中有下列规定。

(1)工程合同额为 1200 万元,总工期为 10 个月。

(2)工程采用固定总价合同,承包方在报价时已考虑了工程施工需要的各种措施费用与各种材料涨价等因素。

(3)业主向承包方提供现场的工程地质与地下主要管网资料,供承包方参考使用。

问题:1.工程施工合同按承包工程计价方式不同分为哪几类?

2.在总承包合同中,业主与承包方选择总价合同是否妥当,为什么?

3.你认为可以选择哪种计价形式的合同,为什么?

4.合同条款中有哪些不妥之处?应如何修改?

【解】

1.工程施工合同按计价方式不同分为总价合同、单价合同、成本加酬金合同三种形式。

2.选用固定总价合同形式不妥当。因为施工图设计未完成,虽然工程性质已明确,但工程量还难以确定,工程价格随工程量的变化而变化,合同总价无法确定,双方风险都比较大。

3.可以采用单价合同。因为施工图未完成,不能准确计算工程量,而工程范围与工作内容已明确,可列出全部工程的各分项工程内容和工作项目,暂不定工作量,双方按全部所列项目协商确定单价,按实际完成工程量进行结算。

4.“供承包方参考使用”提法不当,应改为“保证资料(数据)真实、准确,作为承包方现场施工的依据”。

4.建设工程其他相关合同

在项目的进行过程中,施工企业必然会涉及多种合同关系,如建设物资的采购涉及买卖合同、货物运输合同,工程投保涉及保险合同,有时还会涉及租赁合同、承揽合同等。施工企业的项目经理不仅要做好对施工合同的管理,而且要做好对建设工程涉及的其他合同的管理,这是项目施工能够顺利进行的基础和前提。

(1)买卖合同。买卖合同是经济活动中最常见的一种合同,也是建设工程中经常订立的一种合同。在建设工程中,建筑材料、设备的采购要订立买卖合同,施工过程中的一些工具、生活用品的采购也要订立买卖合同。在建设工程合同的履行过程中,承包方和发包方都要经常订立买卖合同。当然,建设工程合同当事人在买卖合同中总是处于买受人的位置。

买卖合同是出卖人转移标的物的所有权于买受人,买受人支付价款的合同。买卖合同是经济活动中最常见的一种合同,它以转移财产所有权为目的。合同履行后,标的物的所有权转移给买受人。

买卖合同的出卖人除了应当向买受人交付标的物并转移标的物的所有权外,还应对标的物的瑕疵承担担保义务。出卖人应保证交付的标的物不存在可能使其价值或使用价值降低的缺陷或其他不符合合同约定的品质问题,也应保证出卖的标的物不侵犯任何第三方的合法权益。买受人除应按合同约定支付价款外,还应承担按约定接受标的物的义务。

(2)货物运输合同。在工程建设过程中,存在着大量建筑材料、设备、仪器等的运输问题。做好货物运输合同的管理对确保工程建设的顺利进行有重要的作用。

货物运输合同是承运人将承运的货物从起运地点运送到指定地点,托运人或者收货人向承运人支付运费的协议。

货物运输合同中至少有承运人和托运人两方当事人,如果运输合同的收货人与托运人并非同一人,则货物运输合同有承运人、托运人和收货人三方当事人。在我国,可以作为承运人的有以下民事主体:①国有运输企业,如铁路局、汽车运输公司等;②集体运输组织,如运输合作社等;③城镇个体运输户和农村运输专业户。国家机关、企事业法人、其他社会组织、公民等都可以成为货物托运人。

(3)保险合同。保险合同是指投保人与保险人约定保险权利、义务关系的协议。投保人是指与保险人订立保险合同,并按照保险合同负有支付保险费义务的人。保险人指与投保人订立保险合同,并承担赔偿或者给付保险金责任的保险公司。保险合同在履行中还涉及被保险人和受益人的概念。被保险人是指其财产或者人身受保险合同保障,享有保险金请求权的人。投保人可以为被保险人。受益人是指人身保险合同中由被保险人或者投保人指定的享有保险金请求权的人。投保人、被保险人可以为受益人。

(4)租赁合同。租赁合同是出租人将租赁物交付承租人使用、收益,承租人支付租金的合同。

租赁合同是转让财产使用权的合同,合同的履行不会导致财产所有权的转移,在合理有效期满后,承租人应将租赁物交还出租人。

租赁合同的形式没有限制,但租赁期限在6个月以上的,应采用书面形式。

随着市场经济的发展,在工程建设过程中出现了越来越多的租赁合同。特别是建筑施工企业的施工工具、设备,如果自备过多,则购买费用、保管费用都很高,所以大多依靠设备租赁来满足施工高峰期的使用需要。

(5)承揽合同。《民法典》规定,建设工程合同中没有规定的,适用承揽合同的有关规定。承揽合同是承揽人按照定作人的要求完成工作,交付工作成果,定作人支付报酬的合同。承揽包括加工、定作、修理、复制、测试、检验等工作。

承揽合同的内容一般包括承揽的标的、数量、质量、报酬,承揽方式,材料的提供,履行期限,验收标准和方法等条款。

承揽合同的标的即当事人权利、义务指向的对象,是工作成果,而不是工作过程和劳务、智力的支出过程。承揽合同的标的一般是有形的或至少要以有形的载体表现,不是单纯的智力技能。

5. 建设工程项目中的主要合同关系

工程建设是一个极为复杂的社会生产过程。由于现代社会化大生产和专业化分工,许多单位会参与工程建设,各类合同是维系这些参与单位关系的纽带。在建设工程项目合同体系中,业主和承包人是两个最主要的节点。

1)业主的主要合同关系

业主为了实现建设工程项目总目标,可以通过签订合同将建设工程项目生命期内有关活动委托给相应的专业承包单位或专业机构,如工程勘察、工程设计、工程施工、设备和材料供应、工程咨询(可行性研究、技术咨询)与项目管理服务等,从而涉及众多合同关系,包括工程承包合同、勘察设计合同、材料采购合同、工程咨询合同、项目管理合同、贷款合同、保险合同等。业主的主要合同关系如图 5-1 所示。

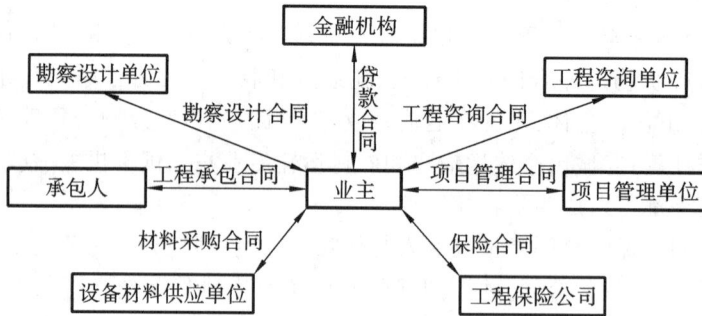

图 5-1 业主的主要合同关系

2)承包人的主要合同关系

承包人作为工程承包合同的履行者,也可以通过签订合同将工程承包合同中确定的工程设计、施工、设备材料采购等部分任务委托给其他相关单位来完成。承包人的主要合同关系包括分包合同、材料采购合同、运输合同、加工合同、租赁合同、劳务分包合同、保险合同等。承包人的主要合同关系如图 5-2 所示。

6. 合同担保

从世界范围来看,早在两千多年以前,被西方人称为"历史之父"的古希腊著名历史学家希罗多德(Herodotus)就在《历史》一书中引入了保证条款的概念,这也是最早在正式文本中提出的保证概念。1935 年,美国开创了承包人付款保证担保的历史。

担保是指当事人根据法律规定或者双方约定,促使债务人履行债务、实现债权人的权利的法律制度。担保通常由当事人双方订立担保合同。担保合同是被担保合同的从合同,被担保合同是主合同,主合同无效,从合同也无效,但担保合同另有约定的按照约定。

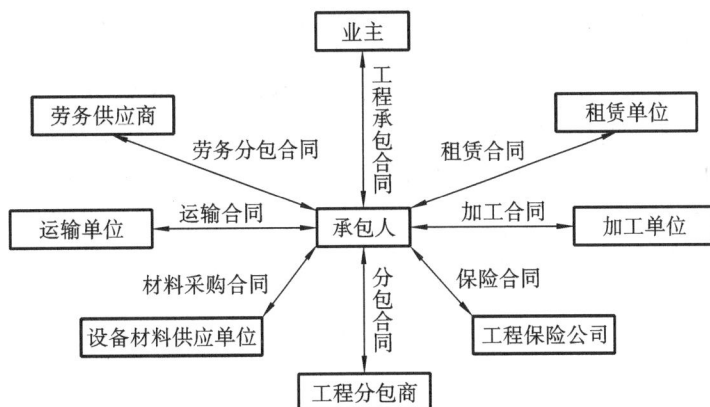

图 5-2 承包人的主要合同关系

担保活动应当遵循平等、自愿、公平、诚实信用的原则。《民法典》规定的担保方式有保证、抵押、质押、留置和定金五种。

工程建设合同担保，是指在工程建设活动中，根据法律、法规规定或合同约定，由担保人向债权人提供的，保证债务人不履行债务时由担保人代为履行或承担责任的法律行为。担保的有效期为债权人要求担保人承担担保责任的权利存续期间。在有效期内，债权人有权要求担保人承担担保责任。有效期届满，债权人要求担保人承担担保责任的实体权利消灭，担保人免除担保责任。

工程建设合同担保是控制工程建设履约风险的一种国际惯例。在百余年的运行中，这一经济手段已被世界上许多国家证明为制约与规范建筑市场的重要机制，不仅保证了建设工程的质量与安全，也促进了建设市场的健康发展。从我国的发展来看，二十世纪八十年代，我国在运用世界银行贷款进行经济建设时，首次使用了工程担保。工程担保有利于控制工程质量风险，解决合同履约不良及合同纠纷等问题，被逐步推广到各个城市的大型建设工程项目中。2004 年 8 月 6 日，原建设部下发了《关于在房地产开发项目中推行工程建设合同担保的若干规定（试行）》的通知（建市〔2004〕137 号文），第一次对建设工程担保做了较为全面系统的规定。近年来，工程担保制度在我国全面推行，工程保函市场规模与日俱增，工程担保制度日趋完善；推行工程建设合同担保，促使建设各方主体树立诚信守约意识，加强诚信履约的自觉性，形成一种保护守约行为、惩戒违约行为的环境，规范合同当事人的履约行为，最终实现合同目标。

7. FIDIC 合同条件简介

FIDIC 是国际咨询工程师联合会（Fédération Internationale des Ingénieurs Conseils）法文名称的缩写。FIDIC 于 1913 年由欧洲独立的咨询工程师协会在比利时根特成立，它是国际上最具有权威性的咨询工程师组织，经过近一个世纪的发展，现有 60 多个会员。中国工程咨询协会代表我国于 1996 年 10 月加入该组织。

FIDIC 专业委员会编制了许多规范性的文件，这些文件具有国际性、通用性和权威性，不仅被 FIDIC 成员采用，而且被世界银行、亚洲开发银行的招标文件采用。FIDIC 出版的标准化合同格式有《土木工程施工合同条件》（红皮书）、《电气与机械工程合同条件》

（黄皮书）、《业主/咨询工程师标准服务协议书》（白皮书）及《设计/建造/交钥匙工程合同条件》（橘皮书）等。1999 年，FIDIC 组织对以上合同进行了修订，出版了新的《施工合同条件》（新红皮书）、《生产设备和设计——建造合同条件》、《EPC/交钥匙项目合同条件》以及《简明合同格式》。在这四类合同条件中，《施工合同条件》的使用最为广泛。对工程的类别而言，FIDIC 合同条件适用于一般的土木工程，包括市政道路工程、工业与民用建设工程及土壤改善工程。

FIDIC《土木工程施工合同条件》由通用条件和专用条件两大部分组成。构成合同的组成文件包括以下内容：

①合同协议书；

②中标通知书；

③投标书；

④通用条件；

⑤专用条件；

⑥作为合同一部分的任何其他文件。

FIDIC 合同条件在长期的国际工程实践中形成并逐渐发展和成熟，它是国际工程中通用的、规范化的、典型的合同条件，公正合理，职责分明，程序严谨，易于操作。随着我国建设市场融入国际建设市场进程的加快，尤其是加入世贸组织以后，工程项目选择采用FIDIC 合同文本的情况逐渐增多，承发包模式逐渐与国际接轨而呈多样化发展。新型承发包模式需要相应的合同条件，FIDIC 合同条款对我国建设工程合同体系的完善具有一定的借鉴作用。

思政案例及拓展

《中华人民共和国民法典》作为新中国首部以法典命名的法律，已于 2021 年 1 月 1 日起正式实施，废止了以往与合同管理密切相关的《中华人民共和国担保法》《中华人民共和国合同法》等法律。作为社会生活的百科全书，《民法典》与社会各行各业都息息相关，对建设工程领域相关的部分内容进行了调整，更完善，更具有操作性和创新性，文字表达更加精准、严谨，从而对建设工程领域的实践带来影响和变化。

首先，建设工程人要不断学习，关注专业领域的变化，在日常的工作中不仅要关心工程建设中的技术和管理问题，更要学会用法律思维去思考问题，要具备重证据、重签证、重变更、重送达、重程序、重步骤、重时效、少诉讼、慎鉴定的法律意识。

其次，建设工程人要充分认识到合同的重要性。合同是甲乙双方工程管理的基石，项目各参与方必须将加强合同管理与加强法制教育相结合，牢固树立法制观念，设立必要的合同管理系统，努力提高合同管理人员的业务素质，提高合同管理水平，不偏不倚地执行合同，赏罚分明。

任务单元二　建设工程施工合同管理

一、施工合同

建设工程合同管理是指承包单位依据法律、法规和规章制度,对其参与的建设工程合同的谈判、签订、履行、变更进行的全过程的组织、指导、协调和监督。对建设工程合同进行管理有利于建立社会主义法制经济,有利于提高我国的建设水平和投资效益,有利于开放国际建筑市场,有利于完善项目法人责任制、招标投标制、工程监理制和合同管理制。其中最主要的是对与业主签订的施工合同的管理。

1. 施工合同的概念

施工合同是发包人(建设单位或总承包单位)和承包人(施工单位)之间,为完成商定的建筑或安装工程,明确相互权利、义务关系的协议。承发包双方签订施工合同,必须具备相应资质条件和履行施工合同的能力。对合同范围内的工程实施建设时,发包人必须具备组织协调能力或委托给具备相应资质的监理单位,承包人必须具备有关部门核定的资质等级并持有营业执照等证明文件。依据施工合同,承包人应完成发包人交给的建筑或安装工程任务,发包人应按合同规定提供必需的施工条件并支付工程价款。建设工程施工合同是建设工程的主要合同,是工程建设质量控制、进度控制、投资控制的主要依据。

2. 施工合同的主要内容

施工合同的标的物是特定的建筑产品,不同于其他一般商品。施工合同在明确标的物时,不能像其他合同一样只简单地写明名称、规格、质量,而是需要将建筑产品的数量、面积、层数或高度、结构特征、内外装饰标准和设备安装要求等一一规定清楚。

建筑产品体积大、结构复杂、施工周期长(施工工期少则几个月,多则几年,甚至十几年),在合同实施过程中的不确定影响因素多,受外界自然条件影响大,故合同双方承担的风险较高。

建设工程本身的特殊性和施工生产的复杂性,决定了施工合同必须有很多条款。施工合同一般应具备以下主要内容:

①工程名称、地点、范围、内容,工程价款及开、竣工日期;

②双方的权利、义务和一般责任;

③施工组织设计的编制要求和工期调整的处置办法;

④工程质量要求、检验与验收方法;

⑤合同价款调整与支付方式;

⑥材料、设备的供应方式与质量标准;

⑦设计变更;

⑧竣工条件与结算方式;

⑨违约责任与处置办法；

⑩争议解决方式；

⑪安全生产防护措施等。

此外，关于索赔、专利技术使用、发现地下障碍物和文物、工程分包、不可抗力、工程保险、合同生效与终止等也是施工合同的重要内容。

3.施工合同的作用

在社会主义市场经济条件下，施工合同的作用日益明显和重要，主要表现在以下四个方面。

(1)培育、发展和完善建筑市场的需要。随着社会主义市场经济新体制的建立，建设单位和施工单位将逐渐成为建筑市场的合格主体。建设项目实行真正的业主负责制，让施工企业参与市场的公平竞争。在建筑商品交换过程中，双方都要利用合同这一法律形式，明确规定各方的权利和义务，以最大限度地实现自己的经济目的和经济效益。建设工程合同的依法签订和全面履行，是建立一个完善的建筑市场最基本的条件。因此，搞好和强化施工合同管理，对纠正目前建筑市场存在的某些混乱现象、维护建筑市场正常秩序、培育和发展建筑市场具有重要的保证作用。

(2)政府转变职能的需要。在企业转换经营机制、建立现代企业制度的进程中，随着政企分开和政府职能的转变，政府不再直接管理企业，企业行为将主要靠合同来约束和保证，建筑市场主体之间的关系将主要靠合同确定和调整。因此，施工合同的管理成为政府管理市场的一项主要内容。保证施工合同全面、正确履行，就保护了承发包双方的合法权益，保证了建筑市场的正常秩序，也就保证了建设工程的质量、工期和效益。

(3)推行工程建设监理制的需要。工程建设监理制是我国建设管理体制改革深化和参照国际惯例组织工程建设的需要，是在我国建设领域推行的一项科学管理制度。这个制度旨在改进我国工程建设项目管理体制，提高工程项目建设水平和投资效益，现已在全国范围内推行。工程建设监理的依据主要是国家关于工程建设的法律、政策、法规，政府批准的建设计划、规划，设计文件以及依法订立的工程承包合同。国内外实践经验表明，工程建设监理的主要依据是合同。监理工程师在工程建设监理过程中要做到坚持按合同办事、坚持按规范办事、坚持按程序办事，监督业主和承包人履行各自的合同义务。因此，承发包双方签订一个内容合法，条款公平、完备，适应建设监理要求的施工合同是监理工程师实施公正监理的前提条件，也是推行工程建设监理制的内在要求。

(4)企业编制计划、组织生产经营的需要。在社会主义市场经济条件下，建筑企业将主要通过招标投标活动参与市场竞争，承揽工程任务，获取工程项目的承包权。因此，建设工程合同是企业编制计划、组织生产经营的重要依据，是实行经济责任制和推行项目经理责任制、加强企业经济核算、提高经济效益的法律保证。建筑企业通过签订施工合同，落实全年任务，明确施工目标并制订经营计划，优化配置资源，组织项目实施。因此，强化合同管理，对于提高企业素质、保证建设工程质量、提高经济效益都具有十分重要的作用。

4. 施工合同的订立

1）施工合同订立的原则

（1）遵守国家法律、法规和国家计划原则。

订立施工合同，必须遵守国家法律、法规，也应遵守国家的固定资产投资计划和其他计划（如贷款计划等）。合同订立时，不论是合同的内容、程序还是形式，都不得违法。除了必须遵守国家法律、法规外，考虑到建设工程施工对经济发展、社会生活有多方面的影响，国家还对建设工程施工制定了许多强制性的管理规定，施工合同当事人订立合同时也必须遵守。

（2）平等、自愿、公平的原则。

签订施工合同的双方当事人具有平等的法律地位，任何一方都不得强迫对方接受不平等的合同条件，合同内容应当是双方当事人的真实意思表示。合同的内容应当是公平的，不能单纯损害一方的利益。对于显失公平的合同，当事人一方有权申请人民法院或者仲裁机构予以变更或者撤销。

（3）诚实信用原则。

诚实信用原则要求合同的双方当事人订立施工合同时要诚实，不得有欺诈行为。合同当事人应当如实将自身和工程的情况介绍给对方。在履行合同时，合同当事人要守信用，严格履行合同。

（4）等价有偿原则。

等价有偿原则要求合同双方当事人在订立和履行合同时，遵循社会主义市场经济的基本规律，等价有偿地进行交易。

（5）不损害社会公众利益和扰乱社会经济秩序原则。

合同双方当事人在订立、履行合同时，不能损害社会公众利益，不能扰乱社会经济秩序。

2）施工合同订立的条件

签订施工合同必须具备以下条件：

①初步设计已经批准；

②工程项目已列入年度建设计划；

③有能够满足施工需要的设计文件和有关技术资料；

④建设资金和主要建筑材料、设备来源已经落实；

⑤对于招标投标工程，中标通知书已经下达；

⑥建筑场地、水源、电源、气源及运输道路已具备或在开工前完成等。

只有具备上述条件，施工合同才具有有效性，并能保证合同双方都能正确履行合同，以免在实施过程中引起不必要的违约和纠纷，从而圆满完成合同规定的各项要求。

3）施工合同订立的程序

《民法典》规定，合同的订立包括要约和承诺两个阶段。施工合同的订立也应经过要约和承诺两个阶段。其订立方式有两种：直接发包和招标发包。如果没有特殊情况，建设工程的施工都应通过招标投标确定施工企业。这两种方式实际上都包含要约和承诺的过程。在工程招标投标过程中，投标人根据业主提供的招标文件在约定的报送期内发出投标文件即为要约,招标人通过评标,向投标人发出中标通知书即为承诺。

(1)要约。

①要约及其有效的条件。要约是希望和他人订立合同的意思表示。要约应当符合如下规定:内容具体确定;表明经受要约人承诺,要约人即受该意思表示约束。也就是说,要约必须是特定人的意思表示,必须以缔结合同为目的,必须具备合同的主要条款。有些合同在要约之前还会有要约邀请。要约邀请,是希望他人向自己发出要约的意思表示。要约邀请并不是合同成立过程中的必经过程,它是当事人订立合同的预备行为,这种意思表示的内容往往不确定,不含合同得以成立的主要内容和相对人同意后受其约束的表示,在法律上无须承担责任。寄送的价目表、拍卖公告、招标公告、招股说明书、商业广告等为要约邀请。商业广告的内容符合要约规定的,视为要约。

②要约的生效。要约到达受要约人时生效。如采用数据电文形式订立合同,收件人指定特定系统接收数据电文的,该数据电文进入该特定系统的时间,视为到达时间;未指定特定系统的,该数据电文首次进入收件人的任何系统的时间,视为到达时间。

③要约的撤回和撤销。要约可以撤回,撤回要约的通知应当在要约到达受要约人之前或与要约同时到达受要约人。要约可以撤销,撤销要约的通知应当在受要约人发出承诺通知之前到达受要约人。但有下列情形之一的,要约不得撤销:要约人确定了承诺期限或者以其他形式明示要约不可撤销;受要约人有理由认为要约是不可撤销的,并已经为履行合同做了准备工作。

④要约的失效。有下列情形之一的,要约失效:①拒绝要约的通知到达要约人;②要约人依法撤销要约;③承诺期限届满,受要约人未做出承诺;④受要约人对要约的内容做出实质变更。

(2)承诺。承诺是受要约人同意要约的意思表示。除根据交易习惯或者要约表明可以通过行为做出承诺的之外,承诺应当以通知的方式做出。

①承诺的期限。承诺应当在要约确定的期限内到达要约人。要约没有确定承诺期限的,承诺应当依照下列规定到达:除非当事人另有约定,以对话方式做出的要约应当即时做出承诺;以非对话方式做出的要约,承诺应当在合理期限内到达。以信件或者电报做出的要约,承诺期限自信件载明的日期或者电报交发之日开始计算;信件未载明日期的,自投寄该信件的邮戳日期开始计算。以电话、传真等快速通信方式做出的要约,承诺期限自要约到达受要约人开始计算。

②承诺的生效。承诺通知到达要约人时,承诺生效。承诺不需要通知的,根据交易习惯或者要约的要求做出承诺的行为时生效。采用数据电文形式订立合同的,承诺到达的时间适用于要约到达受要约人时间的规定。受要约人在承诺期限内发出承诺,按照通常情形能够及时到达要约人但因其他原因承诺到达要约人时超过承诺期限的,除要约人及时通知受要约人因承诺超过期限不接受该承诺的以外,该承诺有效。

③承诺的撤回。承诺可以撤回,撤回承诺的通知应当在承诺通知到达要约人之前或者与承诺通知同时到达要约人。

④逾期承诺。受要约人超过承诺期限发出承诺的,除要约人及时通知受要约人该承诺有效的以外,为新要约。

⑤要约内容的变更。承诺的内容应当与要约的内容一致。合同标的、数量、质量、价款或者报酬、履行期限、履行地点和方式、违约责任和解决争议方法等的变更,是对要约内容的实质性变更。受要约人对要约的内容做出实质性变更的,为新要约。承诺对要约的内容做出非实质性变更的,除要约人及时表示反对或者要约表明承诺不得对要约的内容做出任何变更的以外,该承诺有效,合同的内容以承诺的内容为准。

(3)合同的成立。承诺生效时合同成立,即中标通知书发出后,承包方和发包方就完成了合同缔结过程,中标的施工企业应当与建设单位及时签订合同。依据《中华人民共和国招标投标法》和《房屋建筑和市政基础设施工程施工招标投标管理办法》的规定,中标通知书发出30天内,中标单位应与建设单位依据招标文件、投标书等签订工程承发包合同。投标书中已确定的合同条款在签订时不得更改,合同价应与中标价一致。如果中标的施工企业拒绝与建设单位签订合同,投标保函出具者应当承担相应的保证责任,建设行政主管部门或其授权机构还可以给予一定的行政处罚。

①合同成立的时间。当事人采用合同书形式订立合同的,自双方当事人签字或者盖章时合同成立。当事人采用信件、数据电文等形式订立合同的,可以在合同成立之前要求签订确认书,签订确认书时合同成立。

②合同成立的地点。承诺生效的地点为合同成立的地点。采用数据电文形式订立合同的收件人的主营业地为合同成立的地点;没有主营业地的,其经常居住地为合同成立的地点。当事人另有约定的,按照其约定。当事人采用合同书形式订立合同的,双方当事人签字或者盖章的地点为合同成立的地点。

③合同成立的其他情形。合同成立还包括以下情形:

a.法律、行政法规规定或者当事人约定采用书面形式订立合同,当事人未采用书面形式但一方已经履行主要义务,对方接受的;

b.采用合同书形式订立合同,在签字或者盖章之前,当事人一方已经履行主要义务,对方接受的。

二、施工合同示范文本及合同文件

为了指导建设工程施工合同当事人的签约行为,维护合同当事人的合法权益,国家对《建设工程施工合同(示范文本)》(GF-2013-0201)进行了修订,制定了《建设工程施工合同(示范文本)》(GF-2017-0201)。

1.《建设工程施工合同(示范文本)》的组成

《建设工程施工合同(示范文本)》(GF-2017-0201)(以下简称《示范文本》)由合同协议书、通用合同条款和专用合同条款三部分组成。

(1)合同协议书。《示范文本》合同协议书共计13条,主要包括工程概况、合同工期、质量标准、签约合同价和合同价格形式、项目经理、合同文件构成、承诺以及合同生效条件等重要内容,集中约定了合同当事人基本的合同权利、义务。

(2)通用合同条款。通用合同条款是合同当事人根据《中华人民共和国建筑法》等法律、法规的规定,就工程建设的实施及相关事项,对合同当事人的权利、义务做出的原则性约定。

通用合同条款共计20条,具体条款分别为一般约定、发包人、承包人、监理人、工程质量、安全文明施工与环境保护、工期和进度、材料与设备、试验与检验、变更、价格调整、合同价格、计量与支付、验收和工程试车、竣工结算、缺陷责任与保修、违约、不可抗力、保险、索赔和争议解决。前述条款安排既考虑了现行法律、法规对工程建设的有关要求,又考虑了建设工程施工管理的特殊需要。

(3)专用合同条款。专用合同条款是对通用合同条款原则性约定的细化、完善、补充、修改或另行约定的条款。合同当事人可以根据不同建设工程的特点及具体情况,通过双方的谈判、协商对相应的专用合同条款进行修改补充。在使用专用合同条款时,应注意以下事项。

①专用合同条款的编号应与相应的通用合同条款的编号一致。

②合同当事人可以通过对专用合同条款的修改,满足具体建设工程的特殊要求,避免直接修改通用合同条款。

③在专用合同条款中有横道线的地方,合同当事人可针对相应的通用合同条款进行细化、完善、补充、修改或另行约定;如无细化、完善、补充、修改或另行约定,则填写"无"或划"/"。

(4)附件。附件包括协议书附件和专用合同条款附件。

协议书附件为承包人承揽工程项目一览表。

专用合同条款附件包括以下内容:

①发包人供应材料设备一览表;

②工程质量保修书;

③主要建设工程文件目录;

④承包人用于本工程施工的机械设备表;

⑤承包人主要施工管理人员表;

⑥分包人主要施工管理人员表;

⑦履约担保格式;

⑧预付款担保格式;

⑨支付担保格式;

⑩暂估价一览表。

2.《建设工程施工合同(示范文本)》的性质和适用范围

《示范文本》为非强制性使用文本。《示范文本》适用于房屋建筑工程、土木工程、线路管道和设备安装工程、装修工程等建设工程的施工承发包活动。合同当事人可结合建设工程具体情况,根据《示范文本》订立合同,并按照法律、法规规定和合同约定承担相应的法律责任及合同权利、义务。

三、建设工程项目施工合同的实施

施工合同各项内容的实施主要体现在双方各自权利的实现及对各自义务的完全履行上。

《示范文本》中的合同当事人是指发包人和(或)承包人。发包人是指与承包人签订合同协议书的当事人及取得该当事人资格的合法继承人,承包人是指与发包人签订合同协议书的,具有相应工程施工承包资质的当事人及取得该当事人资格的合法继承人。在具体合同的签订和语言交流过程中,习惯上把发包方简称为甲方,把承包方简称为乙方。在实行工程监理的建设工程项目中,除甲方、乙方之外还有监理人存在。监理人是指在专用合同条款中指明的,受发包人委托按照法律规定进行工程监督管理的法人或其他组织。

1. 施工合同内容的实施

1)合同双方的主要工作

(1)业主的主要工作。根据专用条款约定的内容和时间,业主应分阶段或一次完成以下工作。

①办理土地征用、拆迁补偿、平整施工场地等工作,使施工场地具备施工条件,并在开工后继续解决以上事项的遗留问题。

②将施工所需水、电、通信线路从施工场地外部接至专用条款约定地点,并保证施工期间的需要。

③开通施工场地与城乡公共道路的通道,以及专用条款约定的施工场地内的主要交通干道,满足施工运输的需要,保证施工期间的畅通。

④向承包人提供施工场地的工程地质和地下管线资料,保证数据真实,位置准确。

⑤办理施工许可证和临时用地、停水、停电、中断道路交通、爆破作业以及可能损坏道路管线、电力、通信等公共设施的申请批准手续及其他施工所需的证件(证明承包人自身资质的证件除外)。

⑥确定水准点与坐标控制点,以书面形式交给承包人并进行现场交验。

⑦组织承包人和设计单位进行图纸会审和设计交底。

⑧协调处理施工现场周围地下管线和邻近建筑物、构筑物(包括文物保护建筑)、古树名木的保护工作,并承担有关费用。

⑨业主应做的其他工作,双方在专用条款内约定。

业主可以将上述部分工作委托承包人办理,具体内容由双方在专用条款内约定,其费用由业主承担。

(2)承包人的主要工作。承包人按专用条款约定的内容和时间完成以下工作。

①根据业主的委托,在其设计资质允许的范围内,完成施工图的设计或与工程配套的设计,经工程师确认后使用,发生的费用由业主承担。

②向工程师提供年、季、月工程进度计划及相应进度统计报表。

③按工程需要提供和维修非夜间施工使用的照明、围栏设施,并负责安全保卫。

④按专用条款约定的数量和要求,向业主提供在施工现场办公和生活的房屋及设施,发生的费用由业主承担。

⑤遵守有关部门对施工场地交通、施工噪声、环境保护和安全生产等的管理规定,按管理规定办理有关手续,并以书面形式通知业主。业主承担发生的费用,因承包人责任造成的罚款除外。

⑥已竣工工程未交付业主之前，承包人按专用条款约定负责已完工程的成品保护工作，保护期间发生损坏，承包人自费修复。要求承包人采取特殊措施保护的单位工程的部位和相应追加的合同价款，在专用条款内约定。

⑦按专用条款的约定做好施工现场地下管线和邻近建筑物、构筑物（包括文物保护建筑）、古树名木的保护工作。

⑧保证施工场地清洁、符合环境卫生管理的有关规定。交工前清理现场，达到专用条款约定的要求，承担因自身原因违反有关规定造成的损失和罚款。

⑨承包人应做的其他工作，双方在专用条款内约定。

承包人不履行上述各项义务，造成业主损失的，应赔偿业主的损失。

2）施工合同履行的主要原则

根据《民法典》的规定，履行施工合同应遵循以下原则。

（1）当事人应当按照约定全面履行自己的义务。

（2）当事人应当遵循诚信原则，根据合同的性质、目的和交易习惯履行通知、协助、保密等义务。

（3）当事人在履行合同的过程中，应当避免浪费资源、污染环境和破坏生态。

合同生效后，当事人就质量、价款或者报酬、履行地点等内容没有约定或者约定不明确的，可以协议补充；不能达成补充协议的，按照合同有关条款或者交易习惯确定。

依据上述基本原则和方法仍不能确定合同有关内容的，应当按照下列方法处理。

（1）质量要求不明确问题的处理方法。质量要求不明确问题，按照强制性国家标准履行；没有强制性国家标准的，按照推荐性国家标准履行；没有推荐性国家标准的，按照行业标准履行；没有国家标准、行业标准的，按照通常标准或者符合合同目的的特定标准履行。

（2）价款或者报酬不明确问题的处理方法。价款或者报酬不明确问题，按照订立合同时履行地的市场价格履行；依法应当执行政府定价或者政府指导价的，在合同约定的交付期限内政府价格调整时，按照交付时的价格计价。逾期交付标的物的，遇价格上涨时，按照原价格执行；价格下降时，按照新价格执行。逾期付款的，遇价格上涨时，按照新价格执行；价格下降时，按照原价格执行。

（3）履行地点不明确问题的处理方法。履行地点不明确时，给付货币的，在接受货币一方所在地履行；交付不动产的，在不动产所在地履行；其他标的，在履行义务一方所在地履行。

（4）履行期限不明确问题的处理方法。履行期限不明确的，债务人可以随时履行，债权人也可以随时要求履行，但应当给对方必要的准备时间。

（5）履行方式不明确问题的处理方法。履行方式不明确的，按照有利于实现合同目的的方式履行。

（6）履行费用的负担不明确问题的处理方法。履行费用的负担不明确的，由履行义务一方负担；因债权人原因增加的履行费用，由债权人负担。

2. 分包合同实施

1）分包人责任

分包合同订立时，总分包双方就各自的责任做出具体、明确的规定。分包人的责任主要有以下几个：

①保证分包工程质量；

②确保分包工程按合同规定的工期完成，并及时通知总承包人对工程进行竣工验收。

③依合同规定编制分包工程的预算、施工方案、施工进度计划，参加总承包人的综合平衡。

④在保修期内，对施工不当造成的所有质量问题，负有无偿及时修理的义务。

分包人违反建设法律、法规的规定或分包合同的义务，应承担相应的法律责任，包括民事责任和行政责任，具体如下。

①分包人将承包的工程转包的，或者违反建筑法的规定进行再次分包的，责令改正，没收违法所得并处罚款，可以责令停业整顿，降低资质等级；情节严重的，吊销资质证书。

②分包人因施工原因致使工程质量不符合约定的，应当在合理期限内无偿修理或者返工、改建。经过修理或者返工、改建后，造成逾期交付的，分包人应当承担违约责任，可以是约定的逾期违约金，也可以是约定的赔偿金。

③因分包人的原因致使建设工程在合理使用期限内造成人身和财产损害的，分包人应当承担损害赔偿责任。

④分包人就自己完成的工作成果与承包人（总承包人或者勘察、设计、施工承包人）向业主承担连带责任。

2）分包合同有关各方关系处理

根据《中华人民共和国建筑法》的有关规定，建设单位在对建设项目公开招标的前提下，可以将允许分包的建设工程中的部分在总承包合同中约定分包给具有相应资质条件的分包单位。分包合同依法成立后，总承包单位按照承包合同的约定对建设单位负责；分包单位按照分包合同约定对总承包单位负责。总承包单位和分包单位就分包工程对建设单位承担连带责任。总承包单位对建设工程的工程质量、工程进度、安全生产、工程竣工验收、工程资料备案、工程综合验收资料全面负责。总承包单位对发包方事先在总承包工程合同中约定的分包工程、自己分包的建设工程承担工程质量、安全生产等责任。

四、施工合同的变更

合同的变更有广义和狭义之分。广义的合同变更是指合同法律关系的主体和合同内容的变更。狭义的合同变更仅指合同内容的变更，不包括合同主体的变更。合同主体的变更是指合同当事人的变动，即原来的合同当事人退出合同关系而由合同以外的第三人替代，第三人称为合同的新当事人。合同主体的变更实质上就是合同的转让。合同内容的变更是指在合同成立以后、履行之前或者在合同履行开始之后、尚未履行完毕之前，合同当事人对合同内容的修改或者补充。这里所指的合同变更是指合同内容的变更。

1. 变更的原因

在施工合同范本中，工程变更分为工程设计变更和其他变更两类。其他变更是指合同履行中业主要求变更工程质量标准及其他实质性变更。发生这类情况后，当事人双方协商解决。工程施工中经常发生设计变更，通用条款对此做了较详细的规定。工程师在合同履行管理中应严格控制变更。在施工中,承包人未得到工程师的同意,不得随意对工程设计进行变更。工程变更一般有以下几个方面的原因。

(1)业主新的变更指令,对建筑的新要求,如业主有新的意图,业主修改项目计划、削减项目预算等。

(2)设计人员、监理方人员、承包人事先没有很好地理解业主的意图,或者设计错误,导致图纸修改。

(3)工程环境的变化,预定的工程条件不准确,要求实施方案或实施计划变更。

(4)由于产生新技术和知识,有必要改变原设计、原实施方案或实施计划,或业主指令及业主的原因造成承包人施工方案的改变。

(5)政府部门对工程的新要求,如国家计划变化、环境保护要求、城市规划变动等。

(6)由于合同实施出现问题,必须调整合同目标或修改合同条款。

2. 变更的程序

1)工程变更的提出

根据工程实施的实际情况,承包人、业主都可以根据需要提出工程变更。

(1)业主提出变更。

①在施工中,业主如需对原工程设计进行变更,应提前14天以书面形式向承包人发出变更通知。

②变更超过原设计标准或批准的建设规模时,业主应报规划管理部门和其他有关部门重新审查批准,原设计单位提供变更的相应图纸和说明。

③工程师向承包人发出设计变更通知后,承包人按照工程师发出的变更通知及有关要求进行变更。

④因设计变更导致的合同价款增减及造成的承包人损失由业主承担,延误的工期相应顺延。

(2)承包人提出变更。

①在施工中,承包人不得因施工方便,要求对原工程设计进行变更。

②承包人在施工中提出的合理化建议被业主采纳,若建议涉及对设计图纸或施工组织设计的变更及对材料、设备的换用,须经工程师审查并批准。

③承包人未经工程师同意擅自更改或换用时,承包人应承担发生的费用,并赔偿业主的有关损失,延误的工期不顺延。

④工程师同意采用承包人的合理化建议,所发生费用和获得收益的分担或分享,由业主和承包人另行约定。

2)工程变更指令的发出和执行

为了避免耽误工程,工程师和承包人就变更价格和工期补偿达成一致意见之前,有必要先行发布变更指示,先执行工程变更工作,再就变更价格和工期补偿进行协商与确定。

工程变更指示的发出有两种形式:书面形式和口头形式。一般情况下要求用书面形式发布变更指示,如果由于情况紧急而来不及发出书面指示,承包人应该根据合同规定要求工程师书面认可。

3. 工程变更的责任分析与补偿要求

根据工程变更的具体情况可以分析确定工程变更的责任和费用补偿。

由业主要求、政府部门要求、环境变化、不可抗力、原设计错误等导致的设计修改,应该由业主承担责任,造成的施工方案的变更、工期的延长和费用的增加应该向业主索赔。由承包人的施工过程、施工方案出现错误、疏忽导致的设计修改,应该由承包人承担责任。

施工方案变更要经过工程师的批准,不论这种变更是否会给业主带来好处(如工期缩短、节约费用)。由承包人的施工过程、施工方案本身的缺陷导致的施工方案的变更,引起的费用增加和工期延长应该由承包人承担责任。

4. 合同价款的变更

合同变更后,当事人应当按照变更后的合同履行。因合同的变更使当事人一方受到经济损失的,受损失的一方当事人可向另一方当事人要求损失赔偿。施工合同的变更,主要表现为合同价款的调整。

1)确定变更合同价款的程序

(1)承包人在工程变更确定后14天内,可提出变更涉及的追加合同价款要求的报告,经工程师确认后相应调整合同价款。如果承包人在双方确定变更后的14天内,未向工程师提出变更工程价款的报告,视为该项变更不涉及合同价款的调整。

(2)工程师应在收到承包人的变更合同价款报告后的14天内,对承包人的要求予以确认或做出其他答复。工程师无正当理由不确认或答复时,自承包人的报告送达之日起14天后,视为变更价款报告已被确认。

(3)工程师确认增加的工程变更价款作为追加合同价款,与工程进度款同期支付。若工程师不同意承包人提出的变更价款,按合同约定的争议条款处理。

因承包人自身原因导致的工程变更,承包人无权要求追加合同价款。

2)确定变更合同价款的原则

确定变更合同价款时,应维持承包人投标报价单内的竞争性水平。

(1)合同中已有适用于变更工程的价格,按合同已有的价格变更合同价款。

(2)合同中只有类似于变更工程的价格,可以参照类似价格变更合同价款。

(3)合同中没有适用或类似于变更工程的价格,由承包人提出适当的变更价格,经工程师确认后执行。

五、施工合同终止

合同的权利、义务终止又称为合同的终止或者合同的消灭,是指某种原因引起的合同权利、义务关系在客观上不复存在。

1. 合同终止的原因

合同终止的原因有很多。合同双方已经按照约定履行完合同,合同自然终止。另外,发生法律规定或者当事人约定的情况,或经当事人协商一致而使合同关系终止的,称为合同解除。

在施工合同的履行过程中,可以解除合同的情形如下。

(1)合同的协商解除。施工合同当事人协商一致,可以解除。这是在合同成立以后、履行完毕以前,双方当事人通过协商而同意终止合同关系的解除。当事人的这项权利是合同中意思自治原则的具体体现。

(2)发生不可抗力时合同的解除。因为不可抗力或者非合同当事人的原因,造成工程停建或缓建,致使合同无法履行,合同双方可以解除合同,如合同签订后发生了战争、自然灾害等。

(3)当事人违约时合同的解除。

①业主不按合同约定支付工程款(进度款),双方又未达成延期付款协议,导致施工无法进行,承包人停止施工超过 56 天,业主仍不支付工程款(进度款),承包人有权解除合同。

②承包人将其承包的全部工程转包给他人或者肢解后以分包的名义分别转包给他人,业主有权解除合同。

③合同当事人一方的其他违约致使合同无法履行,合同双方可以解除合同。一方主张解除合同的,应向对方发出解除合同的书面通知,并在发出通知前 7 天告知对方通知到达对方时合同解除。对解除合同有异议,按照解决合同争议程序处理。

合同解除后尚未履行的,终止履行;已经履行的,根据履行情况和合同性质,当事人可以要求恢复原状、采取其他补救措施,并有权要求赔偿损失。

2. 终止后义务

合同终止后,当事人双方约定的结算和清理条款仍然有效。承包人应当按照业主要求妥善做好已完工程和已购材料、设备的保护和移交工作,按业主要求将自有机械设备和人员撤出施工场地。业主应为承包人撤出提供必要条件,支付以上所发生的费用,并按合同约定支付已完工程款。已订货的材料、设备由订货方负责退货或解除订货合同,不能退还的货款和因退货、解除订货合同发生的费用,由业主承担。

另外,合同终止后,当事人双方都应当遵循诚实信用原则,履行通知、协助、保密等义务。

六、违约与争议

1. 违约责任

1)违约责任认定

违约责任是指合同当事人不履行或者不适当履行合同义务所应承担的民事责任。当事人一方不履行合同义务或者履行合同义务不符合约定的,应当承担继续履行、采取补救措施或者赔偿损失等违约责任。

2)承担违约责任方式

(1)继续履行。在合同当事人一方不履行合同义务或者履行合同义务不符合合同约定时,另一方合同当事人有权要求其在合同履行期限届满后继续按照原合同约定的主要条件继续履行合同义务。例如,业主方无正当理由不支付工程竣工结算价款,承包人可以请求法院强制业主继续履行付款业务。

（2）采取补救措施。当事人一方履行合同义务不符合规定的，对方可以请求法院强制其在继续履行合同义务的同时采取补救措施。例如，在合同履行过程中，如果承包人的部分工程施工质量不符合合同约定的质量标准，工程师可以要求承包人对该部分工程进行返工或者返修。

（3）赔偿损失。当事人一方不履行合同义务或者履行合同义务不符合约定的，在继续履行义务或者采取补救措施后，对方还有其他损失的，应当赔偿损失。损失赔偿额应相当于违约造成的损失，包括合同履行后可以获得的利益，但不得超过违反合同一方订立合同时预见或应当预见的违反合同可能造成的损失。例如，由于业主违约造成工期拖延的，业主应给予承包人工期上的赔偿，即顺延工期。

当事人一方违约后，对方应当采取适当措施防止损失扩大；没有采取适当措施致使损失扩大的，不得就扩大的损失要求赔偿。当事人因防止损失扩大而支出的合理费用，由违约方承担。

（4）违约金。当事人可以约定一方违约时应当根据违约情况向对方支付一定数额的违约金，也可以约定因违约产生的损失赔偿额的计算方法。约定的违约金低于造成的损失的，当事人可以请求人民法院或者仲裁机构予以增加；约定的违约金过分高于造成的损失的，当事人可以请求人民法院或者仲裁机构予以适当减少。

当事人迟延履行约定违约金的，违约方支付违约金后，还应履行债务。

（5）定金。根据《民法典》的规定，当事人可以约定一方向对方给付定金作为债权的担保。债务人履行债务的，定金应当抵作价款或者收回；给付定金的一方不履行债务或者履行债务不符合约定，致使不能实现合同目的的，无权请求返还定金；收受定金的一方不履行债务或者履行债务不符合约定，致使不能实现合同目的的，应当双倍返还定金。

当事人既约定违约金，又约定定金的，一方违约时，对方可以选择适用违约金或者定金条款。

（6）免责事由。当事人一方因不可抗力不能履行合同的，应就不可抗力影响的全部或部分免除责任，但法律另有规定的除外。当事人延迟履行合同后发生不可抗力的，不能免除责任。

2. 争议解决

合同争议是指合同当事人对合同履行状况和合同违约责任承担等问题产生的意见分歧。建设工程合同（特别是建设工程施工合同）在履行过程中的争议解决是一个十分复杂的问题，可能的主要原因有两个：一是建设工程合同是一类内容、关系特别复杂的合同；二是建设工程合同复杂的技术背景。建设工程合同关系的稳定和有效维系对于合同的当事人双方而言是十分重要的。

《民法典》规定了协商、调解、仲裁、诉讼四种合同纠纷解决途径。另外，国际工程建设领域还出现了许多种新的争议解决方案，具有代表性的有 FIDIC《土木工程施工合同条件》（1987 年版）确立的以工程师（监理工程师）为核心的争议解决模式、NEC《合同条件》（新工程合同条件）确立的以独立的裁决人为核心的争议解决方式、FIDIC《施工合同条件》（1999 年版）和世界银行土木工程采购文件范本确立的 DAB(dispute adjustment board)争议解决模式等。

业主、承包人在履行合同时发生争议,可以协商或者要求有关主管部门调解。当事人不愿协商、调解或者协商、调解不成的,双方可以在专用条款内约定一种方式解决争议,即双方达成仲裁协议、向约定的仲裁委员会申请仲裁、向有管辖权的人民法院起诉。

发生争议后,在一般情况下,双方都应继续履行合同,保持施工连续,保护好已完工程。当出现下列情况时,可停止履行合同:

①单方违约导致合同确已无法履行,双方协议停止施工;

②调解要求停止施工且双方接受;

③仲裁机构要求停止施工;

④法院要求停止施工。

任务单元三　建设工程项目索赔管理

一、建设工程项目索赔概述

1. 索赔的概念

索赔是指在合同的实施过程中,合同一方因对方不履行或未能正确履行合同所规定的义务或未能保证承诺的合同条件实现而遭受损失后,向对方提出的补偿要求。施工索赔的含义是广义的,是法律和合同赋予当事人的正当权利。索赔是相互的、双向的。承包人可以向业主索赔,业主可以向承包人索赔。通常我们所说的索赔指承包方向发包方提出的索赔。

索赔的含义一般包括以下几个方面。

(1)一方违约使另一方蒙受损失,受损方向另一方提出赔偿损失的要求。

(2)发生了应由发包方承担责任的特殊风险事件或遇到了不利的自然条件等情况,使承包方蒙受了较大损失而向发包方提出补偿损失的要求。

(3)承包方本应获得正当利益,但由于没有及时得到监理工程师的确认和发包方应给予的支持,而以正式函件的方式向发包方索要。

2. 索赔的性质

索赔属于经济补偿行为,而不是惩罚。索赔方所受的损害,与被索赔方的行为并不一定存在法律上的因果关系。索赔事件的发生,可能是一方行为造成的,也可能是任何第三方行为导致的。索赔工作是承发包双方之间经常发生的管理业务,是双方合作的方式。一般情况下,索赔可以通过协商方式解决。只有发生争议才会导致提出仲裁或诉讼,即使这样,索赔也被看成遵法守约的正当行为。

3. 反索赔的概念

反索赔是相对索赔而言的,是对提出索赔的一方的反驳(回应、索赔),即合同当事人一方向对方提出索赔要求时,被索赔方从自己的利益出发,依据合法理由减少或抵消索赔方的要求,反过来向对方提出索赔要求的行为。

索赔与反索赔具有同时性,索赔是发包方和承包方都拥有的权利。在工程实践中,我们一般把发包方向承包方的索赔要求称作反索赔。在反索赔时,发包方处于主动的有利地位,发包方在经工程师证明承包方违约后,可以直接从应付工程款中扣回款项,或从银行保函中得到补偿。

4. 索赔的作用

(1)索赔可以保证合同的正确实施。

(2)索赔是落实和调整合同当事人双方权利、义务关系的手段。

(3)索赔有助于对外承发包工程的开展。

(4)促使工程造价更加合理。

二、建设工程项目索赔的分类

1. 按索赔当事人分类

(1)承包方与发包方之间的索赔。

(2)承包方与分包方之间的索赔。

(3)承包方与供货方之间的索赔。

(4)承包方与保险方之间的索赔。

2. 按索赔事件的影响分类

(1)工期拖延索赔。发包方未能按合同规定提供施工条件(如未及时交付设计图纸、技术资料、场地、道路等)、非承包方原因发包方指令停止工程实施、其他不可抗力因素作用等造成工程中断或工程进度放慢,使工期拖延,承包方可以提出索赔。

(2)不可预见的外部障碍或条件索赔。如果在施工期间,承包方在现场遇到一个有经验的承包方通常不能预见的外界障碍或条件,如地质与预计的(业主提供的资料)不同,出现未预见的岩石、淤泥或地下水等,造成工期延长和费用损失,可以提出索赔。

(3)工程变更索赔。由于发包方或工程师指令修改设计,增加、减少工程量,增加、删除部分工程,修改实施计划,变更施工次序,造成工期延长和费用损失,承包方可以提出索赔。

(4)工程终止索赔。由于某种原因,如不可抗力因素影响、发包方违约,工程被迫在竣工前停止实施,并不再继续进行,使承包方蒙受经济损失,承包方可以提出索赔。

(5)其他索赔,如货币贬值、汇率变化、物价和工资上涨、政策法令变化、发包方推迟支付工程款等原因引起的索赔。

3. 按索赔要求分类

(1)工期索赔。由非承包方责任导致施工进度延误,承包方向发包方提出要求延长工期、推迟竣工日期的索赔称为工期索赔。

工期索赔在形式上是对权利的要求,目的是避免在原定的竣工日不能完工时,被发包方追究拖期违约的责任。获准合同工期延长,不仅意味着免除拖期违约赔偿的风险,而且有可能得到提前工期的奖励,最终仍反映在经济效益上。

(2)费用索赔。费用索赔是承包方向发包方提出在施工过程中由于客观条件改变而导致承包方增加开支或损失的索赔,以挽回不应由承包方负担的经济损失。费用索赔的目的是获得经济补偿。

承包方在进行费用索赔时,应当遵循以下两个原则。

①所发生的费用应该是承包方履行合同所必需的,如果没有该费用支出,合同将无法继续履行;

②给予补偿后,承包方应按约定继续履行合同。

常见的费用索赔项目包括人工费、材料费、机械使用费、低值易耗品的费用、工地管理费等。为便于管理,承发包双方和监理工程师应事先将这些费用列出清单。

4. 按索赔所依据的理由分类

(1)合同内索赔。合同内索赔即索赔以合同条文作为依据,发生了合同规定给承包方以补偿的干扰事件,承包方根据合同规定提出索赔要求。这是最常见的索赔,处理比较容易。

(2)合同外索赔。合同外索赔是指工程在实施过程中发生的干扰事件的性质已经超过合同范围,在合同中找不出具体的依据,一般根据适用于合同关系的法律、法规解决索赔问题。

(3)道义索赔。道义索赔是指索赔的依据无论在合同内还是合同外都找不到,由于承包方失误(如报价失误、环境调查失误等)或发生承包方应负责的风险而造成承包方重大的损失,恳请发包方给予救助的索赔。在这种情况下,发包方为了使自己的工程获得良好的进展,往往出于同情和信任对合作的承包方予以费用补偿。

5. 按索赔的处理方式分类

(1)单项索赔。单项索赔是针对某一干扰事件提出的。索赔的处理是在合同实施过程中,干扰事件发生时或发生后立即进行。它由合同管理人员处理,并在合同规定的索赔有效期内向发包方提交索赔意向书和索赔报告。单项索赔通常原因单一,责任简单,分析起来比较容易,处理起来比较简单。

(2)总索赔。总索赔又叫作一揽子索赔或综合索赔。这是在国际工程中经常采用的索赔处理和解决方法。一般在工程竣工前,承包方将工程实施过程中未解决的单项索赔集中起来,提出一份总索赔报告。合同双方在工程交付前或交付后进行最终谈判,以一揽子方案解决索赔问题。在一揽子索赔中,许多干扰事件交织在一起,影响因素比较复杂,责任分析和索赔值的计算很困难,使索赔处理和谈判都很困难。

三、建设工程项目索赔的原因

建筑产品、建筑产品的生产以及建筑市场的经营有自己独特的特点,导致在现代承包工程中,特别是在国际承包工程中,索赔经常发生,而且索赔金额常常巨大,这主要是由以下几个方面的原因造成的。

1.发包方违约行为

(1)发包方未按照合同约定的时间和要求提供原材料、设备、场地、资金、技术资料。

(2)未及时进行图纸会审和设计交底。

(3)拖延合同规定的责任,如拖延图纸的批准、拖延隐蔽工程的验收、拖延对承包方问题的答复,造成施工延误。

(4)未按合同约定支付工程款。

(5)发包方提前占用部分永久性工程,造成对施工不利的影响。

2.不可抗力事件

不可抗力是指人们不能预见、不能避免、不能克服的客观情况。建设工程施工中的不可抗力包括因战争、动乱、空中飞行物坠落或其他非业主和承包人责任造成的爆炸、火灾以及专用条款约定的风、雨、雪、洪水、地震等自然灾害。在许多情况下,不可抗力事件的发生会造成承包方的损失。不可抗力事件的风险承担应当在合同中约定,具体如下。

(1)合同约定工期内发生的不可抗力事件。施工合同范本通用条款规定,因不可抗力事件导致的费用及延误的工期由双方按以下方法分别承担。

①工程本身的损害、因工程损害导致第三方人员伤亡和财产损失以及运至施工场地用于施工的材料和待安装的设备的损害,由发包方承担。

②承发包双方人员的伤亡损失,分别由各自负责。

③承包方机械设备损坏及停工损失,由承包方承担。

④停工期间,承包方应工程师要求留在施工场地的必要的管理人员及保卫人员的费用由发包方承担。

⑤工程所需清理、修复费用,由发包方承担。

⑥延误的工期相应顺延。

(2)迟延履行合同期间发生的不可抗力事件。按照《民法典》的规定,合同一方迟延履行合同后发生不可抗力,不能免除其违约责任。

投保建设工程一切险、安装工程一切险和人身意外伤害险是转移风险的有效措施。如果工程是发包方负责办理的工程险,在承包方有权获得工期顺延的时间内,发包方应在保险合同有效期届满前办理保险的延续手续;若因承包方原因不能按期竣工,承包方应自费办理保险的延续手续。对于保险公司的赔偿不能全部弥补损失的部分,应由合同约定的责任方承担赔偿义务。

3.监理工程师的不正当指令

监理工程师是接受发包方委托进行工程监理工作的,其不正当指令给承包方造成的损失应当由发包方承担。监理工程师的不正当指令主要包括发出的指令有误,影响正常施工;对承包方的施工组织进行不合理的干预,影响施工的正常进行;因协调不力或无法进行合理协调,导致承包方的施工受到其他项目参与方的干扰,进而造成承包方的损失。

4.合同变更

合同变更频繁地出现在建设工程领域,常见的合同变更主要包括以下内容:

①发包方对工程项目提出新的要求,如提高或降低建筑标准、项目的用途发生变化、

核减投资预算等；

②设计出现不合理之处甚至错误，对设计图纸进行修改；

③施工现场条件与原地质勘察有很大出入，导致合同变更；

④双方签订新的变更协议、备忘录、修正案；

⑤采用新的技术和方法，有必要修改原设计及实施方案。

四、建设工程项目索赔成立的条件及索赔依据

1. 索赔成立的条件

索赔的成立应该具备以下三个前提条件：

①与合同对照，事件已造成承包人工程项目成本的额外支出或直接工期损失；

②造成费用增加或工期损失的原因，按合同约定不属于承包人的行为责任或风险责任；

③承包人按合同规定的程序提交索赔意向通知和索赔报告。

以上三个条件必须同时具备，缺一不可。

2. 索赔依据

建设工程项目索赔依据主要包括合同文件，订立合同依据的法律、法规以及相关证据，其中合同文件是索赔的最主要依据。

五、建设工程项目索赔的程序

1. 索赔程序

当出现索赔事件时，承包方可按下列程序以书面形式向发包方索赔。

(1) 提出索赔意向通知。发生不属于承包方责任的事件导致竣工日期拖延或成本增加时，承包方即可以书面的索赔通知书形式，在索赔事项发生后的 28 天以内，向工程师正式提出索赔意向通知。该意向通知是承包方就具体的索赔事件向工程师和业主表示的索赔愿望和要求。

如果超过这个期限，工程师和发包方有权拒绝承包方的索赔要求。索赔事件发生后，承包方有义务做好现场施工的同期记录，工程师有权随时检查和调阅，以判断索赔事件造成的实际损害。

(2) 提交索赔报告。承包方应在索赔通知书发出后的 28 天内或工程师可能同意的其他合理时间，向工程师提出延长工期和（或）补偿经济损失的索赔报告及有关资料。索赔报告应当包括承包方的索赔要求和支持这个索赔要求的有关证据，证据应当详细和真实。

(3) 监理工程师审核索赔报告。在接到索赔报告后，监理工程师应分析索赔通知，客观分析事件发生的原因，研究承包方的索赔证明，并查阅同期记录。

工程师通过审核索赔报告，可以从以下几个方面反驳对方的索赔要求：

①索赔事项不属于业主或工程师的责任，是与承包方有关的第三方的责任；

②业主和承包方共同负有责任，承包方必须划分和证明双方责任大小；

③事实证据不足或合同依据不足；

④承包方未遵守意向通知的规定；

⑤合同中有对业主的免责条款；

⑥承包方以前表示过放弃索赔；

⑦承包方没有采取措施避免或减少损失；

⑧承包方必须提供进一步的证据；

⑨损失计算夸大等。

监理工程师应在收到承包方送交的索赔报告和有关资料后，于28天内给予答复，或要求承包方进一步补充索赔理由和证据。监理工程师在收到承包方送交的索赔报告和有关资料后28天内未予答复或未对承包方做进一步要求的，视为该项索赔已经被认可。

（4）持续索赔。

当索赔事件持续进行时，承包方应当阶段性地向工程师发出索赔意向，在索赔事件终了后28天内，向工程师送交索赔的有关资料和最终索赔报告，工程师应在28天内给予答复或要求承包方进一步补充索赔理由和证据。逾期未答复，视为该项索赔成立。

通常，工程师的处理决定不是终局性的，若承包方或发包方接受最终的索赔处理决定，索赔事件的处理即告结束。承包方或发包方不能接受监理工程师对索赔的答复会导致合同的争议，就应通过协商、调解、"或裁或诉"方法解决。

2. 索赔报告的编制方法

索赔报告是承包方向业主索赔的正式书面材料，也是业主审议承包方索赔请求的主要依据。编写索赔报告应注意下列事项。

1）明确索赔报告的基本要求

（1）必须说明索赔的合同依据。索赔的合同依据主要有两类：一是关于承包方有资格因额外工作而获得追加合同价款的规定；二是有关业主或工程师违反合同给承包方造成额外损失时有权要求补偿的规定。

（2）索赔报告中必须有详细准确的损失金额或时间的计算。

（3）必须证明索赔事件同承包方的额外工作、额外损失或额外支出的因果关系。

2）索赔报告必须准确

索赔报告不仅要有理有据，而且要准确。

（1）责任分析清楚、准确。索赔报告中不能有责任含混不清或自我批评的语言，要强调索赔事件的不可预见性、事发后已经采取措施但无法制止不利影响等。

（2）索赔值的计算依据要正确，计算结果要准确。索赔值的计算应采用文件规定或公认的计算方法，计算结果不能有差错。

（3）索赔报告的用词要恰当。

3）索赔报告的形式和内容要求

索赔报告的内容应简明扼要、条理清楚。索赔报告一般包括总述部分、论证部分、索赔款项（或工期）计算部分和证据部分。

（1）总述部分。总述部分应概要论述索赔事项发生的日期和过程、承包方为该索赔事项付出的努力和附加开支、承包方的具体索赔要求。

（2）论证部分。论证部分是索赔报告的关键部分，其目的是说明自己有索赔权，是索赔能否成立的关键。

（3）索赔款项（或工期）计算部分。如果说合同论证部分的任务是解决索赔权能否成立的问题，则款项计算部分是解决能得多少款项的问题。前者定性，后者定量。

（4）证据部分。证据部分要注意引用的每个证据的效力或可信程度，最好对重要的证据资料附以文字说明或附以确认件。

4）准备细节性资料

准备好与索赔有关的各种细节性资料，以备谈判中做进一步说明。综上所述，发包方和承包方应加强施工合同管理，严格执行合同，使对方没有提出索赔的理由和根据。在索赔事件发生后，也应积极收集有关证据资料，以便分清责任，剔除不合理的索赔要求。总之，有效的合同管理是保证合同顺利履行、减少或防止索赔事件发生、降低索赔事件损失的重要手段。

【案例 5-2】

背景：某施工单位（乙方）与某建设单位（甲方）签订了某工厂的土方工程与基础工程合同。乙方在合同标明有松软石的地方没有遇到松软石，因此工期提前 1 个月。乙方在合同中另一处未标明有坚硬岩石的地方遇到了一些工程地质勘察没有探明的孤石，开挖工作变得更加困难，造成实际生产率比原计划低得多，经测算影响工期 3 个月。由于施工速度减慢，部分施工任务拖到雨季进行，按一般公认标准推算，又影响工期 2 个月。因此乙方准备提出索赔要求。

问题：1.索赔要求能否成立，为什么？

2.在该索赔事件中，应提出的索赔内容包括哪两个方面？

3.乙方应提供的索赔文件有哪些？请协助乙方拟定一份索赔通知。

【解】

1.该施工索赔能成立。施工中在合同未标明有坚硬岩石的地方遇到坚硬岩石，属于施工现场的施工条件与原来的勘察有很大差异的情况，属于建设单位的责任范围。

2.本事件使乙方因意外地质条件造成施工困难，导致工期延长，相应产生额外工程费用，因此，索赔应包括费用索赔和工期索赔。

3.乙方应提供以下索赔文件：

①索赔信；

②索赔报告；

③索赔证据与详细计算书等附件。

索赔通知的参考形式如下。

索 赔 通 知

致甲方代表（或监理工程师）：

我方希望你方对工程地质条件变化问题引起重视：在合同文件未标明有坚硬岩石的地方遇到了坚硬岩石，致使我方实际生产率降低，引起进度拖延并不得不在雨季施工。

上述施工条件变化，造成我方施工现场设计与原设计有很大不同，因此向你方提出工期索赔及费用索赔要求，具体工期索赔及费用索赔依据与计算书在随后的索赔报告中。

承包人:××

××年××月××日

本 章 小 结

　　本章介绍了合同基础知识、建设工程合同,主要讲述了建设工程施工合同的概念、分类、内容、示范文本及合同文件等。学生应通过学习理解施工合同的实施控制、施工合同的变更、施工合同的终止、施工合同争议等,初步了解施工索赔和反索赔的概念和特征、原因和分类,掌握施工索赔和反索赔的程序。

思考与练习

一、单项选择题

1. 除合同另有约定外,工程保修金一般为承包合同总价的(　　)。

A. 9% 　　　　　　B. 7% 　　　　　　C. 3% 　　　　　　D. 10%

2. 根据国际土木工程施工合同规定,除另有约定外,工程预付款一般为合同总价的(　　)。

A. 10%~15% 　　　B. 15%~20% 　　　C. 20%~25% 　　　D. 25%~30%

3. 中标通知书、合同协议书和图纸是施工合同文件的组成部分,就这三部分而言,如果在施工合同文件中出现不一致时,其优先解释顺序为(　　)。

A. 中标通知书、合同协议书、图纸

B. 合同协议书、中标通知书、图纸

C. 合同协议书、图纸、中标通知书

D. 中标通知书、图纸、合同协议书

4. 下列关于工程分包的说法正确的是(　　)。

A. 施工总承包人不得将建设工程主体结构的施工分包给其他单位

B. 工程分包后,总承包人不再对分包的工程承担任何责任

C. 施工总承包人可以将承包工程中的专业工程自主分包给分包人

D. 分包单位可以将其承包的建设工程再分包给其他单位

5. 下列关于合同文件的表述,不正确的是(　　)。

A. 专用条款的内容比通用条款更明确、具体

B. 合同文件中专用条款的解释优于通用条款

C. 合同文件之间应能相互解释、互为说明

D. 专用条款与通用条款是对立的

6. 索赔是指在合同的实施过程中,(　　)因对方不履行或未能正确履行合同规定的

义务或未能保证承诺的合同条件实现而遭受损失后,向对方提出的补偿要求。

A. 业主方　　　　　　　B. 第三方　　　　　　C. 承包方　　　　　D. 合同中的一方

7.(　　)是索赔处理的最主要依据。

A. 合同文件　　　　　　B. 工程变更　　　　　C. 结算资料　　　　D. 市场价格

8. 下列关于索赔和反索赔的说法,正确的是(　　)。

A. 索赔实际上是一种经济惩罚行为

B. 索赔和反索赔具有同时性

C. 只有发包人可以针对承包人的索赔提出反索赔

D. 索赔单指承包人向发包人的索赔

9. 下列工程总承包合同义务中,属于承包人义务的是(　　)。

A. 办理施工许可证

B. 负责组织设计阶段审查会议,并承担会议费用

C. 提供与施工有关的现场障碍资料

D. 按照行业工程建设标准规范规定的设计深度开展工程设计

10. 关于 FIDIC《施工合同条件》的说法,正确的是(　　)。

A. 合同计价方式采用单价合同,但也有些子项采用包干单价

B. 由业主或业主代表管理合同

C. 新红皮书的应用范围比原红皮书小

D. 新红皮书适用于由承包人做绝大部分设计的工程项目

11. 在施工过程中,由于发包人或工程师指令修改设计、修改实施计划、变更施工顺序,造成工期延长和费用损失,承包人可提出索赔。这种索赔属于(　　)引起的索赔。

A. 地质条件的变化　　B. 不可抗力　　　　C. 工程变更　　　　D. 业主风险

12. 索赔可以从不同角度分类,如按索赔事件的影响分类,可分为(　　)。

A. 单项索赔和综合索赔

B. 工期拖延索赔和工程变更索赔

C. 工期索赔和费用索赔

D. 发包人与承包人、承包人与分包人之间的索赔

13. 在领取施工许可证或者开工报告前,按照国家有关规定,办理工程质量监督手续的是(　　)。

A. 设计方　　　　　　　B. 业主方　　　　　　C. 施工方　　　　　D. 监理方

14. 下列合同实施偏差的调整措施中,属于组织措施的是(　　)。

A. 变更技术方案　　　　　　　　　　　B. 调整工作流程

C. 增加投入　　　　　　　　　　　　　D. 签订附加协议

二、多项选择题

1.(　　)项目,经批准可以进行邀请招标。

A. 国际金融组织提供贷款的

B. 受自然地域环境限制的

C. 涉及国家安全、国家秘密,适宜招标但不适宜公开招标的

D.项目技术复杂或有特殊要求,只有几家潜在投标人可供选择的

E.公开招标费用与项目的价值相比不值得的

2.建设工程合同依据计价方式的不同主要有( )。

A.分包合同   B.总价合同   C.单价合同

D.担保合同   E.成本加酬金合同

3.《建设工程施工合同(示范文本)》由( )三部分组成。

A.协议书   B.通用条款   C.履约保函

D.专用条款   E.银行保函

4.下列关于建设工程总承包合同的说法,正确的有( )。

A.总承包单位可以按合同规定对工程项目进行分包和转包

B.建设工程总承包单位可以将承包工程中的部分工程分包给具有相应资质条件的分包单位

C.建设工程总承包合同订立后,发包人和承包人双方都应按合同的规定严格履行

D.建设工程总承包单位按照总承包合同的约定对建设单位负责

E.总承包单位就分包工程对建设单位不承担责任

5.建设工程索赔按所依据的理由不同可分为( )。

A.合同内索赔   B.工期索赔   C.费用索赔

D.合同外索赔   E.道义索赔

6.承包人可以就下列( )事件的发生向业主提出索赔。

A.施工中遇到地下文物被迫停工

B.施工机械大修,误工

C.材料供应商延期交货

D.业主要求提前竣工,导致工程成本增加

E.设计图纸错误,造成返工

7.对业主而言,成本加酬金合同的优点有( )。

A.可以通过分段施工缩短工期

B.便于对工程计划进行合理安排

C.可以减少承包人的对立情绪

D.可以利用承包人的施工技术专家弥补设计中的不足

E.可以通过确定最大保证价格约束工程成本不超过某一限制

三、简答题

1.承包人在履行合同过程中除应遵守法律和工程建设标准规范外,还应履行哪些义务?

2.工程变更一般有哪几个方面的原因?

3.施工索赔的原因有哪些?

四、案例题

背景:某施工单位根据领取的某 2000 m^2 两层厂房工程项目招标文件和全套施工图

纸,采用低价策略编制了投标文件并中标。该施工单位(乙方)于某年某月某日与建设单位(甲方)签订了该工程项目的固定价格施工合同。合同工期为8个月。甲方在乙方进入施工现场后,因资金短缺,无法如期支付工程款,口头要求乙方暂停施工一个月,乙方亦口头答应。工程按合同规定期限验收时,甲方发现工程质量有问题,要求返工。两个月后,返工完毕。结算时甲方认为乙方延迟交付工程,应按合同约定偿付逾期违约金。乙方认为临时停工是甲方要求的。乙方为抢工期,加快施工进度才出现了质量问题,因此延迟交付的责任不在乙方。甲方则认为临时停工和不顺延工期是当时乙方答应的,乙方应履行承诺,承担违约责任。

工程在施工过程中,遭受了多年不遇的强暴风雨的袭击,造成了相应的损失,施工单位及时向监理工程师提出索赔要求,并附有与索赔有关的资料和证据。索赔报告中的基本要求如下。

(1)遭受多年不遇的强暴风雨的袭击属于不可抗力事件,不是施工单位原因造成的损失,故应由业主承担赔偿责任。

(2)给已建部分工程造成破坏损失18万元,业主应承担修复的经济责任,施工单位不承担修复的经济责任。

(3)此灾害导致施工单位数人受伤,处理伤病的医疗费用和补偿总计3万元,业主应给予赔偿。

(4)施工单位进场的在使用机械、设备受到损坏,造成损失8万元,现场停工造成台班费损失4.2万元,业主应负担赔偿和修复的经济责任。工人窝工费3.8万元,业主应予支付。

(5)因暴风雨造成的损失,现场停工8天,合同工期应顺延8天。

(6)由于工程破坏,清理现场需2.4万元,业主应予支付。

问题:1.该工程采用固定价格合同是否合适?

2.该施工合同的变更形式是否妥当?此合同争议依据合同、法律规定范围应如何处理?

3.监理工程师接到施工单位提交的索赔申请后,应进行哪些工作?

4.因不可抗力事件的发生的风险承担原则是什么?施工单位提出的要求应如何处理?

第六章 建设工程项目成本管理

任务单元一 工程项目成本管理概述

一、工程项目成本管理相关概念

1.成本的概念

人要进行生产经营活动或达到一定的目的,就必须耗费一定的资源和劳动,耗费的资源和劳动的货币表现及其对象化称为成本。

2.成本管理的概念

企业在生产经营过程中要对各项活动进行成本计划、成本控制、成本分析和成本核算,这一系列科学的管理行为总称为成本管理。通过实施成本管理,企业可以在确保产品质量的基础上,充分调动和组织企业全体人员科学、合理地对企业生产经营各环节进行管理,从而以最低的生产耗费获得最大的生产成果。

在建设工程施工过程中,总成本由各个阶段性的成本累加而成。企业应在工程项目成本管理中对各阶段性的成本进行科学的管理,保证项目确定的成本目标得以实现。

3. 工程项目成本的概念

工程项目成本根据成本核算对象的不同，有施工单位的施工成本和建设单位对项目投资而产生的项目总成本两种理解，前者可以称作狭义的工程项目成本，后者可以称作广义的工程项目成本。

建设工程项目施工成本是指施工承包单位在进行某工程项目的施工过程中发生的全部费用支出的总和。它以工程项目施工为核算对象，由直接成本和间接成本组成。直接成本是指施工过程中耗费的构成工程实体或有助于工程实体形成的各项费用支出，是可以直接计入工程对象的费用，包括人工费、材料费和施工机具使用费等。间接成本是指准备施工、组织和管理施工生产的全部费用支出，是非直接用于也无法直接计入工程对象，但为进行工程施工所必须发生的费用，包括管理人员工资、办公费、差旅交通费等。

建设工程项目总成本是指投入工程项目建设各阶段、各方面的资源或劳动费用之和，包括建设单位、勘察设计单位、设备供应单位等相关单位的资源和劳动消耗。

几个成本、费用概念之间的关系如下。

施工成本（狭义的工程项目成本）＝直接成本＋间接成本。

施工企业费用＝施工成本＋企业非生产性费用支出。

建筑安装工程造价（合同价）＝分部分项工程费＋措施项目费＋其他项目费＋规费＋税金。

施工企业利润＝建筑安装工程造价（合同价）－施工企业费用。

建设单位的工程项目总成本（广义的工程项目成本）＝建筑安装工程造价（合同价）＋土地使用费、勘察设计费等项目支出。

上述关系式中，建筑安装工程造价是指建设单位支付给本工程项目的工程价款，即工程项目的合同价格；施工企业费用为工程项目施工所发生的各项费用支出，一般包括项目生产费用支出（施工成本）和企业非生产性费用支出两部分。

本章在阐述工程项目总投资构成分解、项目不同阶段的成本控制等内容时，采用的是广义的工程项目成本（工程项目投资）概念；在阐述施工单位应如何实施成本管理时，采用的是狭义的工程项目成本概念。

4. 工程项目成本管理的概念

工程项目成本管理是工程项目管理活动中为实现经济利益最大化的一项科学的管理活动，其管理水平体现了整个工程项目管理水平以及企业管理水平。工程项目成本管理强调在确保工程项目建设质量、建设工期满足合同管理要求的前提下，通过经济、组织、技术、合同等相关措施及其他方法手段，有组织、系统地进行预测、计划、控制、核算、分析等一系列科学管理工作。工程项目成本管理是一个动态的管理过程，贯穿建设项目全生命周期。工程项目成本管理的管理措施要根据不同的实施阶段进行适当的调整。成本管理的最终目的在于尽最大的努力降低工程项目的成本，进而使利润超过目标利润。

参与工程项目各方主体不同，成本管理的具体名称和内容也不同。业主的成本管理是对整个工程项目负责，以尽可能少的投资保质保量地按期完成工程项目，称为投资计划与控制；承包人的成本管理是针对合同任务对象根据合同价来进行管理，以最低成本获取最大利润,称作成本计划与控制;监理、设计等单位的成本管理主要是协助业主进行投资控制,相对简单。

二、工程项目成本管理的特征

1. 全员参与性

一个工程项目涉及多方主体的参与。在工程项目施工过程中,每个管理岗位人员的每项活动都与成本管理密切相关。也就是说,成本管理涉及工程项目的全体人员,是全员共同参与、共同努力的结果。

2. 过程控制性

工程项目成本管理是全过程动态管理过程,主要的实施步骤包括制订工程项目成本计划,进行成本控制、成本偏差分析及成本核算等。成本管理的每个环节都包括事前、事中以及事后控制。在这三个控制过程中,尤其要注重对工程项目的事前控制和实时动态调整,否则在工程竣工后,任何人都无法改变已基本确定的成本。

3. 一次投入性

工程项目具有一次性的重要特点。由于建设项目施工是一次性的产品,每个工程项目的施工图纸、施工环境、建设样式等都有所区别,并不像企业产品一样可以进行反复生产。这些特性使不同建设工程的施工过程以及因此产生的建设成本不一样。

4. 劳动密集性

工程项目是复杂的、系统的工程,作为工程项目实施主体的施工企业恰恰属于典型的劳动密集型企业。这种劳动密集型企业一般具有以下特点:部分建筑工人文化程度不高,质朴且构成复杂,很多工人不具备全面的工程基础知识。对管理者而言,带领施工人员在有限的合同时间内,保质保量地完成整个工程建设并非易事,最终确保获得合理的工程利润的难度较大。

三、工程项目成本的影响因素

1. 施工方案

施工方案与工程项目成本之间存在着相互依赖、相互制约的关系。具体来说,施工方法可以反映施工技术水平、加快施工进度,施工机械的合理选择可以充分发挥机械的使用效率,合理的施工组织、施工顺序可以达到降低成本的目的。

2. 施工进度

施工进度与工程项目成本是相互联系、相互制约的关系,并符合中间低、两头高的鞍形曲线。一般来讲,在保证目标工期的前提下,应尽量降低工程项目成本;在工程项目目标成本控制下,应尽量加快施工进度。

3. 施工质量

一般来讲,施工质量与工程项目成本的关系也是符合鞍形曲线的,即质量标准过高或过低,都将造成工程项目成本的上升。因此,项目经理部应当按照施工合同、项目管理目标责任书的要求,确定并实现适宜的质量水平。

4. 施工安全

施工安全直接影响工程项目成本,即施工安全性越好,处理安全事故支出的费用越少,施工所受干扰也越小。因此,项目经理部应当切实抓好施工安全工作。

5. 施工现场管理

科学的施工现场管理可以实现施工过程互不干扰、有序实施,使各项资源与服务设施高效组合、安全运行。减少二次搬运费用可提高劳动生产率、降低工程项目成本。施工现场的场容、环境保护、卫生防疫等也对工程项目成本有着重大的影响。

四、工程项目成本管理的主要步骤

工程项目成本管理是项目管理体系中不可缺少的一部分。在承揽项目之后,施工企业要对项目成本进行预测并进行分析,在此基础上编制项目成本计划,根据成本计划及预算,对实施过程中的成本进行控制、核算、分析和考核。建设工程项目成本管理的主要步骤如图 6-1 所示。

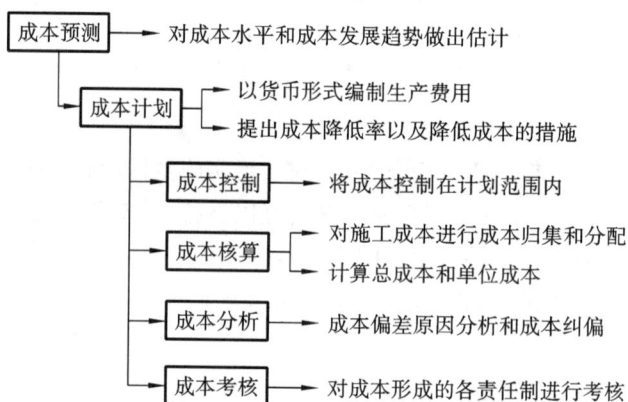

图 6-1　建设工程项目成本管理的主要步骤

任务单元二　工程项目成本的分类

在工程项目各职能管理中,成本管理的信息量最大,原因是成本计划控制和计算是多角度的。为了便于从各方面和各角度对工程项目成本进行精确、全面的计划和控制,必须多方位、多角度划分项目成本,形成一个多维、严密的体系。

一、按工程项目投资构成分解

对工程项目进行投资计划之前必须了解工程项目的投资构成。建设工程项目总投资包括两个部分：建筑投资（固定资产投资）和流动资产投资。建筑投资按性质不同划分为设备及工器具购置费、建筑安装工程费、工程建设其他费用、预备费和建设期贷款利息等。流动资产投资是指生产性建设工程为保证生产和经营正常进行，按规定应列入建设工程总投资的铺底流动资金，一般按流动资金的 30% 计算。

建设工程项目总投资构成如图 6-2 所示。

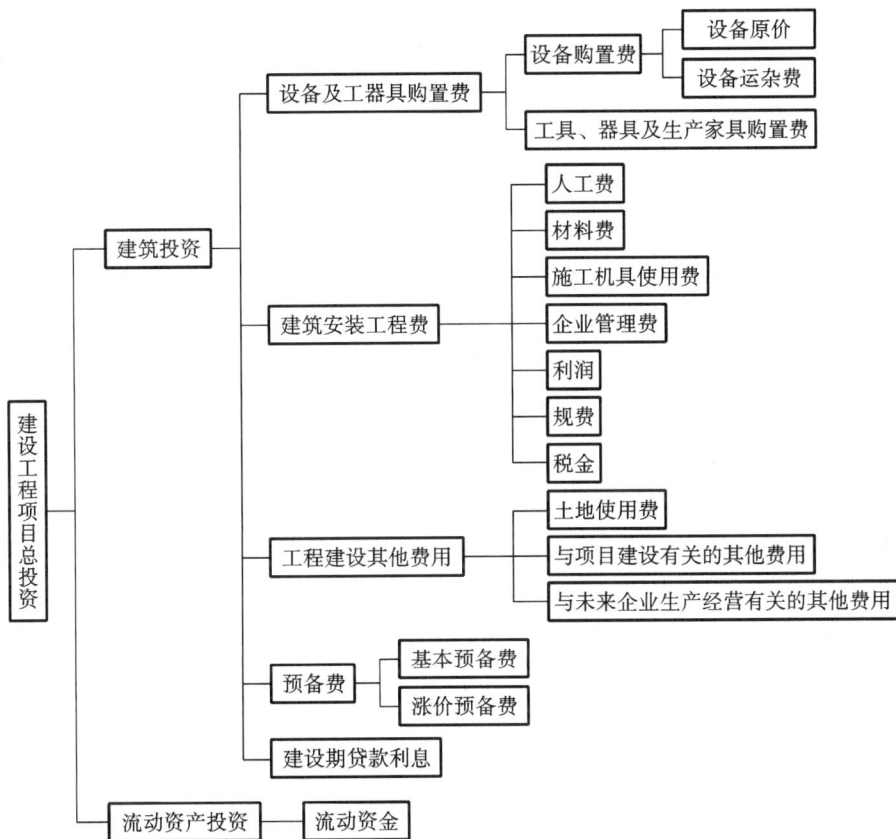

图 6-2　建设工程项目总投资构成

1. 设备及工器具购置费

设备及工器具购置费是指为工程项目购置或自制达到固定资产标准的设备和新建、扩建工程项目配置的首批工、器具及生产家具所需的费用，由设备购置费，工具、器具及生产家具购置费组成。其中设备购置费包括设备原价和设备运杂费。在生产性工程建设中，设备及工器具购置费占投资费用比例表明资本有机构成和生产技术进步的程度。

2. 建筑安装工程费

建筑安装工程费是指用于建设工程和安装工程的费用。建设工程分为一般土建工程、采暖通风工程、电气照明工程、给排水工程、工业管道工程和特殊构筑物工程。安装工程分为电气设备安装工程、化学工业设备安装工程、机械设备安装工程和热力设备安装工程等。建筑安装工程费包括人工费、材料费、施工机具使用费、企业管理费、利润、规费和税金,一般占工程项目总投资的50%～60%。

3. 工程建设其他费用

工程建设其他费用是指从工程筹集到工程竣工验收交付使用的整个建设期间,除建筑安装工程费和设备及工器具购置费以外,为保证工程建设顺利完成和交付使用后能够正常发挥效用或效能而发生的各项费用,包括三个部分:第一个部分是土地使用费,按获取的性质分为农用土地征用费和取得国有土地使用费;第二个部分是与项目建设有关的其他费用,如建设单位管理费、勘察设计费、研究试验费、工程监理费、工程保险费、供电贴费、施工机构迁移费、引进技术和进口设备其他费等;第三个部分是与未来企业生产经营有关的其他费用,如联合试运转费、办公和生活家具购置费、生产准备费等。

4. 预备费

预备费包括基本预备费和涨价预备费。基本预备费是指为项目实施过程中可能发生的难以预料的支出提前预留的费用,如工程量增加、设计变更、局部地基处理等增加的费用,一般自然灾害造成的损失和预防自然灾害所采取的措施的费用,竣工验收时为鉴定工程质量对隐蔽工程进行必要的钻芯取样和修复的费用等。涨价预备费指工程项目在建设期内由于物价上涨、费率变化等因素的影响而需在基本预备费上增加的费用。

5. 建设期贷款利息

建设期贷款利息是指项目借款在建设期内发生并计入固定资产的利息,包括国内银行和其他非银行金融机构贷款、出口信贷、外国政府贷款、国际商业银行贷款以及在境内外发行的债券等在建设期内应偿还的借款利息。

6. 流动资产投资

流动资产投资是指投资主体用来获得流动资产的投资,即项目在投产前预先垫付、在投产后生产经营过程中周转使用的资金。铺底流动资金即自有流动资金,按流动资金总额的30%列入总投资计划。流动资金指为维持生产所占用的全部周转资金。任何一项工程项目要想在建设完工后顺利投入生产,必须具有足够项目正常运行的流动资金。在工程投资项目前期工作中,重视流动资金合理估算和积极筹措十分重要。

二、按建筑安装工程费构成要素分解

建筑安装工程费是建设工程造价的重要组成部分。根据《建筑安装工程费用项目组成》(建标〔2013〕44号文件),建筑安装工程费按费用构成要素划分为人工费、材料费、施工机具使用费、企业管理费、利润、规费和税金,如图6-3所示。

1. 人工费

人工费是指按工资总额构成规定,支付给从事建筑安装工程施工的生产工人和附属生产单位工人的各项费用。

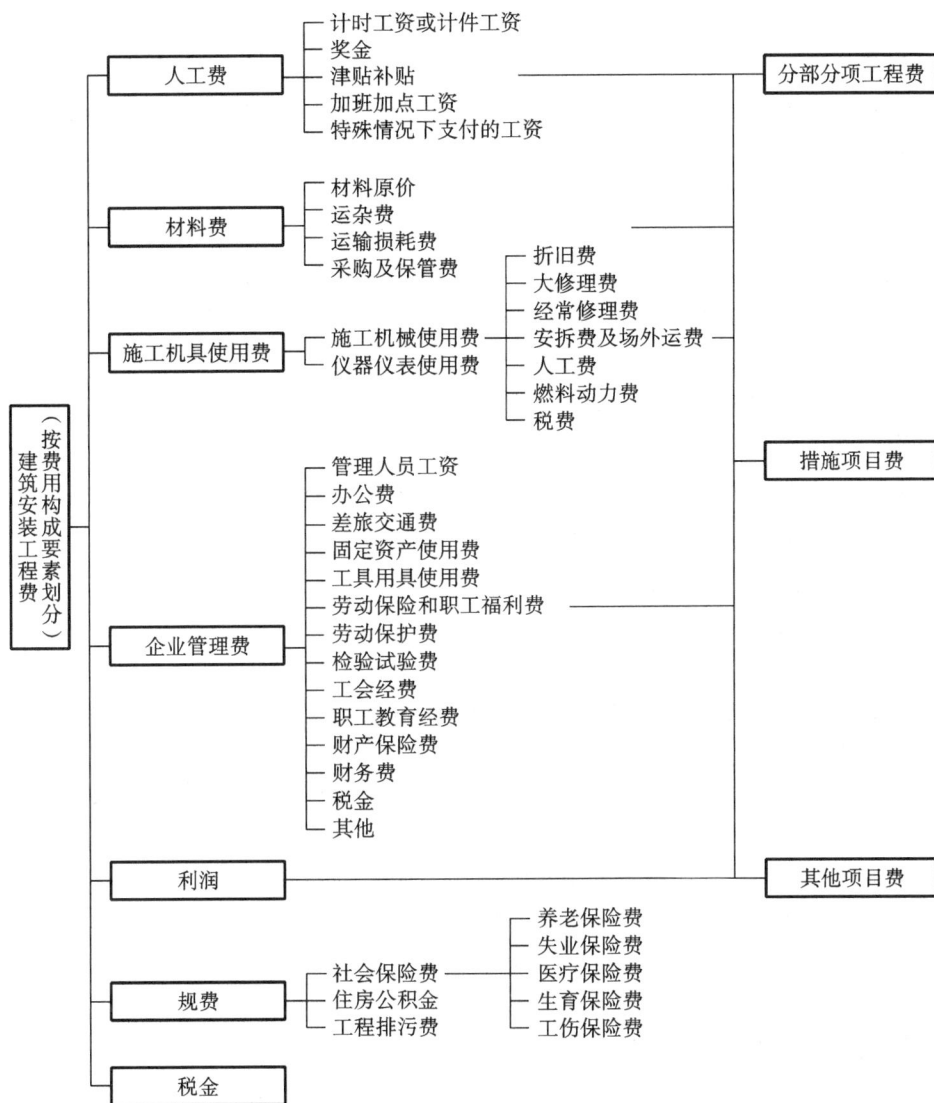

图 6-3 建筑安装工程费构成（按费用构成要素划分）

（1）计时工资或计件工资：按计时工资标准和工作时间或对已做工作按计件单价支付给个人的劳动报酬。

（2）奖金：因超额劳动和增收节支支付给个人的劳动报酬，如节约奖、劳动竞赛奖等。

（3）津贴补贴：为了补偿职工特殊或额外的劳动消耗和因其他特殊原因支付给个人的津贴，以及为了保证职工工资水平不受物价影响支付给个人的物价补贴，如流动施工津贴、特殊地区施工津贴、高温（寒）作业临时津贴、高空津贴等。

（4）加班加点工资：按规支付的在法定节假日工作的加班工资和在法定标准工作时间外延时工作的加点工资。

（5）特殊情况下支付的工资：根据国家法律、法规和政策规定，因病、工伤、计划生育假、婚丧假、事假、探亲假、定期休假、停工学习、执行国家或社会义务等原因按计时工资标准或计时工资标准的一定比例支付的工资。

2. 材料费

材料费是指施工过程中耗费的原材料、辅助材料、构配件、零件、半成品或成品、工程设备的费用。

(1)材料原价:材料、工程设备的出厂价格或商家供应价格。

(2)运杂费:材料、工程设备自来源地运至工地仓库或指定堆放地点所发生的全部费用。

(3)运输损耗费:材料在运输、装卸过程中不可避免的损耗的费用。

(4)采购及保管费:组织采购、供应和保管材料、工程设备的过程中所需的各项费用,包括采购费、仓储费、工地保管费、仓储损耗费。

工程设备是指构成或计划构成永久工程一部分的机电设备、金属结构设备、仪器装置及其他类似的设备和装置。

3. 施工机具使用费

施工机具使用费是指施工作业所发生的施工机械、仪器仪表的使用费或租赁费。

(1)施工机械使用费:以施工机械台班耗用量乘以施工机械台班单价表示,施工机械台班单价应由下列七项费用组成。

①折旧费:施工机械在规定的使用年限内,陆续收回其原值的费用。

②大修费:施工机械按规定的大修理间隔台班进行必要的大修理,以恢复其正常功能所需的费用。

③经常修理费:施工机械除大修理以外的各级保养和临时故障排除所需的费用,包括为保障机械正常运转所需替换设备与随机配备工具附具的摊销和维护费用、机械运转中日常保养所需润滑与擦拭的材料费用及机械停滞期间的维护和保养费用等。

④安拆费及场外运费:安拆费指施工机械(大型机械除外)在现场进行安装与拆卸所需的人工、材料、机械和试运转的费用以及机械辅助设施的折旧、搭设、拆除等的费用;场外运费指施工机械整体或分体自停放地点运至施工现场或由一施工地点运至另一施工地点的运输、装卸、辅助材料及架线等的费用。

⑤人工费:机械操作的司机(司炉)和其他操作人员的人工费。

⑥燃料动力费:施工机械在运转作业中消耗的各种燃料及水、电等的费用。

⑦税费:施工机械按照国家规定应缴纳的车船使用税、保险费及年检费等。

(2)仪器仪表使用费:工程施工需使用的仪器仪表的摊销及维修费用。施工仪器仪表使用费以施工仪器仪表台班耗用量与施工仪器仪表台班单价的乘积表示,施工仪器仪表台班单价由折旧费、维护费、校验费和动力费组成。

4. 企业管理费

企业管理费是指建筑安装企业组织施工生产和经营管理所需的费用。

(1)管理人员工资:按规定支付给管理人员的计时工资、奖金、津贴补贴、加班加点工资及特殊情况下支付的工资等。

(2)办公费:企业管理办公用的文具、纸张、账表、印刷、邮电、书报、办公软件、现场监控、会议、水电、烧水和集体取暖降温(包括现场临时宿舍取暖降温)等的费用。

（3）差旅交通费：职工因公出差、调动工作的差旅费、住勤补助费，市内交通费和误餐补助费，职工探亲路费，劳动力招募费，职工退休、退职一次性路费，工伤人员就医路费，工地转移费以及管理部门使用的交通工具的油料、燃料等费用。

（4）固定资产使用费：管理和试验部门及附属生产单位使用的属于固定资产的房屋、设备、仪器等的折旧、大修、维修或租赁费。

（5）工具用具使用费：施工和管理使用的不属于固定资产的工具、器具、家具、交通工具，以及检验、试验、测绘、消防用具等的购置、维修和摊销费。

（6）劳动保险和职工福利费：由企业支付的职工退职金、按规定支付给离休干部的经费、集体福利费、夏季防暑降温补贴、冬季取暖补贴、上下班交通补贴等。

（7）劳动保护费：企业按规定发放的劳动保护用品的支出，如工作服、手套、防暑降温饮料的费用以及在有碍身体健康的环境中施工的保健费用等。

（8）检验试验费：施工企业按照有关标准规定，对建筑以及材料、构件和建筑安装物进行一般鉴定、检查所发生的费用，包括自设试验室进行试验所耗用的材料等费用，不包括新结构、新材料的试验费，对构件做破坏性试验及其他特殊要求检验试验的费用和建设单位委托检测机构进行检测的费用（此类检测发生的费用，由建设单位在工程建设其他费用中列支）。对施工企业提供的具有合格证明的材料进行检测不合格的，该检测费用由施工企业支付。

（9）工会经费：企业按《中华人民共和国工会法》规定的全部职工工资总额比例计提的工会经费。

（10）职工教育经费：按职工工资总额的规定比例计提，企业为职工进行专业技术和职业技能培训，专业技术人员继续教育、职工职业技能鉴定、职业资格认定以及根据需要对职工进行各类文化教育所发生的费用。

（11）财产保险费：施工管理用财产、车辆等的保险费用。

（12）财务费：企业为施工生产筹集资金或提供预付款担保、履约担保、职工工资支付担保等发生的各种费用。

（13）税金：企业按规定缴纳的房产税、车船使用税、土地使用税、印花税等。

（14）其他：技术转让费、技术开发费、投标费、业务招待费、绿化费、广告费、公证费、法律顾问费、审计费、咨询费、保险费等。

5.利润

利润是指施工企业完成所承包工程获得的盈利。

6.规费

规费是指按国家法律、法规规定，由省级政府和省级有关权力部门规定必须缴纳或计取的费用。

（1）社会保险费。

①养老保险费：企业按照规定标准为职工缴纳的基本养老保险费。

②失业保险费：企业按照规定标准为职工缴纳的失业保险费。

③医疗保险费：企业按照规定标准为职工缴纳的基本医疗保险费。

④生育保险费:企业按照规定标准为职工缴纳的生育保险费。

⑤工伤保险费:企业按照规定标准为职工缴纳的工伤保险费。

(2)住房公积金:企业按规定标准为职工缴纳的住房公积金。

(3)工程排污费:按规定缴纳的施工现场工程排污费。

其他应列而未列入的规费,按实际发生计取。

7.税金

税金是指国家税法规定的应计入建筑安装工程造价内的营业税、城市维护建设税、教育费附加以及地方教育附加。

三、按建筑安装工程造价形成分解

建筑安装工程费按工程造价形成划分为分部分项工程费、措施项目费、其他项目费、规费和税金,如图6-4所示。

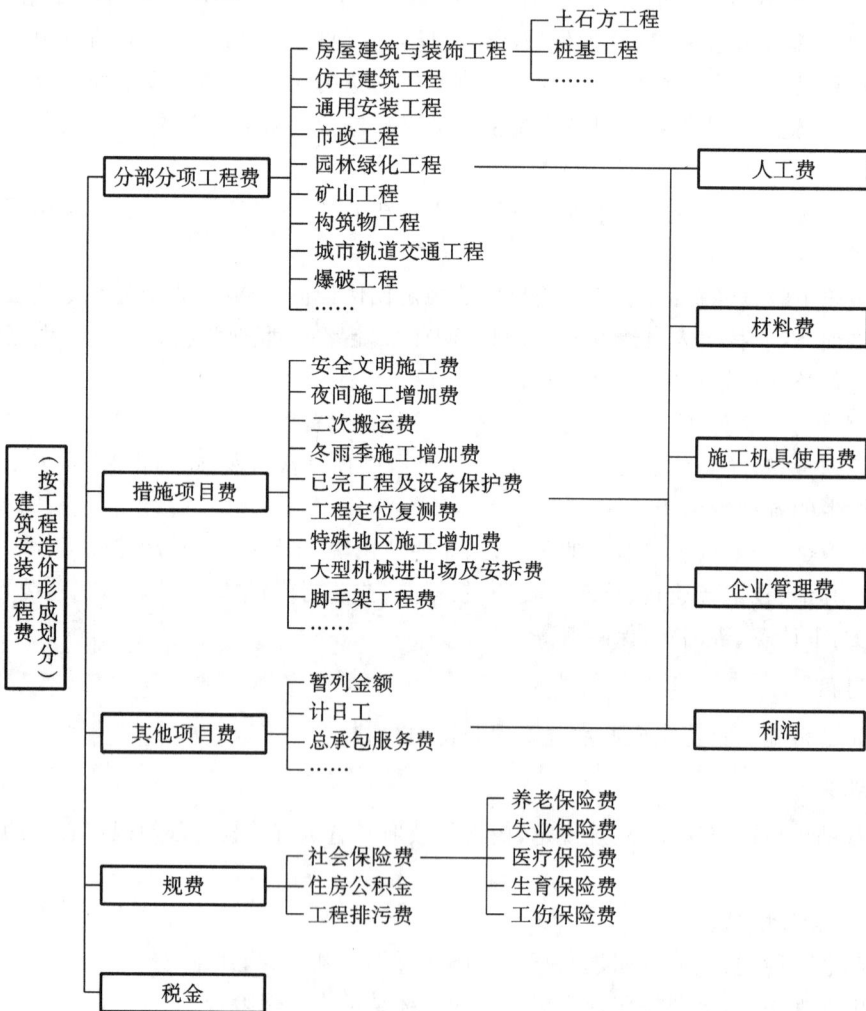

图6-4 建筑安装工程费构成(按工程造价形成划分)

四、按工程成本管理要求分解

1.预算成本

预算成本(budget cost,BC),是指施工企业根据施工图纸或工程量清单,利用工程量计算规则、预算定额以及取费标准等计算出来的工程项目成本。预算成本以施工图预算为基础,反映了社会或企业的平均成本水平。

2.计划成本

计划成本(plan cost,PC),是指项目经理部根据项目管理目标责任书的要求,结合工程项目的技术特征、自然地理环境、劳动力素质、设备情况等确定的工程项目成本。计划成本以施工预算为基础,反映社会或企业的平均先进水平,是控制项目成本支出的标准和成本管理的目标。

3.实际成本

实际成本(actual cost,AC),是指在项目施工过程中实际发生的,并可按一定的成本核算对象进行归集的各项支出费用的总和。实际成本受工程项目的技术水平、管理水平、组织措施等因素的影响,是项目各种消耗的综合反映。

上述各项成本既有联系,又有区别。将项目的实际成本与预算成本对比可以反映项目的经济效益;将项目的实际成本与计划成本对比可以反映成本计划的执行情况。

任务单元三　工程项目成本计划

一、工程项目成本预测概述

1.成本预测的概念

成本预测是指根据取得的历史数字资料,采用经验总结、统计分析及数学模型的方法对成本进行判断和推测。成本预测可以为建筑施工企业经营决策和项目管理部编制成本计划等提供数据。成本预测是实行施工项目科学管理的一项重要工具,越来越被人们重视,并日益发挥作用。成本预测在实际工作中虽然不常提到,却往往在不知不觉中用到。例如,建筑施工企业在工程投标时或施工时都会根据过去的经验对工程成本进行估计,这种估计实际上是一种预测,其发挥的作用是不能低估的。仅依靠经验的估计很难做到准确、有效地预测施工项目成本,掌握科学、系统的预测方法才能使成本预测在工程经营和管理中发挥更大的作用。

2.成本预测的程序

科学、准确的成本预测必须遵循合理的预测流程,如图 6-5 所示。

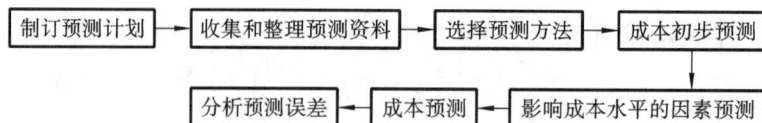

图 6-5　工程项目成本预测流程

二、工程项目成本预测方法

成本预测方法一般分为定性预测方法与定量预测方法两类,如图 6-6 所示。

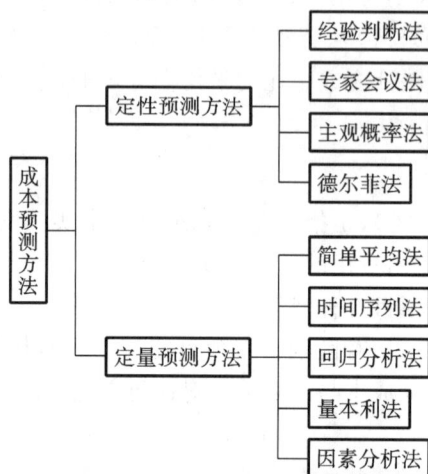

图 6-6　成本预测的常用方法

1. 定性预测方法

定性预测方法是利用可能收集到的资料、信息和情报,根据专家个人的经验、知识进行综合分析、判断,对未来的工程项目成本做出预测的方法。定性预测的具体方法有经验判断法、专家会议法、主观概率法和德尔菲法等。

2. 定量预测方法

定量预测方法也称统计预测方法,是根据已经掌握的比较完备的历史统计数据资料,运用一定的数字方法进行科学的加工整理,揭示各项因素之间的规律并推测未来工程项目成本变化趋势的方法。定量预测的具体方法有简单平均法、时间序列法、回归分析法、量本利法、因素分析法。

三、工程项目成本计划概述

1. 成本计划的概念

成本计划是成本管理和成本会计的一项重要内容,是企业生产经营计划的重要组成部分,工程项目成本计划是指在满足合同规定的条件下制订项目的成本计划,对施工过程中发生的各种费用支出进行指导、监督、调节,及时控制和纠正即将发生和已经发生的偏差,保证项目计划成本目标的实现。成本计划是建立项目成本管理责任制、开展成本控制和核算的基础,是项目控制成本的指导性文件、设立目标成本的依据。成本计划在成本预测的基础上进行,主要由项目经理负责。

2. 成本计划的类型

在项目的策划和实施过程中,成本计划分为若干个阶段,从项目建议书开始直到竣工验收形成专业性非常强的计价过程。从总体上来看,成本计划通常是经过确定项目总目标成本、成本目标逐层分解、项目单元成本估算,再由下而上逐层汇总并进行对比分析的过程。

1)投资估算

在整个投资决策阶段,根据现有数据资料和一定方法对项目所需的投资额进行的估算称为投资估算。投资估算可由业主委托设计单位或咨询单位编制,也可由业主单位有关人员编制。投资估算的精确度在详细可行性研究阶段为±10%以内。可行性研究报告批准后,投资估算作为批准下达的投资限额对初步设计概算及整个工程造价起控制作用,同时是编制投资计划、进行资金筹措及申请建设贷款的主要依据。

2)设计概算

设计概算是指在初步设计阶段,在投资估算的控制下,由设计单位根据初步设计或扩大初步设计图纸及说明、概算定额或概算指标、综合预算定额、取费标准、设备材料预算价格等资料,编制的确定建设项目从筹建至竣工交付生产或使用所需全部费用的经济文件。设计概算是设计文件的重要组成部分,是编制基本建设计划、实行基本建设投资大包干、控制基本建设拨款和贷款的依据,也是考核设计方案和建设成本是否经济合理的依据。

设计概算包括单位工程概算、单项工程综合概算、其他工程的费用概算、建设项目总概算以及编制说明等。设计概算是由单个到综合,由局部到总体,逐个编制,层层汇总而成的。设计概算应按建设项目的建设规模、隶属关系和审批程序报请审批。建设项目总概算按规定的程序经有关机关批准后,成为国家控制该建设项目总投资额的主要依据,不得任意突破。经过批准的设计概算是控制工程建设投资的最高限额,建设单位据此编制投资计划,进行设备订货和委托施工;设计概算也是设计单位评价设计方案的经济合理性和控制施工图预算的依据。

采用两阶段设计的建设项目,初步设计阶段必须编制设计概算;采用三阶段设计的建设项目,技术设计阶段必须编制修正概算。

3)施工图预算

设计单位在施工图设计阶段对各单位工程的分部分项工程量做出更精确的描述,相应编制更详细的实施计划,进而在 WBS 工作单元中根据预算定额及取费标准对费用做出更精确的计算,形成施工图预算。一旦施工图预算得到确认,工程项目的投资计划就相对固定下来,成为编制标底和签订建筑安装工程承包合同的依据。

4)合同价

合同价是指在工程招标投标阶段,承发包双方根据合同条款及有关规定,通过签订工程承包合同计算和确定的拟建工程造价总额。合同价属于市场价格,是由承发包双方根据市场行情共同议定和认可的成交价格,并不等同于最终决算的实际工程造价。按计价方法的不同,建设工程合同有许多类型,不同类型合同的合同价的内涵也有所不同。合同价成为业主和承包人的共同目标成本,是双方结算的基础和索赔的依据。

5)结算价

结算价是指在合同实施阶段,在工程结算时按合同调价范围和调价方法,对实际发生的工程量增减、设备和材料价差等进行调整后计算和确定的价格。结算价是结算工程的实际价格。

6)竣工决算

竣工决算不仅反映了项目竣工后的实际价格,而且是核定新增固定资产价值、考核分析投资效果、办理交付使用验收的依据。竣工决算是竣工验收报告的重要组成部分。

工程多次计价示意图如图6-7所示。由图6-7可看出,整个投资计划是随着工程的发展而形成的,投资计划由概略到详细,再到确定。投资计划金额应是递减的,即投资估算是设计概算的上限、设计概算是施工图预算的上限、施工图预算额控制着合同价等。形成这样的递减过程才说明投资计划得当、控制有效。

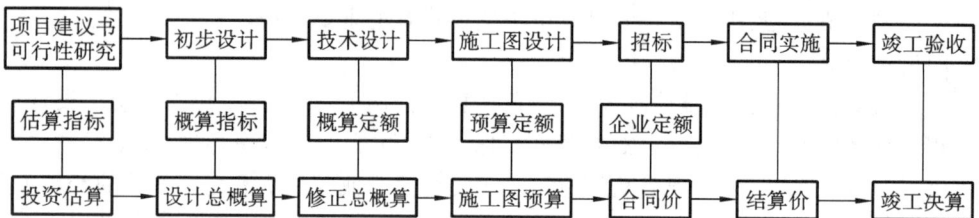

图6-7 工程多次计价示意图

3. 成本计划编制依据与要求

编制成本计划时,编制人员要广泛收集相关资料并进行整理,作为成本计划编制的依据,在此基础上,根据有关设计文件、工程承包合同、施工组织设计、成本预测资料等,按照项目应投入的生产要素,结合各种因素变化的预测和拟采取的各种措施,估算项目生产费用支出的总水平,进而提出项目的成本计划控制指标并确定目标总成本。目标总成本确定后,编制人员应将总目标分解落实到各级部门,以便有效地进行控制,通过综合平衡,编制成本计划。

(1)项目经理部编制成本计划的依据如下:

①合同文件;

②项目管理实施规划;

③市场价格信息;

④相关定额;

⑤类似项目的成本资料。

(2)项目成本计划必须反映的要求如下:

①合同规定的项目质量和工期要求;

②企业对项目成本管理目标的要求;

③以经济合理的项目实施方案为基础的要求;

④有关定额及市场价格的要求；

⑤类似项目提供的启示。

四、工程项目成本计划编制方法与内容

成本计划可以按成本组成、工程实施阶段和项目结构等三个方面进行编制。

1. 按成本组成编制成本计划的方法

按照费用构成要素划分，建筑安装工程费由人工费、材料（包含工程设备）费、施工机具使用费、企业管理费、利润、规费和税金组成。人工费、材料费、施工机具使用费为施工直接成本，规费和企业管理费为施工间接成本。按成本组成编制成本计划的方法大致有以下内容。

1）编制说明

编制说明指对工程的范围、投标竞争过程及合同条件、承包人对项目经理提出的责任成本目标、项目成本计划编制的指导思想和依据等的具体说明。

2）项目成本计划的指标

项目成本计划的指标应经过科学分析预测加以确定，可以采用比较法、因素差异分析法等进行测定。

3）单位工程计划成本汇总表

根据工程量清单中所列项目，形成单位工程计划成本汇总表（见表 6-1）。

表 6-1　单位工程计划成本汇总表

	清单项目编码	清单项目名称	合同价格	计划成本
1				
2				
……				

4）单位工程成本计划表

按成本性质划分的单位工程计划成本汇总表，根据清单项目的造价分析进行汇总，形成单位工程成本计划表。常用的单位工程成本计划表主要包括以下三种。

（1）目标成本计划表。

目标成本计划表如表 6-2 所示。目标成本计划表综合反映项目在计划期内的预算成本、计划成本、计划成本降低额与计划成本降低率。

表 6-2　目标成本计划表　　　　　　　　　　　　　　　　　费用单位:元

成本（费用）项目	预算成本	计划成本	计划成本降低额	计划成本降低率
1.直接成本 人工费 材料费 施工机具使用费 ……				

成本（费用）项目	预算成本	计划成本	计划成本降低额	计划成本降低率
2.间接成本 企业管理费 规费 ……				
合计				

编制单位或部门： 　　编制人： 　　审定人： 　　日期：

（2）降低成本技术组织措施计划表。

降低成本技术组织措施计划表如表 6-3 所示。降低成本技术组织措施计划表是测算工程项目在计划期内直接成本降低额的依据，一般由项目经理部的技术人员同有关部门共同研究确定，主要包括以下内容：

①计划期内拟采取技术组织措施的种类和内容；

②该项措施涉及的对象；

③经济效益的计算和直接成本的降低。

表 6-3　降低成本技术组织措施计划表　　　　　　　费用单位:元

措施种类	措施内容	涉及对象			降低成本来源		降低成本额					执行者
		实物名称	单价	数量	预算收入	预算支出	人工费	材料费	机械费	其他	合计	
合计												

编制单位或部门： 　　编制人： 　　审定人： 　　日期：

（3）降低成本计划表。

降低成本计划表如表 6-4 所示。降低成本计划表是编制目标成本计划的依据，一般应根据项目管理目标责任、项目组织机构内部降低成本的措施计划等进行编制。

表 6-4　降低成本计划表　　　　　　　费用单位:元

分项工程名称	成本降低额							备注
	合计	直接成本				间接成本		
		人工费	材料费	机械费	其他			
合计								

编制单位或部门： 　　编制人： 　　审定人： 　　日期：

2. 按工程实施阶段编制成本计划的方法

按工程实施阶段编制成本计划时,可以按实施阶段(如基础、主体、安装、装修等)或按月、季、年等实施进度进行编制。按工程实施阶段编制成本计划的方法是通过对成本目标按时间进行分解,在网络计划的基础上获得项目进度计划的横道图,并在此基础上编制成本计划。按工程实施阶段编制成本计划的方法有两种:一种是在时标网络图上按月编制的成本计划直方图;另一种是时间-成本累积曲线(S形曲线)。

1) 直方图

对项目计划成本目标按时间进行分解,基于网络计划可获得项目进度计划的横道图,在此基础上编制资金使用计划可形成直方图(见图 6-8)。

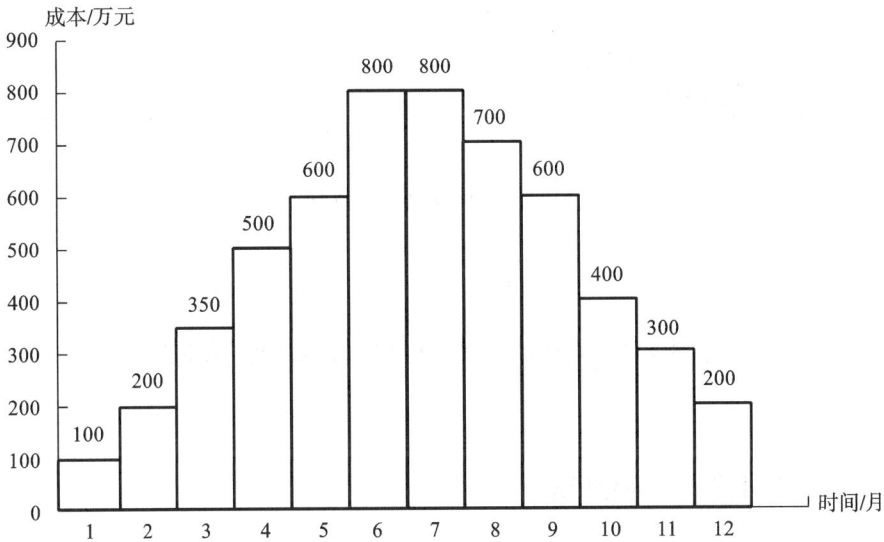

图 6-8　按月编制的成本计划

2) 时间-成本累积曲线

时间-成本累积曲线是在绘制横道图的基础上完成的。绘制方法是将各单位时间计划完成的投资额累加,将得到的数值绘制在以时间为横坐标、以成本为纵坐标的坐标图内。时间-成本累积曲线如图 6-9 所示。

3. 按项目结构编制成本计划的方法

大中型工程项目通常是由若干单项工程构成的,每个单项工程包括多个单位工程,每个单位工程又是由若干分部分项工程构成的。要把项目总成本分解到单项工程和单位工程中,再进一步分解到分部工程和分项工程中;在完成项目成本目标分解之后,要具体分配成本,编制分项工程的成本支出计划,从而形成详细的成本计划表。

成本计划表一方面可检查各单项工程和单位工程的投资构成是否合理、是否有漏项和重复计算,另一方面可检查具体的投资支出对象是否明确和落实并校核分解结果是否正确。

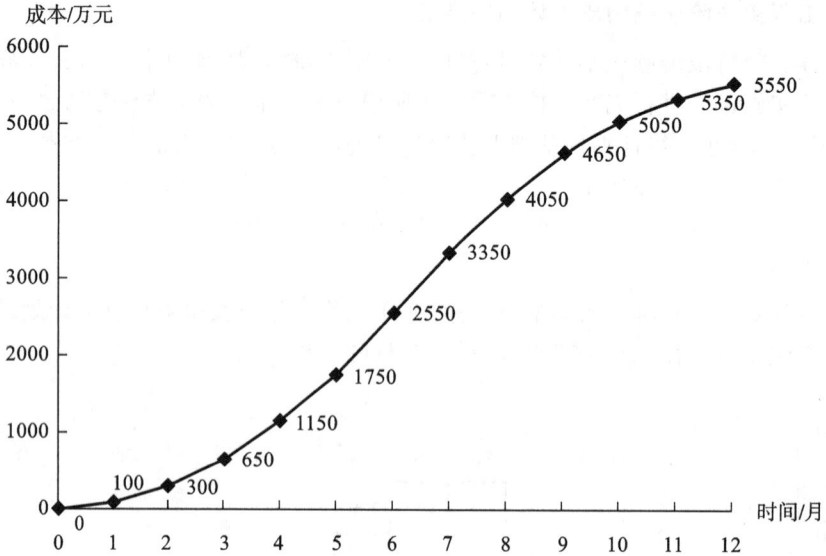

图 6-9　时间-成本累积曲线

任务单元四　工程项目成本控制

一、工程项目成本控制概述

1. 成本控制的概念

工程项目成本控制是指根据项目管理目标责任书的要求,结合项目的成本计划,对施工过程中发生的各种费用支出进行监督、控制,保证项目目标成本的实现。成本控制通过结合项目目标成本的分解,以成本形成过程、项目组织机构、分部分项工程等为对象,达到降低成本、提高经济效益的目的。

工程项目成本控制的运行过程,就是实现成本计划的过程。成本控制是项目成本管理中有最多不确定因素、最基础又最复杂的管理内容,是整个工程项目达到其利润指标的最重要环节,是对工程项目成本发生全过程的动态控制。

2. 成本控制的依据

1)工程承包合同

成本控制通过对整个工程项目的承包合同进行目标管理,围绕工程的总体成本进行预算与支出的管理,保证承包方可以实现最大的经济效益。

2)施工成本计划

成本控制按照施工项目的进度计划,根据整个项目的成本预算情况编制完整的成本实施计划,对实际控制的成本目标进行逐层分解,以可操作的文件形式固定下来,贯穿项目的整个生命周期。

3）进度报告

项目成本管理的主要工作体现在控制日常收支方面，要结合大量数据记录进行动态监控，因此需要阶段性的成本管理进度报告作为决策者控制整个项目的主要参考。进度报告中分析的成本消耗情况可为管理者提供调整施工项目的依据。

4）工程变更

在工程项目的实施过程中，随着工程现场进展情况的不断变化，会发生与先前预计情况不同的工程变更。所以，工程项目成本控制应结合当前的实际状况进行相应的变化和调整，充分考虑项目进度情况、工程技术条件等方面的情况，同时考虑减少成本预算的变化给施工带来的影响。

工程项目成本控制的依据不仅包括以上四个方面，还包括工程项目施工组织设计及分项采购合同等。

3. 成本控制的程序

承包人必须按以下程序进行成本控制：

①收集实际成本数据；

②将实际成本数据与成本计划目标进行比较；

③分析成本偏差及原因；

④采取措施纠正偏差；

⑤必要时修改成本计划；

⑥按规定的时间间隔编制成本报告。

二、工程项目成本控制内容

工程项目成本控制根据工程项目生命周期可以分为多个阶段，每个阶段的特点不尽相同。在整个生命周期中，成本控制不局限于施工阶段，而是贯穿整个项目实施过程的方方面面。下面具体介绍决策阶段、设计阶段、招标投标阶段、施工阶段和工程款结算阶段的成本控制内容。

1. 决策阶段的成本控制

1）可行性研究

可行性研究是运用多种科学手段综合论证工程项目在技术上是否先进可靠、在财务上是否盈利，做出环境影响、社会和经济效益分析与评价，以及抗风险能力等的结论，为投资决策提供科学依据。

可行性研究一般分为机会研究、初步可行性研究和（详细）可行性研究三个阶段。机会研究的精确度为±30%，初步可行性研究的精确度为±20%，（详细）可行性研究的精确度为±10%。一般业主会委托有资质的设计院等机构进行可行性研究。可行性研究的最终成果是可行性研究报告。

2）投资估算的编制与审查

投资估算是可行性研究的重要组成部分，它包含两部分内容：建设投资估算和流动资金估算。建设投资估算在不同的研究阶段可采用详略不同、深度不同的估算方法,常见的有生产能力指数法、资金周转率法、比例估算法、综合指标投资估算法。流动资金估算一般参照现有同类企业的状况采用分项详细估算法,个别情况或小型项目可采用扩大指标法。

投资估算的审查部门在审查时应注意以下内容:依据的时效性、准确性;估算方法的科学性、适用性;编制内容与规划要求的一致性;费用项目、费用数额的真实性。

3)项目评价

项目评价是可行性研究中十分重要的分析论证部分,它一般包括以下五个方面的内容。

(1)环境影响评价:在研究确定场址方案和技术方案中,调查研究环境条件,识别和分析拟建项目影响环境的因素,研究提出治理和保护环境的措施,比选和优化环境保护方案。

(2)财务评价:在国家现行财税制度和价格体系下,分析预测项目的财务效益与费用,计算财务指标,考察拟建项目的盈利能力、偿债能力,进行不确定性分析(盈亏平衡分析、敏感性分析、概率分析),判断项目的财务可行性。

(3)国民经济评价:按照经济资源合理配置的原则,用影子价格和社会折现率等国民经济评价参数,从国民经济整体角度来考察项目耗费的社会资源和对社会的贡献,评价投资项目的经济合理性。

(4)社会评价:分析项目对当地社会的影响、当地社会条件对项目的适应性和可接受程度,评价项目的社会可行性。

(5)风险分析:在其他评价的基础上,进一步分析识别项目在建设和运营中潜在的主要风险因素,揭示风险来源,判别风险程度,提出规避风险对策,降低风险损失。

2. 设计阶段的成本控制

据有关分析,设计费一般只占建设工程全生命周期费用的 1% 以下,但这少于 1% 的费用决定了以后几乎全部的费用。可见,设计对整个建设工程非常重要,投资控制的关键环节在于设计阶段。业主在设计阶段的工作内容主要是提出设计要求,用技术经济方法组织评选设计方案,选择勘察、设计单位,签订勘察设计合同并组织实施,审查设计、概预算。提高设计经济合理性的途径有以下几种。

1)执行设计标准,认真履行设计合同

设计标准是国家经济建设的重要技术规范,各类建设的设计部门应制定与执行相应的设计标准规范,认真履行设计合同。业主应落实设计合同中双方的权利、义务。若为设计单位原因造成的工期、质量和经济损失,业主可追讨设计赔偿金;若为自身原因造成的损失,业主应增加设计费。业主不履行合同的,无权要求返还定金;设计方不履行合同的,应双倍偿还定金。

2)采用标准设计

在工程设计中,设计方可在一定范围内采用标准图、通用图和复用图,可促进工业化水平、加快工程进度、节约材料、降低建设投资。据统计,采用标准设计一般可加快设计进度 1~2 倍,节约建设投资费用 10%~15%。

3）推行限额设计

限额设计就是按批准的投资估算控制初步设计，按批准的初步设计总概算控制施工图设计，即将上阶段设计审定的投资额和工程量先分解到各专业，再分解到各单位工程和分部工程。各专业在保证使用功能的前提下，按分配的投资限额控制设计，严格控制技术设计和施工图设计的不合理变更，以保证总投资限额不被突破。简单来说，限额设计是分级管理费用限额的设计过程。

限额设计体现了设计标准、规模、原则的合理确定和有关概算基础资料的合理确定，是衡量勘察设计工作质量的综合标志，但运用不当或过分强调限额有可能使某些专业设计特色表现不出来，因此设计方应根据实际情况考虑施行限额设计。

4）推行设计招标或方案竞赛

设计招标或方案竞赛是大型工程项目或标志性建筑中较常用的方式，目的是通过对多个设计方案的技术经济分析和综合比较，结合工程实际条件和各方面因素，选择功能完善、技术先进、经济合理的最佳设计方案。在设计方案的评审过程中，评审人员可运用价值工程原理，正确处理方案的功能和全生命周期成本的关系，保证设计方案的最优性。评审人员可以选择竞赛第一名作为设计任务的承担者，也可以综合某几个设计方案的优点来确定设计任务的取向。

当然，业主及设计单位应仔细对设计概算、施工图预算进行审查。设计概算的审查一般采用集中会审的方式进行，主要是对设计概算的编制依据、单位工程设计概算、综合概算、总概算进行逐级审查。建设工程概算主要审查工程量、定额或指标、材料价格及各项费用是否遗漏、重复计算或错误等；设备及安装工程概算的审查重点应放在设备清单及安装费用上。施工图预算的审查内容与设计概算的审查内容大致相同，只不过更详细具体。施工图预算可采用不同方法审查，包括逐级审查法、标准预算审查法、分组计算审查法、对比审查法、筛选审查法、重点审查法。

3. 招标投标阶段的成本控制

在建设项目的招标投标阶段中，发包类型一般有建设项目总发包、设计总发包、建安工程发包、设备材料采购发包。招标投标阶段的成本控制应按照业主的意愿、项目类型等实际情况进行合理控制。目前招标投标在国际上广泛采用。招标投标实际上是一种市场竞争行为，分别代表了采购方和供应方的交易行为。

1）招标方式

工程项目的招标方式主要有公开招标和邀请招标两种。

公开招标就是招标人通过各种媒体信息发布招标公告，有资格的承包人或供应商均可公平参加投标的方式。这种方式可最大限度地使招标人选择有实力、技术强且管理水平高的投标人，因此又称为无限竞争型招标。

邀请招标是指招标人在熟悉实力强且信誉高的几个（三个以上）潜在投标人的情况下，向他们发出投标邀请函来邀请其参加投标的方式。这种方式可缩短招标投标周期，节约费用，减少资格评审和评标的工作量，因此又称为有限竞争型招标。

2）工程量清单计价

招标投标阶段可采用定额计价或工程量清单计价方法。目前我国大力推行的是工程量清单计价,目的是与国际接轨,节约工程投资,使招标人承担"量"的风险、承包人承担"价"的风险,促使双方加强工程费用的控制与管理,在合理低价中标的原则上提高评标的透明度,强化市场公平竞争机制。在工程量清单计价中,投标人自主选择施工方法和施工措施,自主根据企业定额采用综合单价法定价;招标人只提供项目名称、简要说明、单位及工程量。

3)设备材料采购招标

设备材料采购招标与建安工程招标的程序大体相同,但要注意材料采购的询价。材料询价过程一般为询价、报送、送审认可、签订合同,通常要"货比三家"以获得优质且价格合理的材料。

4. 施工阶段的成本控制

1)施工阶段成本控制的措施

由于施工阶段有合同价作为约束业主和承包人的依据,业主想要降低投资的可能性不大,进行投资控制的难度较大,此时需要依靠监理工程师来协助完成,尽可能将投资控制在计划投资额范围内,保证投资控制目标的实现。投资控制措施应从组织、经济、技术、合同、信息管理五个方面来考虑。投资控制措施表如表 6-5 所示。

表 6-5 投资控制措施表

控制措施	具体内容
组织措施	在项目管理班子中落实从投资控制的角度进行施工跟踪的人员、任务分工和职责分工; 编制本阶段投资工作计划和详细的工作流程
经济措施	编制资金使用计划,确定、分解投资控制目标,对工程项目造价目标进行风险分析,并制订防范性对策; 进行工程计量; 复核工程付款账单,签发付款证书; 在施工过程中定期进行投资实际值与计划值的比较,进行偏差分析,发现问题随时采取纠偏措施; 协商确定工程变更价款,审核竣工结算; 定期对投资支出进行分析与预测,并向业主提交报告
技术措施	对设计变更进行技术经济比较,严格控制设计变更; 继续寻求通过设计节约投资的可能; 审核承包人编制的施工组织设计
合同措施	做好施工记录,保存各种文件图纸,为可能发生的索赔提供依据,参与处理索赔事宜; 参与合同修改和补充工作,着重考虑合同对投资控制的影响
信息管理措施	依靠现代信息技术、网络通信技术、计算机技术等,改进、完善项目成本信息档案资料的管理工作

2)施工项目成本的日常控制

施工项目成本的日常控制,必须由项目全员参加,根据各自的责任成本对自己的分工内容进行成本控制。

(1)施工技术和计划经营部门或职能人员。

①根据施工项目管理大纲,科学地组织施工;及时组织已完工程的计量、验收、收回工程价款,保证施工所用资金的周转,要求加快施工必须有加快施工的具体签证文件,避免无效的资金占用。

②按建设工程施工合同示范文本通用条款的规定,资金到位组织施工,避免垫付资金施工。

(2)材料、设备部门或职能人员。

材料、设备部门或职能人员应根据施工项目管理规划的材料需用量计划制订合理的材料采购计划,严格控制主材的储量,既保证施工需要,又不增大储备资金。

①按采购计划和经济批量进行采购订货,严格控制采购成本,如就近采购,选择最经济的运输方式,将采购材料、配件直接运入施工现场等。

②量大的主要材料可以公开招标或邀请招标。这样可以降低成本,保证材料质量,按时供应,保证连续施工。

③签订材料供应合同,保证采购材料质量。供应商违约时,可以利用索赔减少损失或增加收益。

④坚持限额领料,控制材料消耗。可以分别按施工任务书控制、定额控制、指标控制、计量控制,小型配件或零星材料(如铁丝、棉纱等)可以采用以钱代物、包干控制的办法。

(3)财务部门或职能人员。

①按间接费使用计划控制间接费用,特别是财务费用和项目经理部不可控的成本费用,如管理费、折旧费、税金、工会会费、劳动保险费、待业保险费、固定资产大修理费、机械退场费等。控制财务费用主要是控制资金的筹集和使用时发生的各项费用,如减少利息支出、控制汇兑损益等。

②严格其他应收款、预付款的支付手续,如购买材料配件等预付款一般不得超过合同价的80%并经项目经理部集体研究确定。

③其他费用按计划、标准、定额控制执行。

④对分包人、施工队支付工程价款时,手续应齐全,有计量、验工计价单和项目部领导签字方可支付。

(4)其他职能部门或职能人员。

其他职能部门或职能人员应根据分工不同控制施工成本:质监部门的责任是控制质量,应保证安全、不出大事故;合同管理部门应防止自己违约,避免对方向自己索赔等。

(5)施工队或职工。

施工队包括机械作业队,主要控制人工费、材料费、机械使用费和其他费用。

(6)班(机)组或职工。

班(机)组或职工主要控制人工费、材料费、机械使用费的使用,要严格领料、退料,避免窝工、返工,注重提高劳动效率,主要控制燃料费、动力费和经常修理费,认真执行维修保养制度,保持设备的完好率和稳定性。

3)降低施工项目成本的主要途径

降低施工项目成本可从组织措施、技术措施、经济措施几个方面分别考虑,具体包括以下措施。

(1)制订先进合理、经济适用的施工方案。

(2)认真审核图纸,积极提出修改意见。

(3)组织流水施工,加快施工进度。

(4)切实落实技术组织措施。

(5)以激励机制调动职工增产节约的积极性。

(6)加强合同管理,增创工程收入。

(7)降低材料成本。

(8)降低机械使用费。

5. 工程款结算阶段的成本控制

1)工程价款计量与支付的程序

(1)支付程序。

①承包人提出申请。承包人提出付款申请,向监理工程师提交合同工程月计量申请表,说明承包人认为这个月应得的有关款项。

②监理工程师审核,编制期中付款证书。监理工程师接到申请表后7天内按设计图纸核实已完工程量并到现场计量,承包方应予以配合,计量后监理工程师将按规定修正或删除不合理部分,计算付款净金额,在申请表上签字认可。若净金额小于合同规定的最小支付额,则不需开任何付款证书。

③业主支付。业主收到监理工程师签发的付款证书后按合同规定时间支付给承包人。

(2)工程计量。

监理工程师一般只对工程量清单中的全部项目、合同中规定的项目和工程变更项目进行计量。计量方法有很多种,可以采用均摊的方法按合同工期平均计量,也可以按承包人的凭据或按监理工程师估算的已完工程进行计量,还可以按设计图纸所示的尺寸进行计量。计量过程中应注意以下事项。

①严格确定计量内容:对承包人超出设计图纸要求增加的工程量和自身原因造成返工重做的工程量,不予计量。

②加强隐蔽工程的计量:在每个隐蔽工程完工后必须严格进行测量和记录,双方签字认可后方可进行下一道工序的施工。

(3)合同价款的复核与支付。

合同价款的复核与支付表如表6-6所示。

表6-6 合同价款的复核与支付表

复核内容	具体说明
工程量清单项目	复核一般项目的工程量和单价,以及暂列金额、计日工费用

复核内容	具体说明
工程量清单以外项目	如预付备料款、保修金等
工程变更费用	设计变更、工程量变更等导致的费用变更
索赔费用	由一方工作失误或异常恶劣天气等不可抗力导致损失,另一方提出要求获得工期或费用方面的补偿(可以是业主向承包人索赔,也可以是承包人向业主索赔)
价格调整费用	一般情况下,由监理工程师认可的工程量增减或设计变更,国家公布的价格调整,一周内超过 8 小时的停水、停电、停气,以及合同约定的其他因素导致的费用增减都可进行价格调整
迟付款利息	监理工程师在复核确认后 14 天内,发包人应向承包人支付工程进度款

2)主要结算方式

(1)按月结算。

按月结算,即先预付工程备料款,在施工过程中按月(月末)结算已完分部分项工程的进度款。跨年度竣工的工程在年终进行工程盘点,办理年度结算,竣工后清算。此方式是目前我国较常见的结算方式。

(2)竣工后一次结算。

每月月中预支工程价款,竣工后一次结算,适用于工期短(12 个月以内)、合同价低(100 万元以下)的建设项目或单项工程。

(3)分段结算。

按月预支工程款,分阶段结算,适用于当年不能完工的单项或单位工程,如按开工、基础完工、主体完工、竣工验收等阶段按比例拨付工程款。

(4)双方约定结算的其他方式。

例如,按合同规定由业主供应材料的,材料可按预算价格给承包人,材料价款在结算工程款时陆续抵扣,承包人不应收取备料款。

实行竣工后一次结算和分段结算的工程,当年结算的工程款应与分年度的工程量一致,年终不另清算。当然,结算款的支付一般不超过合同价的 97%,预留 3% 作为保修保证金,在保修期满后清算。

3)按月结算工程价款的一般程序

工程预付款是建设工程施工合同订立后由发包人按合同约定,在正式开工前预先支付给承包人的工程款。它是施工准备和所需材料、结构件等流动资金的主要来源,又称为预付备料款。发包人预付工程备料款应不迟于约定的开工日期前 7 天,开工后按约定的时间和比例逐次扣回。

(1)预付备料款限额。

预付备料款限额通常根据主要材料占施工产值的比重、材料储备天数、施工工期、建安工程量等因素测定,即

$$预付备料款限额 = \frac{年产值 \times 材料比重}{年度施工日历天数} \times 材料储备天数$$

对一般建设工程,预付备料款不应超过当年建设工程量(包括水、电、暖)的30%;安装工程按年安装工程量的10%~15%拨付预付备料款。

(2)预付备料款的扣回方法。

①通过合同的形式确定,采用等比率或等额扣款的方式扣回。

②从未施工工程尚需的主要材料及构件的价值相当于备料款数额时起扣,从每次结算工程价款中按材料比重抵扣工程价款,竣工前全部扣清。因此,确定起扣点是此方式的关键。起扣点的计算公式为

$$起扣点(T) = 合同价(P) - \frac{预付备料款(M)}{主要材料比重(N)}$$

【案例 6-1】

背景:某建设工程承包合同总额为600万元,备料款按25%预付,主要材料及构件金额占合同总额的65%,保修金为合同总额的3%,工期为4个月,计划各月的施工产值为二月100万元、三月140万元、四月180万元、五月180万元。

问题:若按未施工工程费用等于工程预付款的方式进行预付款扣回,如何按月结算工程价款?

【解】

1. 预付备料款:$M = 600$ 万元 $\times 25\% = 150$ 万元。

2. 起扣点:$T = 600$ 万元 $- 150$ 万元 $\div 65\% = 600$ 万元 $- 230.8$ 万元 $= 369.2$ 万元。

3. 二月完成产值100万元 $< T$,结算100万元。

4. 三月完成产值140万元,累计240万元 $< T$,结算140万元。

5. 四月完成产值180万元,累计420万元 $> T$。

四月应扣回的预付备料款 $= (420 - 369.2)$ 万元 $\times 65\% = 33.02$ 万元。

四月应结算:180万元 $- 33.02$ 万元 $= 146.98$ 万元,累计结算386.98万元。

6. 五月完成产值180万元,全部要扣预付备料款,并预留保修金,应结算:180万元 $- 180$ 万元 $\times 65\% - 600$ 万元 $\times 3\% = 180$ 万元 $- 117$ 万元 $- 18$ 万元 $= 45$ 万元,累计结算431.98万元。

预付备料款为150万元,结算款共计431.98万元,预留保修金18万元。

4)工程价款的动态结算

工程价款的动态结算即把各种动态因素渗透到结算过程中,使结算大体能反映实际的消耗费用。常见的动态结算方法有三类。

(1)按实际价格结算法。

有些地区规定对钢材、木材、水泥等三大材料的价格按实际价格结算,承包人可凭发票实报实销。这种方法很方便,但降低了承包人节约成本的积极性。

(2)按调价文件结算法。

按调价文件结算法包括按主材计算价差、主材按抽料计算价差、按竣工调价系数计算价差等,根据调价文件来结算。

(3)调值公式法。

根据国际惯例,对建设工程已完成投资费用的结算一般按此法进行。调值公式包括固定部分、材料部分和人工部分三项,典型的材料包括钢筋、水泥、木材、钢结构、沥青制品等,人工包括普通工和技术工。

5)费用的变更和索赔

工程变更在施工阶段常常发生,一旦发生,总是会对工程的造价、质量、工期或功能要求有一定的影响,常会导致费用的索赔,因此必须加强工程变更管理,避免不必要的工程变更发生。工程费用索赔(承包人向业主的索赔、业主向承包人的反索赔)往往难以避免,无论是哪方面的索赔处理,都应通过总监理工程师的审核以后,在双方协商的基础上进行。

(1)我国现行工程变更价款的确定方法。

工程变更的费率和价格应先根据合同中的约定计算,若没有具体约定,则取类似工程的费率和价格。当某项工作的工程量变化较大时,宜采用新的费率和价格来计算,由承包人提出,监理工程师签字认可并执行。

材料、工程设备价格变化的价款调整,按照发包人提供的基准价格,按风险范围规定执行。除专用合同条款另有约定外,合同履行期间材料单价涨跌幅以基准价格为基础超过±5%时,其超过部分据实调整。

(2)索赔费用的计算。

索赔包括承包人向业主的索赔和业主向承包人的反索赔两个方面。要计算索赔费用就必须先了解其构成。国际上通行的可索赔费用的构成如图6-10所示。

从原则上来说,承包人有索赔权利的工程成本增加,都是可以索赔的费用。这些费用都是承包人为了完成额外的施工任务而增加的开支,业主理应支付。具体计算索赔费用时,常用的索赔费用的计算方法有以下三种。

①实际费用法。此方法最常用,即承包人以实际开支为依据向业主要求费用补偿。

②总费用法。此方法在实际费用很难计算时才使用,即当发生多次索赔事件后,重新计算该工程的实际总费用,再扣除投标报价时的估算总费用,可得索赔金额。

③修正总费用法。此方法是在总费用计算的基础上去掉一些不合理因素,使索赔更准确,即某项工作调整后的实际总费用扣除该项工作的报价费用,可得索赔金额。修正总费用法的计算公式如下:

$$索赔金额＝某项工作调整后的实际总费用－该项工作的报价费用$$

修正总费用法与总费用法相比,有了实质性改进,其准确程度已接近实际费用法。

三、工程项目成本控制方法

成本控制方法很多,包括价值工程法、赢得值法、横道图法,表格法、曲线法等。

1. 价值工程法

价值工程法又称价值分析法,是把技术和经济结合起来的管理技术,其运用需要多方面的业务知识和实际数据,涉及经济和技术部门,所以必须按系统工程的要求,有组织地集合各部门的智慧,才能取得较理想的效果。

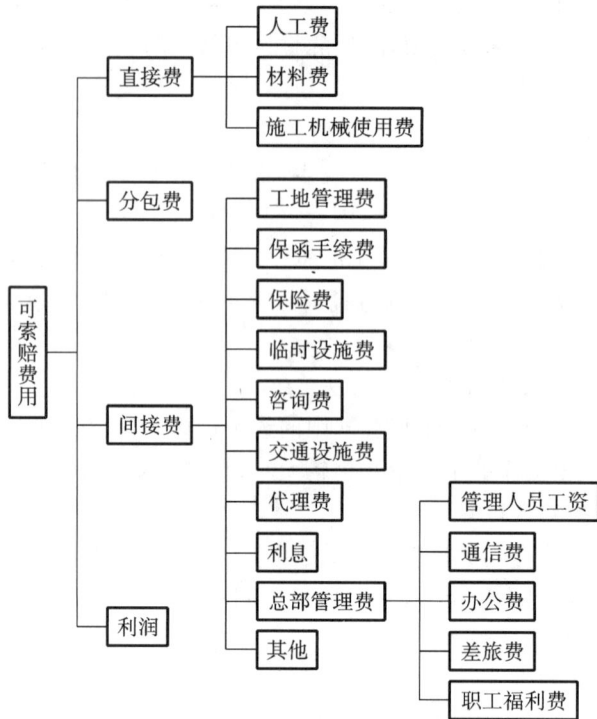

图 6-10　国际上通行的可索赔费用的构成

用价值工程法控制成本的核心目的是合理处理成本与功能的关系(性价比),保证在确保功能的前提下降低成本。价值工程法的公式为

$$V = \frac{F}{C}$$

式中:V——项目的生产要素和实施方案的价值;

F——项目的生产要素和实施方案的功能;

C——项目的生产要素和实施方案的全生命周期成本。

根据我国价值工程法的工作标准,结合工程项目施工特点,价值工程法的工作流程可以分为 4 个阶段,包括 12 个步骤,如表 6-7 所示。

表 6-7　价值工程法的工作程序表

工作阶段		工作步骤
1	准备阶段	
	对象选择	选择价值工程对象时,应当考虑设计的标准,是否有不必要的功能、施工方案、工程项目成本等因素
	组成价值工程小组	根据价值工程对象,价值工程小组可以在项目经理部组建,也可以在作业班组组建,或者上下结合
	制订工作计划	主要应明确预期目标、价值工程小组成员的分工、开展工程活动的规定等

工作阶段			工作步骤
2	分析阶段	收集资料	包括本项目及企业基本情况和有关经济资料、建设单位对该工程项目的要求和意见等
		功能分析	对工程项目实体进行系统的功能分析,明确每个部位、每项作业的具体效用
		功能评价	对每个部位、每项作业进行评价,求出其功能与成本,通过功能与成本的比较确定价值
3	方案创新与评价阶段	方案创新	积极思考,提出尽可能多的改进方案,如混凝土是否有新的配合比、基坑开挖是否有其他方法等
		方案评价	主要计算新方案的功能和成本的有关数值及其比值(及价值)
		提案编写	选择价值最大的方案作为最优方案,并撰写具有说服力的提案书
4	实施与检验阶段	审批	新的方案需要报送项目经理审批,有时还需要得到监理工程师、设计或建设单位认可和审批
		新方案的实施与检查	实施新的方案的,应仔细进行检查
		成果的鉴定与验收	新的方案实施后,进行成果鉴定与验收

2. 赢得值法

赢得值法又称挣值法,是对成本和进度进行综合控制,分析工程项目成本偏差和进度偏差的重要方法。这种方法始于 20 世纪 70 年代美国的国防工程。由于实用性强,现在有些国际工程承包的业主出于自身考虑,在选择工程公司时,把能否运用赢得值法进行项目管理和控制作为资格审查和能否中标的先决条件之一。

赢得值法需要使用实际项目中的三个基本参数:

①BCWS(budgeted cost of the work scheduled),为计划完成工作预算成本;

②BCWP(budgeted cost of the work performed),为实际完成工作预算成本(赢得值);

③ACWP(actual cost of the work performed),为实际完成工作实际成本。

常见的计算评价指标如下。

1)成本偏差

$$CV = BCWP - ACWP$$

结果为"＋"表示成本节约;结果为"－"表示成本超支。

2)进度偏差

$$SV = BCWP - BCWS$$

结果为"＋"表示进度提前;结果为"－"表示进度拖后。

3）成本效果执行指数

$$CPI＝BCWP÷ACWP$$

结果大于1表示成本节约；结果小于1表示成本超支。

4）进度效果执行指数

$$SPI＝BCWP÷BCWS$$

结果大于1表示进度提前；结果小于1表示进度拖后。

5）项目完成时成本差异

$$VAC＝BAC－EAC$$

式中：BAC——项目完工预算计划成本；

EAC——项目完工估算成本。

结果为"＋"表示成本节约，项目成本控制效果好；结果为"－"表示成本超支，项目成本控制效果差。

以时间为 X 轴、费用为 Y 轴，绘制赢得值法评价曲线，如图 6-11 所示。BCWS 线根据施工组织设计的进度计划，按"进度计划工程量×目标预算成本÷工程中标造价"绘制；BCWP 线根据施工过程逐月完成的工作量，按"逐月完成工程量×目标预算成本÷工程中标造价"绘制；ACWP 线根据施工过程逐月成本支出绘制。

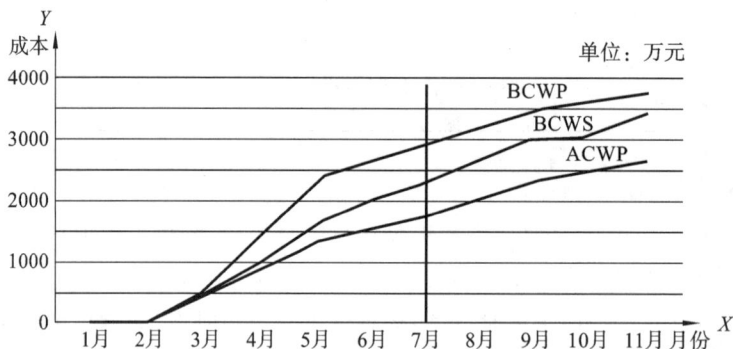

图 6-11　赢得值法评价曲线

【案例 6-2】

背景：某分部工程计划工程量为 5000 m³，计划成本为 380 元/m³；实际完成工程量为 4500 m³，实际成本为 400 元/m³。试用赢得值法分析该分部工程的施工成本偏差。

【解】

成本偏差＝实际完成工作预算成本－实际完成工作实际成本＝(4500×380－4500×400)元＝－90000 元。

该分部工程的成本超支 90000 元。

【案例 6-3】

某工程项目施工合同于 2016 年 12 月签订，约定的合同工期为 20 个月，2017 年 1 月开始正式施工，施工单位按合同工期要求编制了混凝土结构工程施工进度时标网络计划图（见图 6-12），并经专业监理工程师审核批准。

该项目的各工作均按最早开始时间安排，且各工作每月完成的工程量相等。各工作

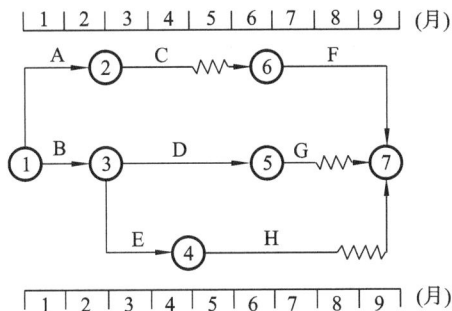

图 6-12　混凝土结构工程施工进度时标网络计划图

的计划工程量和实际工程量如表 6-8 所示。工作 D、E、F 持续时间与计划过程持续时间相同。

表 6-8　各工作的计划工程量和实际工程量

工作	计划工程量/m³	实际工程量/m³	工作	计划工程量/m³	实际工程量/m³
A	8600	8600	E	5200	5000
B	9000	9000	F	6200	5800
C	5100	5400	G	1000	1000
D	10000	9200	H	600	5000

合同约定，混凝土结构工程综合单价为 1000 元/m³，按月结算。结算价按项目所在地混凝土结构工程价格指数进行调整，项目实施期间各月的混凝土结构工程价格指数如表 6-9 所示。

表 6-9　混凝土结构工程价格指数

时间	混凝土结构工程价格指数/（%）	时间	混凝土结构工程价格指数/（%）
2016 年 12 月	100	2017 年 5 月	110
2017 年 1 月	115	2017 年 6 月	110
2017 年 2 月	105	2017 年 7 月	120
2017 年 3 月	110	2017 年 8 月	110
2017 年 4 月	115	2017 年 9 月	110

施工期间，由于建筑单位原因，工作 II 的开始时间比计划的开始时间推迟了 1 个月；由于工作 H 的工程量增加，工作 H 的工程持续时间延长了 1 个月。

问题:1.按工程进度计划编制资金使用计划。

2.计算工作 H 各月的实际完成工程预算费用和实际完成工程实际费用。

3.计算混凝土结构工程实际完成工程预算费用和实际完成工程实际费用。

4.列式计算 8 月末的成本偏差 CV 和进度偏差 SV。

【解】

1.将各工作的计划工程量与单价相乘后，除以该工作持续时间，得到各工作每月计划工程预算费用;将时标网络计划图中各工作分别按月纵向汇总得到每月计划工程预算费用;逐月累加得到各月累计的计划工程预算费用。具体计算过程和结果略。

2.依据题目所述,工作 H 与计划相比晚了 1 个月开始,工作持续时间又延长 1 个月,因此工作 H 正好从 6 月开始,至 9 月末结束。

工作 H 6—9 月每月完成工程量为 $5000 \div 4$ m³/月 $= 1250$ m³/月。

工作 H 6—9 月每月已完工程预算费用均为 1250×1000 元 $= 1250000$ 元 $= 125$ 万元。

工作 H 已完工程实际费用如下。

6 月:125 万元 $\times 110\% = 137.5$ 万元。

7 月:125 万元 $\times 120\% = 150.0$ 万元。

8 月:125 万元 $\times 110\% = 137.5$ 万元。

9 月:125 万元 $\times 110\% = 137.5$ 万元。

3.混凝土结构工程的计划工程预算费用、已完工程预算费用和已完工程实际费用的计算结果如表 6-10 所示。

表 6-10　工程价格指数表

项目	投资数据								
	1 月	2 月	3 月	4 月	5 月	6 月	7 月	8 月	9 月
每月计划工程预算费用/万元	880	880	690	690	550	370	530	310	
累计计划工程预算费用/万元	880	1760	2450	3140	3690	4060	4590	4900	
每月已完工程预算费用/万元	880	880	660	660	410	355	515	415	125
累计已完工程预算费用/万元	880	1760	2420	3080	3490	3845	4360	4775	4900
每月已完工程实际费用/万元	1012	924	726	759	451	390.5	618	456.5	137.5
累计已完工程实际费用/万元	1012	1936	2662	3421	3872	4262.5	4880.5	5337	5474.5

4.费用偏差的计算如下。

CV＝已完工程预算费用－已完工程实际费用＝(4775－5337)万元＝－562 万元,超支 562 万元。

5.进度偏差的计算如下。

SV＝已完工程预算费用－计划工程预算费用＝(4775－4900)万元＝－125 万元,进度拖后 125 万元。

3.成本分析的三种表达方法

工程项目成本分析的结果可通过横道图法、表格法、曲线法三种方法来表现。这三种方法的核心原理都是赢得值法,只是具体表现形式不同,各有特点。

1)横道图法

横道图法比较形象、直观,但反映的信息少,一般用在项目的高层管理中。投资偏差分析表(横道图法)如表 6-11 所示。

表 6-11　投资偏差分析表（横道图法）

项目编码	项目名称	投资参数数额/万元	投资偏差/万元	进度偏差/万元	偏差原因
031	木门窗安装	33 30 40	7	−3	—
032	钢门窗安装	33 30 42	9	−3	—
033	铝合金门窗安装	32 38 40	8	6	—
	…				
		10　20　30　40　50　60　70			
合计					
		100　200　300　400　500　600　700			

注：▨ 表示已完工程计划投资；▨ 表示拟完工程计划投资；■ 表示已完工程实际投资。

2）表格法

表格法是进行偏差分析的常用方法。各偏差参数都在表中列出，使投资管理者能综合了解这些数据并用计算机进行处理。投资偏差分析表（表格法）如表 6-12 所示。

表 6-12　投资偏差分析表（表格法）　　　　　　　　　单位：万元

项目编码	(1)	031	032	033
项目名称	(2)	木门窗安装	钢门窗安装	铝合金门窗安装
单位	(3)			
计划单价	(4)			
拟完工程量	(5)			
拟完工程计划投资	(6)=(4)×(5)	30	30	38
已完工程量	(7)			
已完工程计划投资	(8)=(4)×(7)	33	33	32
实际单价	(9)			
其他款项	(10)			
已完工程实际投资	(11)=(7)×(9)+(10)	40	42	40

投资局部偏差	(12)=(11)-(8)	7	9	8
投资局部偏差程度	(13)=(11)÷(8)	1.21	1.27	1.25
投资累计偏差	(14)=∑(12)			
投资累计偏差程度	(15)=∑(11)÷∑(8)			
进度局部偏差	(16)=(6)-(8)	-3	-3	6
进度局部偏差程度	(17)=(6)÷(8)	0.91	0.91	1.19
进度累计偏差	(18)=∑(16)			
进度累计偏差程度	(19)=∑(6)÷∑(8)			

3）曲线法（香蕉图）

曲线法是用费用累计曲线（S 形曲线）来进行成本偏差分析。该方法形象直观，但较难直接用于定量分析。曲线图如图 6-13 所示。ACWP 曲线与 BCWP 曲线的竖向距离表示费用偏差，BCWS 曲线与 BCWP 曲线的水平距离表示进度偏差。

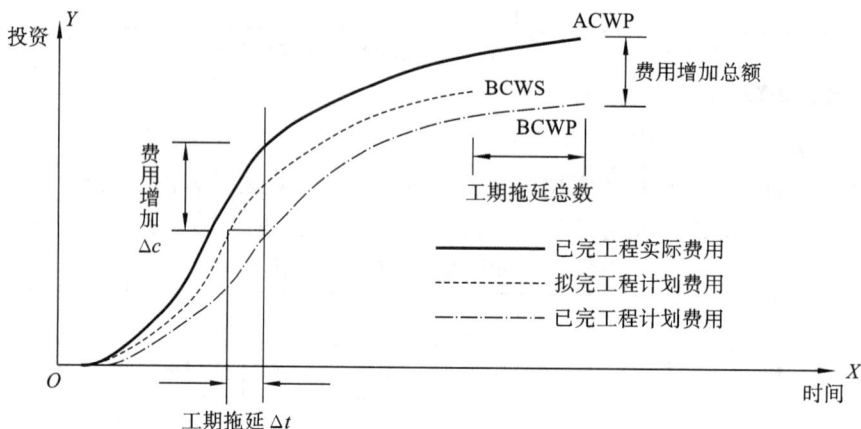

图 6-13　曲线图

以上是成本与进度相结合的成本控制方法。

4. 偏差原因分析

偏差原因分析指通过工程成本分析，找出实际成本与计划成本之间的偏差，再进一步分析和找出产生偏差的原因，采取有针对性的措施，避免产生同样的问题。工程项目投资偏差原因包括物价上涨、设计原因、业主原因、施工原因和客观原因五个方面，如图 6-14 所示。

从投资控制的角度来考虑，业主原因和设计原因才是投资管理者应注意的问题，是纠偏的主要对象。因为有些偏差原因是无法主动控制的（如客观原因和物价上涨），而承包人自身原因造成的成本增加不需要业主考虑。

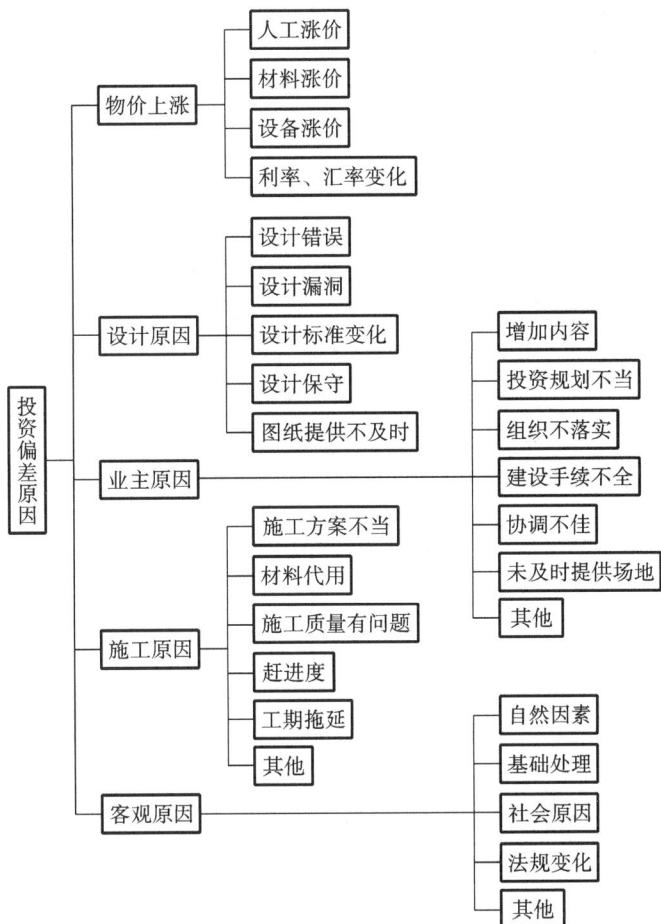

图 6-14 投资偏差原因分析图

任务单元五 工程项目成本核算

一、工程项目成本核算概述

1.成本核算的概念

成本核算是成本管理的专业性工作,是整个工程项目成本控制的基础,是对施工过程中的劳动消耗、资金占用和效果进行记录、计算、分析和控制,反映的是施工项目的实际支出和耗费,是项目成本控制中的基础性工作,一般以制度的形式规定。

在施工过程中,项目成本核算一般以月为周期,在每月末进行。项目经理部应在跟踪核算分析的基础上,编制月度项目成本报告,上报企业成本主管部门并接受其指导、检查和考核;通过编制月度项目成本报告,分析每月分部分项工程成本的偏差和累计偏差及其产生的原因,预测后期成本的变化趋势和状况,根据偏差原因制订改进成本控制的措施,控制下一周期施工任务的成本。

2.成本核算的对象

施工进度是按单位工程统计的,预算成本是按单位工程编制的,成本核算对象通常按单位工程划分并与施工项目管理责任目标成本的界定范围一致。但是,由于一个工程项目往往包含若干单位工程,而且各单位工程之间可能存在交叉或搭接,成本核算对象的划分必须考虑工程项目的具体情况以及施工管理的要求。

(1)工业与民用建筑一般以单位工程作为成本核算对象。

(2)一个单位工程,如果由两个或两个以上项目经理部共同施工时,每个项目经理部均以同一个单位工程作为成本核算对象,分别核算各自完成的部分。

(3)工程规模大、工期长,或者采用新材料、新工艺的工程,可以根据需要,按工程部位划分成本核算对象。

(4)在同一个工程项目中,各单位工程如果结构类型、施工地点相同,开竣工时间接近,可以合并成一个成本核算对象;建筑群中如有创优工程,应以其作为成本核算对象,并严格划清工料费用。

(5)改建或扩建的零星工程,可以将开竣工时间接近的一批单位工程合并为一个成本核算对象。

二、工程项目成本核算分类

1.业务核算

业务核算是指单位在开展自身业务活动时应当履行的各种手续,以及因此产生的各种原始记录,包括产品验收记录、生产调度表、任务分派单、班组考勤记录表等。业务核算是反映单位内部经济活动的一种方法。

业务核算的范围比会计核算、统计核算广。会计核算和统计核算一般是对已经发生的经济活动进行核算;业务核算不但可以对已经发生的经济活动进行核算,还可以对尚未发生或正在发生的经济活动进行核算,看是否可以做、是否有经济效果。业务核算的特点是对个别经济业务进行单项核算。例如,对于各种技术措施、新工艺等项目,既可以核算已经完成的项目是否达到原定的目的、取得预期的效果,也可以对准备采取措施的项目进行核算和审查,看是否有效果、值不值得采纳。业务核算的目的是迅速取得资料,在经济活动中及时采取措施进行调整。

业务核算既是会计核算和统计核算的基础,又是两者的必要补充。

2.会计核算

会计核算也称为会计反映,是以货币为主要计量尺度对会计主体的资金运动进行的反映。会计核算主要是指对会计主体已经发生或已经完成的经济活动进行的事后核算,也就是会计工作中记账、算账、报账的总称。会计核算主要是价值核算。资产、负债、所有者权益、营业收入、成本、利润这会计六要素指标主要是通过会计来核算的。由于会计记录具有连续性、系统性、综合性等特点,会计核算是施工成本分析的重要依据。

3.统计核算

统计核算是指对事物的数量进行计量来研究大量或者个别典型经济现象的一种方法。单位中的统计工作,就是对单位在开展各种业务活动时产生的大量数据进行收集、整理和分析,按统计方法加以系统整理,表明其规律性,形成各种有用的统计资料,如产品产量、耗用总工时、单位职工工资水平、员工的年龄构成等。统计核算的计量尺度比会计核算宽,可以用货币计量,也可以用实物或劳动量计量。通过全面调查和抽样调查等特有的方法,不仅能提供绝对数指标,还能提供相对数和平均数指标;既可以计算当前的实际水平来确定变动速度,又可以预测发展的趋势。

任务单元六　工程项目成本分析与考核

一、工程项目成本分析

1.成本分析的概念

工程项目成本分析是利用项目成本核算资料,对成本的形成过程及影响成本升降的因素进行系统的分析,以寻找降低成本的有效途径。项目经理部应当充分利用成本核算资料,秉持实事求是的科学态度,紧紧围绕项目管理的方针与目标,及时、深入地进行项目成本分析工作。

成本分析必须依据会计核算、统计核算和业务核算的资料进行,它实际上是成本核算的延续,其内容应与成本核算对象对应。成本分析应在单位工程成本分析的基础上,进行工程项目成本的综合分析,以反映项目的施工活动及其成果。

2.成本分析的方法

成本分析的方法有多种,可单独使用,也可结合使用,特别是综合分析时,应采用定量与定性结合的分析方法,具体包括实际成本与责任目标成本的比较分析、实际成本与计划目标成本的比较分析两个方面的内容。

常见的成本分析的方法有对比法、比率法、因素差异分析法等。

1)对比法

对比法又称比较法,是指通过技术经济指标的对比,检查计划的完成情况,分析产生的差异及原因,从而进一步挖掘项目内部潜力的方法。这种方法通俗易懂、简便易行、便于掌握,但必须注意各项技术经济指标之间的可比性。

应用对比法时,通常有以下几种形式。

(1)实际指标与计划指标对比。此项对比主要包括实际工程量与预算工程量的对比分析、实际消耗量与计划消耗量的对比分析、实际价格与计划价格的对比分析、各种费用实际发生额与计划支出额的对比分析等。

（2）本期实际指标与上期实际指标对比。此项对比可以研究相应指标发展的动态情况，反映项目管理的改善程度。

（3）与本行业平均水平、先进水平对比。此项对比可以反映本项目管理水平与平均水平、先进水平的差距，以采取措施不断改进。

2）比率法

比率法是指用两个以上指标的比例进行分析的方法。它的基本特点是先把对比分析的数值变成相对数，再观察其相互之间的关系。

（1）工期和进度的分析指标。

$$时间消耗程度＝已用工期÷计划总工期×100\%$$
$$工程完成程度＝已完工程量÷计划总工程量×100\%$$
$$＝已完工程价格÷工程计划总价格×100\%$$
$$＝已投入人工工时÷计划使用总工时×100\%$$

（2）已完工程效率比。

$$机械生产效率＝实际台班数÷计划台班数$$
$$劳动效率＝实际使用人工工时÷计划使用人工工时$$

材料消耗的比较及各项费用消耗的比较，可用上述类似办法计算。

3）因素差异分析法

因素差异分析法通过分析各影响成本因素对成本的影响程度，从而找出成本变动的根源。计算时，先假定一个因素变动，而其他因素不变，然后逐个替换并分别计算其结果，确定各因素的变化对成本的影响程度。但要注意各因素的排列顺序应固定不变，否则会得出不同的计算结果和结论。

【案例 6-4】

某工程浇筑一层结构的商品混凝土，通过成本比较法得知，实际成本比计划成本超支30513.5 元。用因素差异分析法分析供应量、单价、损耗率的变化对实际成本的影响程度，如表 6-13 所示。

表 6-13　商品混凝土计划成本与实际成本对比表

项目	单位	计划	实际	差额
供应量	m²	410	450	＋40
单价	元	760	765	＋5
损耗率	％	4	3	－1
成本	元	324064	354577.5	30513.5

具体成本因素分析如表 6-14 所示。

表 6-14　商品混凝土成本因素分析表

项目	计算过程	差异	因素分析
计划数	410×760×(1+4％)=324064	—	—
第一次替换	450×760×(1+4％)=355680	31616	由于供应量增加 40 m²，成本增加 31616 元

项目	计算过程	差异	因素分析
第二次替换	$450 \times 765 \times (1+4\%)=358020$	2340	由于单价提高5元,成本增加2340元
第三次替换	$450 \times 765 \times (1+3\%)=354577.5$	-3442.5	由于损耗率降低1%,成本下降3442.5元
合计	$31616+2340-3442.5=30513.5$		—

从表6-14可看出,导致成本增加的原因依次为供应量增加和单价提高。损耗率降低是一个正面因素,带来的效果是成本负增加,也就是成本减少。因此,应在保持损耗率降低这一正面因素的同时,通过有效地安排施工顺序和工艺方法,避免供应量大幅增加;同时通过加强市场调研、合理选择厂商等方法,控制单价增长。

在成本分析之后应编制定期成本报告,不同层次的管理人员需要不同的信息及分析报告。分项工程成本报告主要有实际成本消耗、成本的正负偏差、可能措施及趋势分析等;对项目经理提供较粗略的信息,如控制结果、项目总成本现状、主要节约或超支项目等。

二、工程项目成本考核

成本考核可以评价工程项目成本计划的实际完成情况,还可以根据项目成本目标责任制对各责任者的任务完成情况进行判定,根据绩效考核制度的规定进行奖罚。成本考核可以衡量成本降低的实际成果,同时在奖惩分明的情况下充分调动各参与者工作的积极性。

1. 成本考核的依据

成本考核的依据包括成本计划、成本控制、成本核算和成本分析的资料。成本考核的主要依据是成本计划确定的各类指标。

成本计划一般包括以下三类指标。

(1)成本计划的数量指标。

①按子项汇总的工程项目计划总成本指标。

②按分部汇总的各单位工程(或子项目)计划成本指标。

③按人工、材料、机具等各主要生产要素划分的计划成本指标。

(2)成本计划的质量指标,如项目总成本降低率。

①设计预算成本计划降低率=设计预算总成本计划降低额/设计预算总成本。

②责任目标成本计划降低率=责任目标总成本计划降低额/责任目标总成本。

(3)成本计划的效益指标,如项目成本降低额。

①设计预算总成本计划降低额=设计预算总成本-计划总成本。

②责任目标总成本计划降低额=责任目标总成本-计划总成本。

2. 成本考核的方法

公司应以项目成本降低额、项目成本降低率作为项目管理机构成本考核的主要指标。要加强公司层对项目管理机构的指导,并充分依靠管理人员、技术人员和作业人员的经验和智慧,防止项目管理在企业内部异化为靠少数人承担风险的以包代管模式。成本考核也可分别考核公司层和项目管理机构。

公司应对项目管理机构的成本和效益进行全面评价、考核与奖惩。公司层对项目管理机构进行考核与奖惩时,既要防止虚盈实亏,也要避免实际成本归集差错等的影响,使成本考核真正做到公平、公正、公开,在此基础上落实成本管理责任制的奖惩措施。项目管理机构应根据成本考核结果对相关人员进行奖惩。

本 章 小 结

本章介绍了工程项目成本的构成、成本计划、成本控制、成本核算、成本分析与考核等知识,重点阐述了建设工程项目成本计划的编制方法、成本控制的方法和措施、建设工程项目成本分析的方法。管理人员应以制订建设工程项目成本计划为基础,依据目标成本计划,采用横道图法、曲线法、赢得值法分析成本偏差,依据因素分析法确定各因素对成本的影响程度,进行成本核算和成本考核。

学生在学习过程中,应注意理论联系实际,通过解析案例,初步掌握理论知识,再通过有效地完成建设工程项目成本管理的实践提高实践能力。

思考与练习

一、单项选择题

1.成本管理是在项目开展过程中确保在批准预算内完成项目所需的各工作内容所进行的( )管理。

A.预算   B.成本   C.费用   D.合格

2.施工成本控制的指导文件是( )。

A.工程承包合同   B.施工成本计划

C.进度报告   D.工程变更

3.建设工程项目施工成本偏差是指( )之差。

A.已完工程实际施工成本与拟完工程计划施工成本

B.已完工程计划施工成本与拟完工程计划施工成本

C.已完工程实际施工成本与已完工程计划施工成本

D.已完工程计划施工成本与拟完工程实际施工成本

4.某土方工程某月计划工程量为 2700 m^3,计划成本为 15 元/m^3,月底检查时承包人实际完成工程量为 2500 m^3,实际成本为 20 元/m^3,则该工程的施工成本偏差为( )元。

A.13500   B.—13500   C.—12500   D.12500

5.施工成本分析就是根据会计核算、业务核算和( )提供的资料,对施工成本的形成过程和影响成本升降的因素进行分析。

A. 单项核算　　　　B. 成本核算　　　　C. 综合核算　　　　D. 统计核算

6. 建设工程项目竣工结算由（　　）编制。

A. 发包方　　　　　　　　　　　B. 监理单位

C. 发包方的财务部门　　　　　　D. 承包人

7. 如果把进度偏差与成本偏差联系起来,则进度偏差可表示为（　　）与已完工程计划施工成本的差异。

A. 拟完工程计划施工成本　　　　B. 已完工程实际施工成本

C. 未完工程计划施工成本　　　　D. 拟完工程实际施工成本

8. 下列方法中,可用于分析建设工程项目施工成本偏差的方法是（　　）。

A. 因素分析法和比较法　　　　　B. 曲线法和表格法

C. 连环置换法和比率法　　　　　D. 连环置换法和曲线法

9. 反映的信息量少,一般在项目的较高管理层应用的施工成本偏差分析法是（　　）。

A. 排列图法　　　B. 表格法　　　C. 横道图法　　　D. 曲线法

10. 对资产、负债、所有者权益、营业收入、成本、利润等的核算,主要是通过（　　）来进行的。

A. 会计核算　　　B. 单项核算　　　C. 统计核算　　　D. 业务核算

11. 工料单价法计算的建安工程造价由（　　）组成。

A. 直接费、间接费、利润、增值税

B. 直接费、间接费、利润、税金

C. 直接费、间接费、利润、营业税

D. 直接费、间接费、利润、消费税

12. 以工料单价法计算建安工程造价时,若以直接费为计算基础,间接费应为（　　）。

A. 直接工程费×相应费率

B.（人工费＋措施费）×相应费率

C.（直接工程费＋措施费）×相应费率

D.（机械费＋措施费）×相应费率

13. 综合单价法计算的分部分项工程单价为（　　）。

A. 扩大单价　　　　　　　　　　B. 市场价

C. 直接工程费用单价　　　　　　D. 全费用单价

14.《建设工程施工合同（示范文本）》(GF-2017-0201)关于工程款的支付的约定:在确认计量结果后（　　）d内,发包人应向承包人支付工程进度款。

A. 7　　　　B. 14　　　　C. 28　　　　D. 10

15. 挣值法计算过程中,费用偏差用公式（　　）求得。

A. 已完成工作预算费用－计划完成工作预算费用

B. 已完成工作预算费用－已完成工作实际费用

C. 计划完成工作预算费用－已完成工作实际费用

D. 已完成工作实际费用－已完成工作预算费用

16. 以下属于建筑安装工程费中的人工费的是(　　)。

A. 津贴补贴　　　　B. 职工福利费　　　　C. 工会经费　　　　D. 失业保险费

17. 施工项目年度成本分析的内容,除了月(季)度成本分析的六个方面以外,重点是(　　)。

A. 针对下一年度施工进展情况,制订切实可行的成本管理措施

B. 通过对技术组织措施执行效果的分析,寻求更加有效的节约途径

C. 通过实际成本与计划成本的对比,分析成本降低水平

D. 通过实际成本与目标成本的对比,分析目标成本控制措施落实情况

18. 下列施工项目综合成本的分析方法中,可以全面了解单位工程的成本构成和降低成本来源的是(　　)。

A. 分部分项工程成本分析　　　　　　B. 月(季)度成本分析

C. 竣工成本的综合分析　　　　　　　D. 年度成本分析

19. 关于施工成本核算的说法,正确的是(　　)。

A. 施工成本核算包括四个基本环节

B. 施工成本核算应按规定的会计周期进行

C. 施工成本核算对象只能是单位工程

D. 竣工工程现场成本应由企业财务部门进行核算分析

二、多项选择题

1. 下列属于施工成本分析的基本方法的有(　　)。

A. 比较法　　　　　B. 因素分析法　　　　C. 比率法

D. 差额计算法　　　E. 年度成本分析法

2. 运用(　　),可以分析各个因素对成本的影响程度。

A. 比重分析法　　　B. 比较法　　　　　　C. 因素分析法

D. 比率法　　　　　E. 差额计算法

3. 某混凝土工程某月计划工程量为 110 m³,计划成本为 320 元/m³,月底检查时承包人实际完成工程量为 100 m³,实际成本为 300 元/m³,则下列关于该工程施工成本偏差和进度偏差(用成本表示)的表述,正确的有(　　)。

A. 成本节约 2000 元　　　　　　　　B. 成本超支 2000 元

C. 成本节约 5200 元　　　　　　　　D. 工期提前 3200 元

E. 工期拖后 3200 元

4. 常用的施工成本偏差分析方法有(　　)。

A. 网络图法　　　　B. 表格法　　　　　　C. 排列图法

D. 曲线法　　　　　E. 横道图法

5. 在一般情况下,只对已经发生的经济活动进行核算的有(　　)。

A. 会计核算　　　　B. 业务核算　　　　　C. 统计核算

D. 单项核算　　　　E. 综合核算

6. 建安工程造价的计价方法可采用(　　)。

A. 工料单价法　　　B. 百分比法　　　　　C. 差额分析法

D. 对比法　　　　　E. 综合单价法

7. 用综合单价法计算的分部分项工程单价为全费用单价,其内容包括(　　)。

A. 利润　　　　　　B. 间接费　　　　　C. 直接工程费

D. 风险因素　　　　E. 税金

8. 用综合单价法计价时,各分部分项工程量乘以综合单价的合价汇总后,再加(　　),便可生成建筑或安装工程造价。

A. 规费　　　　　　B. 间接费　　　　　C. 风险因素

D. 税金　　　　　　E. 利润

9. (　　)应列入建筑安装工程的措施项目清单。

A. 环境保护费　　　B. 临时设施费　　　C. 夜间施工费

D. 安全生产费　　　E. 劳动保险费

10. (　　)不应列入建筑安装工程的措施项目清单。

A. 夜间施工费　　　　　　　　　B. 工会经费

C. 工具用具使用费　　　　　　　D. 工程排污费

E. 二次搬运费

11. 下列费用中,列入其他项目清单计价表的有(　　)。

A. 已完工程及设备保护费　　　　B. 临时设施费

C. 招标人的预留金　　　　　　　D. 二次搬运费

E. 投标人的总承包服务费

12. 关于分部分项工程成本分析的说法,正确的有(　　)。

A. 分部分项工程成本分析的对象为已完分部分项工程

B. 分部分项工程成本分析是施工项目成本分析的基础

C. 必须对施工项目的所有分部分项工程进行成本分析

D. 主要分部分项工程要做到从开工到竣工进行系统的成本分析

E. 分部分项工程成本分析是定期的中间成本分析

13. 关于施工成本偏差分析表达方法的说法,正确的有(　　)。

A. 横道图法形象、直观,一目了然

B. 表格法反映的信息量大

C. 横道图法是最常用的一种方法

D. 表格法具有灵活、适用性强的优点

E. 曲线法能够直接用于定量分析

14. 下列建设工程项目施工成本费用中,属于间接成本的有(　　)。

A. 人工费　　　　　B. 管理人员工资　　　C. 办公费

D. 差旅交通费　　　E. 机械费

三、简答题

1. 简述工程项目成本的概念及分类。

2. 项目计划目标成本的表达方式有哪几种?

3. 工程项目成本控制的重点应放在哪个阶段? 在该阶段应怎样进行有效控制?

4.成本偏差分析常用哪些方法,各有何特点?

5.常用的成本控制方法有哪些?

四、案例题

背景:某施工项目经理部在某工程施工时,发现某月的实际成本降低额比目标成本降低额增加了 3.6 万元,见表 6-15。

表 6-15　降低目标成本与实际成本对比表

项目	单位	目标	实际	差额
预算成本	万元	280	300	+20
成本降低率	%	3	4	+1
成本降低额	万元	8.4	12	+3.6

问题:1.说明差额计算法的基本原理。

2.根据表中资料,用差额计算法分析预算成本和成本降低率对成本降低额的影响程度。

3.说明成本分析的对象、成本分析的具体内容及资料来源。

第七章　建设工程项目职业健康安全与环境管理

【学习目标】

1.知识目标

(1)了解职业健康安全与环境管理的相关概念、目的与任务。

(2)掌握建设工程项目安全管理体系的建立与运行。

(3)了解职业伤害事故的分类;掌握建设工程生产安全事故报告和调查处理程序与原则;熟悉生产安全事故应急预案的管理。

(4)熟悉建设工程项目安全管理的职责、安全生产管理制度及安全生产管理的内容。

(5)掌握施工现场文明施工、环境保护的要求。

2.能力目标

(1)具备工程项目安全生产管理的能力。

(2)具备建设工程文明施工管理的能力。

任务单元一　建设工程项目职业健康安全管理概述

一、建设工程项目职业健康安全与环境管理的相关概念

1.职业健康安全

职业健康安全是指一组影响特定人员健康和安全的因素的总和。特定人员既包括工作场所内的正式员工、临时工、合同方人员,也包括进入工作场所的参观访问人员和其他人员。影响职业健康安全的主要因素有物的不安全状态、人的不安全状态、环境因素和管理缺陷。

2.环境

环境是组织运行活动场所内部和外部环境的总和。活动场所包括组织内部的工作场所,也包括与组织活动有关的临时、流动场所。

3.职业健康安全与环境管理

职业健康安全管理是为了实现项目职业健康安全管理目标,针对危险源和风险的管

理活动,包括组织机构、策划活动、职责、惯例、程序过程和资源等。

环境管理是指按照法律、法规,各级主管部门和企业环境方针的要求,制订程序、资源、过程和方法,管理环境因素的过程。环境管理包括控制现场的各种粉尘、废水、废气、固体废弃物、噪声、振动等对环境的污染和危害,节约建设资源等。

二、建设工程项目职业健康安全与环境管理的特点

由于建筑产品受外部环境影响因素多,职业健康安全与环境管理有以下特点。

1. 复杂性

复杂性是由建筑产品的固定性、生产的流动性及受外部环境影响大决定的。在建筑产品的生产过程中,生产人员、工具与设备流动性的表现:在同一工地的不同建筑之间流动;在同一建筑的不同建筑部位流动;一个建设工程项目完成后,向另一新项目流动。建筑产品的复杂性,决定了建设项目职业健康安全与环境管理的复杂性,稍有考虑不周就可能出现问题。

2. 多样性

多样性是由建筑产品的多样性和生产的单件性决定的。建筑产品的多样性决定了生产的单件性。每个建筑产品都要根据特定要求进行加工,由于在生产过程中试验性研究课题多,所碰到的新技术、新工艺、新设备、新材料给职业健康安全与环境管理带来不少难题。因此,每个建设工程项目都要根据其实际情况,制订职业健康安全与环境管理计划,不可相互套用。

3. 协调性

协调性是由建筑产品生产的连续性及分工性决定的。建筑产品不能同其他许多工业产品一样分解为若干部分同时生产,必须在同一固定场地按严格程序连续生产,上一道程序不完成,下一道工序不能进行(如基础—主体—装修),上一道工序生产的结果往往会被下一道工序所掩盖,而且每道程序由不同的人员和单位完成。因此,在职业健康安全与环境管理中,各单位和各专业人员要横向配合和协调,共同注意产品生产过程接口部分的职业健康安全和环境管理的协调性。

4. 不符合性

不符合性是由产品的委托性决定的。建筑产品在建造前应确定买主,按建设单位特定的要求进行生产建造。在建设工程市场供大于求的情况下,业主经常会压低标价,造成产品的生产单位减少职业健康安全与环境管理费用的投入,导致不符合职业健康安全与环境管理有关规定的现象时有发生。这就要求建设单位和生产组织都必须重视健康安全和环保费用的投入,一定要符合职业健康安全与环境管理的要求。

5. 持续性

持续性是由建筑产品生产的阶段性决定的。一个建设工程项目从立项到投产使用要经历五个阶段,即设计准备阶段、设计阶段、施工阶段、使用前准备阶段、保修阶段。在这五个阶段,管理人员都要十分重视项目的安全和环境问题,持续不断地对项目各个阶段可

能出现的安全和环境问题实施管理。否则,一旦在某个阶段出现安全和环境问题,就会造成投资的巨大浪费,甚至造成工程项目建设的夭折。

6. 经济性

工程项目是社会和时代的反映,工程产品应适应可持续发展的要求。建设工程不仅应考虑建造成本的消耗,还应考虑其生命期内的使用成本消耗。环境管理注重工程使用期内的成本,如能耗、水耗、维护、保养、改建更新的费用,并通过比较分析判定工程是否符合经济要求,一般采用生命周期法进行管理。另外,环境管理要求节约资源,以减少资源消耗来降低环境污染,二者是完全一致的。

三、职业健康安全与环境管理的目的与任务

1. 职业健康安全与环境管理的目的

工程建设项目职业健康安全管理的目的是保护施工生产者的健康与安全,控制影响作业场所内员工、临时工作人员、合同方人员、访问者和其他有关部门人员健康和安全的条件和因素。职业健康安全具体包括作业安全和职业健康两个部分。

工程建设项目环境管理的目的是使社会经济发展与人类的生存环境相协调,控制作业现场的各种环境因素对环境的污染和危害,充分体现节能减排的社会责任。

2. 职业健康安全与环境管理的任务

职业健康安全与环境管理的任务是工程建设项目的设计和施工单位为达到项目职业健康安全与环境管理的目标而进行的管理活动,包括制订、实施、实现、评审和保持职业健康安全方针与环境方针所需的组织机构、计划活动、职责、惯例、程序、过程和资源。上述活动构成了实现职业健康安全方针和环境方针的管理任务,见表 7-1。

表 7-1　职业健康安全与环境管理的任务

项目	组织机构	计划活动	职责	惯例 (法律、法规)	程序	过程	资源
职业健康 安全方针							
环境方针							

(1)建设工程项目决策阶段:办理各种有关安全与环境保护的审批手续。

(2)工程设计阶段:进行环境保护设施和安全设施的设计,防止因设计考虑不周导致生产安全事故的发生或对环境造成的不良影响。

(3)工程施工阶段。建设单位应当自开工报告批准之日起 15 日内,将保证安全施工的措施报送建设工程所在地的县级以上人民政府建设行政主管部门或其他有关部门备案。分包单位应接受总承包单位的安全生产管理,若分包单位不服从管理导致安全生产事故,分包单位承担主要责任。施工单位应依法建立安全生产责任制度,采取安全生产保障措施和实施安全教育培训制度。

(4)项目验收试运行阶段。项目竣工后,建设单位应向审批建设工程环境影响报告书、环境影响报告或者环境影响登记表的环境保护行政主管部门提出申请,对环保设施进行竣工验收。

四、职业健康安全与环境管理体系

1. 职业健康安全管理体系

OHSAS 18000 是国际标准化组织(ISO)制定的职业健康与安全管理体系认证标准。国家标准《职业健康安全管理体系 要求》(GB/T 28001—2011)根据 OHSAS 18001:2007 新版标准(英文版)翻译,于 2012 年 2 月 1 日实施,现已废止。

1)职业健康安全管理体系的作用

职业健康安全管理体系的作用在于为企业提供科学有效的职业健康安全管理体系规范和指南,提高职业健康安全管理水平,形成自我监督、自我发现和自我完善的机制,从而提高劳动者身心健康和安全卫生技能,大幅减少成本投入和提高工作效率,在社会树立良好的品质、信誉和形象。

2)建立职业健康安全管理体系的方法和步骤

组织(企业)建立职业健康安全管理体系,要依据 OHSAS 18001 的要求,结合组织(企业)实际,按照以下六个步骤建立。

(1)领导决策与准备:领导决策、提供资源、任命管代、宣贯培训。

(2)初始安全评审:识别并判断危险源、识别并获取安全法规、分析现状、找出薄弱环节。

(3)体系策划与设计:制订职业健康安全方针、目标、管理方案,确定体系结构、职责及文件框架。

(4)编制体系文件:编制职业健康安全管理手册、有关程序文件及作业文件。

(5)体系试运行:各部门、全体员工严格按体系要求规范自己的活动和操作。

(6)内审和管理评审:体系运行 2 个多月后,进行内审和管评,自我完善与改进。

2. 环境管理体系

ISO 14000 是国际标准化组织(ISO)制定的环境管理体系标准,从 14001 到 14100 共 100 个号,统称为 ISO 14000 系列标准。其中,ISO 14001 是环境管理体系标准的主干标准,它是企业建立和实施环境管理体系并通过 ISO 14000 环境管理体系的国际标准认证的依据。国际标准化组织(ISO)于 1996 年推出了 ISO 14000 系列标准。同年,我国将其等同转换为国家标准 GB/T 24000 系列标准。在这个系列标准中,《环境管理体系要求及使用指南》(GB/T 24001)为核心标准。目前,该标准最新版本是《环境管理体系要求及使用指南》(GB/T 24001—2016)。《环境管理体系要求及使用指南》(GB/T 24001—2016)强调实现环境、社会和经济三者之间的平衡,通过平衡这"三大支柱"的可持续性实现可持续发展目标。

1)推行环境管理体系标准的意义

(1)提高企业社会形象及竞争力,有利于企业长期发展。

(2)提高企业管理水平以及员工的环境意识。

(3)降低能源消耗,减少废气、废水、噪声、危险。

2)PDCA 模式

环境管理体系的运行采用戴明模型,即通过计划、实施、检查和改进等环节构成一个动态循环的过程,经过持续改进,不断提高管理系统运行水平,形成螺旋上升式系统化管理模式。PDCA 模式可简述如下。

(1)计划:建立所需的环境目标和过程,以实现与组织的环境方针一致的结果。

(2)实施:实施策划的过程。

(3)检查:根据环境方针,包括其承诺、环境目标和运行准则,对过程进行监视和测量,并报告结果。

(4)改进:采取措施以持续改进。

任务单元二 建设工程安全生产管理

一、建设工程项目安全管理的职责

1.建设单位的安全责任

(1)建设单位应当向施工单位提供施工现场及毗邻区域内供水、排水、供电、供气、供热、通信、广播电视等地下管线资料,气象和水文观测资料,相邻建筑物和构筑物、地下工程的有关资料,并保证资料的真实、准确、完整。建设单位因建设工程需要,向有关部门或者单位查询这些规定的资料时,有关部门或者单位应当及时提供。

(2)建设单位不得对勘察、设计、施工、工程监理等单位提出不符合建设工程安全生产法律、法规和强制性标准规定的要求,不得压缩合同约定的工期。

(3)建设单位在编制工程概算时,应当确定建设工程安全作业环境及安全施工措施所需费用。

(4)建设单位不得明示或者暗示施工单位购买、租赁、使用不符合安全施工要求的安全防护用具、机械设备、施工机具及配件、消防设施和器材。

(5)建设单位在申请领取施工许可证时,应当提供建设工程有关安全施工措施的资料。依法批准开工报告的建设工程,建设单位应当自开工报告批准之日起 15 日内,将保证安全施工的措施报送建设工程所在地的县级以上地方人民政府建设行政主管部门或者其他有关部门备案。

(6)建设单位应当将拆除工程发包给具有相应资质等级的施工单位。建设单位应当在拆除工程施工 15 日前,将下列资料报送建设工程所在地的县级以上地方人民政府建设行政主管部门或者其他有关部门备案：

①施工单位资质等级证明；

②拟拆除建筑物、构筑物及可能危及毗邻建筑的说明；

③拆除施工组织方案；

④堆放、清除废弃物的措施。

2.勘察、设计、工程监理及其他有关单位的安全责任

1）勘察单位的安全责任

（1）勘察单位应当按照法律、法规和工程建设强制性标准进行勘察，提供的勘察文件应当真实、准确，满足建设工程安全生产的需要。

（2）勘察单位在进行勘察作业时，应当严格执行操作规程，采取措施保证各类管线、设施和周边建筑物、构筑物的安全。

2）设计单位的安全责任

（1）设计单位应当按照法律、法规和工程建设强制性标准进行设计，防止因设计不合理导致生产安全事故的发生。

（2）设计单位应当考虑施工安全操作和防护的需要，对涉及施工安全的重点部位和环节在设计文件中予以注明，并对防范生产安全事故提出指导意见。

（3）采用新结构、新材料、新工艺的建设工程和特殊结构的建设工程，设计单位应当在设计中提出保障施工作业人员安全和预防生产安全事故的措施建议。

（4）设计单位和注册建筑师等注册执业人员应当对其设计负责。

3）工程监理单位的安全责任

（1）工程监理单位应当审查施工组织设计中的安全技术措施或者专项施工方案是否符合工程建设强制性标准。

（2）工程监理单位在实施监理的过程中，发现存在安全事故隐患的，应当要求施工单位整改；情况严重的，应当要求施工单位暂时停止施工并及时报告建设单位。施工单位拒不整改或者不停止施工的，工程监理单位应当及时向有关主管部门报告。

（3）工程监理单位和监理工程师应当按照法律、法规和工程建设强制性标准实施监理，并对建设工程安全生产承担监理责任。

4）其他有关单位的安全责任

（1）为建设工程提供机械设备和配件的单位，应当按照安全施工的要求配备齐全有效的保险、限位等安全设施和装置。

（2）出租的机械设备和施工机具及配件，应当具有生产（制造）许可证、产品合格证。出租单位应当对出租的机械设备和施工机具及配件的安全性能进行检测，在签订租赁协议时，应当出具检测合格证明。禁止出租检测不合格的机械设备和施工机具及配件。

（3）在施工现场安装、拆卸施工起重机械和整体提升脚手架、模板等自升式架设设施，必须由具有相应资质的单位承担。安装、拆卸施工起重机械和整体提升脚手架、模板等自升式架设设施，应当编制拆装方案、制订安全施工措施，并由专业技术人员现场监督。施工起重机械和整体提升脚手架、模板等自升式架设设施安装完毕后，安装单位应当自检，出具自检合格证明，向施工单位进行安全使用说明，办理验收手续并签字。

（4）施工起重机械和整体提升脚手架、模板等自升式架设设施的使用达到国家规定的检验检测期限的，必须经具有专业资质的检验检测机构检测。经检测不合格的，不得继续使用。

（5）检验检测机构应当对检测合格的施工起重机械和整体提升脚手架、模板等自升式架设设施出具安全合格证明文件，并对检测结果负责。

3. 施工单位的安全责任

（1）施工单位从事建设工程的新建、扩建、改建和拆除等活动，应当具备国家规定的注册资本、专业技术人员、技术装备和安全生产等条件，依法取得相应等级的资质证书，并在其资质等级许可的范围内承揽工程。

（2）施工单位主要负责人依法对本单位的安全生产工作全面负责。施工单位应当建立健全安全生产责任制度和安全生产教育培训制度，制订安全生产规章制度和操作规程，保证本单位安全生产条件所需资金的投入，对所承担的建设工程进行定期和专项安全检查，并做好安全检查记录。

施工单位的项目负责人应当由取得相应执业资格的人员担任，对建设工程项目的安全施工负责，落实安全生产责任制度、安全生产规章制度和操作规程，确保安全生产费用的有效使用，并根据工程的特点组织制订安全施工措施，消除安全事故隐患，及时、如实报告生产安全事故。

（3）施工单位应当将列入建设工程概算的安全作业环境及安全施工措施所需费用用于施工安全防护用具及设施的采购和更新、安全施工措施的落实、安全生产条件的改善，不得挪作他用。

（4）施工单位应当设立安全生产管理机构，配备专职安全生产管理人员。专职安全生产管理人员负责对安全生产进行现场监督检查，发现安全事故隐患时应当及时向项目负责人和安全生产管理机构报告；发现违章指挥、违章操作时应当立即制止。专职安全生产管理人员的配备办法由国务院建设行政主管部门会同国务院其他有关部门制定。

（5）建设工程实行施工总承包的，总承包单位对施工现场的安全生产负总责。总承包单位应当自行完成建设工程主体结构的施工。总承包单位依法将建设工程分包给其他单位的，分包合同中应当明确各自的安全生产方面的权利、义务。总承包单位和分包单位对分包工程的安全生产承担连带责任。分包单位应当服从总承包单位的安全生产管理，分包单位不服从管理导致生产安全事故的，由分包单位承担主要责任。

（6）垂直运输机械作业人员、安装拆卸工、爆破作业人员、起重信号工、登高架设作业人员等特种作业人员，必须按照国家有关规定经过专门的安全作业培训，并取得特种作业操作资格证书后，方可上岗作业。

（7）施工单位应当在施工组织设计中编制安全技术措施和施工现场临时用电方案，对下列达到一定规模的危险性较大的分部分项工程编制专项施工方案并附安全验算结果，经施工单位技术负责人、总监理工程师签字后实施，由专职安全生产管理人员进行现场监督：

①基坑支护与降水工程；

②土方开挖工程；

③模板工程；

④起重吊装工程；

⑤脚手架工程；

⑥拆除、爆破工程；

⑦国务院建设行政主管部门或者其他有关部门规定的其他危险性较大的工程。

对所列工程中涉及深基坑、地下暗挖工程、高大模板工程的专项施工方案，施工单位还应当组织专家进行论证、审查。根据《建设工程安全生产管理案例》规定，达到一定规模的危险性较大工程的标准，由国务院建设行政主管部门会同国务院其他有关部门制定。

(8)建设工程施工前，施工单位负责项目管理的技术人员应当就有关安全施工的技术要求向施工作业班组、作业人员进行详细说明，并由双方签字确认。

(9)施工单位应当在施工现场入口处、施工起重机械、临时用电设施、脚手架、出入通道口、楼梯口、电梯井口、孔洞口、桥梁口、隧道口、基坑边沿、爆破物及有害危险气体和液体存放处等危险部位，设置明显的安全警示标志。安全警示标志必须符合国家标准。

施工单位应当根据不同施工阶段和周围环境及季节、气候的变化，在施工现场采取相应的安全施工措施。施工现场暂时停止施工的，施工单位应当做好现场防护，所需费用由责任方承担，或者按照合同约定执行。

(10)施工单位应当将施工现场的办公、生活区与作业区分开设置，并保持安全距离；办公、生活区的选址应当符合安全性要求。职工的膳食、饮水、休息场所等应当符合卫生标准。施工单位不得在尚未竣工的建筑物内设置员工集体宿舍。施工现场临时搭建的建筑物应当符合安全使用要求。施工现场使用的装配式活动房屋应当具有产品合格证。

(11)施工单位应当对因建设工程施工可能造成损害的毗邻建筑物、构筑物和地下管线等采取专项防护措施。施工单位应当遵守有关环境保护法律、法规的规定，在施工现场采取措施，防止或者减少粉尘、废气、废水、固体废物、噪声、振动和施工照明对人和环境的危害和污染。在城市市区内的建设工程，施工单位应当对施工现场实行封闭围挡。

(12)施工单位应当在施工现场建立消防安全责任制度，确定消防安全责任人，制订用火、用电、使用易燃易爆材料等各项消防安全管理制度和操作规程，设置消防通道、消防水源，配备消防设施和灭火器材，并在施工现场入口处设置明显标志。

(13)施工单位应当向作业人员提供安全防护用具和安全防护服装，并书面告知危险岗位的操作规程和违章操作的危害。作业人员有权对施工现场的作业条件、作业程序和作业方式中存在的安全问题提出批评、检举和控告，有权拒绝违章指挥和强令冒险作业。在施工中发生危及人身安全的紧急情况时，作业人员有权立即停止作业或者在采取必要的应急措施后撤离危险区域。

(14)作业人员应当遵守安全施工的强制性标准、规章制度和操作规程，正确使用安全防护用具、机械设备等。

(15)施工单位采购、租赁的安全防护用具、机械设备、施工机具及配件，应当具有生产(制造)许可证、产品合格证，并在进入施工现场前进行查验。施工现场的安全防护用具、机械设备、施工机具及配件必须由专人管理，定期进行检查、维修和保养，建立相应的资料档案，并按照国家有关规定及时报废。

(16)施工单位在使用施工起重机械和整体提升脚手架、模板等自升式架设设施前,应当组织有关单位进行验收,也可以委托具有相应资质的检验检测机构进行验收;使用承租的机械设备和施工机具及配件的,施工总承包单位、分包单位、出租单位和安装单位共同进行验收。验收合格后方可使用。《特种设备安全监察条例》规定的施工起重机械,在验收前应当经有相应资质的检验检测机构监督检验合格。施工单位应当自施工起重机械和整体提升脚手架、模板等自升式架设设施验收合格之日起 30 日内,向建设行政主管部门或者其他有关部门登记。登记标志应当置于或者附着于该设备的显著位置。

(17)施工单位的主要负责人、项目负责人、专职安全生产管理人员应当经建设行政主管部门或者其他有关部门考核合格后方可任职。施工单位应当对管理人员和作业人员每年至少进行一次安全生产教育培训,将教育培训情况记入个人工作档案。安全生产教育培训考核不合格的人员,不得上岗。

(18)作业人员进入新的岗位或者新的施工现场前,应当接受安全生产教育培训。未经教育培训或者教育培训考核不合格的人员,不得上岗作业。施工单位在采用新技术、新工艺、新设备、新材料时,应当对作业人员进行相应的安全生产教育培训。

(19)施工单位应当为在施工现场从事危险作业的人员办理意外伤害保险。意外伤害保险费由施工单位支付。实行施工总承包的,总承包单位支付意外伤害保险费。意外伤害保险期限自建设工程开工之日起至竣工验收合格止。

4. 生产经营单位的主要负责人对本单位安全生产工作的职责

(1)建立、健全本单位安全生产责任制。
(2)组织制订本单位安全生产规章制度和操作规程。
(3)保证本单位安全生产投入的有效实施。
(4)督促、检查本单位的安全生产工作,及时消除生产安全事故隐患。
(5)组织制订并实施本单位的生产安全事故应急救援预案。
(6)及时、如实报告生产安全事故。

5. 安全生产的监督管理

县级以上地方各级人民政府应当根据本行政区域内的安全生产状况,组织有关部门按照职责分工,对本行政区域内容易发生重大生产安全事故的生产经营单位进行严格检查;发现事故隐患时应当及时处理。

负有安全生产监督管理职责的部门对涉及安全生产的事项进行审查、验收,不得收取费用;不得要求接受审查、验收的单位购买其指定品牌或者指定生产、销售单位的安全设备、器材或者其他产品。

负有安全生产监督管理职责的部门依法对生产经营单位执行有关安全生产的法律、法规、国家标准或者行业标准的情况进行监督检查,行使以下职权。

(1)进入生产经营单位进行检查,调阅有关资料,向有关单位和人员了解情况。
(2)对检查中发现的安全生产违法行为,当场予以纠正或者要求限期改正;对依法应当给予行政处罚的行为,依照有关法律、行政法规的规定做出行政处罚决定。
(3)对检查中发现的事故隐患,应当责令立即排除;重大事故隐患排除前或者排除过程中无法保证安全的,应当责令从危险区域内撤出作业人员,责令暂时停产停业或者停止使用;重大事故隐患排除后,经审查同意,方可恢复生产经营和使用。

(4)对有根据认为不符合保障安全生产的国家标准或者行业标准的设施、设备、器材予以查封或者扣押,并应当在 15 日内依法做出处理决定。

安全生产监督检查人员应当将检查的时间、地点、内容,发现的问题及其处理情况进行书面记录,并由检查人员和被检查单位的负责人签字;被检查单位的负责人拒绝签字的,检查人员应当将情况记录在案,并向负有安全生产监督管理职责的部门报告。

负有安全生产监督管理职责的部门在监督检查中,应当互相配合,实行联合检查;确需分别进行检查的,应当互通情况,发现存在的安全问题应当由其他有关部门进行处理的,应当及时移送其他有关部门并形成记录备查,接受移送的部门应当及时进行处理。

监察机关依照行政监察法的规定,对负有安全生产监督管理职责的部门及其工作人员履行安全生产监督管理职责实施监察。

承担安全评价、认证、检测、检验的机构应当具备国家规定的资质条件,并对其做出的安全评价、认证、检测、检验的结果负责。

负有安全生产监督管理职责的部门应当建立举报制度,公开举报电话、信箱或者电子邮件地址,受理有关安全生产的举报;受理的举报事项经调查核实后,应当形成书面材料;需要落实整改措施的,经有关负责人签字并督促落实。

任何单位或者个人对事故隐患或者安全生产违法行为,均有权向负有安全生产监督管理职责的部门报告或者举报。

居民委员会、村民委员会发现其所在区域内的生产经营单位存在事故隐患或者安全生产违法行为时,应当向当地人民政府或者有关部门报告。

6. 法律责任

(1)负有安全生产监督管理职责的部门的工作人员,有下列行为之一的,给予降级或者撤职的行政处分;构成犯罪的,依照刑法有关规定追究刑事责任。

①对不符合法定安全生产条件的涉及安全生产的事项予以批准或者验收通过的。

②发现未依法取得批准、验收的单位擅自从事有关活动或者接到举报后不予取缔或者不依法予以处理的。

③对已经依法取得批准的单位不履行监督管理职责,发现其不再具备安全生产条件而不撤销原批准或者发现安全生产违法行为不予查处的。

(2)生产经营单位有下列行为之一的,责令限期改正;逾期未改正的,责令停产停业整顿,可以并处 2 万元以下的罚款。

①未按照规定设立安全生产管理机构或者配备安全生产管理人员的。

②危险物品的生产、经营、储存单位以及矿山、建筑施工单位的主要负责人和安全生产管理人员未按照规定经考核合格的。

③未按照《中华人民共和国安全生产法》第二十一条、第二十二条的规定对从业人员进行安全生产教育和培训,或者未按照该法第三十六条的规定如实告知从业人员有关的安全生产事项的。

④特种作业人员未按照规定经专门的安全作业培训并取得特种作业操作资格证书,

上岗作业的。

(3)生产经营单位有下列行为之一的,责令限期改正;逾期未改正的,责令停止建设或者停产停业整顿,可以并处 5 万元以下的罚款;造成严重后果,构成犯罪的,依照刑法有关规定追究刑事责任。

①矿山建设项目或者用于生产、储存危险物品的建设项目没有安全设施设计或者安全设施设计未按照规定报有关部门审查同意的。

②矿山建设项目或者用于生产、储存危险物品的建设项目的施工单位未按照批准的安全设施设计施工的。

③矿山建设项目或者用于生产、储存危险物品的建设项目竣工投入生产或者使用前,安全设施未经验收合格的。

④未在有较大危险因素的生产经营场所和有关设施、设备上设置明显的安全警示标志的。

⑤安全设备的安装、使用、检测、改造和报废不符合国家标准或者行业标准的。

⑥未对安全设备进行经常性维护、保养和定期检测的。

⑦未为从业人员提供符合国家标准或者行业标准的劳动防护用品的。

⑧特种设备以及危险物品的容器、运输工具未经取得专业资质的机构检测、检验合格,取得安全使用证或者安全标志,投入使用的。

⑨使用国家明令淘汰、禁止使用的危及生产安全的工艺、设备的。

(4)生产经营单位有下列行为之一的,责令限期改正;逾期未改正的,责令停产停业整顿,可以并处 2 万元以上 10 万元以下的罚款;造成严重后果,构成犯罪的,依照刑法有关规定追究刑事责任。

①生产、经营、储存、使用危险物品,未建立专门安全管理制度、未采取可靠的安全措施或者不接受有关主管部门依法实施的监督管理的。

②对重大危险源未登记建档,未进行评估、监控,或者未制订应急预案的。

③进行爆破、吊装等危险作业,未安排专门管理人员进行现场安全管理的。

(5)生产经营单位有下列行为之一的,责令限期改正;逾期未改正的,责令停产停业整顿;造成严重后果,构成犯罪的,依照刑法有关规定追究刑事责任。

①生产、经营、储存、使用危险物品的车间、商店、仓库与员工宿舍在同一座建筑内,或者与员工宿舍的距离不符合安全要求的。

②生产经营场所和员工宿舍未设符合紧急疏散需要、标志明显、保持畅通的出口,或者封闭、堵塞生产经营场所或者员工宿舍出口的。

二、施工安全管理的任务

施工企业的法定代表人和项目经理分别是企业和项目部安全管理机构的第一责任人。施工安全管理的主要任务如下。

1.设置安全管理机构

(1)企业安全管理机构的设置。企业应设置以法定代表人为第一责任人的安全管理机构,根据企业的施工规模及职工人数设置专门的安全生产管理机构且配备专职安全管理人员。

(2)项目经理部安全管理机构的设置。项目经理部是施工现场第一线管理机构,应根据工程特点和规模,设置以项目经理为第一责任人的安全管理领导小组,其成员包括项目经理、技术负责人、专职安全员、工长及各工种班组长。

(3)施工班组安全管理。施工班组要设置不脱产的兼职安全员,协助班组长搞好班组的安全生产管理。

2.制订施工安全管理计划

(1)施工安全管理计划应在项目开工前编制,经项目经理批准后实施。

(2)结构复杂、施工难度大、专业性强的项目除制订项目总体安全技术保证计划外,还必须制订单位工程或分部、分项工程的安全施工措施。

(3)高空作业、井下作业、水上和水下作业、深基础开挖作业、爆破作业、脚手架上作业、有毒有害作业、特种机械作业等专业性强的施工作业,以及电气、压力容器、起重机、金属焊接、井下瓦斯检验、机动车和船舶驾驶等特殊工种的作业,应制订单项安全技术方案和措施,并对管理人员和操作人员的安全作业资格、身体状况进行合格审查。

(4)实行总分包的项目,分包项目安全计划应纳入总承包项目安全计划,分包人应服从总承包人的管理。

3.施工安全管理控制

施工安全管理控制的对象是人力(劳动者)、物力(劳动手段、劳动对象)、环境(劳动条件、劳动环境)。其主要内容包括以下几项。

(1)抓薄弱环节和关键部位,控制伤亡事故。在项目施工中,分包单位的安全管理是安全工作的薄弱环节,总承包单位要建立健全分包单位的安全教育、安全检查、安全交底等制度,对分包单位的安全管理层层负责,项目经理要负主要责任。伤亡事故大多为高处坠落、物体打击、触电事故、坍塌伤害、机械伤害和起重伤害等。

(2)施工安全管理目标控制。施工安全管理目标由施工总承包单位根据工程的具体情况确定。施工安全管理目标控制的主要内容如下。

六杜绝:杜绝因公受伤、死亡事故,杜绝坍塌伤害事故,杜绝物体打击事故,杜绝高处坠落事故,杜绝机械伤害事故,杜绝触电事故。

三消灭:消灭违章指挥,消灭违章作业,消灭"惯性事故"。

二控制:控制年负伤率,控制年安全事故率。

一创建:创建安全文明示范工地。

三、施工安全技术措施

施工安全技术措施是指在施工项目生产活动中,针对工程特点、施工现场环境、施工方法、劳动组织、机械、动力设备、变配电设施、架设工具以及各项安全防护设施等制订的确保安全施工的技术措施。施工安全技术措施应具有超前性、针对性、可靠性和可操作性。施工安全技术措施的主要内容如下。

1.施工准备阶段的安全技术措施

（1）技术准备。了解工程设计对安全施工的要求；调查工程的自然环境和施工环境对施工安全的影响；改扩建工程施工与建设单位使用、生产发生交叉，可能对双方造成伤害时，应签订安全施工协议，搞好施工与生产的协调，明确双方责任，共同遵守安全规定；在施工组织设计中制订切实可行的安全技术措施，并严格履行审批手续。

（2）物资准备。及时供应质量合格的安全防护用品（安全帽、安全带、安全网等），满足施工需要；保证特殊工种（电工、焊工、爆破工、起重工等）使用的工器具质量合格、技术性能良好；施工机具、设备（起重机、卷扬机、电锯、平面刨、电气设备）等经安全技术性能检测合格，防护装置齐全，制动装置可靠，方可使用；施工周转材料须经认真挑选，不符合要求时严禁使用。

（3）施工现场准备。按施工总平面图要求做好现场施工准备；现场各种临时设施、库房（特别是炸药库、油库）的布置，易燃易爆品的存放都必须符合安全规定和消防要求；电气线路、配电设备符合安全要求，有安全用电防护措施；场内道路通畅，设交通标志，危险地带设危险信号及禁止通行标志，保证行人、车辆的通行安全；现场周围和陡坡、沟坑处设围栏、防护板，现场入口处设警示标志，塔式起重机等起重设备安置要与输电线路、永久或临设工程之间有足够的安全距离，避免碰撞以保证搭设脚手架、安全网的施工距离；现场设消火栓，或有足够的有效的灭火器材、设施。

（4）施工队伍准备。总承包单位及分包单位都应持有施工企业安全资格审查认可证，方可组织施工；新工人须经岗位技术培训、安全教育后，持合格证上岗；高、险、难作业工人须经身体检查合格，具有安全生产资格，方可施工作业；特殊工种作业人员必须持有特种作业操作证，方可上岗。

2.施工阶段的安全技术措施

（1）一般工程。单项工程、单位工程均有安全技术措施，分部分项工程有安全技术具体措施；施工前，技术负责人向参加施工的有关人员进行安全技术交底，并应逐级签发和保存安全交底任务单；安全技术应与施工生产技术统一，各项安全措施必须在相应的工序施工前落实好。施工阶段的安全技术措施：根据基坑、基槽、地下室开挖深度、土质类别，选择开挖方法，确定边坡的坡度并采取防止塌方的护坡支撑方案；脚手架及垂直运输设施的选用、设计、搭设方案和安全防护措施；施工洞口的防护方法和主体交叉施工作业区的隔离措施；场内运输道路及人行通道的布置；针对采用的新工艺、新技术、新设备、新结构制订专门的施工安全技术措施；在明火作业（焊接、切割、熬沥青等）现场的防火、防爆措施；考虑不同季节、气候对施工生产带来的不安全因素和可能造成的各种安全隐患，从技术上、管理上做好专门安全技术措施。

（2）特殊工程。结构复杂、危险性大的特殊工程，应编制单项安全技术措施，如爆破、大型吊装、沉箱、沉井、烟囱、水塔、特殊架设作业、高层脚手架、井架等的安全技术措施。

3.动火等级的划分

（1）属下列情况之一的动火，均为一级动火：

①禁火区域内；

②油罐,油箱,油槽车,储存过可燃气体、易燃液体的容器及与其连接在一起的辅助设备;

③各种受压设备;

④危险性较大的登高焊、割作业;

⑤比较密封的室内、容器内、地下室等场所;

⑥现场堆有大量可燃和易燃物质的场所。

(2)属下列情况之一的动火,均为二级动火:

①在具有一定危险因素的非禁火区域内进行临时焊、割等;

②小型油箱等容器;

③登高焊、割等用火作业。

(3)在非固定的、无明显危险因素的场所进行用火作业,均属三级动火作业。

(4)动火作业要求及安全措施如下:

①进行动火作业时,必须办理动火作业许可证;

②进行动火作业前,必须进行动火安全分析;

③清除动火点周围5 m范围内的易燃易爆物品或作业现场的易燃易爆物品,并将其移至安全距离以外;

④进入现场的动火作业人员,必须穿戴好防护用品,如安全帽、防护眼镜、防护面罩、防护手套、防护服、防护鞋等;

⑤进行动火作业时,必须有专人监护;

⑥在高处进行动火作业时,必须系好安全带,并保证安全带的牢固性;

⑦进行动火作业时,必须将动火点周围的孔、洞封堵好,防止火花溅落;

⑧使用明火作业时,必须使用防爆工具,并保证防爆工具的完好性;

⑨在禁火区域内,不得进行动火作业;

⑩动火作业完成后,检查动火作业现场,并确保没有发生火灾等安全事故。

四、施工安全管理实务

1.识别危险源

危险源是可能导致死亡、伤害、职业病、财产损失、工作环境破坏或这些情况组合的根源或状态。危险源由三个要素构成:潜在危险性、存在条件和触发因素。

2.确定项目的安全管理目标

按目标管理方法,在以项目经理为首的项目管理系统内进行分解,从而确定每个岗位的安全目标,实现全员安全控制。

3.编制项目安全技术措施计划

编制项目安全技术措施计划是指对施工过程中的危险源,用技术和管理手段加以消除和控制,并用文件的方式表示。安全技术措施计划包括以下主要内容:①工程概况;②管理目标;③组织机构与职责权限;④规章制度;⑤风险分析与控制措施;⑥安全专项施工方案;⑦应急准备与响应;⑧资源配置与费用投入计划;⑨教育培训;⑩检查评价、验证与持续改进。

4.实施安全技术措施计划

(1)制订安全施工措施计划、工程概况、控制目标、控制程序、组织机构、职责权限、规章制度、资源配置、安全措施、检查评价、奖惩制度。

(2)对结构复杂、施工难度大、专业性较强的工程项目,制订安全技术措施;对高处作业、吊装作业等专业性强的作业,起重机等特殊工种作业,制订单(专)项安全技术方案,并进行针对性检查。

(3)制订和完善施工安全操作规程,编制各施工工种,特别是危险性较大工种的安全施工操作要求,作为规范、检查和考核员工安全生产行为的依据。

(4)制订、完善涉及本工程特点的安全技术措施,包括防火、防暴、防尘、防雷击、防触电、防坍塌、防物体打击、防机械伤害、防起重设备滑落、防高空坠落、防交通事故、防寒、防环境污染等方面的措施。

5.施工安全措施的实施

(1)建立健全安全生产网格化管理。安全生产网格化管理是将安全生产管理和安全生产监督管理有机地结合起来,将项目部管理人员作为安全生产巡查员,形成安全生产人员的网格化。形成安全生产网格化管理的主要因素有人的配备、设施的配备、各项制度的落实、施工现场的安全管理。施工现场是一个安全条件复杂多变、管理难度较大的环境,被管理的资源多,推行现场安全生产网格化管理是非常有必要的。积极地调动和利用班组队伍人员,做到群策群力,方能使现场安全管理工作做到"安全无死角",从而真正实现安全生产网格化管理。在项目中,仅依靠项目安全员、班组管理人员形成的网格化管理是远远不够的。应将公司安全管理领导、公司安全管理巡查人员、项目经理、项目总工程师、安全经理及各部门都纳入网格化管理的体系,分解到各个不同的片区监督管理,形成片区有专人负责的局面,从而提高项目管理的执行力,减轻管理负荷,形成由上至下分级管理、各级监督的安全管理局面。

①安全管理责任区负责人职责。

把安全生产网格化巡查管理工作纳入重要工作日程,及时解决本网格区域的安全管理工作中存在的重大问题。

对重点部位、危险性较大区域进行安全检查,及时发现安全隐患,并积极监督指导分包单位做好整改工作。

巡查员在巡查过程中可通过摄影、填写四个清单等形式保存巡查证据。制作的四个清单须有被检查项目负责人的有效签名。

积极召开安全生产网格化管理会议,对产生的安全隐患进行分析、研究,提出整改对策和相应管理办法,开展各项目区域防范重大安全事故的工作。

实行网格化安全管理机制,增强对划分区域巡查安全生产工作的责任心、责任感。巡查员应坚持重点巡查和一般巡查相结合的原则,每天对一般施工点进行检查和巡视,对重大危险源等重点部位进行监督,认真做好巡查检查记录,形成有效的见证性资料。

涉及分部分项工程安全隐患,超出职责范围的,巡查员应立即向项目经理报告,情况紧急时可以责令暂时停止施工,要求安全防护措施整改到位后再恢复施工生产。对于不能处理的重大隐患,巡查员应及时向项目经理汇报,得到项目经理的支持,配合有关部门做好安全管理防范工作。

建立重大事故隐患举报制度,发现重大安全事故隐患又没有得到切实整改的,巡查员可以向项目经理、公司、监督机构部门进行举报。

巡查员应该认真宣传贯彻国家和公司有关安全生产的法律、法规、规章制度,加强对施工作业人员的安全生产宣传教育工作,积极配合项目经理在排除隐患、整治过程中做好班组负责人的解释工作。

②施工现场责任片区的划分。

施工现场安全管理划分责任片区,由专职安全员负责所有片区的现场施工安全。各班组管理人员作为该片区的巡查员,协同管理人员对自己所在片区的安全管理进行巡查。

(2)有效开展安全生产教育:开展安全生产教育,使全体员工意识到安全生产的重要性和必要性,懂得安全生产知识,树立安全第一的思想,自觉遵守安全生产法律、法规和规章制度;把安全知识、安全技能、设备性能、操作规程、安全法规等作为安全教育的主要内容,建立经常性的安全教育考核制度。

(3)建立安全隐患排查制度。项目安全部结合日常工作组织开展经常性隐患排查,排查范围应覆盖日常施工作业环节,日常排查每周应不少于1次。

(4)建立日常安全检查制度。

①日常安全检查主要表现为项目安全管理人员的日常安全巡查。

②日常安全检查主要针对班前教育情况、安全交底情况、交接班情况、设备设施的安全防护情况、安全纪律和安全操作规程的执行情况、安全防护用品的穿戴情况、关键部位和重点区域的安全防护情况等内容进行检查。每月至少开展一次。

(5)电工、电焊工、起重工、机械司机、机动车辆司机等特殊工种工人,要经过专业安全技能培训,合格持证后,可独立操作。

(6)制订资金使用计划,确保安全生产费用的有效落实、使用。

(7)施工现场临时用电方案的安全技术措施。

①配电室应设在无灰尘、无腐蚀介质及无振动的地方。总配电箱两端应与重复接地线及保护零线进行电气连接。配电室门必须外开且用全封钢板门。

②电气设备的金属外壳必须与专用保护零线连接,专用保护零线应由配电室总开关的零线引出。防雷接地的电气设备必须同时重复接地。施工现场的电力系统严禁利用大地作为相线或零线。保护零线不得装设开关、熔断器,保护零线应采用绝缘导线,规格和颜色标记应符合规范要求。

③施工现场内周边建筑物的井架等机械设备应保证与建筑物基础防雷接地系统进行电气连接或独立设置导流地极,避雷针(接闪器)长度应为1~2 m;材料应采用钢管并与该设备的金属结构进行电气连接。

④为保证导线的电气安全和供电质量,导线的负荷电流不大于其允许载流量,线路末端电压偏移值应不大于其额定电压的5%。

⑤埋地电缆的敷设深度不应小于0.6 m,应在电缆上下均匀铺设不小于50 mm厚的

细砂,然后覆盖砖的保护层。埋地电缆穿越建筑物、构筑物、道路、易受机械损伤的场所,以及引出地面从 2 m 高至地下 0.2 m 处,必须加设防护套管。

⑥室内配线应采用瓷(塑料)夹敷设,管口应密封,采用金属管敷设时应对金属管进行保护接零。

⑦配电系统应设总配电箱和分配电箱,实行分级配电。动力配电箱和照明配电箱宜分别设置,如合置在同一配电箱内,动力和照明线路应分路设置。开关箱由末级分配电箱配电。总配电箱应设在靠近电源的地方,分配电箱应设在用电设备或负荷相对集中的地方,分配电箱与开关箱的距离不得超过 30 m,开关箱与其控制的固定用电设备的水平距离不宜超过 3 m。

⑧配电器、开关箱内的电器必须可靠、完好,不准使用破损、不合格的电器,总配电箱应装设总隔离开关和分路隔离开关、总熔断器及分路熔断器(或总自动开关和分路自动开关),以及漏电保护器。若漏电保护器同时具备过负荷和短路保护功能,分配电箱应装设总隔离开关和分路隔离开关、总熔断器和分路熔断器(或总自动开关和分路自动开关)。总开关的额定值、动作整定值与分路电气的额定值、整定值相适应。每台用电设备应用各自专用的开关箱,必须实行一机、一箱、一闸、一漏,严禁用一个开关电器直接控制 2 台或 2 台以上的用电设备。漏电保护器应装设在配电箱电源的负荷侧和开关箱电源隔离开关的负荷侧。

⑨使用与维护:所有配电箱均应标明名称、用途,并做出分路标记,配电箱门应配锁,配电箱和开关箱应由专人负责。所有开关箱、配电箱每月必须检查和维修一次,检查、维修人员必须是专业电工,检查、维修时必须按规定穿、戴绝缘鞋、手套,必须使用电工绝缘工具。对配电箱、开关箱进行检查、维修时必须将其前一级相应的电源开关分闸断电,并悬挂停电标志牌,严禁带电作业。

五、生产安全事故应急预案的管理

1.应急预案的编制

(1)应急预案的编制应当符合下列基本要求:

①符合有关法律、法规、规章和标准的规定;

②结合本地区、本部门、本单位的安全生产实际情况;

③结合本地区、本部门、本单位的危险性分析情况;

④应急组织和人员的职责分工明确,并有具体的落实措施;

⑤有明确、具体的事故预防措施和应急程序,并与其应急能力相适应;

⑥有明确的应急保障措施,并能满足本地区、本部门、本单位的应急工作要求;

⑦预案基本要素齐全、完整,预案附件提供的信息准确;

⑧预案内容与相关应急预案相互衔接。

(2)生产经营单位应当根据有关法律、法规和《生产经营单位生产安全事故应急预案编制导则》(GB/T 29639—2020),结合本单位的危险源状况、危险性分析情况和可能发生的事故特点,编制相应的应急预案。生产经营单位的应急预案按照针对情况的不同,分为综合应急预案、专项应急预案和现场处置方案。

（3）生产经营单位风险种类多、可能发生多种事故类型的，应当组织编制本单位的综合应急预案。综合应急预案应当包括本单位的应急组织机构及职责、预案体系及响应程序、事故预防及应急保障、应急培训及预案演练等主要内容。

（4）对于某一种类的风险，生产经营单位应当根据存在的重大危险源和可能发生的事故类型，编制相应的专项应急预案。专项应急预案应当包括危险性分析、可能发生的事故特征、应急组织机构与职责、预防措施、应急处置程序和应急保障等内容。

（5）对于危险性较大的重点岗位，生产经营单位应当编制重点工作岗位的现场处置方案。现场处置方案应当包括危险性分析、可能发生的事故特征、应急处置程序、应急处置要点和注意事项等内容。

2. 应急预案的评审

地方各级安全生产监督管理部门应当组织有关专家对本部门编制的应急预案进行审定；必要时，可以召开听证会，听取社会有关方面的意见；涉及相关部门职能或者需要有关部门配合的，应当征得有关部门同意。

矿山、建筑施工单位，易燃易爆物品、危险化学品、放射性物品等危险物品的生产、经营、储存、使用单位和中型规模以上的其他生产经营单位，应当组织专家对本单位编制的应急预案进行评审。评审应当形成书面纪要并附专家名单。

参加应急预案评审的人员应当包括应急预案涉及的政府部门工作人员和安全生产及应急管理方面的专家。评审人员与所评审预案的生产经营单位有利害关系的，应当回避。

应急预案的评审或者论证应当注重应急预案的实用性、基本要素的完整性、预防措施的针对性、组织体系的科学性、响应程序的操作性、应急保障措施的可行性、应急预案的衔接性等内容。

生产经营单位的应急预案经评审或者论证后，由生产经营单位主要负责人签署公布。

3. 应急预案的备案

地方各级安全生产监督管理部门的应急预案，应当报同级人民政府和上一级安全生产监督管理部门备案。其他负有安全生产监督管理职责的部门的应急预案，应当抄送同级安全生产监督管理部门。

中央管理的总公司（总厂、集团公司、上市公司）的综合应急预案和专项应急预案，报国务院国有资产监督管理部门、国务院安全生产监督管理部门和国务院有关主管部门备案；其所属单位的应急预案分别抄送所在地的省、自治区、直辖市或者设区的市人民政府安全生产监督管理部门和有关主管部门备案。

规定以外的其他生产经营单位中涉及实行安全生产许可的，其综合应急预案和专项应急预案，按照隶属关系报所在地县级以上地方人民政府安全生产监督管理部门和有关主管部门备案；未实行安全生产许可的，其综合应急预案和专项应急预案的备案，由省、自治区、直辖市人民政府安全生产监督管理部门确定。

煤矿企业的综合应急预案和专项应急预案除按照上述规定报安全生产监督管理部门和有关主管部门备案外，还应当抄报所在地的煤矿安全监察机构。

生产经营单位申请应急预案备案,应当提交以下材料:

①应急预案备案申请表;

②应急预案评审或者论证意见;

③应急预案文本及电子文档。

4. 应急预案的实施

各级安全生产监督管理部门、生产经营单位应当采取多种形式开展应急预案的宣传教育,普及生产安全事故预防、避险、自救和互救知识,提高从业人员的安全意识和应急处置技能。

各级安全生产监督管理部门应当将应急预案的培训纳入安全生产培训工作计划,并组织实施本行政区域内重点生产经营单位的应急预案培训工作。生产经营单位应当组织开展本单位的应急预案培训活动,使有关人员了解应急预案内容,熟悉应急职责、应急程序和岗位应急处置方案。应急预案的要点和程序应当张贴在应急地点和应急指挥场所,并设有明显的标志。

各级安全生产监督管理部门应当定期组织应急预案演练,提高本部门、本地区生产安全事故应急处置能力。

生产经营单位应当制订本单位的应急预案演练计划,根据本单位的事故预防重点,每年至少组织一次综合应急预案演练或者专项应急预案演练,每半年至少组织一次现场处置方案演练。应急预案演练结束后,应急预案演练组织单位应当对应急预案演练效果进行评估,撰写应急预案演练评估报告,分析存在的问题,并对应急预案提出修订意见。

各级安全生产监督管理部门应当每年对应急预案的管理情况进行总结。应急预案管理工作总结应当报上一级安全生产监督管理部门。其他负有安全生产监督管理职责的部门的应急预案管理工作总结应当抄送同级安全生产监督管理部门。

地方各级安全生产监督管理部门编制的应急预案,应当根据预案演练、机构变化等情况适时修订。生产经营单位编制的应急预案应当至少每3年修订一次,预案修订情况应有记录并归档。

有下列情形之一的,应急预案应当及时修订:

①生产经营单位因兼并、重组、转制等导致隶属关系、经营方式、法定代表人发生变化的;

②生产经营单位生产工艺和技术发生变化的;

③周围环境发生变化,形成新的重大危险源的;

④应急组织指挥体系或者职责已经调整的;

⑤依据的法律、法规、规章和标准发生变化的;

⑥应急预案演练评估报告要求修订的;

⑦应急预案管理部门要求修订的。

生产经营单位在发生事故后,应当及时启动应急预案,组织有关力量进行救援,并按照规定将事故信息及应急预案启动情况报告安全生产监督管理部门和其他负有安全生产监督管理职责的部门。

5.奖励与处罚

（1）对于在应急预案编制和管理工作中做出显著成绩的单位和人员，安全生产监督管理部门、生产经营单位可以给予表彰和奖励。

（2）生产经营单位应急预案未按照规定备案的，由县级以上安全生产监督管理部门给予警告，并处3万元以下罚款。

（3）生产经营单位未编制应急预案或者未按照应急预案采取预防措施，导致事故救援不力或者造成严重后果的，由县级以上安全生产监督管理部门依照有关法律、法规和规章的规定，责令停产停业整顿，并依法给予行政处罚。

任务单元三　建设工程职业健康安全事故的分类和处理

一、建设工程职业健康安全事故的分类

1.按照事故发生的原因分类

按照我国《企业职工伤亡事故分类》（GB 6441—86）的规定，职业伤害事故分为20类，其中与建筑业有关的有以下12类。

（1）物体打击：落物、滚石、锤击、碎裂、崩块、碰伤等造成的人身伤害，不包括爆炸引起的物体打击。

（2）车辆伤害：被车辆挤、压、撞和车辆倾覆等造成的人身伤害。

（3）机械伤害：被机械设备或工具绞、碾、碰、割、戳等造成的人身伤害，不包括车辆、起重设备引起的伤害。

（4）起重伤害：从事各种起重作业时发生的机械伤害，不包括上、下驾驶室时发生的坠落伤害，起重设备引起的触电及检修时制动失灵造成的伤害。

（5）触电：电流经过人体导致的生理伤害，包括雷击伤害。

（6）灼烫：火焰引起的烧伤、高温物体引起的烫伤、强酸或强碱引起的灼伤、放射线引起的皮肤损伤，不包括电烧伤及火灾事故引起的烧伤。

（7）火灾：火灾造成的人体烧伤、窒息、中毒等。

（8）高处坠落：危险势能差引起的伤害，包括从架子、屋架上坠落以及从平地坠入坑内等。

（9）坍塌：建筑物、堆置物倒塌以及土石塌方等引起的事故伤害。

（10）火药爆炸：在火药的生产、运输、储藏过程中发生的爆炸事故。

（11）中毒和窒息：煤气、油气、沥青、化学、一氧化碳中毒等。

（12）其他伤害：扭伤、跌伤、冻伤、野兽咬伤等。

在以上12类职业伤害事故中，在建设工程领域中最常见的是物体打击、机械伤害、触电、火灾、高处坠落、坍塌、中毒和窒息7类。

2. 按安全事故伤害程度分类

根据《企业职工伤亡事故分类》(GB 6441—86)的规定,职业伤害事故按伤害程度分为轻伤、重伤、死亡。

(1)轻伤,指损失 1 个工作日至 105 个工作日的失能伤害。

(2)重伤,指损失工作日等于和超过 105 个工作日的失能伤害,重伤的损失工作日最多不超过 6000 个工作日。

(3)死亡,指损失工作日超过 6000 个工作日的伤害,这是根据我国职工的平均退休年龄和平均工作日计算出来的。

3. 按生产安全事故造成的人员伤亡或直接经济损失分类

根据中华人民共和国国务院令第 493 号《生产安全事故报告和调查处理条例》(以下简称《条例》)第三条的规定,按生产安全事故(以下简称事故)造成的人员伤亡或者直接经济损失,事故一般分为以下等级。

(1)特别重大事故,是指造成 30 人以上死亡,或者 100 人以上重伤(包括急性工业中毒,下同),或者 1 亿元以上直接经济损失的事故。

(2)重大事故,是指造成 10 人以上 30 人以下死亡,或者 50 人以上 100 人以下重伤,或者 5000 万元以上 1 亿元以下直接经济损失的事故。

(3)较大事故,是指造成 3 人以上 10 人以下死亡,或者 10 人以上 50 人以下重伤,或者 1000 万元以上 5000 万元以下直接经济损失的事故。

(4)一般事故,是指造成 3 人以下死亡,或者 10 人以下重伤,或者 1000 万元以下 100 万元以上直接经济损失的事故[其中 100 万元以上,是建质〔2007〕257 号《关于进一步规范房屋建筑和市政工程生产安全事故报告和调查处理工作的若干意见》(以下简称《若干意见》)规定的]。

本等级划分所称的"以上"包括本数,所称的"以下"不包括本数。

二、建设工程生产安全事故报告和调查处理

1. 生产安全事故报告和调查处理原则

根据国家法律、法规的要求,在进行生产安全事故报告和调查处理时,要坚持实事求是、尊重科学的原则,既要及时、准确地查明事故原因、明确事故责任,使责任人受到追究,又要总结经验教训,落实整改和防范措施,防止类似事故再次发生。因此,施工项目一旦发生安全事故,必须实施"四不放过"的原则:

①事故原因未查明不放过;

②事故责任者和员工未受到教育不放过;

③事故责任者未处理不放过;

④整改措施未落实不放过。

2. 事故报告

根据《条例》和《若干意见》的要求,事故报告应当及时、准确、完整,任何单位和个人对

事故不得迟报、漏报、谎报或者瞒报。

(1)施工单位事故报告要求。生产安全事故发生后,受伤者或最先发现事故的人员应立即用最快的传递手段,将发生事故的时间、地点、伤亡人数、事故原因等情况,向施工单位负责人报告;施工单位负责人接到报告后,应当在1小时内向事故发生地县级以上人民政府建设主管部门和有关部门报告。情况紧急时,事故现场有关人员可以直接向事故发生地县级以上人民政府建设主管部门和有关部门报告。实行施工总承包的建设工程,由总承包单位负责上报事故。

(2)建设主管部门事故报告要求。建设主管部门接到事故报告后,应当依照下列规定上报事故情况,并通知安全生产监督管理部门、公安机关、劳动保障行政主管部门、工会和人民检察院。

①较大事故、重大事故及特别重大事故逐级上报至国务院建设主管部门。

②一般事故逐级上报至省、自治区、直辖市人民政府建设主管部门。

③建设主管部门依照规定上报事故情况,应当同时报告本级人民政府。国务院建设主管部门接到重大事故和特别重大事故的报告后,应当立即报告国务院。必要时,建设主管部门可以越级上报事故情况。建设主管部门按照上述规定逐级上报事故情况时,每级上报的时间不得超过2小时。

(3)事故报告的内容如下:

①事故发生的时间、地点和工程项目、有关单位名称;

②事故的简要经过;

③事故已经造成或者可能造成的伤亡人数(包括下落不明的人数)和初步估计的直接经济损失;

④事故的初步原因;

⑤事故发生后采取的措施及事故控制情况;

⑥事故报告单位或报告人员;

⑦其他应当报告的情况。

(4)事故报告后出现新情况,以及自事故发生之日起30日内伤亡人数发生变化的,应当及时补报。

3. 事故调查

按照《条例》和《若干意见》的要求,事故调查处理应当坚持实事求是、尊重科学的原则,及时、准确地查清事故经过、事故原因和事故损失,查明事故性质,认定事故责任,总结事故教训,提出整改措施,并对事故责任者依法追究责任。

(1)施工单位项目经理应指定技术、安全、质量等部门的人员,会同企业工会、安全管理部门组成调查组,开展调查。

(2)建设主管部门应当按照有关人民政府的授权或委托组织事故调查组,对事故进行调查,并履行下列职责:

①核实事故项目的基本情况,包括项目履行法定建设程序的情况、参与项目建设活动各方主体履行职责的情况;

②查明事故发生的经过、原因、人员伤亡及直接经济损失,并依据国家有关法律、法规

和技术标准分析事故的直接原因和间接原因；

③认定事故的性质,明确事故责任单位和责任人员在事故中的责任；

④依照国家有关法律、法规对事故的责任单位和责任人员提出处理建议；

⑤总结事故教训,提出防范和整改措施；

⑥提交事故调查报告。

(3)事故调查报告应包括以下内容：

①事故发生单位概况；

②事故发生经过和事故救援情况；

③事故造成的人员伤亡和直接经济损失；

④事故发生的原因和事故性质；

⑤事故责任的认定和对事故责任者的处理建议；

⑥事故防范和整改措施。

事故调查报告应当附具有关证据材料,事故调查组成员应当在事故调查报告上签名。

4. 事故处理

(1)事故现场处理。事故现场处理是落实"四不放过"原则的核心环节。事故发生后,事故发生单位应当严格保护事故现场,做好标识,排除险情,采取有效措施抢救伤员和财产,防止事故扩大。事故现场是追溯、判断事故原因和事故责任人责任的客观物质基础。

因抢救人员、疏导交通等原因,需要移动现场物件时,应当做出标志,绘制现场简图并做出书面记录,妥善保存现场重要痕迹、物证,有条件的可以拍照或录像。

(2)事故登记。施工现场要填写安全事故登记表,作为安全事故档案,对发生事故人员的姓名、性别、年龄、工种等级、负伤时间、伤害程度、负伤部位及情况、简要经过及原因记录归档。

(3)事故分析记录。施工现场要有安全事故分析记录,对发生轻伤、重伤、死亡、重大设备事故及未遂事故必须按"四不放过"的原则组织分析,查出主要原因,分清责任,提出防范措施。应吸取的教训要记录清楚。

(4)坚持安全事故月报制度,当月无事故也要报空表。

5. 法律责任

(1)事故报告和调查处理中的违法行为。根据《条例》的规定,对于事故报告和调查处理中的违法行为,任何单位和个人有权向安全生产监督管理部门、监察机关或者其他有关部门举报,接到举报的部门应当依法及时处理。

事故报告和调查处理中的违法行为,包括事故发生单位及其有关人员的违法行为,还包括政府、有关部门及其有关人员的违法行为。事故报告和调查处理中的违法行为主要有以下几种：

①不立即组织事故抢救；

②在事故调查处理期间擅离职守；

③迟报或者漏报事故；

④谎报或者瞒报事故；

⑤伪造或者故意破坏事故现场；

⑥转移、隐匿资金、财产，或者销毁有关证据、资料；

⑦拒绝接受调查或者拒绝提供有关情况和资料；

⑧在事故调查中作伪证或者指使他人作伪证；

⑨阻碍、干涉事故调查工作；

⑩对事故调查工作不负责任，致使事故调查工作有重大疏漏；

⑪包庇、袒护负有事故责任的人员或者借机打击报复；

⑫故意拖延或者拒绝落实经批复的对事故责任人的处理意见。

(2)法律责任。

①事故发生单位主要负责人有上述(1)中①～③条违法行为之一的，处上一年年收入40%～80%的罚款；属于国家工作人员的，依法给予处分；构成犯罪的，依法追究刑事责任。

②事故发生单位及有关人员有上述(1)中④～⑨条违法行为之一的，对事故发生单位处100万元以上500万元以下的罚款；对主要负责人、直接负责的主管人员和其他直接责任人员处上一年年收入60%～100%的罚款；属于国家工作人员的，依法给予处分；构成违反治安管理行为的，由公安机关依法给予治安管理处罚；构成犯罪的，依法追究刑事责任。

③有关地方人民政府、安全生产监督管理部门和负有安全生产监督管理职责的有关部门有上述(1)中①、③、④、⑧、⑩条违法行为之一的，对直接负责的主管人员和其他直接责任人员依法给予处分；构成犯罪的，依法追究刑事责任。

④参与事故调查的人员在事故调查中有上述(1)中⑪、⑫条违法行为之一的，依法给予处分；构成犯罪的，依法追究刑事责任。

⑤有关地方人民政府或者有关部门故意拖延或者拒绝落实经批复的对事故责任人的处理意见的，由监察机关对有关责任人员依法给予处分。

任务单元四　建设工程项目环境管理

一、环境保护的目的、原则和内容

人口的迅猛增长和经济的快速发展，导致生态环境状况日益恶化。环境问题使人类的基本生存条件面临严峻挑战，保护与改善环境质量、维持生态平衡，已成为世界各国谋求可持续发展的一个重要途径。

建设工程是人类社会发展过程中的一项规模浩大、旷日持久的生产活动。这个生产活动改变了自然环境，还不可避免地对环境造成了污染和损害。因此，在建设工程生产过程中，管理人员要竭尽全力地控制工程对环境的污染和损害程度，采用组织、技术、经济和法律手段，对不可避免的环境污染和资源损坏予以治理，保护环境，造福人类，防止人类与环境的关系失调,促进经济建设、社会发展和环境保护相协调。

1.环境保护的目的

(1)保护和改善环境质量,从而保护人们的身心健康,防止人体在环境污染的影响下产生遗传突变和退化。

(2)合理开发和利用自然资源,减少或消除有害物质进入环境,加强生物多样性的保护,维护生物资源的生产能力。

2.环境保护的基本原则

(1)经济建设与环境保护协调发展的原则。

(2)预防为主、防治结合、综合治理的原则。

(3)依靠群众保护环境的原则。

(4)环境经济责任原则,即污染者付费的原则。

3.环境保护的主要内容

(1)预防和治理由生产和生活活动引起的环境污染。

(2)防止由建设和开发活动引起的环境破坏。

(3)保护有特殊价值的自然环境。

(4)其他,如防止臭氧层破坏、防止气候变暖、国土整治、城乡规划、植树造林、控制水土流失和荒漠化等。

二、施工现场环境保护的有关规定

(1)工程的施工组织设计中应有防治扬尘、噪声、固体废物和废水等保护环境的有效措施,并在施工作业中认真组织实施。

(2)施工现场应建立环境保护管理体系,责任落实到人,并保证有效运行。

(3)对施工现场防治扬尘、噪声、水污染及环境保护管理工作进行检查。

(4)定期对职工进行环保法规知识培训考核。

三、建设工程项目环境管理的工作内容

项目经理部负责现场环境管理工作的总体策划和部署,建立项目环境管理组织机构,制订相应制度和措施,组织培训,使各级人员明确环境保护的意义和责任。项目经理部的工作应包括以下几个方面。

(1)项目经理部应按照分区划块原则,搞好项目的环境管理,进行定期检查,加强协调,及时解决发现的问题,实施纠正和预防措施,保持现场良好的作业环境、卫生条件和工作秩序,做到污染预防。

(2)项目经理部应对环境因素进行控制,制订应急准备和相应措施,保证信息畅通,预防出现非预期的损害;在出现环境事故时,应消除污染,制订相应措施防止环境二次污染。

(3)项目经理部应保存有关环境管理的工作记录。

(4)项目经理部应进行现场节能管理,有条件时应规定能源使用指标。

四、建设工程项目的文明施工

文明施工是指保持施工现场良好的作业环境、卫生环境和工作秩序,主要包括以下内容:规范施工现场的场容,保持作业环境的整洁卫生;科学组织施工,使生产有序进行,减少施工对周围居民和环境的影响;遵守施工现场文明施工的规定和要求,保证职工的安全和身体健康。

现场文明施工的基本要求如下。

(1)施工现场必须设置明显的标牌,标明工程项目名称、建设单位、设计单位、施工单位、项目经理和施工现场总负责人的姓名、开工和竣工日期、施工许可证批准文号等。施工单位负责现场标牌的保护工作。

(2)施工现场的管理人员应佩戴证明其身份的证卡。

(3)应按照施工总平面布置图设置各项临时设施。现场堆放的大宗材料、成品、半成品和机具设备不得侵占场内道路及安全防护等设施。

(4)施工现场的用电线路、用电设施的安装和使用必须符合安装规范和安全操作规程并按照施工组织设计进行架设,严禁任意拉线接电。施工现场必须有保证施工安全要求的夜间照明、危险潮湿场所的照明以及手持照明灯具,必须采用符合安全要求的电压。

(5)施工机械应按照施工总平面布置图规定的位置和线路设置,不得任意侵占场内道路。施工机械进场时须经过安全检查,经检查合格方能使用。施工机械操作人员必须按有关规定持证上岗,禁止无证人员操作机械。

(6)应保证施工现场道路畅通,排水系统处于良好的使用状态,保持场容场貌的整洁,随时清理建筑垃圾。在车辆、行人通行的地方施工,应设置施工标志,并对沟、井、坎、穴进行覆盖。

(7)施工现场的各种安全设施和劳动保护器具必须定期检查和维护,及时消除隐患,保证其安全有效。

(8)施工现场应设置各类必要的职工生活设施,并符合卫生、通风、照明等要求。职工的膳食、饮水供应等应符合卫生要求。

(9)应做好施工现场安全保卫工作,采取必要的防盗措施,在现场周边设立围护设施。

(10)应严格依照《中华人民共和国消防法》的规定,在施工现场建立和执行防火管理制度,设置符合消防要求的消防设施,并保持完好的备用状态。在容易发生火灾的地区施工,或者储存、使用易燃易爆器材时,应采取特殊的消防安全措施。

(11)施工现场发生的工程建设重大事故的处理,依照规定执行。

五、建设工程项目的现场管理

项目现场管理应遵守以下基本规定。

(1)项目经理部应在施工前了解经过施工现场的地下管线,标出位置,加以保护;施工时发现文物、古迹、爆炸物、电缆等应停止施工,保护现场,及时向有关部门报告,并按照规定处理。

（2）施工中需要停水、停电、封路而影响环境时，应经有关部门批准，事先告示；在行人、车辆通过的地方施工，应设置沟、井、坎、洞覆盖物和标志。

（3）项目经理部应对施工现场的环境因素进行分析，对可能产生的污水、废气、噪声、固体废弃物等污染源采取措施进行控制。

（4）建筑垃圾和渣土应堆放在指定地点，定期进行清理。装载建筑材料、垃圾或渣土的运输机械，应采取防止尘土飞扬、洒落或流溢的有效措施。施工现场应根据需要设置机动车辆冲洗设施，冲洗污水应进行处理。

（5）除了符合规定的装置外，不得在施工现场熔化沥青和焚烧油毡、油漆，也不得焚烧其他可产生有毒有害烟尘和恶臭气味的废弃物。项目经理部应按规定有效处理有毒物质，禁止将有毒有害废弃物现场回填。

（6）施工现场的场容管理应符合施工平面图设计的合理安排和物料器具定位管理标准化的要求。

（7）项目经理部应依据施工条件，按照施工总平面图、施工方案和施工进度计划的要求，认真进行所负责区域的施工平面图的规划、设计、布置、使用和管理。

（8）现场的主要机械设备、脚手架、密封式安全网与围挡、模具、施工临时道路、各种管线、施工材料制品堆场及仓库、土方及建筑垃圾堆放区、变配电间、消火栓、警卫室，以及现场的办公、生产和生活临时设施等的布置，均应符合施工平面图的要求。

（9）现场入口处的醒目位置应公示下列内容：工程概况牌、安全纪律牌、防火须知牌、安全生产牌与文明施工牌、施工平面图、项目经理部组织机构图及主要管理人员名单。

（10）施工现场周边应按当地有关要求设置围挡和相关的安全预防设施。危险品仓库附近应有明显标志及围挡设施。

（11）施工现场应设置畅通的排水沟渠系统，保持场地道路的干燥坚实。施工现场泥浆和污水未经处理不得直接排放。地面宜做硬化处理。有条件的，可对施工现场进行绿化布置。

六、建设工程项目的施工现场环境保护

1. 施工现场水污染的防治

（1）搅拌机前台、混凝土输送泵及运输车辆清洗处应设置沉淀池，废水未经沉淀处理不得直接排入市政污水管网，经二次沉淀后方可排入市政排水管网或回收用于洒水降尘。

（2）施工现场现制水磨石作业产生的污水，禁止随地排放。作业时要严格控制污水流向，在合理位置设置沉淀池，经沉淀后方可排入市政污水管网。

（3）施工现场气焊用的乙炔发生罐产生的污水严禁随地倾倒，要用专用容器集中存放并倒入沉淀池处理，以免污染环境。

（4）现场要设置专用的油漆油料库，对库房地面做防渗处理，储存、使用及保管时要采取措施并由专人负责，防止因油料泄漏而污染土壤、水体。

（5）施工现场的临时食堂，用餐人数在100人以上的，应设置简易有效的隔油池，使产生的污水经过隔油池后再排入市政污水管网。

(6)禁止将有害废弃物用作土方回填,以免污染地下水和环境。

2. 施工现场大气污染的防治

(1)高层或多层建筑清理施工垃圾使用封闭的专用垃圾道或采用容器吊运,严禁随意凌空抛撒成扬尘。施工垃圾要及时清运,清运时适量洒水减少扬尘。

(2)拆除旧建筑物时,应配合洒水,减少扬尘污染。

(3)施工现场要在施工前做好施工道路的规划和设置,可利用设计中的永久性施工道路。如采用临时施工道路,主要道路和大门口要硬化,包含基层夯实,路面铺垫焦渣、细石,并随时洒水减少道路扬尘。

(4)散装水泥和其他易飞扬的细颗粒散体材料应尽量安排库内存放,露天存放时应严密遮盖,运输和卸运时防止遗洒飞扬,以减少扬尘。

(5)生石灰的熟化和灰土施工要适当配合洒水,杜绝扬尘。

(6)在规划市区、居民稠密区、风景游览区、疗养区及国家规定的文物保护区内施工,施工现场要制订洒水降尘制度,配备专用洒水设备并指定专人负责;在易产生扬尘的季节,施工场地应洒水降尘。

3. 施工现场噪声污染的防治

(1)人为噪声的控制。施工现场提倡文明施工,应建立健全控制人为噪声的管理制度,尽量减少人为噪声,增强全体施工人员防噪声扰民的自觉意识。

(2)强噪声作业时间的控制。在居民稠密区进行强噪声作业的,严格控制作业时间,晚间作业不超过 22 时,早晨作业不早于 6 时;特殊情况确需连续作业(或夜间作业)的,应尽量采取降噪措施,事先做好周围群众的工作,报有关主管部门备案后方可施工。

(3)强噪声机械的降噪措施。产生强噪声的成品或半成品的加工、制作作业(如预制构件、木门窗制作等),应尽量在工厂、车间完成,减少施工现场加工制作产生的噪声。

尽量选用低噪声或备有消声降噪声设备的施工机械。施工现场的强噪声机械(如搅拌机、电锯、电刨、砂轮机等)要设置封闭的机械棚,以减少强噪声的扩散。

(4)加强施工现场的噪声监测。加强施工现场环境噪声的长期监测,采取专人管理的原则,根据测量结果填写建筑施工场地噪声测量记录表,超过施工场界噪声限值标准的,要及时对施工现场噪声超标的有关因素进行调整,达到施工噪声不扰民的目的。

4. 施工现场固体废物的处理

施工现场常见的固体废物包括建筑渣土,废弃的散装建筑材料,生活垃圾,设备、材料等的包装材料和粪便。

固体废物的主要处理和处置方法有以下几种。

(1)物理处理,包括压实浓缩、破碎、分选、脱水干燥等。

(2)化学处理,包括氧化还原、中和、化学浸出等。

(3)生物处理,包括好氧处理、厌氧处理等。

(4)热处理,包括焚烧、热解、焙烧、烧结等。

(5)固化处理,包括水泥固化法和沥青固化法等。

(6)回收利用,包括回收利用和集中处理等资源化、减量化的方法。

（7）处置，包括土地填埋、焚烧、储留池储存等。

七、建设工程环境保护措施

施工单位应遵守国家有关环境保护的法律规定，采取有效措施控制施工现场的粉尘、废气、废水、固体废物、噪声、振动等对环境的污染和危害。施工单位应当采取下列防止环境污染的措施：

①妥善处理泥浆水，未经处理不得直接排入城市排水设施和河流；

②除设有符合规定的装置外，不得在施工现场熔融沥青或者焚烧油毡、油漆以及其他会产生有毒有害烟尘和恶臭气体的物质；

③使用密封式的圆筒或者采取其他措施处理高空废弃物；

④采取有效措施控制施工过程中的扬尘；

⑤禁止将有毒有害废弃物用作土方回填；

⑥对产生噪声、振动的施工机械，应采取有效控制措施，减轻噪声扰民。

思政案例及拓展

2022 年 6 月 23 日，禅城区城管办印发了《佛山市禅城区建设工地围挡提升工作方案》。该方案要求，区内围挡存续期 1 年以上在建工地应因地制宜、量力而行，选用相应围挡类型进行提升改造。一是按照施工工期和施工路段不同，将区内道路划分为一、二、三类路，每类道路沿线围挡提升标准按照《佛山市禅城区建设工地围挡标准及指导范例》再细化。二是要求一类道路沿线围挡设置高度不低于 3 m、二类道路围挡设置高度不低于 2.5 m、三类道路围挡设置高度不低于 1.8 m。三是围挡公益广告确保 30% 面积的刊播比例。四是逐步淘汰"铁皮（单层彩钢板）外挂绿毯"围挡。五是融入城市文化元素，具有岭南地方特色风格，配以适量射灯、灯带、灯饰点缀围挡，呈现夜间亮化效果。

城管部门对区内房屋建筑、轨道交通、水利设施、景观绿化、待建（储备）地等各类工程项目，按照"政府鼓励、部门引导、行业支持、企业建设"的模式实行"一工地一方案"，全面开展工地围挡提升工作，打造了一批实用性与美观性兼备且具有岭南特色的新式围挡。工地围挡从最初仅围蔽保护，到规范样式的仿真草坪墙面，再到兼具绿化和美观功能的垂直立体绿化围挡，在为市民带来赏心悦目的视觉享受的同时，也成为城市形象和城市文明宣传的新窗口。

本 章 小 结

工程建设是一个高风险的行业，职业健康安全与环境管理的目的是在建设工程生产活动中控制影响工作人员和其他相关人员职业健康安全的条件、因素，保护生产者的健康安全，并避免因使用不当或其他原因造成安全危害。本章主要介绍了建设工程职业健康安全的相关概念;讲述了职业健康安全管理的目标、方针和原则;讲述了安全生产的管理体制,其中重点讲述了安全生产事故处理的程序和原则;讲述了安全生产的法律、法规和管理制度;讲述了工程施工现场文明和环境保护要求。

思考与练习

一、单项选择题

1. 建筑施工企业的三级安全教育是指( )。

A. 公司级教育、项目部教育、作业队教育

B. 进场教育、作业前教育、上岗教育

C. 高层领导教育、项目经理教育、团队领导教育

D. 最高领导教育、生产负责人教育、项目经理教育

2. 根据环境管理体系标准的应用原则,在组织的管理体系中,环境管理体系( )。

A. 应在组织整个管理体系之外独立存在

B. 不必成为独立的管理系统,应纳入组织整个管理体系

C. 应融入组织的质量和职业健康安全管理体系

D. 应在组织的整个管理体系之上,作为其他管理体系的基础

3. 施工现场发生安全事故后,首先应该做的工作是( )。

A. 进行事故调查　　　　　　　　B. 对事故责任者进行处理

C. 抢救伤员,排除险情　　　　　 D. 编写事故调查报告并上报

4. 某工人在施工作业过程中脚部被落物砸伤,休养了 21 周。根据《企业职工伤亡事故分类》(GB 6441—86),该工人的伤害程度为( )。

A. 轻伤　　　　　 B. 重伤　　　　　 C. 职业病　　　　　 D. 失能伤害

5. 项目经理部应根据工程特点和规模设置安全管理领导小组,其第一负责人是( )。

A. 专职安全员　　 B. 总工程师　　　 C. 技术负责人　　　 D. 项目经理

6. 施工现场安全"五标志"中,"佩戴安全帽"属于( )标志。

A. 指令　　　　　 B. 禁止　　　　　 C. 警告　　　　　 D. 提示

7. 施工现场的职业健康安全与环境管理的实施,须根据项目的形式、结构类型、地理环境等进行调整,这是由项目的( )特点决定的。

A. 流行性　　　　 B. 复杂性　　　　 C. 单件性　　　　 D. 长期性

8. 下列关于职业健康安全体系作用的说法,错误的是( )。

A. 可以促使我国职业健康安全管理标准与国际接轨

B. 实行职业安全会对公司产生直接和间接的经济效益

C. 可以促使公司管理水平全面提高

D. 有助于提高全民的安全意识

9. 在某桥梁工程桩基施工的过程中,操作平台整体倒塌导致 6 人死亡、52 人重伤,产生直接经济损失 118 万元。根据安全事故造成的后果,该事故属于( )。

A.一般事故　　　　B.重大事故　　　　C.较大事故　　　　D.特别重大事故

10.施工单位负责人接到施工现场发生安全事故的报告后,应当在(　　)小时内向事故发生地有关部门报告。

A.1　　　　　　　B.4　　　　　　　C.8　　　　　　　D.24

11.相对于建设工程固定性的特点,施工生产表现出(　　)的特点。

A.一次性　　　　B.流动性　　　　C.单件性　　　　D.预约性

12.施工企业在确定建设工程职业健康安全与环境管理目标时,一般事项频率控制目标通常在(　　)以内。

A.6　　　　　　　B.8　　　　　　　C.10　　　　　　　D.12

13.根据《生产安全事故报告和调查处理条例》,造成2人死亡的生产安全事故属于(　　)。

A.特别重大事故　　B.重大事故　　　　C.较大事故　　　　D.一般事故

14.某施工企业瞒报生产安全事故,建设行政主管部门应依法对其处以(　　)万元的罚款。

A.10～30　　　　B.30～50　　　　C.50～100　　　　D.100～500

15.关于建设工程施工现场环境管理的说法,正确的是(　　)。

A.施工现场用餐人数在50人以上的临时食堂,应设置简易有效的隔油池

B.施工现场外围设置的围挡不得低于1.5 m

C.一般情况下禁止各种打桩机械在夜间施工

D.在城区、郊区城镇和居住稠密区,只能在夜间使用敞口锅熬制沥青

16.施工现场混凝土搅拌车清洗产生的污水,应(　　)。

A.有组织地直接排入市政污水管网

B.经一次沉淀后排入市政排水管网

C.分散直接排入市政污水管网

D.经二次沉淀后排入市政排水管网

二、多项选择题

1.下列有关建设工程生产安全事故报告的说法,正确的有(　　)。

A.施工现场最先发现事故的人员应立即用最快的手段向施工单位负责人报告

B.施工单位负责人接到报告后应当在1小时内上报事故情况

C.特别重大事故应逐级上报至国务院建设行政主管部门

D.重大事故应逐级上报至省级建设行政主管部门

E.在任何情况下,安全生产监督管理部门均不得越级上报事故情况

2.为防治施工环境污染,正确的做法有(　　)。

A.尽量选用低噪声或备有消声降噪设备的机械

B.拆除旧建筑物前,先进行洒水湿润

C.将有害废弃物集中后用作土方回填

D.对土方的运输,采取封盖措施

E.现场设置专用油料库,并对地面进行防渗处理

3.施工现场固体废物的处理方法主要有（   ）。

A.物理处理

B.化学处理和生物处理

C.热处理和固化处理

D.回收利用和循环再造

E.回填处理

4.施工安全技术交底要求做好"四口""五临边"的防护设施,其中"四口"指（   ）。

A.通道口

B.楼梯出入口

C.楼梯口

D.电梯井口

E.预留洞口

5.施工安全管理目标中的"六杜绝"是指杜绝因公受伤、死亡事故,杜绝坍塌伤害事故以及（   ）。

A.杜绝惯性事故

B.杜绝物体打击事故

C.杜绝高处坠落事故

D.杜绝机械伤害事故

E.杜绝触电事故

6.关于施工安全管理的说法中,正确的有（   ）。

A.施工单位在取得施工许可证后方可施工

B.施工人员必须具备相应的安全生产资格方可上岗

C.临时工作在接受项目部的安全教育后就可进场作业

D.对查出的事故隐患要做到整改"五定"的要求

E.必须把好安全生产的"七关"标准

7.施工现场固体废物的治理方法有（   ）。

A.无害化

B.安定化

C.回收化

D.减量化

E.运输化

8.按国家有关规定,对施工现场泥浆、污水、有毒有害液体处理采取的有效措施有（   ）。

A.设置污水沉淀池,使污水经沉淀后排入场外的市政污水管网

B.设置污水隔油池,使临时食堂污水经沉淀后排入场外的市政污水管网

C.直接排入场外的河流

D.直接排入场外的市政污水管网

E.将有毒有害液体采用专用容器集中存放

9.按国家有关规定,对施工现场空气污染采取的有效措施有（   ）。

A.主要运输道路进行硬化处理,现场采取绿化、洒水等措施

B.将有害废弃物用作土方回填

C.水泥与其他易飞扬的细颗粒散体材料密闭存放

D.建筑物内的施工垃圾使用容器吊运

E.土方、渣土与垃圾外运采取封盖措施

三、简答题

1.建设单位的安全责任有哪些?

2.施工现场质量检查的方法主要有哪些?

3.建设工程项目对环境保护的基本要求有哪些?

4.施工现场安全管理目标主要有哪些?

四、案例题

背景:某商厦的建筑面积为 82000 m²,为钢筋混凝土框架结构,地上 6 层,地下 2 层,由市第一建筑设计院设计,由南华建筑工程公司施工。项目于 2018 年 6 月 5 日开工。在主体结构施工到地上二层时,柱混凝土施工完毕,为使楼梯能跟上主体施工进度,施工单位在地下室楼梯未施工的情况下直接支模施工第一层楼梯混凝土。支模方法是在 ±0.00 m 处的地下室楼梯间侧壁混凝土墙板上放置四块预应力混凝土空心楼板,在楼梯上面进行一层楼梯支模;在地下室楼梯间,采取分层支模的方法,对上述四块预制楼板进行支撑。地下一层的支撑柱直接顶在预制楼板下面。2019 年 3 月 10 日中午开始浇筑第一层楼梯混凝土,当混凝土浇筑即将完工时,楼梯整体突然坍塌,致使 7 名现场施工人员坠落并被砸入地下室楼梯间,造成 4 人死亡、3 人轻伤、直接经济损失 25.5 万元的事故。事后调查发现,第一层楼梯混凝土浇筑的技术交底和安全交底均为施工单位为逃避责任后补的。

问题:1.本工程的这起事故可定为哪种等级的事故,依据是什么?

2.分部分项工程安全技术交底的要求和主要内容是什么?

3.伤亡事故处理的程序是什么?

第八章　建设工程项目信息管理

【学习目标】

1.知识目标

(1)了解建设项目信息管理的含义、目的、任务。

(2)理解施工项目信息收集的要求、方法。

(3)了解信息编码与处理的概念。

(4)了解项目管理信息系统的概念、主要功能。

(5)了解 BIM 技术的概念、意义和应用。

2.能力目标

(1)具备建设工程项目信息过程管理的能力。

(2)能够使用计算机辅助建设工程项目信息管理。

任务单元一　建设工程项目信息管理基础知识

建设工程信息化或者信息化的工程建设是现代建设工程项目管理中不可或缺的一部分。信息管理其实就是对信息资源和信息活动的管理。建设工程项目信息管理就是指人们在整个工程项目建设管理过程中,收集、加工和输入、输出信息,分析和利用各种建设相关信息。信息管理的过程包括信息收集、信息传输、信息加工和信息储存。对于任何一个建设工程项目来讲,建设产品是由多个关联方、多工种、多系统密切配合而成的有机整体,搞好内外部信息管理至关重要。但是建设工程领域的信息管理不能简单理解为仅对产生的信息进行归档和一般的信息领域的行政事务管理,建设工程项目信息管理的目的是通过有效的项目信息传输的组织和控制为项目建设的增值服务。

一、信息与信息管理

对于信息(information)的含义,人们站在不同的角度有不同的说法。从广义上讲,信息就是对客观事物的反映。从本质上看,信息是对事物特征、现象、本质及规律的描述,它提供了有关现实世界事物的消息和知识。信息普遍存在于自然界、人类社会和思维领域中。从狭义上讲,人们可以将信息定义为"经过加工处理,并对客观事物产生影响的数据",它对接收者有用,对决策或行为具有现实或潜在的价值。

在建设工程项目管理领域,我们常说的信息指的是用口头的方式、书面的方式或电子的方式传输(传达、传递)的知识、新闻、可靠的或不可靠的情报。声音、文字、数字和图像等都是信息表达的形式。建设工程项目的实施需要人力资源和物质资源,信息也是项目实施的重要资源之一。

信息在管理活动中有非常重要的作用,它是管理的基础与纽带,是使各项管理职能得以充分发挥的前提。这是因为信息活动贯穿管理的全过程,管理就是通过信息协调系统的内部资源、外部环境和系统目标实现系统功能的。具体而言,信息是管理系统的基本构成要素,并促使各要素形成有机联系。信息还是管理过程的媒介,使管理活动得以顺利进行。信息是组织中各部门、各层次、各环节协调的纽带。信息还是决策者正确决策的基础。信息的开发和利用是提高社会资源利用效率的重要途径。社会资源是有限的,需要得到合理、有效的配置,才能提高利用效率。对于建筑工程管理而言,资源的有限性和稀缺性更为突出,做好工程建设管理过程中的信息管理工作有利于提高项目建设的经济效益和社会效益。

对于信息管理(information management)的概念,目前主流的说法有两种。一种意见认为,信息管理就是对信息的收集、整理、储存、传播和利用过程,也就是使信息从分散到集中、从无序到有序、从储存到传播、从传播到利用的过程。这种说法把信息管理局限于对信息本身的管理。另一种意见认为,信息管理不只是对信息的管理,而是对涉及信息活动的各种要素,如信息、人员、技术、机构等进行管理,实现各种资源的合理配置以满足社会对信息需求的过程。两种说法,一种是狭义的,另一种是广义的。根据目前我国建设行业发展的状况,采取广义的说法似乎更合适些。

信息管理属于管理活动的一部分,管理伴随着人们生产生活的发展而发展,有人类以来就有管理活动,但是管理作为一门学科发展起来是 20 世纪初期才开始的。现在管理科学出现了许多流派,如科学管理学派、古典组织学派、人际关系学派、行为科学学派、管理科学学派、决策管理学派、经验主义学派、权变理论学派等,形成了所谓的"管理丛林"。管理实践中出现了许多专门的领域,如企业管理、金融管理、行政管理、人员管理、建设工程项目管理等,这里只讨论建设工程项目管理和在该领域的信息管理。

二、工程项目信息

工程项目的实施是一个复杂的过程,包含众多信息。这些信息来源广泛,相互联系、彼此交叉,形成庞大的信息体系。这个体系中的某一部分出现问题,将影响整个工程项目的实施。有资料显示,工程项目建设实施过程中存在的众多问题中有 2/3 与信息交流出现问题有关;项目 10%～33% 的费用增加与信息交流存在的问题有关;信息交流问题导致工程变更和工程实施错误的占工程总成本的 3%～5%。可见,项目的信息管理是至关重要的一项工作。

工程项目信息是指在项目决策过程、实施过程(建设准备、设计、施工和物资采购过程等)和试运行过程中产生的信息,以及其他与项目建设有关的信息,一般包括组织类信息、管理类信息、经济类信息和技术类信息几大类,细分之后又包括以下几类:项目组织信息、合同管理信息、风险管理信息、安全管理信息、投资控制信息、施工技术信息等;按照管理目标分的成本、质量、安全、进度等管理信息;按照生产要素分的劳动力、材料、机械设备、技术、资金等管理信息。为了管理项目信息,信息化管理手段应运而生,具体是指信息技术在建设项目管理中的开发和应用,解决工程项目从数据采集、信息处理与共享到管理决策等环节的信息化。

三、建设工程项目信息管理的原则

建设工程项目信息管理是指建设工程项目信息收集、整理、处理、储存、传递与运用等一系列工作,其实质是依据信息的特点,有计划地组织信息沟通,以保证能准时、精确地获取所需信息,达到正确决策的目的。

建设工程项目信息管理的目的是通过有效的项目信息传输的组织和控制为项目建设的增值服务。因此,我们要把握信息管理的各环节(包括信息的来源,信息的分类),建立信息管理系统,正确应用信息管理手段,把握信息流程的不同环节。为了提高信息的真实度和决策的牢靠度,信息管理应遵循以下原则。

(1)标准化原则。建设方应主动将设计方、监理方、施工方、材料设备供应方等参建各方的信息进行整合,在项目的实施过程中对有关信息的分类进行统一,对信息流程进行规范,力求做到格式化和标准化,从组织上保证信息生产过程的效率。

(2)有效性原则。工程信息应针对不同层次管理者的要求进行适当加工,针对不同管理层提供不同要求和浓缩程度的信息。这一原则是为了保证信息产品对于决策、管理、协调和操作各层次支持的有效性。

(3)定量化原则。工程信息不应是项目实施过程所产数据的简单记录,而应经过信息处理人员的比较与分析。采用定量工具对有关数据进行分析和比较,对工程项目状况的判断与决策是十分必要的。

(4)时效性原则。信息均有时效性。工程实施与控制过程千变万化,工程信息也具有相应的时效性,所以信息的传达与接收以及信息的反馈要及时有效,以保证信息产品能够及时服务于决策。

(5)高效处理原则。采用高性能的信息处理工具(如工程信息管理系统)可以尽量缩短信息在处理过程中的延迟,避免丢失或者被篡改。

四、建设工程项目信息管理的流程

建设工程项目信息管理在项目实施过程中可遵循图 8-1 所示的流程。

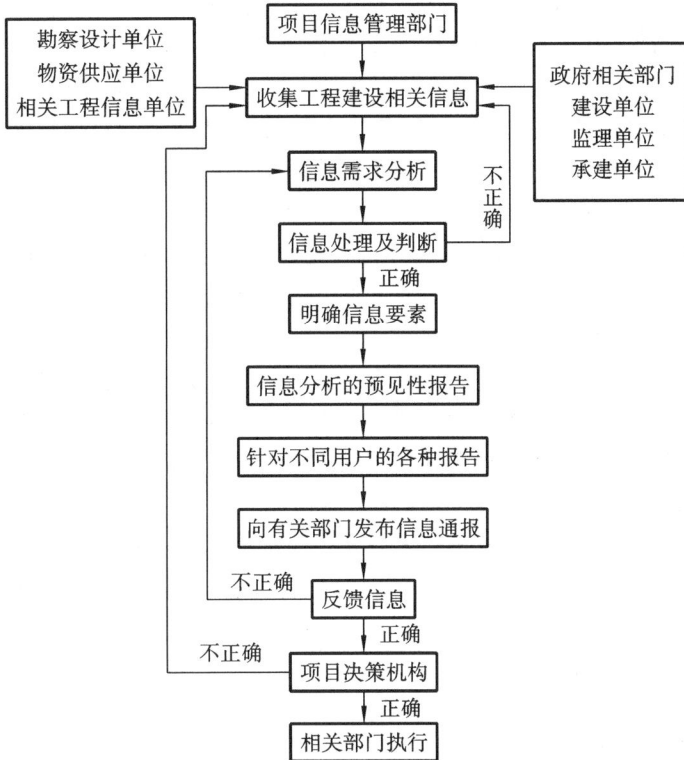

图 8-1 建设工程项目信息管理的流程

任务单元二 建设工程项目信息管理的意义和任务

一、建设工程项目信息管理的必要性

信息与物质、能源一样,是推动社会经济发展的重要资源。任何一项管理活动,都离不开某种信息的处理工作。建设工程项目各方面的管理活动并不孤立,它们之间存在相互依靠、相互制约的联系。于是,各管理活动之间必定需要信息的交流与传递,而且建设工程项目管理工作的复杂与繁重程度直接决定了项目管理中信息流动的复杂和频繁程度。在传统的建设工程项目管理模式中,项目上各种信息的储存,主要基于表格或单据等纸面形式;信息的加工和整理,完全由大量的手工计算来完成;信息的交流,绝大部分是通过人与人之间的手工传递或者口头传递;信息的检索,完全依靠对文档资料的翻阅和查看。信息从产生、整理、加工、传递到检索和利用,都以一种较为缓慢的速度在运行,这容易影响信息作用的准时发挥而造成项目管理工作中的失误。随着现代工程建设项目规模的不断扩大,施工技术的难度与质量的要求不断提高,各部门和单位交互的信息量不断扩大,信息的交往与传递变得越来越频繁,建设工程项目管理的复杂程度和难度越来越突出。

应当看到,建设工程项目的信息管理不仅意味着在管理过程中使用计算机,而且具有更广泛、更深刻的内涵。首先,它基于信息技术供应的可能性,对管理过程中需要处理的全部信息进行高效的采集、加工、传递和实时共享,削减部门之间对信息处理的重复工作,使共享的信息为项目管理服务、为项目决策提供牢靠的依据。其次,它使监督检查等掌握信息及信息反馈变得更准时、有效,使以生产计划和物资计划等为典型代表的计划工作能够依据已有工程的计划经验变得更先进合理,使建筑施工活动以及项目管理活动流程的组织更加科学化,能正确引导项目管理活动的开展,有利于提高施工管理的自动化水平。建设工程项目信息管理有其必要性。

(1)改善工作效率。在以往的工程项目管理中,沟通成本普遍较高,工程管理人员难以保证信息及时、有效地传递到相关人员,项目部虽然清楚地了解工程进度,但企业高层无法了解情况。另外,以往数据处理往往采用人工的方式,效率低还容易出错。而信息管理能解决这些问题。

(2)能有效管控项目成本。管理信息化可以有效降低人力成本,使人力资源的配置更加合理,还可以避免人为因素造成的问题,减少人为因素造成的不确定性,在一定程度上降低项目风险。

(3)提高精细化管理能力。工程项目管理信息化能高效收集和处理项目中的信息数据,将各种细节情况都记录下来,有利于精细化管理,一方面使查询项目情况更便捷,另一方面加强了对细节的管理。

二、建设工程项目信息管理的意义

建设工程项目信息管理对工程项目管理来说有重要的意义。

(1)利用信息网络作为项目信息交流的载体,可以使信息交流速度大大加快,减轻项目参与人日常管理的工作负担,加快项目管理系统中的信息反馈速度和系统的反应速度。人们能够及时查询工程进展状况的信息,进而能及时地发觉问题,及时做出决策,提高工作效率。

(2)利用公共的信息管理平台,便于各参建方进行信息共享和协同工作,一方面有助于提高工作效率,另一方面可以提高管理水平。建设工程项目信息化使项目的透明度增加,使人们能够了解企业和项目的全貌。总目标容易贯彻,项目经理和上层领导容易发觉问题。下层管理员和执行人员容易了解和领会上层的意图,各方面协调更为容易。建设工程项目信息化在信息共享的环境下自动完成某些常规的信息通知,削减了项目参与人之间需要人为信息交流的次数,保证了信息的传递变得快捷、准时和通畅。

(3)建设工程项目信息管理适应建设工程项目管理对信息量急剧增长的需求,将每天的各种项目管理活动信息数据进行实时采集,并提供对各管理环节的准时、便利的督促与检查,实行规范化管理,从而促进各项目管理工作质量的提高。建设工程项目信息化使信息容量增加,信息的牢靠性增加。例如项目管理职能人员可以从互联网上直接查询最新的工程招标信息、原材料市场行情。人们可以直接查询和使用其他部门的信息,这样不仅可以减少信息的加工和处理工作,而且可以保证信息在传输过程中不失真。

（4）建设工程项目的全部信息以系统化、结构化的方式储存，便于施工后的分析和数据复用，可以为项目管理提供定量的分析数据，进而支持项目的科学决策。因此，对建筑施工项目实行信息化管理，可以有效地利用有限的资源，用尽可能少的费用、尽可能快的速度来保证优良的工程质量，获取项目最大的社会经济效益。

（5）建设工程项目信息化使项目风险管理的能力和水平大为提高。现代信息技术使人能够对风险进行有效的、快速的预估、分析、防范和掌握。风险管理需要大量的信息，而且要快速获得这些信息，需要非常复杂的信息处理过程。现代信息技术为风险管理提供了很好的方法、手段和工具。

（6）推进国民经济和社会信息化是国家发展战略的重要内容。建设工程项目信息化能够更科学、更便利地进行多种类型的项目管理：大型的、特大型的、特殊复杂的项目；多项目的管理，即一个企业同时管理很多项目；远程项目，如国际投资项目、国际工程等。建筑业信息化是国民经济信息化的基础之一，改造和提升建筑业技术手段和生产组织方式，提高建筑企业经营管理水平和核心竞争能力，提高建筑业主管部门的管理、决策和服务水平，是推进建筑业信息化的重要手段。

三、建设工程项目信息管理的任务

建设工程项目的业主方和项目参与各方都有各自的信息管理任务。为充分利用和发挥信息资源的价值，提高信息管理的效率以及实现有序、科学的信息管理，各方都应编制各自的信息管理手册，以规范信息管理工作。

1. 信息管理手册

信息管理手册实际上是项目信息管理的操作规范，它描述和定义了信息管理做什么、由谁做、什么时候做和其工作成果是什么等。信息管理手册的主要内容如下：

①信息管理的任务（信息管理任务目录）；
②信息管理的任务分工表和管理职能分工表；
③信息的分类；
④信息的编码体系和编码；
⑤信息输入输出模型；
⑥各项信息管理工作的工作流程图；
⑦信息流程图；
⑧信息处理的工作平台及其使用规定；
⑨各种报表和报告的格式，以及报告周期；
⑩项目进展的月度报告、季度报告、年度报告和工程总报告的内容及其编制；
⑪工程档案管理制度；
⑫信息管理的保密制度等。

2. 信息管理部门的工作任务

项目管理班子中各工作部门的管理工作都与信息处理有关。信息管理部门有以下主要工作任务。

(1)负责编制信息管理手册,在项目实施过程中进行信息管理手册的必要修改和补充,并检查和督促其执行。

(2)负责协调和组织项目中各工作部门的信息处理工作。

(3)负责信息处理工作平台的建立、运行和维护。

(4)与其他工作部门协同组织收集信息、处理信息和形成各种反映项目进展和项目目标控制的报表和报告。

(5)负责工程档案管理等。

在国际上,许多建设工程项目都专门设立信息管理部门(或称为信息中心),以确保信息管理工作的顺利进行;也有一些大型建设工程项目专门委托咨询公司从事项目信息动态跟踪和分析,以信息流指导物资流,从宏观上对项目的实施进行控制。

3. 应重视基于互联网的信息处理平台

建设工程项目需要处理大量数据,应重视利用信息技术的手段进行信息管理。核心的手段是基于互联网的信息处理平台。项目管理信息化网络平台在构成上主要包括两个方面:硬件系统和软件系统。硬件系统包括整个网络平台运行所需的服务器、个人电脑、相应的网络设施和与互联网相连的硬件设备。软件系统包括网络平台运行过程中所需的各种软件,如电脑的操作系统软件、办公应用软件、项目管理应用软件、网络通信软件以及网络系统运行软件等。

任务单元三　建设工程项目信息管理的内容

一、项目信息的收集

信息收集就是收集原始信息,是很重要的基础工作。信息管理工作质量的好坏,很大程度上取决于原始资料的全面性和可靠性。

在工程项目建设的每一个阶段都要进行大量工作,这些工作将会产生大量信息。这些信息包含丰富的内容,是实施项目管理的重要依据。信息收集者应充分了解和掌握这些内容。

1. 建设工程决策阶段的信息收集

由于建设工程决策阶段对建设工程项目的效益影响很大,信息收集者应该先进行项目决策阶段相关信息的收集。该阶段信息收集工作主要是收集工程项目外部的宏观信息,要收集过去的、现在的和未来的与项目相关的信息,具有较多的不确定性。

在建筑工程前期决策阶段,信息收集者应向有关单位收集以下资料:

①批准的项目建议书、可行性研究报告及设计任务书;

②批准的建设选址报告、城市规划部门的批文、土地使用要求、环保要求;

③工程地质和水文地质勘察报告、区域图、地形测量图;

④地质气象和地震烈度等自然条件资料；

⑤矿藏资源报告；

⑥设备条件；

⑦规定的设计标准；

⑧国家或地方的监理法规或规定；

⑨国家或地方有关的技术经济指标和定额等。

对这些信息进行收集是为了帮助建设单位避免决策失误，进一步开展调查和研究投资机会，编写可行性研究报告，进行投资估算和工程建设经济评价。

2. 建设工程设计阶段的信息收集

设计阶段是工程建设的重要阶段。建筑设计阶段决定了工程规模，建筑形式，工程的概预算，技术的先进性、适用性，标准化程度等一系列具体的要素。在这个阶段将产生一系列设计文件，它们是业主选择承包人以及在施工阶段实施项目管理的重要依据。

在建设工程设计阶段，信息收集者应注意收集以下资料：

①可行性研究报告、前期相关文件资料、存在的疑点、建设单位的意图、建设单位前期准备和项目审批完成的情况；

②同类工程相关信息，如建筑规模，结构形式，造价构成，工艺、设备的选型，地质处理方式及实际效果，建设工期，采用新材料、新工艺、新设备、新技术的实际效果及存在的问题，技术经济指标；

③拟建工程所在地相关信息，如地质、水文情况，地形地貌、地下埋设和人防设施情况，城市拆迁政策和拆迁户数，青苗补偿，周围环境（水、电、气、道路等的接入点，周围建筑、学校、医院、交通、商业、绿化、消防、排污）；

④工程所在地政府相关信息，如国家和地方政策、法律、法规、规范规程、环保政策、政府服务情况和限制等；

⑤设计中的设计进度计划，设计质量保证体系，设计合同执行情况，产生偏差的原因及纠偏措施，专业间设计交接情况，执行的规范、规程、技术标准（特别是强制性规范执行的情况），设计概算和施工图预算结果，超限额的原因，各设计工序对投资的控制等；

⑥勘察、测量、设计单位相关信息，如同类工程完成情况和实际效果，完成该工程项目的人员构成，设备投入状况，质量管理体系完善情况，创新能力，收费情况，施工期间技术服务主动性和处理问题的能力，设计深度和技术文件质量，专业配套能力，设计概算和施工图预算编制能力，合同履约情况，采用的新技术、新设备、新方法等。

设计阶段信息的收集范围广泛、来源较多、不确定因素较多、外部信息较多、难度较大，所以信息收集者既要有较高的技术水平和较广的知识面，又要有一定的相关设计经验、投资管理能力和信息综合处理能力，才能完成该阶段的信息收集。

3. 建设工程施工招标投标阶段的信息收集

施工招标投标阶段的信息收集，有助于建设单位编写招标书，选择施工单位和项目经理、项目班子，有利于签订施工合同，为保证施工阶段目标的实现打下良好基础。

在建设工程施工招标投标阶段，信息收集者应注意收集以下几个方面的资料：

①所在地招标投标代理机构的能力与特点,所在地招标投标管理机构及管理程序;

②工程地质、水文地质勘察报告,施工图设计及施工图预算、设计概算,设计、地质勘察、测绘的审批报告等方面的信息,特别是该建设工程有别于其他同类工程的技术要求、材料、设备、工艺、质量要求等有关信息;

③工程造价的市场变化规律及所在地区的材料、构件、设备、劳动力差异;

④本工程适用的规范、规程、标准,特别是强制性规范;

⑤建设单位建设前期报审文件,立项文件,建设用地、征地、拆迁文件;

⑥建设工程采用的新技术、新设备、新材料、新工艺,投标单位对"四新"的处理能力和了解程度、经验、措施;

⑦当地施工单位的管理水平、质量保证体系、施工质量、设备、机具能力;

⑧所在地关于招标投标的法规、规定,国际招标、国际贷款指定适用的范本,本工程适用的建筑施工合同范本及特殊条款。

在施工招标投标阶段,信息收集者应充分了解施工设计和施工图预算,熟悉法律、法规,熟悉招标投标程序,熟悉合同示范文本,了解工程特点和工程量分解,这样才能为工程建设决策提供必要的信息。

4. 建设工程施工阶段的信息收集

建设工程施工阶段可以说是大量信息产生、传递和处理的阶段,工程建设者的信息管理工作主要集中在这个阶段。

(1)收集业主提供的信息。业主是工程项目建设的组织者,在施工中要按照合同文件规定提供相应的条件,并要不时表达对工程各方面的意见和看法,下达某些指令。因此,信息收集者应及时收集业主提供的信息。

对业主提供的信息的收集工作应从以下方面进行。

①当业主负责某些材料的供应时,需收集提供材料的品种、数量、质量、价格、提货地点、提货方式等信息。例如,在一些工程项目中,甲方将钢材、木材、水泥、砂石等主要材料,在施工过程中以某一价格提供给乙方使用,甲方应及时将这些材料在各个阶段提供的数量、材料证明、试验资料、运输距离等情况告诉有关方面。

②对于业主在建设过程中对有关进度、质量、投资、合同等方面的意见和看法,监理工程师应及时收集,同时应及时收集甲方的上级单位对工程建设的各种意见和指令。

(2)收集承包人提供的信息。在施工过程中,现场所发生的各种情况均包含大量内容,施工单位必须掌握和收集这些内容。经收集和整理后,施工单位将其汇集成丰富的信息资料。施工单位在施工中必须经常向有关单位,包括上级部门、设计单位、监理单位及其他方面发出某些文件,传达一定的内容,如向监理单位报送施工组织设计,报送各种计划、单项工程施工措施、月支付申请表、各种工程项目自检报告、质量问题报告、有关问题的意见等。

(3)工程项目监理的记录。工程师代表(驻地工程师)的监理记录,主要包括工程施工历史记录、工程质量记录、工程计量和工程付款记录、竣工记录等内容。

例如,工程施工历史记录包括以下内容。

①现场监理人员的日报表。现场监理人员的日报表主要包括当天的施工内容、当天

参加施工的人员(工种、数量、施工单位等)、当天施工用的机械(名称、数量等)、当天发生的施工质量问题、当天施工进度与计划施工进度的比较(若发生施工进度拖延,应说明其原因)、当天的综合评价以及其他说明(应注意的事项)。

现场监理人员的日报表可采用表格式,力求简明,要求每日填报,一式两份。

②工地日记。工地日记主要包括现场监理人员的日报表,监理工作纪要,其他有关情况与说明等。

③现场每日的天气、水情记录。现场每日的天气、水情记录主要包括当天的最高、最低气温,当天的降雨、降雪量,当天的风力,当天的天气状况,当天坝址最大流量,当天最高水位,当天因自然原因损失的工作时间等。若施工现场区域大、工地的天气情况差别较大,则应记录两个或多个地方的气候资料。

④驻施工现场监理负责人日记。驻施工现场监理负责人日记主要包括当天所做的重大决定;当天对施工单位要求的主要指标;当天发生的纠纷及可能的解决办法;该工段项目监理总负责人或其代表在施工现场谈及的问题;当天与该工程项目监理总负责人的口头谈话摘要;当天对驻施工现场监理工程师(监理人员)的指示;当天与其他人达成的任何主要协议或对其他人的主要指示等。该日记属驻施工现场监理负责人的个人记录,应每日记录。

⑤驻施工现场监理负责人周报。驻施工现场监理负责人应每周向工程项目监理总负责人(总监理工程师)汇报一周内发生的重大事件。

⑥驻施工现场监理负责人月报。驻施工现场监理负责人应每月向监理总负责人及业主汇报下列情况:工程施工进度状况(与合同规定的进度比较);工程款支付情况;工程进度拖延的原因分析;工程质量情况与问题;工程进展中的主要困难与问题,如施工中的重大差错,重大索赔事件,材料、设备供货困难,组织、协调方面的问题,异常的天气情况等。

⑦驻施工现场监理负责人对施工单位的指示。驻施工现场监理负责人对施工单位的指示的主要内容:正式函件(用于极重大的指示);日常指示,如在每日工地协调会中发出的指示、在施工现场发出的指示等。

⑧驻施工现场监理负责人给施工单位的补充图纸。

(4)工地会议记录。工地会议是监理工作的一种重要方法,会议中包含着大量信息。监理工程师必须重视工地会议,并建立一套完善的会议制度,以便会议信息的收集。会议制度包括会议的名称、主持人、参加人、举行会议的时间及地点等,每次会议都应有专人记录,会议后应有正式会议纪要和工程会议记录表。工地会议属监理工程师行政管理的一部分,它包括开工前的第一次会议及开工后的经常工地会议。工地会议记录忠实于会议发言,原话必录,以确保记录的真实性。工地会议记录应针对会议内容编制相应的表格,以使数据格式规范,便于计算机进行处理。

(5)收集来自其他方面的信息。在工程建设的施工阶段,除上述几个方面产生各种信息外,其他方面也有信息产生,如设计单位、物资供应单位、银行、国家及地方政府有关部门、供电部门、供水部门、通信及交通运输部门等都会产生大量信息。项目管理人员也应注意收集这些信息,作为实施建筑项目管理的重要依据。

5.建设工程竣工阶段的信息收集

工程项目竣工阶段的信息收集建立在施工期日常信息积累的基础上。传统工程管理和现代工程管理最大的区别在于传统工程管理不重视信息的收集和规范化,不能及时收集整理数据,往往采取事后补填或做"假数据"应付了事。现代工程管理要求数据实时记录,真实反映施工过程,可以真正做到积累在平时而竣工保修期只是建设各方最后的汇总和总结。

建设工程竣工阶段需要收集以下信息。

(1)工程准备阶段文件。工程准备阶段文件包括立项文件,建设用地、征地、拆迁文件,开工审批文件等。

(2)监理文件。监理文件包括监理规划、监理实施细则、有关质量问题和质量事故的记录、监理工作总结以及监理过程中各种控制和审批文件等。

(3)施工资料。施工资料分为建筑安装工程资料和市政基础设施工程资料两大类。

(4)竣工图。竣工图分为建筑安装工程竣工图和市政基础设施工程竣工图两大类。

(5)竣工验收资料。竣工验收资料包括工程竣工总结、竣工验收备案表、电子档案等。

二、建设工程项目信息的分类、编码和处理方法

1.项目信息的分类

建设工程项目有各种信息,如图 8-2 所示。

项目参与各方可根据各自项目管理的需求确定信息的分类,但为了信息交流的方便和实现部分信息共享,应尽可能做一些统一分类的规定,如项目的分解结构应统一。可从不同的角度对建设工程项目的信息进行分类,如表 8-1 所示。

表 8-1　项目信息的分类

分类方法	信息类别
按信息来源不同	内部信息
	外部信息
按信息流向不同	自上而下的信息
	自下而上的信息
	横向沟通的信息
	内部与外部沟通的信息
按信息产生的阶段不同	决策阶段的信息
	实施阶段的信息
	运行阶段的信息
按信息的性质不同	技术类信息,如前期技术、设计技术、材料设备技术、施工技术、质量控制、竣工验收技术信息
	管理类信息,如合同管理、安全管理、风险管理、进度控制信息
	经济类信息,如工作量控制、投资控制信息
	组织类信息,如项目管理组织、项目组织、单位组织、编码信息

续表

按信息的时态不同	历史性信息
	实时信息
	预测信息
按管理对象不同	子项目1信息
	子项目2信息
按管理工作任务不同	质量控制信息
	进度控制信息
	投资控制信息

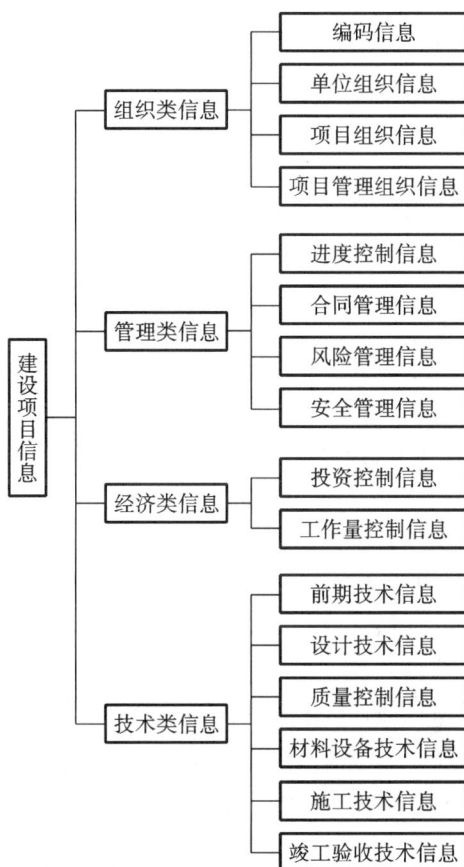

图 8-2　建设工程项目的信息

2. 项目信息编码的方法

编码由一系列符号（如文字）和数字组成，编码是信息处理的一项重要的基础工作。一个建设工程项目有不同类型和不同用途的信息，为了有组织地储存信息，方便信息的检索和信息的加工整理，必须对项目的信息进行编码。

(1)项目的结构编码,依据项目结构图对项目结构的每一层的每一个组成部分进行编码。

(2)项目管理组织结构编码,依据项目管理的组织结构图,对每一个工作部门进行编码。

(3)项目的政府主管部门和各参与单位编码(组织编码),包括以下内容:

①政府主管部门的编码;

②业主方的上级单位或部门的编码;

③金融机构的编码;

④工程咨询单位的编码;

⑤设计单位的编码;

⑥施工单位的编码;

⑦物资供应单位的编码;

⑧物业管理单位等的编码。

(4)项目实施的工作项编码(项目实施的工作过程的编码)应覆盖项目实施的工作任务目录的全部内容,包括以下内容:

①设计准备阶段的工作项;

②设计阶段的工作项;

③招标投标工作项;

④施工和设备安装工作项;

⑤项目动用前的准备工作项等。

(5)项目的投资项编码(业主方)/成本项编码(施工方)并不是概预算定额确定的分部分项工程的编码,它应综合考虑概算、预算、标底、合同价和工程款的支付等因素,建立统一的编码,以服务于项目投资目标的动态控制。

(6)项目的进度项(进度计划的工作项)编码,应综合考虑不同层次、不同深度和不同用途的进度计划工作项的需要,建立统一的编码,服务于项目进度目标的动态控制。

(7)项目进展报告和各类报表编码。项目进展报告和各类报表编码应包括项目管理形成的各种报告和报表的编码。

(8)合同编码,应参考项目的合同结构和合同的分类,反映合同的类型、相应的项目结构和合同签订的时间等特征。

(9)函件编码,应反映发函者、收函者、函件内容涉及的分类和时间等,方便函件的查询和整理。

(10)工程档案编码,应根据有关工程档案的规定、项目的特点和项目实施单位的需求等建立。

以上这些编码是针对不同的用途编制的,如投资项编码(业主方)/成本项编码(施工方)服务于投资控制工作/成本控制工作;进度项编码服务于进度控制工作。但是有些编码并不是针对某一项管理工作编制的,如投资控制/成本控制、进度控制、质量控制、合同管理、编制项目进展报告等都要使用项目的结构编码,因此就需要进行编码的组合。

3.项目信息处理的方法

在当今时代,信息处理已逐步向电子化和数字化的方向发展,但建筑业和基本建设领域的信息化已明显落后于许多其他行业,建设工程项目信息处理基本上还沿用传统的方法和模式。管理人员应采取措施,使信息处理由传统的方式向基于网络的信息处理平台方向发展,以充分发挥信息资源的价值,以及信息对项目目标控制的作用。

首先,应搭建基于网络的信息处理平台。基于网络的信息处理平台由一系列硬件和软件构成:

①数据处理设备(包括计算机、打印机、扫描仪、绘图仪等);

②数据通信网络(包括形成网络的有关硬件设备和相应的软件);

③软件系统(包括操作系统和服务于信息处理的应用软件)等。

数据通信网络主要有如下三种类型:

①局域网(LAN),即由与各网点连接的网线构成网络,各网点对应于装备有实际网络接口的用户工作站。

②城域网(MAN),即在大城市范围内的两个或多个网络的互联。

③广域网(WAN),即在数据通信中,用来连接分散在广阔地域内的大量终端和计算机的一种多态网络。

其次,应建立有效的项目各参与方信息交流的渠道。建设工程项目的业主方和项目参与各方往往分散在不同的地点,因此其信息处理应考虑充分利用远程数据通信的方式。

①通过电子邮件收集信息和发布信息。

②通过基于互联网的项目专用网站(project specific web sites,PSWS)实现业主方内部、业主方和项目参与各方,以及项目参与各方之间的信息交流、协同工作和文档管理;通过基于互联网的项目信息门户(project information portal,PIP)模式为众多项目服务的公用信息平台实现业主方内部、业主方和项目参与各方,以及项目参与各方之间的信息交流、协同工作和文档管理。

③召开网络会议。

④基于互联网的远程教育与培训等。

三、建设工程项目信息的加工、整理

1.项目信息加工、整理的步骤

收集原始数据后,管理人员要将原始数据进行加工整理以使它成为有用的信息。加工、整理一般的操作步骤如下:

①依据一定的标准将数据进行排序或分组;

②将两个或多个简单有序的数据集按一定顺序连接、合并;

③按照不同的目的求和或求平均值等;

④为快速查找建立索引或目录文件等。

2.项目信息加工、整理的内容

在建设工程的施工过程中,信息加工、整理的内容主要有以下几个方面。

(1)工程施工进展情况。工程师每月、每季度都要对工程进度进行分析、对比并做出综合评价,包括当月(季)整个工程各方面实际完成量,即用实际完成数量与合同规定的计划数量进行比较。如果某些工作的进度拖后,应分析其原因、存在的主要困难和问题,并提出解决问题的建议。

(2)工程质量情况与问题。工程师应系统地将当月(季)施工过程中的各种质量情况在月报(季报)中进行归纳和评价,包括现场检查中发现的各种问题,施工中出现的重大事故,对各种情况、问题、事故的处理意见。如有必要,工程师可定期印发专门的质量情况报告。

(3)工程结算情况。工程价款结算一般按月进行。工程师要对投资耗费情况进行统计分析,在统计分析的基础上做一些短期预测,以便为业主在组织资金方面的决策提供可靠依据。

(4)施工索赔情况。在工程施工过程中,对于由于业主的原因或外界客观条件的影响使承包方遭受损失导致承包人提出索赔,或由于承包人违约使工程蒙受损失导致业主提出索赔,工程师可提出索赔处理意见。

四、项目信息的输出

1. 项目信息输出格式设计

项目信息输出格式设计、输出信息的表格设计应以满足用户需要及习惯为目标。表格主要由表头、表底和存放正文的表体三部分组成。

2. 项目信息输出内容设计

(1)原始基础数据类。原始基础数据类包括市场环境信息等,主要用于辅助企业决策,其输出方式主要采用屏幕输出,即根据用户查询、浏览和比较的结果来输出,必要时也可打印。

(2)过程数据类。过程数据类主要由原始基础数据推断、计算、统计、分析而得,如市场需求量的变化趋势、方案的收支预测数、方案的财务指标、方案的敏感性分析等,这类数据采用以屏幕输出为主、打印输出为辅的输出方式。

(3)文档报告类。文档报告类主要包括市场调查报告、经济评价报告、投资方案决策报告等,主要用于存档、备案、送上级主管部门审查,采取打印输出的方式(打印的格式必须规范)。

五、建设工程信息的反馈

信息反馈在工程项目管理过程中起着十分重要的作用。信息反馈就是将输出信息的作用结果返送回来的过程,也就是施控系统将信息输出,输出的信息对受控系统作用的结果返回施控系统,并对施控系统的信息再输出产生影响的过程。

1. 信息反馈的特征

(1)及时性。在某项决策实施以后,要及时反馈真实情况,如果不及时,会使反馈的情况失去价值,不能对决策过程中出现的不妥当之处进行进一步完善,会对决策本身造成不良影响,甚至导致决策的失败。

(2)针对性。信息反馈具有很强的针对性,它是针对特定决策采取的主动采集和反映,而不同于一般的反映情况。

(3)连续性。对某项决策的实施情况必须进行连续、有层次的反馈,否则,不利于认识的深化,会影响决策的进一步完善和发展。

(4)滞后性。虽然信息反馈始终贯穿信息的收集、加工、储存、检索、传递等众多环节,但它主要还是表现在这些环节之后的信息"再传递"和"返送"上。

2. 信息反馈的方法

(1)跟踪反馈法。跟踪反馈法主要是指在决策实施过程中,对特定主题内容进行全面跟踪,有计划、分步骤地组织连续反馈,形成反馈系列。跟踪反馈法具有较强的针对性和计划性,能够围绕决策实施主线,比较系统地反映决策实施的全过程,便于决策机构随时掌握相关情况、控制工作进度、及时发现问题、实行分类领导。

(2)典型反馈法。典型反馈法主要是指通过某些典型组织机构的情况,某些典型事例、某些代表性人物的观点、言行,将其实施决策的情况以及对决策的反映反馈给决策者。

(3)组合反馈法。组合反馈法主要是指在某一时期将不同阶层、不同行业和单位对决策的反映,通过一组信息分别进行反馈。由于每个反馈信息着重突出一个方面、一类问题,故将所有反馈信息组合在一起,便可以构成一个完整的面貌。

(4)综合反馈法。综合反馈法主要是指将不同地区、阶层和单位对某项决策的反映汇集在一起,通过分析归纳,找出其内在联系,形成一套比较完整、系统的观点与材料,并加以集中反馈。

任务单元四 工程项目管理信息系统

一、工程项目管理信息系统的内涵

工程项目管理信息系统(project management information system,PMIS)是基于计算机的项目管理的信息系统,主要用于项目的目标控制。管理信息系统(management information system,MIS)是基于计算机管理的信息系统,主要用于企业的人、财、物、产、供、销的管理。工程项目管理信息系统与管理信息系统服务的对象和功能是不同的。

工程项目管理信息系统的应用,主要是用计算机进行项目管理有关数据的收集、记录、储存、过滤和把数据处理的结果提供给项目管理班子的成员。它是项目进展的跟踪和控制系统,也是信息流的跟踪系统。

工程项目管理信息系统可以在局域网上或基于互联网的信息平台上运行。

二、工程项目管理信息系统的功能

工程项目管理信息系统的功能主要有投资控制（业主方）、成本控制（施工方）、进度控制、合同管理。有些工程项目管理信息系统还包括质量控制和办公自动化的功能。

1. 投资控制的功能

（1）项目的估算、概算、预算、标底、合同价、投资使用计划和实际投资的数据计算和分析。

（2）项目的估算、概算、预算、标底、合同价、投资使用计划和实际投资的动态比较（如概算和预算的比较、概算和标底的比较、概算和合同价的比较、预算和合同价的比较等），并形成各种比较报表。

（3）计划资金投入和实际资金投入的比较分析。

（4）根据工程的进展进行投资预测等。

2. 成本控制的功能

（1）投标估算的数据计算和分析。

（2）计算计划成本。

（3）计算实际成本。

（4）计划成本与实际成本的比较分析。

（5）根据工程的进展进行施工成本预测等。

3. 进度控制的功能

（1）计算工程网络计划的时间参数，并确定关键工作和关键线路。

（2）绘制网络图和计划横道图。

（3）编制资源需求量计划。

（4）进度计划执行情况的比较分析。

（5）根据工程的进展进行工程进度预测。

4. 合同管理的功能

（1）合同基本数据查询。

（2）合同执行情况的查询和统计分析。

（3）标准合同文本查询和合同辅助起草等。

三、工程项目管理信息系统的意义

20 世纪 70 年代末至 20 世纪 80 年代初，国际上已有工程项目管理信息系统的商业软件，工程项目管理信息系统现已被广泛用于业主方和施工方的项目管理。应用工程项目管理信息系统的主要意义如下：

①实现项目管理数据的集中储存；

②有利于项目管理数据的检索和查询；

③提高项目管理数据处理的效率；

④确保项目管理数据处理的准确性；

⑤可方便地形成各种项目管理需要的报表。

任务单元五　BIM 技术在建设工程项目信息管理中的应用

建筑信息模型(BIM)等信息技术作为建筑工程项目管理中的一种新型技术,利用计算机辅助设计人员对设计图进行优化,使设计图在建筑行业的改革工作得以顺利进行,提高了建筑质量,有助于我国经济的进一步发展。

一、BIM 的概念

《建筑信息模型应用统一标准》(GB/T 51212—2016)将 BIM 定义为建筑信息模型(building information modeling),是指在建设工程及设施全生命周期内,对其物理和功能特性进行数字化表达,并以此设计、施工、运营的过程和结果,简称模型。

BIM 技术是一种多维(三维空间、四维时间、五维成本、N 维更多应用)模型信息集成技术,可以使建设项目的所有参与方(包括政府主管部门,业主,设计、施工、监理、造价、运营管理部门,项目用户等)在项目从概念产生到完全拆除的整个生命周期内都能够在模型中操作信息和在信息中操作模型,从根本上改变从业人员依靠符号、文字、形式、图纸进行项目建设和运营管理的工作方式,实现在建设项目全生命周期内提高工作效率和质量及减少错误和风险的目标。

BIM 的概念总结为以下三点。

(1)BIM 是以三维数字技术为基础,集成建筑工程项目各种相关信息的工程数据模型,是对工程项目设施实体与功能特性的数字化表达。

(2)BIM 是一个完善的信息模型,提供可自动计算、查询、组合拆分的实时工程数据,可被建设项目各参与方使用。

(3)BIM 具有单一工程数据源,可解决分布式、异构工程数据之间的一致性和全局共享问题,支持建设项目生命周期中动态的工程信息创建、管理和共享,是项目实时的共享数据平台。

BIM 技术被称为建筑行业的革命性技术,是建设工程项目管理中的一种新型技术,能够在降低能耗、项目精细化管理、施工过程仿真、空间碰撞检测、现场质量安全管理等方面发挥巨大的作用,已被我国大型复杂工程项目采用。

二、传统建设工程项目管理存在的问题

1.项目管理信息化水平较低

从建设工程项目的开发建设现状来看,目前工程项目管理工作仍主要通过人工的模式进行,这种管理方式存在工程信息交互困难,工程项目各方(建设方、施工方、监理方)信

息接收延迟、重复等问题,信息无法及时共享,导致工程项目管理效率不高。同时,这种人工主导的管理模式特别依赖项目经理的个人经验和判断力,可能会因个人主观意识的偏差使项目管理决策错误。

2. 全生命周期管理落实不到位

项目管理按流程划分,大致可分为五个阶段:启动、计划、执行、控制和收尾。由于在实际工作实施过程中没有配置更科学的动态化管理方法,一些项目实际工程量与计划工程量出入较大,导致工程造价与实际工程量清单不匹配问题较为严重,使各项目建设内容进度计划的控制存在一定问题。市场上一些建设工程项目中的设计单位、运维管理单位和施工单位呈现独立状态,即不同阶段工程面向的主体对象不同,导致相关工程信息无法实现衔接和流转,从而对工程项目建设工作的推进造成阻碍。

3. 可视化程度低

从工程管理的施工前准备来看,平面图纸无法直观展现工程项目的实际情况,使管理人员无法预知施工过程中可能出现的各种质量问题以及安全隐患。若能提前规避,可以减少不必要的人员、财产损失。特别是基层建设中存在的一定的技术难点,如果在攻克过程中能够结合 VR 技术,采用视频播放的方式进行处理,可以使工作难度大大降低,提高工程项目的建设效率。

三、BIM 特点及其优势

1. 可视化

可视化是 BIM 的一个固有特性,对于建筑工程行业的作用是非常大的。近几年,建筑形式多变,复杂造型层出不穷,BIM 可以把过去的线条式二维构件图变成立体实物图。

2. 协调性

协调是工程施工中的重点内容。不管是施工单位、业主,还是设计单位,都有工作内容的协调和配合。在项目实施过程中,一旦遇到问题,就需要组织各方召开协调会,找出问题所在。BIM 协调服务可以处理这类问题,可以协调各专业在工程建设前期的碰撞问题,生成协调数据。

3. 模拟性

BIM 不仅可以模拟建筑模型,还可以模拟现实世界中无法操作的事项。在设计阶段,BIM 可以进行节能模拟、紧急疏散模拟、日照模拟等;在招标设计阶段,BIM 可以进行 4D 仿真和 5D 仿真,确定合理的施工方案,指导施工实现成本控制;在后期的操作阶段,BIM 可以进行日常突发事件处理方式的模拟。

4. 优化性

整个设计、建设和运营的过程,就是不断优化的过程。BIM 及其配套的各种优化工具为复杂项目的优化提供了可能。BIM 可以实现项目方案优化、特殊项目设计优化,以及额度设计。

5.降低设计人员工作量,提高设计效率

利用 BIM 模型提供的信息,我们从设计初期就可以对设计方案的各发展阶段进行各种性能分析,从而完善设计方案,使原本在施工现场才能发现的问题在设计阶段就能尽早得到解决,从而达到降低成本、缩短工期、减少差错、减少浪费的目的。

6.在招标投标阶段的价值

运用 BIM 技术可以提高招标投标质量和效率,确保工程量清单全面、准确,促进投标报价科学合理,强化招标投标管理精细化水平,降低风险,进一步规范招标投标市场。BIM 能让业主直观地了解投标单位对投标工程主体施工的控制方法、施工安排是否平衡,从而有效地评估投标单位的施工经验和实力。

7.在施工阶段的价值

利用 BIM 技术高可视化、强虚拟性的特点,可以提前反映工程施工难点,减少施工过程中的返工现象,提高施工效率和施工质量,模拟演示施工过程,进行基于 BIM 模型的技术交底,提高各参与方协调一致、工作流程模拟的共同效率,优化施工阶段的工程质量管理。

四、建设工程项目信息管理中 BIM 应用的必然性

因疆域辽阔、人口众多、东西部发展不均衡,我国的基本建设潜力仍然巨大。在建筑业快速发展的同时,建筑产品的质量越来越受到行业内外关注。使用方越来越精细、越来越理性的产品要求,使建设管理方、设计方、施工企业等参建单位面临更严峻的竞争。

在这样的背景下,国内 BIM 技术在项目信息管理中应用的必然性日益凸显。

巨大的建设量带来了大量因沟通和实施环节信息流失而造成的损失,BIM 信息整合重新定义了信息沟通流程,在很大程度上能够改善这一状况。

社会可持续发展的需求带来更高的建筑全生命周期管理要求,以及对建筑节能设计、施工、运维的系统性要求。国家资源规划、城市管理信息化也在这方面有了更多需求。

五、实践 BIM 技术信息化的途径

简单而言,利用 BIM 技术进行信息化建设分为两个部分:技术信息化和管理信息化。技术信息化可以通过 BIM 技术实现,管理信息化可以通过符合自身需求的管理信息系统实现。

1.体现 BIM 技术信息化的三大方面

1)项目全生命周期的信息传递

BIM 技术能够辅助项目决策阶段的可行性研究和方案比选,为各专业设计人员在设计阶段提供高效、准确的协同工作模式,使项目的质量、安全、进度、投入等更有保障,并向运维管理人员无缝传递相关信息。这就是 BIM 技术对项目全生命周期的革命性改变。从项目的初始原型到最终完善的全仿真数据模型,伴随着项目从无到有的发展,项目数据

的诞生、传输、整合、校正、存档已经成为项目数字化的灵魂。

2）投资和进度控制

虽然目前的 BIM 模型量还不能直接用于成本,但技术问题终将迎刃而解,就像计算软件的改进过程一样,曲折但合乎逻辑。基于 BIM 技术的 5D 应用(三维模型＋进度＋资金)会逐渐成熟。BIM 的应用能够对项目建设过程中的施工进度和资金需求进行直观管理,模拟施工条件变化带来的进度和资金变化,优化资金筹集和使用分配,实现基于 BIM 的信息化投资控制。

3）虚拟建筑

BIM 技术可以模拟分析施工过程中的不同场景,如方案比较、设计错漏检查、施工模拟、空间管理、资产管理等。项目中的每个参与者都可以基于不同的需求实现不同的应用。在各建设的最终阶段,项目都能实现资源节约和效率提升的目的。其中,项目的施工单位不仅能享受 BIM 技术带来的高品质和快速工期,还能通过 BIM 技术对项目进行数字化操作和管理,可谓受益良多。

企业管理信息化建设的重要性。企业管理信息化包括企业信息门户、OA 系统、资产管理系统、ERP 等。它是企业管理制度的综合体现,为企业的全方位管理提供了可靠的保证。据美国权威机构 APICS 统计,通过计算机软件和互联网技术实现的企业信息化管理,减少了 15％～40％的库存资金占用,提高了 5％～15％的资金周转效率,实现了 90％～98％的交货准确率,降低了 5％的采购成本,降低了 7％～12％的成本,增加了 5％～10％的利润。在互联网高速发展的今天,企业的发展壮大离不开管理信息系统的支撑,企业间的竞争更注重获取知识与信息的效率。

立足于企业自身的长远发展,从工程项目信息化管理和企业精细化管理的需要出发,将工程项目业务信息系统与基于 BIM 技术的企业管理信息系统结合是趋势。搞好企业信息化,技术问题不再是难点,主要问题是能否与企业的实际业务结合起来,与企业的长远发展战略结合起来。

2. 应明确体现 BIM 的信息化建设方向

在信息化发展的初期,我们可以通过软件的购买来过渡。在业务需求不高的情况下,对同类其他企业信息系统的采购也可以满足需求。但是,当企业信息化发展到项目群、群控的时候,企业管理信息化系统一定要根据自己的情况进行改造或者定制。在管理平台转型的过程中,公司的业务体系和管理体系应以 BIM 为基础,以管理流程再造与风险管控并重的方式进行重新构建。

3. 基于 BIM 的企业信息化的实现

这个过程的实现不是一日之功,需要稳扎稳打,一步一个脚印。

1）建筑信息化

BIM 技术可以实现建筑信息载体从 2D 到 3D 的转化过程。在此过程中,应以完善的技术规范为指导,确保统一的 BIM 模型数据结构,便于信息的后传。企业从不同的角度以不同的目标实现工程中 BIM 技术的不同应用,是 BIM 技术发展的初级阶段,也是以 BIM 为基础进行信息化建设的基础。

2）基于 BIM 的信息化

无论是建设单位、总承包单位，还是设计单位、施工单位、监理单位、造价咨询单位，都有各自的业务系统和办事流程。BIM 技术使工程项目的信息传递和数据共享发生质的变化，使企业有可能基于 BIM 技术开发商业信息系统，实现商业模式的优化。目前比较普遍的做法是，企业根据自身需求，在 BIM 应用平台中嵌入传统业务系统，在应用平台中优化升级业务模型。

3）BIM 技术与信息化的结合

将基于 BIM 改造的业务信息系统与 OA 系统、财务管理系统、ERP 等企业管理信息系统连接，可以实现以 BIM 信息为底层数据的综合性企业管理信息系统，完成基于 BIM 的企业管理信息系统优化。

4）加强企业综合人才的培养

目前，企业普遍缺乏具有综合素质的信息化人才。一般的企业信息化人员能够满足网络维护和硬件维护的需要，但对于工程类企业而言，信息化建设与企业管理知识、企业业务知识是分不开的，因此，企业培养既懂业务又懂管理的信息化综合素质人才十分必要。

六、BIM 技术在项目信息管理中的应用

BIM 技术将建设单位、设计单位、施工单位、监理单位等项目参建方协同于同一个平台，共享统一的 BIM 模型，用于项目的可视化、精细化建造。所以，了解 BIM 技术与项目管理必须先了解 BIM 在项目管理中的应用，以及在此应用基础上的 BIM 总体策划要点。

在项目实施过程中，各利益相关方既是项目管理的主体，又是 BIM 技术的应用主体。不同的利益相关方在项目管理过程中的责任、权利、职责不同，针对同一个项目的 BIM 技术应用的关注点和职责也不尽相同。例如，业主单位更多关注如何应用 BIM 技术提升设计效率与水准，施工单位更多关注如何应用 BIM 技术提高整体施工管理水平。以最为常见的建筑工程管线综合项目的 BIM 技术应用为例，建设单位、设计单位、施工单位、运维单位的关注点相差甚远：建设单位关注净高和造价，设计单位关注宏观控制和系统合理性，施工单位关注成本和施工工序、施工便利，运维单位关注信息查阅及维保的便利性。不同的关注点就意味着不同的 BIM 技术，不同的实施主体一定会有不同的组织方案、实施步骤和控制点。

虽然不同利益相关方的 BIM 需求并不相同，但 BIM 模型和信息应根据项目建设的需要在各利益相关方之间进行传递和使用，只有这样才能发挥 BIM 技术的最大价值。所以，实施一个项目的 BIM 技术应用，一定要清楚 BIM 技术应用先为哪个利益相关方服务。BIM 技术应用必须纳入各利益相关方的项目管理内容。各利益相关方必须结合企业特点和 BIM 技术的特点，优化、完善项目管理体系和工程流程，建立基于 BIM 技术的项目管理体系，进行高效的项目管理；在此基础上，兼顾各利益相关方的需求，建立更利于协同的共同工作流程和标准。

BIM 技术应用与传统的项目管理是密不可分的，因此各利益相关方在进行 BIM 技术应用时，要从对传统项目管理的梳理，BIM 应用需求、形式、流程和控制节点等几个方面

进行管理体系、流程的丰富和完善,实现有效、有序管理。

1. 业主单位 BIM 项目管理的应用点

根据项目管理的全过程,业主单位 BIM 项目管理的应用点可包含投资决策阶段、设计管理阶段、招标管理阶段、施工管理阶段、运营维护管理阶段。各阶段的 BIM 应用点如下。

1)投资决策阶段

在投资决策阶段,BIM 技术应用主要体现在以下几个方面:

①初步规划;

②数据分析。

2)设计管理阶段

在设计管理阶段,BIM 技术应用主要体现在以下几个方面。

(1)协同工作。基于 BIM 的协同设计平台,能够让业主与各参与方实时观测设计数据更新、施工进度和施工偏差查询,实现图纸、模型的协同。

(2)基于精细化设计理念的数字化模拟与评估。基于 BIM 数字模型,业主可以利用更广泛的计算机仿真技术对拟建造工程进行性能分析(如日照、绿色建筑运营、风环境、空气流动性、噪声云图等指标),也可以将拟建工程纳入城市整体环境,对周边既有建筑等环境的影响进行数字化分析评估(如日照、交通流量等指标)。这些指标对于城市规划及项目规划意义重大。

(3)复杂空间表达。在面对建筑物内部复杂空间和外部复杂曲面时,利用 BIM 软件可视化、有理化的特点,能够更好地表达设计和建筑曲面,为建筑设计创新提供更好的技术工具。

(4)图纸快速检查。利用 BIM 技术的可视化功能,可以大幅度提高图纸阅读和检查的效率;利用 BIM 软件的自动碰撞检测功能,可以帮助图纸审查人员快速发现复杂困难节点。

(5)工程量快速统计。目前,主流的工程造价算量模式有几个明显的缺点:图形不够逼真;对设计意图的理解容易产生偏差,容易产生错项和漏项;需要重新输入工程图纸搭建模型,算量工作周期长;模型不能进行后续使用,没有传递性,建模投入很大,但仅供算量使用。利用 BIM 技术辅助工程计算,能大大减轻工程造价工作中算量阶段的工作强度。首先,利用计算机软件的自动统计功能,可快速实现 BIM 算量。其次,BIM 建模是设计模型的传递,完整表达了设计意图,可以有效减少错项、漏项。利用 BIM 技术可以快速统计和查询各专业工程量,对材料计划、使用做精细化控制,避免材料浪费。利用 BIM 技术提供的参数更改技术,能够将更改自动反映到其他位置,可以帮助工程师提高工作效率、协同效率及工作质量。

(6)销售推广。利用 BIM 技术和虚拟现实技术、增强现实技术、3D 眼镜、体验馆等,可以将 BIM 模型转化为具有很强交互性的三维体验式模型,结合场地环境和相关信息形成沉浸式场景体验。在沉浸式场景体验中,客户可以定义第一视角的人物,以第一人称视角,身临其境,浏览建筑内部,增强体验。利用 BIM 模型,可以轻松出具房间渲染效果图和漫游视频,减少二次重复建模的时间和成本。同时,BIM 技术可以在竣工交付时为客户提供真实的三维竣工 BIM 模型,有助于销售和交付的一致性,能避免客户进行二次装修时对隐蔽机电管道的破坏,降低安全和经济风险。

BIM 辅助业主单位进行销售推广主要体现在以下几个方面。

①面积准确。BIM 模型可自动生成户型面积、建筑面积、公摊面积,可以结合面积计算规则适当调整,可以快速进行面积测算、统计和核对,确保销售系统数据真实、准确。

②虚拟数字沙盘。虚拟现实技术可以为客户提供三维可视化沉浸式场景,使客户体会身临其境的感觉。

③减少法律风险。所有的数字模型成果均从设计阶段交付至施工阶段、销售阶段,所有信息真实可靠,销售系统提供给客户的销售模型与真实竣工交付成果一致,将大幅减少不必要的法律风险。

3)招标管理阶段

在招标管理阶段,BIM 技术应用主要体现在以下几个方面。

(1)数据共享。BIM 模型的直观、可视化能够让投标方快速、深入了解招标方提出的条件、预期目标,保证数据的共通共享及追溯。

(2)经济指标准确控制,控制经济指标的精确性与准确性,避免建筑面积、限高及工程量的不确定性。

(3)无纸化招标,能增加信息透明度,还能节约大量纸张,实现绿色低碳环保。

(4)消减招标成本。基于 BIM 技术的可视化和信息化,业主可采用互联网平台低成本、高效率地实现招标投标的跨区域、跨地域进行,使招标投标过程更透明、更现代化,同时能降低成本。

(5)数字评标管理。BIM 技术能够记录评标过程并生成数据库,对操作员的操作进行实时监督,有利于规范市场秩序,有效推动招标投标工作的公开化、法制化,使得招标投标工作更加公正、透明。

4)施工管理阶段

在施工管理阶段,业主单位更多的是考虑施工阶段的风险控制,包含安全风险、进度风险、质量风险和投资风险等。其中,安全风险包含施工中的安全风险和竣工交付后运营阶段的安全风险。在这个阶段,基于各种风险的控制,业主单位需要对承包人的管理、设计者的管理、合同管理、手续办理、项目内部及周边管理协调等问题进行重点管控。

BIM 技术辅助业主单位在施工管理阶段进行项目管理的优势主要体现在以下几个方面。

(1)验证施工单位施工组织的合理性,优化施工工序和进度计划。

(2)使用 3D 和 4D 模型明确分包人的工作范围、管理协调交叉、施工过程监控、可视化报表进度。

(3)对工程进度进行精确计量,降低业主项目中的成本控制风险。

(4)工程验收时,用 3D 扫描仪进行三维扫描测量,对表观质量进行快速、真实、可追溯的测量,与模型参照对比来检验工程质量,防止人工测量验收的随意性和误差。

5)运营维护管理阶段

BIM 模型结合运营维护管理系统可以充分发挥空间定位和数据记录的优势,合理制订维护计划,分配专人专项维护工作,以提高建筑物在使用过程中出现突发状况后的应急处理能力。BIM辅助业主单位进行运营维护管理主要体现在以下几个方面。

(1)设备信息的三维标注,可在设备管道上直接标注名称、规格、型号,三维标注跟随模型移动、旋转。

(2)属性查询,可以显示设备的具体规格、参数、厂家等信息。

(3)外部链接,可调出有关设备设施的其他格式文件,如图片、维修状况,仪表数值等。

(4)隐蔽工程。工程结束后,各种管道可视化降低,给设备维护、工程维修或二次装饰工程带来一定难度,BIM技术可以清晰记录各种隐蔽工程,避免错误施工的发生。

(5)模拟监控。物业对净空高度、结构有特殊要求,BIM技术可以提前解决各种要求,可以生成VR文件让客户互动阅览。

BIM技术在建筑全生命周期的系统、持续运用,将提高业主单位项目管理水平,提高信息反馈的及时性和系统性。决策主要依据将由经验、自发的积累,逐渐被科学决策数据库代替。同时,决策主要依据将延伸到运营维护阶段。

2.勘察设计单位与BIM应用

1)设计方的BIM技术应用流程

与其他行业相比,建筑物的生产是基于项目协作的,通常由多个平行的利益相关方在较长的生命周期中协作完成。因此,建筑信息模型尤其依赖不同阶段、不同专业之间的信息传递标准,就是要建立一个在整个行业中通用的语义和信息交换标准,使不同工种的信息资源在建筑全生命周期的各阶段都能得到很好的利用,保证业务协作可以顺利地进行。

BIM技术的提出给设计流程带来了很大的改变。在传统的设计过程中,各设计阶段的设计沟通都以图纸为介质,不同设计阶段的不同内容分别体现在不同的图纸中,经常会出现信息不流通、设计不统一的问题。如图8-3所示的传统模式下的结构设计流程中,建筑专业和结构专业之间的信息是有限共享的,无法实时更新和自动交互。BIM技术可以从设计初期就将建筑专业和结构专业的信息模型整合到一起,改变传统的设计流程,通过BIM模型这个载体实现设计过程中信息的实时共享和自动交互,如图8-4所示。

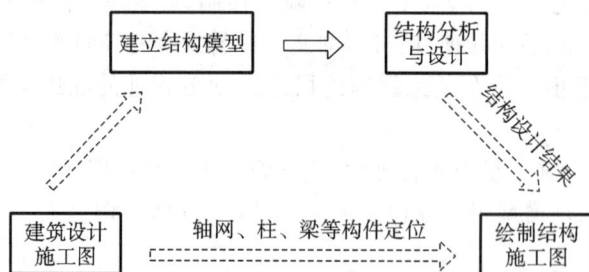

图8-3 传统模式下的结构设计流程

BIM技术促使设计过程从各专业点对点的滞后协同改变为通过同一个平台实时互动的信息协同方式。这种方式的改变不仅在交互方式上有着巨大优势,还带来了专业之间配合的前置,使更多问题在设计前期得到更多的关注,可以大幅提高设计质量。

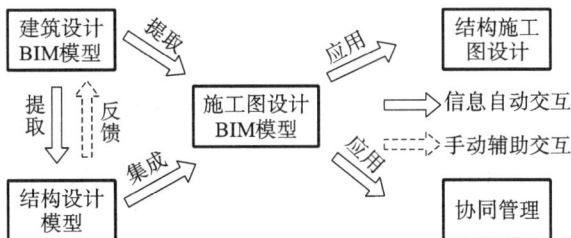

图 8-4　BIM 技术模式下的设计流程

2）设计方的 BIM 技术应用核心

设计方无论采用哪种 BIM 技术应用形式和技术手段、技术工具，应用的核心都在于用 BIM 技术提高设计质量，完成 BIM 设计或辅助设计表达，为业主单位整体的项目管理提供有效的技术支撑。所以，设计方的 BIM 技术应用的核心是模型完整表达设计意图、与图纸内容一致。对于部分细节的表达深度，模型可能要优于二维图纸。

3）勘察单位与 BIM 技术应用

勘察单位的主要工作是野外土工作业与室内试验，与 BIM 技术的衔接主要是勘察基础资料和勘查成果文件提交。目前 BIM 应用于勘察单位的案例较少，有待于 BIM 技术应用普及后，勘察单位逐渐参与 BIM 技术应用工作。

3. 施工单位与 BIM 应用

施工单位与 BIM 项目管理的应用点如表 8-2 所示。

表 8-2　施工单位与 BIM 项目管理的应用点

序号	应用点	应用概况
1	施工图 BIM 模型建立及图纸审核	基于设计单位提交的施工图纸，搭建建筑、结构、机电专业的施工图 BIM 模型，在建模过程中对施工图纸进行审核，利用 BIM 的可视化优势，发现图纸中的问题
2	碰撞检测	在施工图 BIM 模型的基础上，进行各专业模型之间的碰撞检测，发现专业之间的图纸问题，编制碰撞检测报告
3	深化设计及模型综合协调	在施工图 BIM 模型的基础上，组织各专业及分包使用 BIM 技术作为工具进行深化设计工作，同时整合各专业深化设计 BIM 成果进行综合协调碰撞调整，达到模型零碰撞，形成施工模型及深化设计综合图纸，指导现场施工
4	设计变更及洽商预检	通过施工图 BIM 模型的建立，深化设计、综合协调及碰撞检测等 BIM 应用，减少设计变更。对每一项洽商或变更，均使用 BIM 模型提前进行验证及预检，确保现场的顺利实施
5	施工方案辅助及工艺模拟	利用 BIM 辅助施工方案的编制工作，建立施工方案模型，并用 BIM 施工方案模拟来展示在重要施工区域或部位施工方案的合理性，检查方案的不足，协助施工人员充分理解和执行方案的要求

序号	应用点	应用概况
6	BIM 辅助进度管理	依托 BIM 进度管理技术,对重要节点及工序穿插配合复杂的节点进行复核及验证,在项目实际施工过程中实时跟踪及录入实际生产工效及工程进度,利用实际生产工效、资源配置和工程进度对项目进行动态管控,预测进度走势,分析进度差异原因,协助控制现场进度
7	BIM 5D 及辅助造价管理和管控应用	利用 BIM 模型提取构件工程量,与项目商务进行对量,提高工程量计算的精确度,与商务信息挂接,辅助项目进行资源及整体造价的控制
8	现场及施工过程管理	在施工过程中,利用深化设计综合 BIM 模型、施工方案和工艺 BIM 模型指导现场施工;对比并及时发现现场施工实物及工艺的错误,要求现场工作人员进行整改;依托 BIM 平台,及时记录并反馈现场的质量安全问题
9	BIM 数字加工及 RFID 技术应用	基于 BIM 深化设计模型进行分段分节、预制加工,并对每个构件赋予 ID,利用 RFID 技术(无线射频识别)对构件的下料、运输、安装进行全过程追踪管理;施工管理过程中通过无线射频识别,实时更新材料精确位置,优化排版取料顺序,减少材料浪费,加快施工进度
10	BIM 三维激光扫描辅助实测实量及深化设计管理应用	利用激光测距的原理,扫描施工现场形成的三维点云数据,经与深化设计模型进行精度对比后,将误差修正到 BIM 模型中,及时通知相关专业调整深化设计模型或整改施工现场,避免出现因现场与图纸、模型不一致导致的返工、洽商问题
11	BIM 放样机器人辅助现场测量工作应用	从设计模型中提取放样点,使用 BIM 放样机器人在现场进行自动测量放样,将模型点位与现场对应,提高测量效率和精确度,确保安装工程的顺利实施
12	安全管理及绿色文明施工辅助	项目部综合各专业的模型成果,建立漫游模拟功能
13	模型维护	对模型及时进行更新,保证施工 BIM 模型与现场实物一致,综合各专业及分包在施工阶段的专业模型;在项目竣工阶段,提供与现场实物一致的 BIM 竣工模型
14	协同平台管理	协同平台用于 BIM 实施过程的各参与方协作过程,所有 BIM 成果及项目信息通过平台进行传输与共享;确保项目信息安全、及时、有效地传递
15	"数字楼宇"交付	及时更新施工 BIM 模型,将相关建造信息录入 BIM 模型,在工程竣工阶段向业主交付集成建设全过程相关建筑信息的"数字楼宇"及相关成果

4.造价咨询企业与 BIM 应用

BIM 技术的引入,将对造价咨询企业在建设全生命周期项目管理工作中对工程量的管控发挥重要作用。

(1)算量建模工作量将大幅度减少。因为承接了设计模型,传统的算量建模工作将变为模型检查、补充建模(如钢筋、电缆等),传统建模体力劳动将转变为对基于算量模型规则的模型检查和模型完善。

(2)大幅度提高算量效率。传统的造价咨询模式是待设计完成后,根据施工图纸进行算量建模,根据项目的大小,少则一周,多则数周,然后计价出件。算量建模工作量减少将直接减少造价咨询时间。同时,算量成果还能在软件中与模型构件一一对应,便于快捷、直观地检验成果。

(3)将减轻企业负担,形成由核心技术人员和服务经理组成的企业竞争模式。对于传统造价咨询行业,算量建模工作将不再是造价咨询企业的人力资源重要支出,丰富的数据资源库、项目经验积累、资深的专业技术人员,将是造价咨询企业的核心竞争力。

(4)各项目的造价咨询服务将从节点式变为伴随式。BIM 技术推广应用后,造价咨询企业的参与度将不再局限于预算、清单、变更评估、结算阶段。项目进度评估、项目赢得值分析、项目预评估,均需要造价咨询专业技术支持;项目管理、计价是一项复杂的工作,涵盖了定额众多子项和市场信息调价等,必须有专业的软件应用人员和造价咨询专家的技术支持。造价咨询企业将延伸到项目现场,延伸到项目建设全过程,与项目管理高度融合,提供持续的造价咨询技术服务。

本 章 小 结

建设工程项目信息管理是指建设工程项目信息收集、整理、处理、储存、传递与运用等一系列工作。现代的建设工程项目越来越庞大、复杂,项目管理信息化是十分必要的,对建设工程项目的各目标的实现有积极的意义。BIM 技术的出现,使建设工程项目管理产生质的飞跃。BIM 是建筑信息模型,能把图纸空间化,在赋予各种信息后可以被工程项目的各参建方工程项目的各阶段利用,能够为工程项目管理的各方面提供支持,使工程项目管理真正信息化、开放化、远程化,可以说是现代工程项目管理的一次重大革命。BIM技术是现代工程管理人员必须学习、掌握、应用的一项新技术。

思考与练习

一、单项选择题

1.建设项目管理类信息包括进度控制信息、合同管理信息、风险管理信息以及(　　)信息。

A. 安全管理　　　　　B. 投资控制　　　　　C. 质量控制　　　　　D. 施工技术

2. ( )是将项目按照其内在结构或实施过程的顺序进行逐层分解而形成的结构示意图。

A. 风险管理图表　　　　　　　　　　B. 规划会议

C. 项目风险的分解结构　　　　　　　D. 项目工作分解结构

3. 同一个建设工程可有不同的工程构造的分解方法,( )的分解应和整个工程实施的部署相结合,并和将采用的合同构造相结合。

A. 组织构造　　　　　B. 工程构造　　　　　C. 管理构造　　　　　D. 技术构造

4. 下列建设工程项目信息中,属于技术类信息的是( )。

A. 进度控制信息　　　　　　　　　　B. 投资控制信息

C. 质量控制信息　　　　　　　　　　D. 工作量控制信息

5. 下列项目管理工具中,服务于项目所有参与单位的是( )。

A. 管理信息系统　　　　　　　　　　B. 项目信息门户

C. 项目管理信息系统　　　　　　　　D. 设施管理信息系统

6. 下列关于 BIM 在项目管理中的应用说法错误的是( )。

A. 在项目实施过程中,各利益相关方既是项目管理的主体,又是 BIM 技术的应用主体

B. 施工单位是建设工程生产过程的总集成者

C. 业主单位的项目管理是所有利益相关方中唯一涵盖建筑全生命周期各阶段的项目管理

D. 在施工管理阶段,业主单位更多的是施工阶段的风险控制,包含安全风险、进度风险、质量风险和投资风险等

7. BIM 技术在设计阶段的主要任务不包括( )。

A. 造价控制　　　　B. 组织与协调　　　　C. 方案比选　　　　D. 信息管理

8. 整个工程项目建设造价控制的关键阶段是( )。

A. 运维阶段　　　　B. 设计阶段　　　　C. 规划阶段　　　　D. 施工阶段

9. ( )阶段是整个设计阶段的开始,设计成果是否合理、是否满足业主要求,对整个项目的实施具有关键性的作用。

A. 场地规划　　　　B. 方案比选　　　　C. 概念设计　　　　D. 性能分析

10. 以下关于碰撞检查说法正确的是( )。

A. 碰撞检查一般从设计前期开始进行

B. 随着设计的进展,反复进行"碰撞检查—确认修改—更改模型"的 BIM 设计过程,直到所有冲突都被检查出来并修正,最后一次检查发现的冲突数为零

C. 不同专业是统一设计、分别建模的

D. 碰撞检查的工作只能检查两个专业之间的冲突关系

11. 下列选项中不属于 BIM 技术在施工企业投标阶段的应用优势的是( )。

A. 能够更好地对技术方案进行可视化展示

B. 基于快速自动算量功能可以获得更好的结算利润

C. 提升项目的绿色化程度

D. 提升竞标能力,提升中标率

二、多项选择题

1. 信息管理部门的主要工作任务有( )。

A. 负责编制信息管理手册,并检查和督促其执行

B. 负责工程档案的制作

C. 负责信息处理工作平台的建立和运行维护

D. 与其他工作部门协同组织收集信息、处理信息和形成各种反映项目进展和项目目标控制的报表和报告

E. 负责协调和组织项目管理班子中各工作部门的信息处理工作

2. 应用建设工程项目管理信息系统的主要意义包括( )。

A. 可方便地形成各种项目管理需要的报表

B. 有利于项目管理数据的收集

C. 有利于项目管理数据的检索和查询

D. 可提高项目管理数据处理的效率

E. 可确保项目管理数据处理的适用性

3. 方案设计阶段 BIM 应用主要包括( )。

A. 利用 BIM 技术进行概念设计　　　　B. 利用 BIM 技术进行空间设计

C. 利用 BIM 技术进行总体设计　　　　D. 利用 BIM 技术进行场地设计

E. 利用 BIM 技术进行方案比选

4. 施工图设计阶段 BIM 应用主要包括( )。

A. 协同设计　　　B. 性能分析　　　C. 结构分析

D. 工程量计算　　　E. 施工图出具

5. 下列属于 BIM 技术在专业深化设计阶段的应用的有( )。

A. 管线综合深化设计　　　　　　　　B. 土建结构深化设计

C. 钢结构深化设计　　　　　　　　　D. 幕墙深化设计

E. 机电专业深化设计

6. BIM 在技术方案展示中的作用主要体现在( )等方面。

A. 碰撞检查　　　　　　　　　　　　B. 虚拟施工

C. 施工隐患排除　　　　　　　　　　D. 材料分区域统计

E. 人员管理

三、简答题

1. 什么是建设工程信息管理,其意义是什么?

2. 建设工程项目信息如何分类?

3. 建设工程项目信息编码的方法有哪些?

4. 项目管理信息系统的功能是什么?

5. 基于 BIM 的设计阶段信息管理具备的优势有哪些?

6.虚拟施工管理在项目实施过程中带来的好处主要有哪些？

四、案例题

背景:某工业建设工程项目按产品类别分为 3 个子系统,计划投产时间各不相同;每个子系统均由原料、制造、成品等车间组成,能源介质、总图运输、生活办公等公共辅助设施为各子系统共用;整个项目由一个施工企业承担施工总承包,由若干分包单位参与施工;总承包项目部设立了综合信息管理组,负责施工方的信息管理工作。

问题:综合信息管理组的主要任务是负责本施工项目实施过程中的信息管理,其内容包括哪些？

第九章　建设工程项目风险管理

任务单元一　建设工程项目风险概述

一、项目风险

1. 风险的定义

各领域出于自身研究的目的,分别给风险做了不同的定义。虽然风险可以从很多角度进行定义,但至今尚无公认的统一定义。我国学者认为,风险是指损失发生的不确定性,是人们因对未来行为的决策及客观条件的不确定性而可能引起的后果与预定目标发生多种负偏离的总和,其数学公式为

$$R = f(P, C)$$

式中:R——风险;

P——不利事件发生的概率;

C——不利事件发生的后果。

综上所述,风险要同时具备两个条件:一是不确定性;二是产生损失后果。从建设工程项目风险的角度对风险进行定义,风险就是在项目决策和实施过程中,影响项目实际结果与预期目标差异的不确定因素。

2. 风险的特点

(1)风险的客观性。风险超越人的主观意识而存在,由客观事物内在运动规律决定,如自然界中的飓风、火山喷发、地震等,经济环境下的物价飞涨、通货膨胀等。只要风险的诱因存在,一旦风险发生的条件形成,风险就会发生。

(2)风险的普遍性。风险具有在时间、空间分布上的普遍性,无时不有、无处不在。在

当今社会中,无论是个人或者企业,无论从事什么行业,都会面临各种各样的风险,如个人面临的意外、疾病等,企业面临的资金风险、管理风险、市场风险等。风险涉及社会及个人的方方面面,只要存在于社会中就会面临风险,所以风险是普遍存在的。

(3)风险的随机性。风险的发生时刻、持续时间、作用的大小、作用的对象等均为随机的。因此,现实中的风险具有突发性、灾难性、出人意料的特点。

(4)风险的可认识性。尽管风险的客观状态无法控制,但风险的客观状态变化的规律是可以认识并掌握的,我们可对其做出科学的预测及管理。

(5)风险的可变性。风险并不是一成不变的,当引起风险的因素发生变化时,风险就会变化。风险的可变性表现为风险性质的变化、风险后果的变化、出现了新的风险或风险因素消除。

3. 建设工程项目风险的分类

建设工程项目的风险有很多种,常见的风险分类方式有以下几种。

1)按风险产生原因划分

(1)自然风险,来源于建设工程项目所在地的自然环境、地理位置、气候变化等自然力的不规则变化的风险,如风暴、地震等。

(2)社会风险,来源于建设工程项目所在国家的政治体制、人文素质、人口消费水平及教育水平等的风险,主要包括行为风险和政治政策风险。

(3)经济风险,来源于建设工程项目所在国家的市场供求关系、经济贸易条件、物价变化等的风险。

(4)法律风险,来源于建设工程项目所在国家的法律环境以及各种行业规章制度等的风险。

(5)技术风险,来源于建设工程项目所采取的技术措施及科学技术现状与发展不适应的风险。

(6)组织管理风险,来源于业主、施工单位、设计单位、监理单位之间的组织协调及各单位内部的组织协调的风险。

2)按风险是否可以管理划分

(1)可管理风险,指用人的智慧、知识等可以预测、控制的风险。对于施工中可能出现的安全问题,可以在编制安全施工方案时做好防范措施,避免风险因素的出现。

(2)不可管理风险,指用人的智慧、知识等无法预测和无法控制的风险,如自然环境的变化等。

风险是否可以管理不仅取决于风险自身,还取决于收集资料的多少和管理者的管理技术水平等。

3)按风险影响范围划分

(1)特殊风险。特殊风险是指仅作用于某一特定单体(如个体或组织)的风险,不具有普遍性,影响范围较小,如技术风险、组织风险等。

(2)基本风险。基本风险是指作用于整个经济、社会、国家(地区)、行业或大多数人的风险。其影响的范围较大,风险因素往往无法控制,后果严重,如政治风险、社会风险、经济风险等。

4)按风险的后果划分

(1)纯粹风险。纯粹风险只有造成损失和不造成损失两种可能后果。纯粹风险总是与威胁、损失、不幸联系在一起。

(2)投机风险。投机风险有造成损失、不造成损失和获得利益三种可能后果。投机风险既可能带来机会、获得利益,又隐含着威胁。

纯粹风险和投机风险在一定条件下可以相互转化,项目管理者应避免投机风险转化为纯粹风险。在许多情况下,一旦发生纯粹风险,涉及风险的各方面均要蒙受损失,不能幸免。

5)按风险后果的承担者划分

(1)业主方的风险。

①业主方组织管理风险。风险来源于业主方管理水平低,不能按照合同及时、恰当地处理工程实施过程中发生的各类问题,如不能及时办理各项审批手续、不能及时做好施工工程中的各项协调工作等。

②投资环境风险。风险来源于建设工程项目所在地政府的行政管理能力、法规政策完善、基础设施环境的变化等。

③市场风险。项目建成后的收益低、产品的市场占有率低等带来的风险。

④融资风险。投资估算偏差大、融资方案不恰当、资金不能及时到位等带来的风险。

⑤不可抗力风险。不可抗力风险包括自然灾害、社会动荡、通货膨胀等。

(2)承包人的风险。

①工程承包决策风险,如承包人的承包工程项目决策错误,投标时投标报价过高,承包人管理水平低、没按合同要求执行等。

②合同的履约及履行风险:在工程实施过程中对合同条款定义不够准确,存在不平等的条款;承包人管理水平低,造成合同履行不力。

③不可抗力风险。

(3)设计单位的风险。

①来自业主方的风险,如业主提出不合理的设计要求、业主前期勘察工作失误造成设计原始数据错误等。

②来自自身的风险,如设计单位设备落后、设计能力有限造成的风险。

(4)监理单位的风险。

①来自业主方的风险,如业主提出过分的、不符合施工技术的要求,业主过多干涉监理决定等。

②来自承包方的风险,即承包方的不良行为带来的风险,如不按诚实信用原则进行工程合同管理等。

③来自自身的风险,即监理工程师自身的监理专业知识、工作经验、职业道德以及沟通协调能力等不足,给工程项目带来的风险。

二、建设工程项目风险管理程序

建设工程项目风险管理是指项目各参与方,包括发包方、承包方和勘察、设计、监理等单位在工程项目全生命周期各阶段采取的辨识、评估、处理风险的措施和方法。

在现代工程项目中,风险和机会同在。通常风险大的项目才能有较大的赢利机会,所以组织应具备较强的风险管理能力。风险管理能获得非常高的经济效益,同时有助于组织竞争力、素质和管理水平的提高。在现代项目管理中,风险的管理问题已成为研究的热点之一。

项目风险管理的目的是减小风险对项目实施过程的影响,有准备地、理性地进行项目实施,保证项目目标的实现。项目风险管理主要包括风险识别、风险评估、风险响应和风险控制等工作过程。

建设工程项目的生命周期全过程都会存在风险,对风险进行识别、预测、衡量和控制,将风险导致的各种不利后果减小到最低限度,需要科学的风险管理方法。

建设工程项目风险管理主体通过风险识别、风险评价去认识项目的风险,并以此为基础,合理地使用风险回避、风险控制、风险自留、风险转移等管理方法、技术和手段对项目的风险进行有效控制,妥善处理风险事件造成的不利后果,以合理的成本保证项目总体目标的实现。

建设工程项目风险管理程序是指对项目风险进行的系统的、循环的工作过程,包括风险识别、风险评估、风险响应以及风险监控四个阶段,如图 9-1 所示。

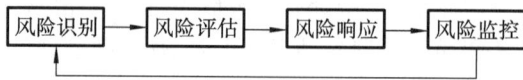

图 9-1　风险管理程序的动态循环性

三、风险管理计划

企业应在项目管理策划时确定风险管理计划。风险管理计划包括下列内容:
①风险管理目标;
②风险管理范围;
③风险管理方法、措施、工具和数据;
④风险跟踪的要求;
⑤风险管理的责任和权限;
⑥资源配置和费用预算。

任务单元二　建设工程项目风险识别

一、风险识别的概念

风险识别是指确定建设工程项目实施过程中不同阶段存在的风险,将它们作为管理对象,分析这些风险对项目实施产生的影响,并将这些特性加以归类,建立风险清单。风险识别是建立在人们对项目系统风险的基本认识上的,是风险管理的首要工作、基础步骤。

二、风险识别的内容

风险识别的主要内容包括三个方面:识别并确定项目的潜在风险;识别引起这些风险发展的主要因素;识别风险可能引起的后果。

三、风险识别的依据

风险识别的主要依据包括以下四个方面。

1. 风险管理计划

风险管理计划是规划和设计进行项目风险管理的活动过程。该过程包括确定项目组织、成员风险管理的行动方案,决定采取的适当的风险管理方法。风险管理计划一般是通过召开计划编制会议来制订的。风险管理计划应该对整个项目生命周期内的风险识别、风险分析与评估及风险应对等方面进行详细的描述。

2. 项目的计划文件

项目目标、任务、范围、进度、质量、造价、资源等涉及项目进行过程的计划和方案都是进行项目风险识别的依据,特别是这些计划中的各种假设条件、约束条件,项目不同参与者的相关利益,以及对项目目标的期望值等。

3. 历史资料

历史资料包括过去建设过程中的原始记录及经验总结,如档案文件、工程总结、工程质量事故处理文件、工程验收资料、工程设计变更资料、工程索赔资料等,还包括其他项目的历史资料。

4. 项目建设中常见的风险

明确、合理的风险分类可以避免在风险识别时的误判和遗漏,有利于突出重要的因素,发现那些对项目目标实现有严重影响的风险源。项目建设中常见的风险包括政治风险、经济风险、自然风险、技术风险、组织风险等。

四、风险识别的步骤

1. 项目风险分解

施工项目风险分解是确认施工活动中客观存在的各种风险,从总体到细节、由宏观到微观,层层分解,根据项目风险的相互关系将其归纳为若干子系统,使人们能比较容易地识别项目的风险。根据项目的特点,项目风险一般按目标、时间、结构、环境和因素五个维度进行分解。

(1)目标维:按项目目标进行分解,即考虑影响项目费用、进度、质量和安全目标实现的风险的可能性。

(2)时间维:按项目建设阶段进行分解,也就是考虑工程项目进展不同阶段(项目计划与设计、项目采购、项目施工、试生产及竣工验收、项目保修期)的不同风险。

(3)结构维:按项目结构(单位工程、分部工程、分项工程等)组成进行分解,同时相关技术群也能按其并列或相互支持的关系进行分解。

(4)环境维:按项目与其所在环境(自然环境、社会、政治、经济等)的关系进行分解。

(5)因素维:按项目风险因素(技术、合同、管理、人员等)的分类进行分解。

2. 收集项目信息,建立初步风险清单

建立工程初步风险清单是识别风险的起点,清单中应明确列出客观存在和潜在的各种风险,包括影响生产率、操作运行、质量和经济效益的各种因素。通常可以凭借工程项目管理者的经验对风险进行判断,并通过对一系列调查表进行深入分析、研究来编制初步清单。初步清单中罗列的数据应是经过分析的有参考价值的数据。

风险识别需要大量信息,应选择对项目系统以及内、外部环境熟悉的人进行风险预测,将预测的情况列入清单。清单应明确列出客观存在的和潜在的各种风险、风险可能带来的潜在损失、风险的危害。

3. 确立各种风险事件并推测其可能产生的后果

根据初步清单中罗列的各种风险来源,推测其带来的各种合理的可能性,包括损失、人身伤害、盈利、节支及超支等,重点应是资金的财务结果。

4. 对各种风险的重要性进行分析

对已经确立的潜在风险进行重要性分析,包括风险因素发生的概率及风险事件的潜在危害,通过这两个方面评价各种风险的相对重要性。对潜在风险进行重要性分析和判断,通常采用二维结构图(风险预测图),如图 9-2 所示。

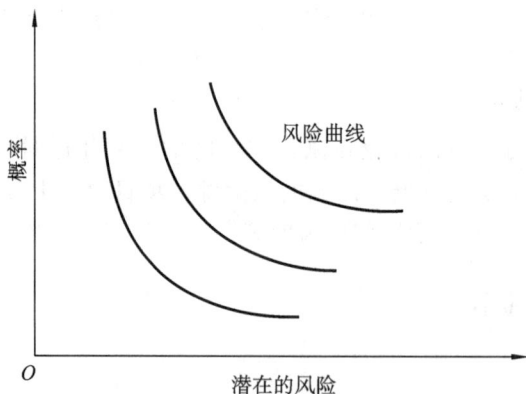

图 9-2 风险预测图

在图 9-2 中,纵坐标表示不确定因素发生的概率,横坐标表示不确定事件潜在的风险。这种二维结构图可以用来评价某一潜在风险的相对重要性。鉴于风险具有不确定性,并且与潜在的危害性密切相关,风险可通过一种由曲线群构成的风险预测图来表示。

在曲线群中,每条曲线均表示相同的风险,但风险的不确定性或者说发生的概率与潜在的危害性有所不同,因此,各条曲线所反映的风险程度也就不同,曲线距离原点越远,风险就越大。

5.进行风险归类

对风险进行分类,不仅可以加深对风险的认识和理解,而且可以了解风险的性质,有助于制订风险管理的目标。风险的分类有多种方法,正确的分类方法是依据发现的风险的性质和可能的结果及彼此间可能发生的关系进行风险分类。对已确立的风险进行分类:按工程项目内部、外部进行分类;按技术、非技术进行分类;按工程项目目标进行分类;按工程项目建设阶段进行分类。施工阶段常见风险事件有施工单位缺乏科学合理的组织管理、施工技术落后、施工安全措施不当、材料采购失误、项目资金紧张等。

6.建立风险目录摘要

建立风险目录摘要是风险识别的最后一个步骤。通过建立风险目录摘要,将项目可能面临的风险进行汇总并按轻重缓急排列,不仅能描述风险事件,使项目所有管理者明确自己面临的风险,而且能预测到项目中风险之间的联系和可能发生的连锁反应。风险目录摘要如表 9-1 所示。

表 9-1 风险目录摘要

风险摘要:			编号:	日期:
项目名称:			负责人:	
序号	风险事件	风险事件描述	可能造成的后果	发生的概率	可能采取的措施

五、风险识别的方法

在大多数情况下,风险并非显而易见,它往往隐藏在工程项目实施的各环节或被种种假象掩盖。因此,风险识别要讲究方法:一方面,可以通过感性认识和经验认识进行风险识别;另一方面,可以通过对客观事实、统计资料的归纳、整理和分析进行风险识别。风险识别常用的方法有专家调查法、财务报表法、流程图法、现场风险调查法等。

1.专家调查法

(1)头脑风暴法。头脑风暴法是最常用的风险识别方法,它借助由项目管理专家组成的专家小组,利用专家们的创造性思维,集思广益,通过会议方式进行项目风险因素的罗列。主持者以明确的方式向所有参与者阐明问题;专家畅所欲言,发表自己对项目风险的直观预测,然后根据风险类型进行风险分类。

不进行判断性评论是头脑风暴法的主要规则。头脑风暴法的核心是想出风险因素,注重风险的数量而不是质量,专家之间通过信息交流和相互启发,产生"思维共振",达到相互补充并产生"组合效应"的目的,获取更多的未来信息,使预测和识别的结果更接近实际、更准确。

（2）德尔菲法（也称问卷调查法）。德尔菲法是邀请专家匿名参加项目风险分析的方法，主要通过信函方式来进行。德尔菲法通过问卷征求专家的意见，再将意见整理、归纳，并匿名反馈给专家，以便进一步识别。经过几次这个过程，专家就可以在主要的项目风险上达成一致意见。

问卷内容的制作及发放是德尔菲法的核心。问卷内容应对调查的目的和方法做出简要说明，让每个被调查对象都能对德尔菲法有所了解；问卷所提问题应集中、用词得当、排列合理，问题内容描述应清楚、无歧义；问卷的内容不宜过多，内容越多，调查结果的准确性越差；问卷发放的专家人数不宜太少，一般以 10～50 人为宜，这样可以保证风险分析的全面性和客观性。

2. 财务报表法

财务报表能综合反映一个企业的财务状况，企业中存在的许多经济问题都能从财务报表中反映出来。财务报表法有助于确定一个特定企业或特定的建设工程项目可能遭受哪些损失以及在哪种情况下遭受这些损失。

财务报表法是通过分析企业资产负债表、现金流量表、损益表、营业报表以及补充记录，识别企业当前的所有资产、负债、责任和人身损失风险，将这些报表与财务预测、预算结合起来，发现企业或项目未来的风险。

采用财务报表法进行风险识别，要对财务报表中所列的各项会计科目做深入的分析研究，并提出分析研究报告，以确定可能产生的损失，还应通过一些实地调查以及其他信息资料来补充财务记录。由于工程财务报表与企业财务报表不尽相同，对工程建设进行风险识别时要结合工程财务报表的特点。

3. 流程图法

流程图法是指将一项特定的生产或经营活动按步骤或阶段以若干模块形式组成一个流程图，在每个模块中标出各种潜在的风险因素或风险事件，从而给决策者一个清晰的总体印象。一般来说，对流程图中各步骤或各阶段的划分比较容易，关键在于找出各步骤或各阶段不同的风险因素或风险事件。由于流程图的篇幅限制，采用这种方法得到的风险识别结果比较粗糙。

4. 现场风险调查法

从建设项目本身的特点可看出，不可能有两个完全相同的项目，两个不同的项目也不可能有完全相同的项目风险，因此，在项目风险识别的过程中，对项目本身的风险调查必不可少。通常，现场风险调查可以从组织、技术、自然及环境、经济、合同等方面分析拟建工程的特点以及相应的潜在风险。由于风险管理是一个系统的、完整的循环过程，风险调查并不是一次性的，应该在工程实施全过程中不断进行，这样才能了解不断变化的条件对工程风险状态的影响。

现场风险调查法的步骤如下。

（1）做好调查前的准备工作：确定调查的具体时间和调查所需的时间，对每个调查对象进行描述。

（2）现场调查和询问：根据调查前对潜在风险事件的罗列和调查计划，组织相关人员，通过询问进行调查或对现场情况进行实际勘察。

（3）汇总和反馈：将调查得到的信息进行汇总，并将调查时发现的情况通知有关项目管理者。

任务单元三　建设工程项目风险评估

系统、全面地识别风险只是风险管理工作的第一步，要进一步把握风险，还需要对其进行深入的分析和评估。风险评估是风险识别和风险管理之间的纽带，是风险决策的基础。

一、风险评估的定义

从工程项目的风险管理周期来看，风险识别只是对建设工程项目各阶段单个风险进行估计和量化，没有考虑各单个风险综合起来的总体效果，也没有考虑这些风险是否能被项目主体接受。风险评估就是在对各种风险进行识别的基础上，对风险的规律性进行研究和分析，综合衡量风险对项目实现既定目标的影响程度。

二、风险评估的原则

（1）系统性原则。本着系统性原则进行风险评估主要是从已识别出的风险的整体考虑，保证既能全面地估计风险，又能有重点地估计风险。

（2）谨慎性原则。风险评估的结论将影响风险响应措施的选择，因此风险评估很重要，应慎重估计，不要不合理地低估风险。

（3）相对性原则。多数风险评估方法得出的结论是相对的，即一种风险的大小是相对本风险系统内其他风险因素对风险目标的影响程度而言的。

（4）定性评估与定量评估相结合原则。风险评估结果既可以用绝对数或相对数等确定量表示，也可以用大、较大等模糊量表示。不同的风险评估方法将得到不同形式的风险评估结果。综合使用多种风险评估方法，有助于从不同侧面反映风险状态。

三、风险评估的程序

运用不同的风险评估方法，风险评估的程序会有所区别。通常进行风险评估有如下程序。

（1）确定风险评估的目的和要求，并收集资料。资料是风险评估的基础，风险评估资料包括在施工现场调查分析取得的第一手资料和从工程文件、其他项目资料中取得的第二手资料。

（2）选择风险评估方法。风险评估方法很多，不同的风险评估方法得出的结论形式有所区别,因此应根据风险标的的状态特点以及后续处置的需要,选择合适的风险评估方法。

(3)施工现场定性分析。通过观察、询问和问卷调查等方法收集信息,形成对工程风险状态总体的定性判断。

(4)定量分析。确定风险估计变量及风险估计变量公式,风险评估应以估计变量的公式进行评估,确定各变量的表达形式,如是用相对量、绝对量还是用模糊判断的分数表示。

(5)综合评估。

(6)修正并得出结论。风险评估过程涉及主观判断,得出的结论有可能与风险的客观情况存在偏差,所以应对风险结论进行检验和修正,使风险评估结果更客观。

四、风险评估的方法

项目风险的评估往往采用定性与定量相结合的方法进行,常用的项目风险评估方法主要有专家评分比较法、蒙特卡洛模拟法、敏感性分析法等。

1. 专家评分比较法

专家评分比较法是一种常用的、易于理解的、简单的风险评估方法。它主要是找出各种潜在的风险并对风险后果做出定性估计。具体操作是将识别出的项目可能遇到的所有风险因素列入项目风险调查表,将项目风险调查表交给有关专家,让专家根据经验对可能的风险因素的等级和重要性进行评估,确定项目的主要风险因素。本方法对那些风险很难在较短时间内用统计方法、实验分析方法或因果关系论证得到的情形特别适用。

专家评分比较法的步骤如下。

(1)识别出影响待评估工程项目的所有风险因素,列出项目风险调查表。

(2)将项目风险调查表提交给有经验的专家,请他们对项目风险表中的风险因素进行主观打分评价。

①确定每个风险因素的权数,取值范围为 $0.01\sim1.0$,由专家打分加权确定。

②确定每个风险因素的权重,即风险因素的风险等级,分为五级,分别为 0.2、0.4、0.6、0.8、1.0,由专家打分加权确定。

(3)回收项目风险调查表。将各专家打分评价后的项目风险调查表整理出来,计算出项目风险水平。将每个风险因素的权数与权重相乘,得出该项风险因素得分,将各项风险因素得分加权平均,得出该项目风险总分,即项目风险度。风险度越大,风险越大。

2. 蒙特卡洛模拟法

蒙特卡洛(Monte Carlo)模拟法这个术语是第二次世界大战时期美国物理学家Metropolis在执行曼哈顿计划的过程中提出来的。此方法最先被科学家用于研究原子弹。自从推出以来,蒙特卡洛模拟法一直用于不同的物理和概念系统的模型建立。

风险评估时经常面临不确定性、不明确性和可变性,即使我们可以对信息进行全面访问,仍无法准确预测未来。蒙特卡洛模拟法允许我们查看做出的决策的所有可能结果并评估风险影响,从而在存在不确定因素的情况下做出更好的决策。蒙特卡洛模拟法是一种计算机化的数学方法,允许人们评估定量分析和决策制订过程中的风险。

应用蒙特卡洛模拟法可以直接处理每个风险因素的不确定性,并将这种不确定性在成本方面的影响以概率分布的形式表示出来。

3. 敏感性分析法

敏感性分析法是指从众多不确定性因素中找出对投资项目经济效益指标有重要影响的敏感性因素,并分析、测算其对项目经济效益指标的影响程度和敏感性程度,进而判断项目承受风险能力的一种不确定性分析方法。敏感性分析法就是研究和分析由于客观条件的影响(如政治形势、通货膨胀、市场竞争等风险),项目的投资、成本、工期等主要变量因素发生变化而使项目的主要经济效益评价指标(如净现值、收益率、折现率等)发生变化的敏感程度。

任务单元四　建设工程项目风险响应与监控

对于风险管理,评估人员在完成风险识别和评估之后,还必须对识别出来的风险进行应对,做好风险应对准备和计划工作。如果对项目风险有了客观准确的识别和评估,并在此基础上采取合理的响应措施,人们对于风险就不会无能为力。风险的特征决定了风险是存在于项目整个生命周期的,风险又是可变的,所以,在整个项目的管理过程中都必须进行风险的监视和控制。在对风险采取了应对措施后,还应对措施实施的效果加以评价,这样才能保证风险管理的效果。

一、风险响应

1. 风险响应的定义

风险响应是指对识别出来的风险加以估计和评价之后,选择并确定最佳的对策组合,将其进一步落实到具体的计划和措施中以降低和消除风险。

由风险特征可知,虽然风险客观存在、无处不在,表现形式也多种多样,但风险并非不可预测和防范。在长期的工程项目管理实践中,人们总结出了许多应对工程项目风险的有效措施。只要对工程项目风险有客观、准确的识别和评估,并在此基础上采取合理的响应措施,风险就是可以防范和控制的。

在建设工程项目实施过程中,评估人员必须对各项风险对策的执行情况进行监控,评价其执行效果,并在项目实施条件发生变化时确定是否需要提出不同的风险处理方案。

2. 工程项目风险响应计划的内容

(1)风险响应的费用预算和事件计划。
(2)风险分析及其信息处理过程的安排。
(3)施工项目风险承担人及其应分担的风险。
(4)施工项目已识别风险的描述,包括风险因素、风险成因和对目标的影响等。

(5)针对每项风险应对措施的选择和实施行动进行计划。

(6)采取措施后,期望残留风险水平的确定。

(7)处置风险的应急计划和退却计划。

3. 风险响应的措施

常见的风险响应措施有风险回避、风险转移、风险分散、风险自留等。

(1)风险回避。风险回避是指在完成项目风险分析和评估后发现项目风险发生的概率很高,而且可能造成很大的损失,又没有有效的响应措施来降低风险,考虑影响预定目标达成的诸多风险因素,结合决策者自身的风险偏好和风险承受能力,做出的中止、放弃某种决策方案或调整、改变某种决策方案的风险处理方式。

风险回避的前提在于企业能够准确判断自身条件和外部形势、客观存在的风险的属性和大小。在面临灾难性风险时,采用风险回避的方式处置风险是比较有效的。它简单易行,对风险的预防和控制具有彻底性,而且具有一定的经济性。但有时,放弃承担风险也就意味着放弃某些机会。因此,在某些情况下,这种方法是种比较消极的处理方式。

一般只有在以下情况才会采用风险回避的方法:

①投资主体对风险极端厌恶;

②存在可实现同样目标的其他方案,其风险更低;

③投资主体无能力消除或转移风险;

④投资主体无能力承担风险或承担风险得不到足够的补偿。

(2)风险转移。风险转移是一种常用的、十分重要的、应用范围最广且最有效的风险管理手段,是指将风险及其可能造成的损失全部或部分转移给他人。风险转移并不意味着是将风险转移给了他人且他人一定会受到损失。各人的优势、劣势不一样,对风险的承受能力也不一样。对于自己是损失的风险,对于别人有可能就是机会,所以在某种环境下,风险转移者和接受者会取得双赢。

一般来说,风险转移的方式可以分为非保险转移和保险转移。非保险转移是指通过订立经济合同,将风险以及与风险有关的财务结果转移给别人。在经济生活中,常见的非保险转移有签订承包合同、工程分包、工程担保等。保险转移是指通过订立保险合同,将风险转移给保险公司(保险人)。风险承担人在面临风险以前,可以向保险人缴纳一定的保险费,将风险转移。一旦预期风险发生并且造成了损失,保险人必须在合同规定的责任范围之内进行经济赔偿。由于保险存在着许多优点,通过保险来转移风险是最常见的风险管理方式。需要指出的是,并不是所有风险都能够通过保险来转移,可保风险必须符合一定的条件。

(3)风险分散。风险分散就是将风险在项目各参与方之间进行合理分配。风险分配通常在任务书、责任书、合同、招标文件等文件中进行规定。风险分散旨在通过增加风险承受单位来减轻总体风险的压力,以达到分担风险的目的。

分包合同通常要求分包人接受建设单位合同文件中的各项合同条款,使分包人分担一部分风险。有的承包人直接把风险比较大的部分分包出去,将建设单位规定的误期损失赔偿金订入分包合同,从而达到风险分散的目的。

(4)风险自留。风险自留也称风险承担,是指项目管理者自己非计划性或计划性地承担风险,即将风险保留在风险管理主体内部,以其内部的资源来弥补损失。保险和风险自留是企业在发生损失后两种主要的筹资方式,都是重要的风险管理手段。风险自留目前在发达国家的大型企业中较为盛行。风险自留既可以是无计划的,也可以是有计划的。

①无计划的风险自留是由于风险管理人员没有意识到项目某些风险的存在,或者不曾有意识地采取有效措施,以致风险发生后只好保留在风险管理主体内部,这样的风险自留就是无计划的和被动的。

无计划的风险自留产生的原因有风险部位没有被发现、不足额投保、缺乏风险意识、风险识别失误、风险分析与评价失误、风险决策延误、风险决策实施延误等。在这些情况下,一旦造成损失,企业必须以其内部的资源(自有资金或借入资金)来加以补偿,该组织如果无法筹集到足够的资金,只能停业。因此,准确来说,无计划的风险自留不能看作风险响应的措施。

②有计划的风险自留是一种重要的风险管理手段,是主动的、有意识的、有计划的选择。它是风险管理者察觉了风险的存在,估计到了该风险造成的期望损失,决定以其内部的资源(自有资金或借入资金)来对损失加以弥补的措施。有计划的风险自留绝不可能单独运用,应与其他风险对策结合使用,同时做好风险事件的工程保险和实施损失控制计划。

4.风险响应的成果

风险响应的最后一步,是把前面已完成的工作归纳成一份风险管理规划文件。风险管理规划文件应包括项目风险形势估计、风险管理计划和风险响应计划三大内容。

(1)项目风险形势估计。在风险的识别阶段,项目管理者其实已经对项目风险形势做了估计。风险响应阶段的形势估计比风险识别阶段更全面、更深入,此阶段可以对前期的风险估计进行修改。

(2)风险管理计划。风险管理计划在风险管理规划文件中起控制作用。风险管理计划应确定项目风险管理组织机构、领导人员和相关人员的责任和任务。其目的在于在建设工程项目的实施过程中,对项目各部门风险管理工作内容、工作方向、策略选择起指导作用;强化有组织、有目的的风险管理思路和途径。

(3)风险响应计划。风险响应计划是风险响应措施和风险控制工作的计划和安排,是项目风险管理的目标、任务、程序、责任和措施等内容的详细规划,应该详细到管理者可直接按计划操作的层次。

二、风险监控

1.风险监控的定义

风险监控是指在建设工程项目决策主体的运行过程中,对风险的发展与变化进行全程监督,并根据需要进行风险应对策略的调整。

(1)风险监视。在实施风险响应计划的过程中,人们对风险的响应行动必然会对风险和风险因素的发展产生相应的影响。风险监视的目的在于通过观察风险的发展变化,评估响应措施的实施效果和偏差,改善和细化应对计划,获得反馈信息,为风险控制提供依据。风险的监视过程是一个不断认识项目风险的特征及不断修正风险管理计划和行为的过程,这个过程是一个实时的、连续的过程。

(2)风险控制。风险控制是指根据风险监视过程中反馈的信息,在风险事件发生时实施预定的风险应对措施;当项目的情况发生变化时,重新对风险进行分析,并制订更有效的、新的响应措施。有些事情是不能控制的,风险总是存在的。管理者应采取各种措施减小风险事件发生的可能性,或者把可能的损失控制在一定的范围内,以避免风险事件发生时带来难以承担的损失。

2. 风险监控的步骤

(1)建立项目风险监控体系。建立项目风险监控体系是指在项目建设前,在风险识别、评估和响应计划的基础上,制订出整个项目的风险监控的方针、程序、目标和管理体系。

(2)确定监控项目风险事件。确定监控项目风险事件是指按照项目识别和分析得到的具体风险事件,根据风险后果的严重程度和风险发生概率的大小,以及项目组织的风险监控资源情况,确定对哪些风险进行监控。

(3)确定项目风险监控责任。确定项目风险监控责任是指将风险监控的工作分配和落实到具体的人员,并确定这些人员相应的责任。

(4)确定风险监控行动时间。确定风险监控行动时间是指制订相应的风险监控时间计划和安排,避免错过风险监控的时机,再根据风险监控的时间和安排制订各具体项目风险的控制方案。

(5)实施与跟踪项目风险监控。在实施项目风险监控的活动时,管理人员要不断收集监控工作的信息并给出反馈,确认监控工作是否有效、项目风险的发展是否有新的变化,不断提供反馈信息,不断修订项目风险监控方案与计划。

(6)判断项目风险是否消除。管理人员应判断某个项目风险是否已经解除:如已解除,该具体项目风险的控制作业就可以完成;反之,则需要进行重新识别并开始新一轮的风险监控作业。

(7)风险监控效果评价。风险监控效果评价是指对风险监控技术的适用性及其收益情况进行的分析、检查、修正和评估,看风险管理是否以最少的成本取得了最大的安全保障。

本 章 小 结

风险管理是项目管理的核心任务,风险管理贯穿项目管理的整个过程。风险的特点包括风险的客观存在性、普遍存在性、相对性和可变性。建设工程项目风险管理的核心是对风险进行识别、评估、响应和监控。风险识别是整个风险管理工作的基础,它是通过分析、归纳和整理各种信息资料,系统、全面地认识风险事件并加以适当的归类,对风险的类型、产生原因、可能产生的后果做出定性估计、感性认识和经验判断。识别风险的主要方法有专家调查法、财务报表法、流程图法、现场风险调查法等。风险评估是在对各种风险进行识别的基础上,综合衡量风险对项目实现既定目标的影响程度。风险评估的方法有专家评分比较法、蒙特卡洛模拟法、敏感性分析法等。风险响应措施有风险回避、风险转移、风险分散、风险自留等。监视和控制风险是风险监控的主要内容,无论什么时候,只要在风险监控的过程中发现新的风险因素,就要对其进行重新评估。

思考与练习

一、单项选择题

1.建设项目管理类信息包括进度控制信息、合同管理信息、风险管理信息以及(　　)信息。

　　A.安全管理　　　　　B.投资控制　　　　　C.质量控制　　　　　D.施工技术

2.施工机械操作人员的知识、经验和能力的风险属于(　　)。

　　A.经济与管理风险　　　　　　　　B.组织风险

　　C.工程环境风险　　　　　　　　　D.技术风险

3.工程项目管理风险是指可能出现的(　　)的不确定因素。

　　A.影响项目目标实现　　　　　　　B.影响项目风险控制

　　C.影响项目团队建设　　　　　　　D.影响项目组织协调

4.(　　)是将项目按照其内在结构或实施过程进行逐层分解而形成的结构示意图。

　　A.风险管理图表　　　　　　　　　B.规划会议

　　C.项目风险的分解结构　　　　　　D.项目工作分解结构

5.风险分析的工作之一是(　　)。

　　A.分析存在哪些风险因素和风险事件

　　B.制订风险管理方案,采取降低风险量的措施

　　C.进行投保或担保

　　D.进行风险衡量,确定风险量

6.安全生产管理预警体系运行中,"找出诸多致灾因素中危险性最高、危险程度最严重的主要因素,并对其成因进行分析"属于(　　)环节的工作。

　　A.诊断　　　　　B.监测　　　　　C.识别　　　　　D.评价

7.某承包单位在施工中有针对性地制订和落实施工质量保证措施来降低质量事故发生概率,这一行为属于质量风险应对的(　　)策略。

　　A.减轻　　　　　B.规避　　　　　C.转移　　　　　D.自留

8.同一个工程可有不同的工程构造的分解方法,(　　)的分解应和整个工程实施的部署相结合,并和将采用的合同构造相结合。

　　A.组织构造　　　　B.工程构造　　　　C.管理构造　　　　D.技术构造

二、多项选择题

1.风险因素包括(　　)因素。

A. 主观风险　　　　B. 客观风险　　　　C. 实质性风险

D. 道德风险　　　　E. 心理风险

2. 以下属于风险转移对策的是（　　）。

A. 风险衡量　　　　　　　　　　B. 预留风险金

C. 保险　　　　　　　　　　　　D. 减少风险损失值

E. 担保

3. 工程项目经济与管理风险主要包括（　　）等。

A. 损失控制和安全管理人员的知识、经验和能力

B. 工程资金供应条件

C. 工程设计文件

D. 工程施工方案

E. 事故防范措施和计划

4. 关于工程保险的说法，正确的有（　　）。

A. 工程一切险要求投保人以项目法人的名义投保

B. 国内工程通常由项目法人办理工程一切险

C. 第三者责任险一般附加在工程一切险中

D. 承包人设备保险的保险范围包括准备用于工程的设备

E. 国内工程开工前均要集中投保工程一切险

5. 项目风险评估工作包括（　　）。

A. 确定各种风险的风险等级　　　B. 分析各种风险的损失量

C. 确定风险因素　　　　　　　　D. 确定应对各种风险的对策

E. 分析各种风险因素的发生概率

6. 若承包人未按合同要求实施工程，关于业主向承包人索赔的说法，正确的有（　　）。

A. 未按合同条件要求，无故不向分包人付款，业主无权进行索赔

B. 质量不满足要求，业主另找公司完成的，只可向承包人索赔成本

C. 工程进度太慢，要求承包人赶工时，业主可索赔业主方工程师的加班费

D. 合同工期已到而工程仍未完工，业主可索赔误期损害赔偿费

E. 未按合同要求办理保险，业主可前去办理并索赔相应的费用

三、简答题

1. 风险识别的方法有哪些？

2. 简述风险评估的程序。

3. 项目风险响应计划的内容有哪些？

四、案例题

背景：广东省惠州市某写字楼建筑工程项目面积为 21000.00 m^2，总造价为 6596 万元，建筑层数为 15 层，高度为 78.3 m。该项目由某房地产公司开发，旭日建筑安装工程有限公司与其签订了施工合同并组织承建。该工程的空调工程造价为 497 万元。由于空

调工程专业性强,旭日公司在此方面缺乏专业施工及管理能力,经业主同意后,将空调工程分包给另一家专业空调施工企业。

问题:1.建设工程项目风险是如何分类的?

2.该项目在施工过程中可能面临哪些风险?

第十章 建设工程项目收尾管理

【学习目标】
   1.知识目标
(1)了解项目收尾管理的概念;熟悉项目收尾管理的内容和基本要求。
(2)熟悉竣工收尾的要求、项目竣工资料整理、竣工图的编制。
(3)了解项目竣工验收的概念、条件和依据;熟悉项目竣工验收的质量标准。
(4)掌握竣工验收的程序、内容。
(5)熟悉竣工结算和决算的内容,熟悉项目回访和保修。
   2.能力目标
(1)能够做好项目收尾的工作。
(2)具备项目竣工验收的能力。
(3)具备项目决算和结算的能力。
(4)能够做好项目的回访和保修。
(5)能够对项目管理进行合理的评价。

任务单元一　项目收尾管理概述

一、项目收尾管理的概念

项目收尾管理是指对项目的竣工收尾、试运行、竣工验收、竣工结算、竣工决算、考核评价、回访保修等进行的计划、组织、协调、控制等管理活动。它是建设工程项目管理全过程的最后阶段。没有这个阶段,建设工程项目就不能顺利交工,不能投入使用,也就不能最终发挥投资效益。

二、项目收尾管理的内容

项目收尾管理的内容主要包括项目竣工收尾、竣工验收、竣工结算、竣工决算、回访保修、考核评价等方面的管理。

项目收尾管理的内容如图 10-1 所示。

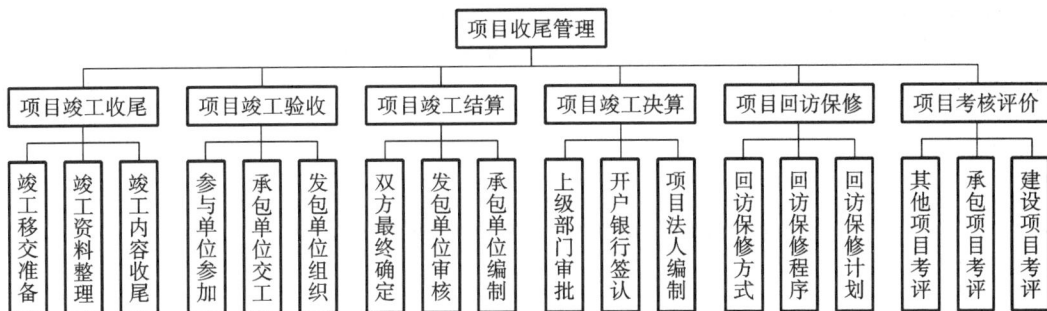

图 10-1　项目收尾管理的内容

三、项目收尾管理的基本要求

1. 项目竣工收尾

在项目竣工验收前,项目经理部应检查合同约定的哪些工作内容已经完成或完成到什么程度,记录检查结果并形成文件;检查总承包、分包之间还有哪些连带工作需要收尾接口,项目近外层和远外层还有什么工作需要沟通协调等,以保证竣工收尾工作顺利完成。

2. 项目竣工验收

项目竣工收尾工作内容按计划完成后,除了承包人的自检评定外,承包人应及时向发包人递交竣工工程申请验收报告。实行建设监理的项目,监理人还应当签署工程竣工审查意见。发包人应按竣工验收法规,向各参与方发出竣工验收通知单,组织进行项目竣工验收。

3. 项目竣工结算

项目竣工验收条件具备后,承包人应按合同约定和工程价款结算的规定,及时编制并向发包人递交项目竣工结算报告及完整的结算资料,经双方确认后,按有关规定办理项目竣工结算。承包人应按时移交工程成品,并建立交接记录,完善移交工程手续。

4. 项目竣工决算

项目竣工决算是由项目发包人(业主)编制的项目从筹建到竣工投产或交付使用全过程的全部实际支出费用的经济文件。竣工决算综合反映了竣工项目建设成果和财务情况,是竣工验收报告的重要组成部分。所有新建、扩建、改建的项目,竣工后都要编制竣工决算。

5. 项目回访保修

项目竣工验收后,承包人应按工程建设法律、法规的规定,履行工程质量保修义务,并采取适宜的回访方式为顾客提供售后服务。项目回访与质量保修制度,应纳入承包人的质量管理体系,明确组织和人员的职责,提出服务工作计划,按管理程序进行控制。

6. 项目考核评价

项目结束后,应对项目管理的运行情况进行全面评价。项目考核评价是项目当事人

(建设、勘察设计、施工、监理、咨询等单位)对项目实施效果从不同角度进行的评价和总结。项目当事人应通过定量、定性指标的比较分析,从不同的管理范围总结项目管理经验,找出差距,提出改进意见。

任务单元二　项目竣工收尾

一、项目竣工收尾的要求

项目竣工收尾是直接为竣工验收创造条件的,因此项目竣工收尾工作必须有目标、有计划地进行。总承包人、分包人分别负责控制竣工总目标和分目标的实现。竣工计划的目标起点要高、要求要严。高起点是指竣工条件必须按法律、行政法规、部门规章和强制性标准的规定执行,严要求是指验收标准的要求要严。检查中发现的问题要强制执行整改,及时处理。

项目竣工收尾的基本要求分为总目标要求和分目标要求。

1. 总目标要求

(1)全部收尾项目完成,工程符合竣工验收标准。

(2)工程质量经过检验合格,各种质量验收记录完整。

(3)工程经过安全和功能检验,各种测试(调试)、运行记录齐全。

(4)施工现场达到工完料净、场退地清,具备工程验收条件。

(5)项目竣工资料整理齐全,符合工程文件归档整理的规定。

2. 分目标要求

(1)建筑收尾落实到位。

(2)安装调试检验到位。

(3)工程质量验收到位。

(4)专业工程、总承包和分包交接到位。

(5)文件收集整理到位。

(6)竣工验收准备到位。

(7)竣工结算编制到位。

(8)项目管理总结到位。

对于竣工收尾工作应从什么时间开始,实际上并没有一个十分严格的标准和界限。工程收尾工作的开始时间可由工程情况确定,一般是在装修工程接近结束时。工程规模较大或施工工艺比较复杂的工程的收尾工作往往从装修工程的后期开始。

在组织竣工收尾时,大的施工任务已经完成,小的修补任务却十分零碎。在人力和物力方面,主要力量已经转移到新的工程项目,只保留少量的力量进行工程的扫尾和清理工作。在业务和技术方面,施工技术指导工作已经不多,却有大量资料综合、整理工作。收尾工作是现场施工管理的最后一个环节,应把各方面工作做细、做实,保证竣工收尾顺利完成。

由于收尾项目零碎、产值不高、工作量不大,项目人员极易产生轻视竣工收尾的不良习惯,导致工程"尾巴"拉得很长。项目经理应组织领导好竣工验收前的各项收尾工作,尤其要从全局利益出发,从小处着手,组织项目经理部有关专业技术、管理人员,认真反复核对施工图纸和剩余项目内容,把漏项列入竣工收尾计划,明确质量和进度要求,对项目竣工条件做好记录,签署自查意见。

二、项目竣工收尾

工程项目进入竣工收尾阶段时,项目经理亲自领导收尾工作小组进行收尾。收尾工作小组成员包括技术负责人、生产负责人、质量负责人、材料负责人、班组负责人等多方面的人员。收尾项目完工要有验证手续,要建立完善的收尾工作制度,形成目标管理保证体系。

在一般情况下,当项目达到竣工报验条件后,承包人应向工程监理机构递交工程竣工报验单,提请监理机构组织竣工预验收,审查工程是否符合正式竣工验收条件。若项目实行总、分包管理模式,竣工验收应分两步进行:分包人对工程进行自检,向总承包人提交完整的工程技术档案资料,总承包人据此对分包工程进行复检和验收;总承包人向工程监理机构递交工程竣工报验单,监理机构据此按规定对工程是否符合竣工验收条件进行审查,符合的予以签认。

三、项目竣工资料整理

项目竣工资料是记录和反映项目实施全过程的工程技术与管理的档案资料的总称。它真实地记录着项目实施全过程的实际情况。承包人应按基本建设项目档案资料管理和城市建设档案管理的有关规定,确保竣工资料齐全、完整。项目经理部的内业技术员负责随施工进度及时收集竣工资料,以单位工程为对象整理保管,不得丢失;在竣工验收后按系统和专业分类组卷,将部分资料移交发包人,留存部分资料自己备案。

承包人将本单位在工程建设过程中形成的竣工资料向发包人移交,内容是归档范围规定的,是竣工验收必需的。这些资料是建设单位生产(使用)、维修、改建、扩建的重要依据,也是对项目进行复查的依据。承发包双方对工程文件档案的移交验收应符合《建设项目(工程)档案验收办法》的规定。竣工资料的整理应执行《建设工程文件归档规范》(GB/T 50328—2014)的规定。

四、竣工图

竣工图是反映工程实际状况的技术文件,是工程竣工验收、投产或交付使用后进行维修、扩建、改建的主要依据,是生产(使用)单位必须长期保存和在城建档案馆进行竣工备案的重要工程档案资料。竣工图必须做到真实、准确、完整地反映和记录各种地下和地上建筑物、构筑物的详细情况。《建设工程监理规范》(GB/T 50319—2013)规定,竣工图应提交监理人审查签认方为有效。

竣工图编制的规定如下。

（1）施工图没有变更、变动的，承包人（包括总承包和分包）在原施工图（须是新蓝图）上加盖"竣工图"章作为竣工图。

（2）施工中虽有一般性设计变更，但能将原施工图加以修改补充作为竣工图的，可不再重新绘制，承包人负责在原施工图（须是新蓝图）上注明修改的部分，附设计变更通知单和施工说明，加盖"竣工图"章后作为竣工图。

（3）有结构形式改变、工艺改变、平面布置改变、项目改变以及其他重大改变，不宜在原施工图上修改、补充的，应重新绘制改变后的竣工图。由于设计原因造成的，设计人负责重新绘制；由于施工原因造成的，承包人负责重新绘制；由于其他原因造成的，发包人（或监理人）自行绘制或委托设计人绘制。承包人在新图上加盖"竣工图"章，附有关记录和说明，作为竣工图。新绘制的竣工图必须真实反映出变更后的工程情况。

（4）重大的改建、扩建工程涉及原有工程项目变更时，应将相关项目的竣工图资料统一整理归档，并在原案卷内增补必要的说明。

项目经理部完成了项目全部任务，确认达到竣工条件后，应按规定向所在企业报告，提交有关部门组织预验收，填写工程质量竣工验收记录、质量控制资料核查记录、工程质量观感记录，并对工程施工质量做出合格结论。

任务单元三　项目竣工验收

一、项目竣工验收的概念

项目竣工验收是指承包人按施工合同完成了项目全部任务，经检验合格，发包人、承包人组织验收的过程。项目的交工主体是合同的承包主体，验收主体是合同的发包主体，其他项目参与人是项目竣工验收的相关组织。

建设项目的竣工验收主要由建设单位负责组织和进行现场检查、收集与整理资料，设计、施工、设备制造单位有提供资料及竣工图纸的责任。

二、项目竣工验收的条件和依据

建设工程是否达到竣工验收条件，具有相应的可供遵循的验收标准和要求：

①设计文件和合同约定的各项施工内容已经施工完毕；

②有完整并经核定的工程竣工资料，符合验收规范；

③有工程使用的主要建筑材料、构配件、设备进场的合格证明及试验报告；

④有勘察、设计、施工、监理等单位签署确定的工程质量合格文件；

⑤有施工单位签署的质量保修书。

工程项目竣工验收的主要依据包括以下几个方面：

①上级主管部门对该项目批准的各种文件，包括可行性研究报告、初步设计，以及与项目建设有关的各种文件；

②工程设计文件，包括施工图纸及说明、设备技术说明书等；

③国家颁布的各种标准和规范，包括现行的工程施工质量验收规范、工程施工技术标准等；

④合同文件，包括施工承包的工作内容和应达到的标准，以及施工过程中的设计修改变更通知书等。

三、项目竣工验收的程序

1. 发送竣工验收通知书

项目完成后，承包人应在检查评定合格的基础上，向发包人发出预约竣工验收的通知书并提交工程竣工报告，说明拟交工程项目的情况，商定有关竣工验收事宜。

承包人应向发包人递交预约竣工验收的书面通知，说明竣工验收前的准备情况，包括施工现场准备和竣工资料审查结论。预约竣工验收的书面通知应表达两层含义：一是承包人已按施工合同的约定全面完成建设工程施工内容，预验收合格；二是请发包人按合同的约定和有关规定，组织施工项目的正式竣工验收。

2. 组织单项工程验收及全部建设项目验收

(1)单项工程验收阶段。单项工程验收是指当建设项目中一个单项工程按设计图纸的内容和要求建成，并能满足生产或使用要求、达到竣工标准时，可单独整理有关施工技术资料及试车记录等，进行工程质量评定，组织竣工验收并办理固定资产转移手续。

(2)全部验收阶段。全部验收是指整个建设项目按设计要求全部建成，并符合竣工验收标准，可组织竣工验收，办理工程档案移交及工程保修等移交手续。在全部验收阶段，已验收的单项工程不再办理验收手续。

3. 进行工程质量评定，签发竣工验收证明书

验收小组或验收委员会根据设计图纸和设计文件的要求，以及国家规定的工程质量检验标准，提出验收意见；在确认工程符合竣工标准和合同条款规定之后，应向施工单位签发竣工验收证明书。

4. 进行工程档案资料移交

工程档案资料是建设项目施工情况的重要记录。在工程竣工后，资料整理人员应立即将全部工程档案资料按单位工程分类立卷，装订成册，然后列出工程档案资料移交清单。双方按清单上所列资料查点清楚后移交，双方在移交清单上签字盖章。移交清单一式两份，双方各执一份。

5. 办理工程移交手续

工程验收完毕，施工单位要向建设单位逐项办理工程和固定资产移交手续，并签署交接验收证书和工程保修证书。

四、项目竣工验收的内容

1. 隐蔽工程验收

基础工程要验收地质情况、标高尺寸、基础断面尺寸和桩的位置、数量。钢筋混凝土工程要验收钢筋的品种、规格、数量、位置、形状、焊接尺寸、接头位置、预埋件的数量和位置以及材料代用情况。防水工程要验收屋面、地下室、水下结构的防水层数、防水处理措施的质量。

2. 分项工程验收

对于重要的分项工程,建设单位或其代表应按照工程合同的质量等级要求,根据该分项工程施工的实际情况,参照质量评定标准进行验收。在分项工程验收中,验收人员必须严格按照有关验收规范选择检查点数,然后计算检验项目和实测项目的合格或优良的百分比,最后确定该分项工程的质量等级,从而确定能否验收。

3. 分部工程验收

在分项工程验收的基础上,建设单位或其代表应根据各分项工程质量验收结论和分部工程的质量等级决定可否验收。另外,单位或分部土建工程完工后转交安装工程施工或中间其他过程均应进行中间验收,承包单位得到建设单位中间验收认可的凭证后,才能继续施工。

4. 单位工程竣工验收

在分项工程的分部工程验收的基础上,建设单位或其代表应通过对分项、分部工程质量等级的统计推断,结合直接反映单位工程结构及性能的资料系统地核查结构是否安全、是否达到设计要求,结合观感等直观检查,对整个单位工程进行全面的综合评定,决定是否验收。

5. 全部验收

为了保证建设工程项目竣工验收的顺利进行,项目竣工验收必须按照建设工程项目总体计划的要求,以及施工进展的实际情况分阶段进行,一般可分为项目中间验收、单项工程验收和全部验收三大类。

全部验收是指整个建设项目已按设计要求全部建设完成并已符合竣工验收标准,经施工单位预验通过、建设单位初验认可,由设计单位、施工单位、档案管理机关、行业主管部门参加,由建设单位主持的正式验收。

进行全部验收时,已验收过的单项工程可以不再进行正式验收和办理验收手续,但应将单项工程验收单独作为全部建设项目验收的附件加以说明。

五、项目竣工验收的质量标准

各类工程的验收和评定都有相应的技术标准。竣工验收必须符合工程建设强制性标准、设计文件和施工合同额的约定,其具体内容如下。

1. 合同约定的工程质量标准

合同约定的工程质量标准具有强制性，承包人必须确保工程质量达到协议书约定的标准，质量标准的评定以国家或行业的质量检验评定标准为依据。因承包人原因导致工程未达到约定的质量标准的，承包人承担违约责任。若双方对工程质量有争议，由双方认可的检测机构鉴定，所需费用及因此造成的损失由责任方承担。如果双方均有责任，双方根据责任大小分别承担。

2. 单位工程竣工验收的合格标准

《建筑工程施工质量验收统一标准》(GB 50300—2013)对单位(子单位)工程质量验收合格的规定如下：

①单位(子单位)工程所含分部(子分部)工程的质量均验收合格；

②质量控制资料完整；

③单位(子单位)工程所含分部(子分部)工程有关安全、节能、环境保护和主要使用功能的检测资料完整；

④主要使用功能项目的抽查结果符合相关专业质量验收规范的规定；

⑤观感质量验收符合要求。

其他专业工程的竣工验收标准也必须符合专业工程质量验收标准的规定。合格标准是工程验收的最低标准，不合格的工程一律不许交付使用。

3. 单项工程达到使用条件或满足生产要求

单项工程已按设计要求完成(所含单位工程都已竣工，相关的配套工程整体收尾已完成，能满足生产要求或具备使用条件)，工程质量经检验合格，竣工资料整理符合规定，发包人可组织竣工验收。

4. 建设项目能满足建成投入使用或生产的各项要求

建设项目的全部子项工程(单项工程)均应完成，符合交付竣工验收的要求。在此基础上，项目除能满足使用或生产要求外，还应达到以下标准：

①生产性工程和辅助公用设施已按设计要求建成，能满足生产使用；

②主要工艺设备及配套设施经试运行合格，形成生产能力，能生产出设计文件规定的产品；

③必要的设施已按设计要求建成；

④生产准备工作能适应投产的需要；

⑤其他环保设施、劳动安全卫生设施、消防系统已按设计要求配套建成。

六、竣工日期

工程经竣工验收合格的，承包人提交竣工验收申请报告之日为实际竣工日期，并在工程接收证书中载明；因发包人原因，未在监理人收到承包人提交的竣工验收申请报告42天内完成竣工验收，或完成竣工验收不予签发工程接收证书的，提交竣工验收申请报告的日期为实际竣工日期；工程未经竣工验收，发包人擅自使用的，转移占有工程之日为实际竣工日期。

七、全部或部分工程的拒绝、接收和移交

对于竣工验收不合格的工程，承包人完成整改后，应当重新进行竣工验收。经重新组织竣工验收仍不合格且无法采取措施补救的，发包人可以拒绝接收不合格工程；因不合格工程导致其他工程不能正常使用的，承包人应采取措施确保相关工程的正常使用，因此增加的费用和（或）延误的工期由承包人承担。

移交、接收全部与部分工程。除合同专用条款另有约定外，合同当事人应当在颁发工程接收证书后7天内完成工程的移交。

发包人无正当理由不接收工程的，发包人应当自接收工程之日起，承担工程照管及成品保护、保管等与工程有关的各项费用；合同当事人可以在合同专用条款中另行约定发包人逾期接收工程的违约责任。

承包人无正当理由不移交工程的，承包人应承担工程照管及成品保护、保管等与工程有关的各项费用；合同当事人可以在合同专用条款中另行约定承包人无正当理由不移交工程的违约责任。

任务单元四　项目竣工结算和决算

一、项目竣工结算

项目结算是指项目在实施过程中，施工项目经理部与建设单位进行的工程进度款结算与竣工验收后的最终结算。结算的主体是施工方；结算的目的是施工单位向建设单位索要工程款，实现商品"销售"。根据项目特点的不同，结算可采取的方式主要如下：

①按月结算；

②竣工后一次结算；

③分段结算；

④目标结算。

项目结算对于施工单位及时取得流动资金、加速资金周转、保证施工正常进行、缩短工期、取得应得利益等，都具有非常重要的意义。

竣工验收合格并签署工程竣工验收报告后，承包人应编制项目竣工结算，承发包双方应按国家有关规定进行工程价款的最终结算。编制项目竣工结算的目的：一是为承包人确定工程的最终收入、考核工程成本和进行核算提供依据；二是为发包人编制项目竣工决算提供基础资料。

承包人应在规定(28天)或约定时间内递交工程结算报告及完整的结算资料。发包人接到竣工结算报告后,应在规定(28天)或约定时间内审查或委托工程造价咨询单位审核,进行确认或提出修改意见。对于修改意见,双方可协商达成共识,出现争议时可按约定的解决方式处理。发包人确认竣工结算报告后向承包人支付工程结算价款;承包人收到结算价款后14天内将竣工工程交付发包人,及时撤出施工现场,解除施工现场全部管理责任。

编制项目竣工结算的方法,是在原工程投标报价和合同价的基础上,根据所收集、整理的各种结算资料,如设计变更、技术核定、现场签证、工程量核定单等,进行相关费用的增减调整,按取费标准的规定计算各项费用,最后汇总为工程结算造价。

二、项目竣工决算

项目竣工决算(书)是建设工程项目竣工后,由建设单位向有关主管部门或财务部门报审的项目建设成果和财务情况的总结性文件。按国家竣工验收制度的规定,依法立项的新建、改建、扩建的大中小型建设工程项目,都要编制项目竣工决算。项目竣工决算以实物量和货币为单位,综合反映实际投入,核定交付使用财产和固定资产价值,考核项目投资效果。

1. 项目竣工决算的内容

竣工决算是指项目从筹建开始到建成后交付使用的全部工程建设费用的确定,一般应包括竣工财务决算说明书、竣工财务决算报表、造价分析资料表等。

(1)竣工财务决算说明书。竣工财务决算说明书是综合归纳项目竣工情况的报告性文件,其主要反映项目建设成果、各项技术经济指标完成情况,也是全面考核评价工程建设投资和工程造价控制的文字总结说明。决算说明应注重综合性、准确性、系统性的统一,要层次清晰、条理分明,其主要内容如下:

①建设项目概况,主要是对建设工期、工程质量、投资效果、设计以及施工等各方面的情况进行概括分析和说明;

②对建设项目投资来源、占用(运用)、会计财务处理、财产物资情况,以及项目债权债务等做分析说明;

③建设项目资金节超、竣工项目资金结余、上交分配等说明;

④建设项目各项主要技术经济指标的完成比较、分析评价等;

⑤建设项目管理及竣工决算中存在的问题和处理意见;

⑥建设项目竣工决算中需要说明的其他事项。

(2)竣工财务决算报表。为正确反映建设项目的规模,适应分级管理的需要,建设项目划分为大型、中型、小型三类。根据规定,竣工财务决算报表分为两种情况编制。

①大中型建设项目竣工财务决算报表的内容:建设项目竣工财务决算审批表;大中型建设项目竣工工程概况表;大中型建设项目竣工财务决算表;大中型建设项目交付使用资产总表;建设项目交付使用资产明细表。

②小型建设项目竣工财务决算报表的内容：建设项目竣工决算审批表；小型建设项目竣工财务决算总表；建设项目交付使用资产明细表。

（3）造价分析资料表。编制项目竣工决算的人员还应对工程造价控制中采取的措施和效果进行比较分析，确定竣工项目工程总造价的情况，总结建设项目节约工程造价，提高投资效益的经验，或找出超支的原因，提出改进意见。

造价分析资料表的主要内容应涵盖主要实物工程量、主要材料消耗量和工程造价构成的主要费用等。特别要注意竣工图的编制，竣工图反映了项目竣工的全部内容，是竣工决算的真实记录和长期存档的技术资料。

2. 项目竣工决算编制程序

竣工结算由施工单位编制，由建设单位审查，最终由双方确认。竣工决算由建设单位编制，报上级有关部门审查批准，其工作流程如下。

（1）保证竣工决算依据的完整性。竣工决算的编制依据是各种研究报告、投资估算、设计文件、设计概算、批复文件、变更记录、招标控制价（标底）、投标报价、工程合同、工程结算、调价文件、基建计划、竣工档案等各种工程文件资料。

在项目竣工决算编制前，编制人员应认真收集、整理各种有关决算的依据，做好各项基础工作，保证竣工决算编制的完整性。

（2）清理项目账务债务的准确性。项目账务债务的清理核对是保证竣工决算编制工作准确有效的重要环节。编制人员要认真核实项目交付使用资产的成本，做好各种账务、债务和结余物资的清理工作，做到及时清偿、及时回收。清理的具体工作要做到逐项清点、核实项目、整理汇总、妥善管理。

在清理项目债权、债务和核对账目的基础上，正确编制项目竣工财务决算，汇总建设期财务决算资料，以保证竣工决算编制的准确性。

（3）填写项目决算报表的符合性。竣工决算报表的编制内容是项目建设成果的综合反映。竣工财务决算报表中的内容应依据编制资料进行计算和统计，并符合有关规定。

决算报表内容应根据项目规模的不同情况和不同要求对号入座，完成填写。

（4）编写竣工决算说明的概括性。决算说明具有建设项目竣工决算系统性的特点，综合反映项目从筹建到交付使用的全过程的建设情况，包括项目建设成果和主要技术经济指标的完成情况。

编写内容较为全面、概括性较强的项目竣工财务决算说明书，是全面、正确地考核、评价建设项目投资效果的重要文件，应按项目竣工决算编写说明的要求，根据编制报表中的结果，编写成文字总结说明材料。

（5）报送上级审查批准的及时性。项目竣工决算编制完毕，编写人员应将编写的说明和填写的各种报表，经过反复认真校稿核对无误后装帧成册，形成完整的项目竣工决算文件报告，及时上报审批。

项目竣工决算应在项目竣工移交使用后的一个月内编制好，按规定程序报送审批。建设项目竣工财务决算审批表的审批程序是先由建设项目开户银行签署意见并盖章，再由建设项目所在地财政监督专员办事机构签署意见并盖章，最后由主管部门或地方财政部门签署审批意见。

任务单元五　建设工程项目回访保修

一、建设工程项目回访保修制度

1. 回访保修的意义

承包人对项目进行回访保修的重要意义如下。

(1)有利于项目经理部重视项目管理,提高工程质量。只有加强项目的过程控制,增强项目管理层和作业层的责任心,严格按操作工艺和规程施工,从防止和根除质量缺陷的要求出发,才能从源头上杜绝工程质量问题的发生。

(2)有利于承包人听取用户意见,履行回访保修承诺。发现工程质量缺陷,应采取相应的措施,及时派出人员登门进行修理;应收集、倾听用户的意见,做好回访保修记录,纳入承包人回访用户和工程保修的管理程序进行控制。

(3)有利于改进服务方式,增强用户对承包人的信任感。通过建立回访与保修的服务制度,组织编写用户服务卡、使用说明书、维修注意事项等资料,在回访中赠送给用户,真正树立全心全意为用户提供优质服务的企业形象。

2. 回访保修的程序

进行项目回访保修的工作方法如下。

(1)总的指导原则是瞄准建设市场,提高工程质量,与发包人建立良好的公共关系,并将回访保修工作纳入计划实施。

(2)适时召开一些易于融洽、有益双方交流的座谈会、经验交流会、茶话会,以加强联系,增进双方友好感和信赖感。

(3)及时研究解决施工问题、质量问题,听取发包人对工程质量、保修管理、在建工程的意见,不断改善项目管理,才能真正提高工程质量水平,树立承包人的社会信誉。

(4)千方百计为发包人提供各种跟踪服务,不断满足他们提出的各种变更修改要求,建立健全工程项目登记、变更、修改等技术质量管理基础资料,把管理工作做得扎扎实实。

(5)妥善处理与发包人、监理人和外部环境的关系,捕捉机会,创造有利条件,精心组织、细心管理,形成多方协同的工程质量保证体系。

(6)组织发放工程质量保修、维修的注意事项等资料,切实贯彻企业服务宗旨,进行工程质量问卷调查,收集反馈工程质量保修信息,验证实施效果并编写总结报告。

二、项目回访保修工作计划

回访保修工作计划应包括下列内容:
①主管回访保修的部门;
②执行回访保修工作的单位;

③回访时间及主要内容和方式。

项目交付竣工验收并签署了工程质量保修书后,承包人应将回访与保修工作列入议事日程,编制工作计划,规定服务控制程序,纳入质量管理与质量保证体系,使其得到执行的保证。

三、建设工程项目回访工作方式

根据回访计划安排,可采取灵活多样并有针对性的回访工作方式。

1. 例行性回访

例行性回访是指按回访工作计划的统一安排,对已交付竣工验收并在保修期限内的工程,组织例行回访(一般半年或一年进行一次),广泛收集用户对工程质量的反映。对回访难以覆盖的地方,可采取电话询问方式,也可以适时召开一些易于融洽、有益交流的座谈会、茶话会等,把回访工作搞活。

2. 季节性回访

季节性回访主要是针对具有季节性特点、容易造成负面影响、经常发生质量问题的工程部位进行回访(如夏季回访屋面工程、墙面工程的防水和渗水情况、空调系统,冬季回访采暖系统等),了解是否有施工质量缺陷或使用不当造成的损坏等问题。要区分情况处置,妥善处理外部公共关系,认真负责地解答用户提出的问题,必要时可分发一些资料,进行维护知识的宣传教育。

3. 技术性回访

技术性回访是指根据建筑新技术在工程上应用日益增多的情况,通过回访用户的方式及时了解施工过程中采用的新材料、新技术、新工艺、新设备的技术性能,从用户那里获得使用后的第一手材料,掌握设备安装竣工使用后的技术状态、运行中的安装施工质量缺陷。若发现质量问题,应及时进行处理。

4. 专题性回访

某些特殊工程、重点工程、有影响的工程应组织专访,可将服务工作往前延伸。专题性回访一般由项目经理部自行组织,包括交工前对发包人的访问和交工后对使用人的访问,听取他们的意见,为其提供跟踪服务,满足他们提出的合理要求,改进服务方式和质量管理。专题性回访的目的是在交工验收后建立联系,在发生问题时及时上门服务,为以后创造"服务换合作"的新机会。

四、项目工程质量保修

1. 工程质量最低保修期限规定

《建设工程质量管理条例》第四十条规定,在正常使用条件下,建设工程的最低保修期限如下。

(1)基础设施工程、房屋建筑的地基基础工程和主体结构工程,为设计文件规定的该工程的合理使用年限。

（2）屋面防水工程、有防水要求的卫生间、房间和外墙面的防渗漏，为 5 年。

（3）供热与供冷系统，为 2 个采暖期、供冷期。

（4）电气管线、给排水管道、设备安装和装修工程，为 2 年。

其他项目的保修期限由发包方与承包方约定。

建设工程的保修期，自竣工验收合格之日起计算。

2. 工程质量缺陷保修责任界定

工程质量缺陷是产生工程质量保修的根源。进行质量保修，必须划清经济责任。质量缺陷，是指工程不符合国家或行业现行的有关技术标准、设计文件及合同中对质量的要求等。但是，工程出现质量缺陷问题的情况比较复杂，不能"一刀切"。设计、施工、供应、建设、使用等多方面的影响，都有可能导致质量缺陷问题。

对产生工程质量缺陷的原因进行具体分析，对经济责任的性质进行区别、划分的主要目的是便于澄清问题，加强质量管理。设计、施工、供应、建设、使用等不同原因造成的质量问题应当由责任方承担经济责任。

任务单元六　建设工程项目考核评价

一、建设工程项目考核评价的一般概念

1. 建设工程项目考核评价的含义

建设工程项目考核评价，顾名思义，就是项目实施后的考核评价，分为中间考核评价和终结考核评价。中间考核评价比较灵活，可以根据项目的需要来组织，如过程考核、年度考核等，主要对象是建设工期较长的大中型项目，考核的要求是控制和确保建设工程目标的实现。终结考核评价是在项目收尾完成、竣工验收后，办完项目竣工结算，编制好项目竣工决算并报批备案，由组织进行的项目终结性考核评价。

2. 项目考核评价的作用

在我国现阶段，对建设工程项目进行考核评价可以产生以下作用。

（1）提高项目管理的决策水平。通过项目实施后的决策考核，评价人员可以对项目立项决策是否正确做出评价。考核评价虽然是事后总结，但得到的经验能够为后来项目的决策提供依据，起到很好的项目决策参考作用。

（2）提高项目管理的设计水平。通过项目实施后的设计考核，评价人员可以对项目勘察设计的方案和水平做出评价，并在项目实施过程中验证，不断改进优化设计方案，为项目勘察设计单位提高设计能力和水平起到很好的促进作用。

（3）提高项目管理的采购水平。通过项目实施后的采购考核，评价人员可以对项目采购的设备是否先进、适用、可靠做出评价，检验项目投产或交付使用的运行情况是否达到设计能力和要求，以便总结好的经验，减少失误，起到很好的项目采购借鉴作用。

（4）提高项目管理的施工水平。通过项目实施后的施工考核，评价人员可以对项目施工过程的管理控制做出评价，考核项目"四控制""三管理""一协调"的项目管理效果，提高项目施工组织管理水平，在不断完善项目管理中起到很好的施工示范作用。

（5）提高项目管理的总承包水平。通过项目实施后的总承包考核，评价人员可以对项目总承包管理涉及的项目准备、设计、采购、施工、交工等全过程目标和任务的实现情况做出评价，对摸索项目总承包经验、提高总承包项目管理水平起到很好的试点推动作用。

3. 项目考核评价的要求

建设工程项目管理形式的多样化对项目考核评价工作也提出了新的更高的要求。项目的各方组织都应当根据各自的需要，建立一套科学的项目考核评价内容和指标体系，作为项目完成后考核评价的依据。

1）项目考核评价依据

项目考核评价依据，是指对项目考核评价起评估作用的目标性、管理性、法规性、标准性文件，主要包括项目管理目标责任书，由企业管理层制订的各项管理制度、管理办法、管理程序、管理方案，国家发布的法律、行政法规、部门规章和地方法规等与工程建设有关的规定，国家政府行政主管部门批准发布的有关工程建设的国家标准、行业标准、地方标准、工程技术和管理的规范。

2）项目考核评价的方式

鉴于我国建设工程项目管理的现状，可供选择的项目考核评价方式主要有如下几种。

（1）业主方项目考核评价方式。

业主方项目考核评价方式亦称建设项目管理考核评价，其项目管理的目标包括项目的投资目标、进度目标和质量目标等。投资目标是指项目的总投资目标；进度目标是指项目交付使用的时间目标或工期目标；质量目标涉及设计、施工、材料、设备、环境的质量目标。

（2）设计方项目考核评价方式。

设计方项目考核评价方式亦称设计项目管理考核评价，其项目管理的目标主要在设计阶段，考核评价的内容应包括设计成本、造价、进度、质量控制和设计合同、信息管理以及与设计工作有关的沟通管理等。

（3）施工方项目考核评价方式。

施工方项目考核评价方式亦称施工项目管理考核评价，其项目管理的目标主要在施工承包阶段，考核评价的内容应包括施工成本、进度、质量、安全控制、施工合同、采购、资源、信息、环境、风险、收尾管理，以及与项目施工交叉有关的组织协调等沟通管理。

（4）总承包项目考核评价方式。

总承包项目考核评价方式亦称总承包项目管理考核评价。其项目管理目标涉及项目实施全过程，包括设计、施工、采购、试车、交工验收的全部实施阶段，考核评价的内容应包括与总承包项目管理有关的投资、成本、进度、质量、安全控制和合同、信息、环境、采购、风险、沟通、收尾管理等。

（5）其他的项目考核评价方式。

其他的项目考核评价方式包括供货方、专业方、监理方、咨询方项目管理的考核评价，应根据各自的管理特点和项目实施的内在规律,灵活进行具有自身特性的项目考核评价工作和管理。

二、项目考核评价的指标体系

1.项目考核评价定量指标

1)工程质量指标

工程质量是项目考核评价的关键性指标,它是依据工程建设强制性标准的规定,对工程质量是否合格做出的鉴定。

2)工期及工期提前率

建设工程的工期是综合反映工程项目管理水平、项目组织协调能力、施工技术设备能力、资源配置能力等方面情况的指标。在评价项目管理效果时,工期一般作为一个重要指标来考核。

用实际工期与计划工期或合同工期进行对比,按公式计算,即可得出工期提前率或提前量的效果指标。

3)工程成本降低额及降低率

工程成本降低额是实际成本额低于计划成本额的绝对指标。

工程成本降低率是实际成本低于计划成本的绝对额与计划成本额的相对比率。项目考核评价通常用成本降低率这个相对评价指标,以便直观地反映工程项目的成本管理水平。

4)安全控制目标

安全控制目标是工程项目管理的重要目标之一。项目施工安全标准分为优良、合格、不合格 3 个等级。

5)环境保护目标及指标

(1)环境保护目标的要求。

①现场施工噪声达到国家控制标准,符合《建筑施工场界环境噪声排放标准》(GB 12523—2011)的规定。

②工作环境符合国家标准要求。

③固体废弃物的处理和处置达到控制标准。

④废水排放应按规定进行处理。

⑤节能降耗,减少资源浪费等。

(2)环境保护指标的内容。

①项目现场噪声限值。

②现场土方、粉状材料管理覆盖,道路硬化率。

③项目资源能源节约率等。

环境保护指标还包括其他与项目考核有关的量化指标。

2.项目考核评价定性指标

项目考核评价定性指标的主要内容包括以下几个方面。

1）经营管理理念

评价项目经营管理理念,主要是审视项目实施者是否实现了围绕项目运行的管理、机制、组织和技术的创新。

2）项目管理策划

评价项目管理策划,主要是审视项目实施者是否遵循了项目管理规范,建立起精干高效、目标明确、自我约束、协调运行的管理模式。

3）管理基础工作

评价项目管理基础工作,主要是审视项目实施中各项基础工作是否及时、准确、严格、持续地得到执行,思想政治工作是否有效,管理规定能否做到令行禁止。

4）项目管理方法

评价项目管理方法,主要是审视项目管理过程中采用了哪些独具匠心的方法。

5）新技术的推广

评价项目新技术的推广,主要是审视项目管理中是否用创新的理念,以一流的技术成果、一流的质量水平、一流的施工工艺组织项目实施。

6）项目社会评价

项目实施效果的最终评价人是用户或使用单位、中介机构或社会各界,他们的评价是最具有说服力的。

三、建设工程项目考核评价基本程序

1.制订项目考核评价方法

鉴于建设工程项目管理方式的多样化,项目考核评价的方法和内容会有所不同。业主方项目管理的考核评价的过程很长,涵盖了项目建设的生命周期,但考核的重点主要是项目的决策是否正确,包括建设工期、工程质量、投资效果等。承包方项目管理的考核评价,是不包括立项决策的项目实施过程的多指标、多管理的考核评价,评价的内容和方法一般比较具体。

无论哪种项目管理方式,在制订项目考核评价方法时,都应包括如下内容:

①项目考核评价的目的;

②项目考核评价的机构;

③项目考核评价的指标;

④项目考核评价的方法;

⑤项目考核评价的总结。

2.建立项目考核评价组织

项目考核评价组织是为项目考核评价提供智力服务的专家组织。项目考核评价组织因项目的需要而建立。企业既可以委托第三方进行项目考核、评估,也可以组织企业内部各方面的专家成立评价组织,按照考核评价办法的规定进行项目的考核、评估。考核评价组织的成员应熟悉项目管理论,有一定的学术造诣和专业管理经验,宣讲和文字表达能力较强,热心项目考核评价工作。项目考核评价组织的职责和任务如下:

①编制项目考核评价的实施方案；

②负责评价期间的工作联系和组织协调；

③具体实施项目考核评价的各项工作；

④查阅资料,考察项目现场,做出评价结论；

⑤整理移交项目考核评价各类资料等。

3. 确定项目考核评价方案

项目考核评价方案的编制内容如下：

①工程项目概况；

②项目考核评价组织的构成情况；

③项目考核评价的指标分解；

④项目考核评价的时间安排；

⑤项目考核评价的具体方法；

⑥项目考核评价的结论报告；

⑦项目考核评价的统一表式等。

4. 实施项目考核评价工作

项目考核评价组织进入项目后,应向项目经理部提交评价方案,召开必要的沟通协调会议,争取项目经理部的工作支持,使项目考核评价实施工作按预定的时间、内容和要求进行。

5. 提出项目考核评价报告

项目考核评价报告的主要内容如下：

①项目考核评价报告正文；

②项目考核评价报告附件,包括项目考核评价表、项目考核评价鉴定书、其他附件等。

四、工程项目管理总结

工程项目管理总结是全面、系统反映项目管理实施情况的综合性文件。项目管理结束后,项目管理实施责任主体或项目经理部应进行项目管理总结。项目管理总结应在项目考核评价工作完成后编制。

本 章 小 结

本章主要阐述了建设工程项目收尾管理的有关知识。建设工程项目收尾管理是建设工程项目收尾阶段各项管理工作的总称。建设工程项目收尾管理对建设工程项目竣工收尾、竣工验收、竣工结算、竣工决算、回访保修和考核评价等各阶段提出了要求。

建设工程项目竣工验收是建设工程建设周期的最后一道程序,也是我国建设工程的一项基本法律制度。建设工程项目竣工验收一般按单位工程(或专业工程)竣工验收、单项工程竣工验收和全部工程竣工验收 3 种情况分别进行。

建设工程项目价款的结算方式主要有按月结算、竣工后一次结算、分段结算和承发包双方约定的其他结算方式。

建设工程项目回访保修制度,明确了回访保修的意义以及回访保修的程序。

建设工程项目考核评价就是项目实施后的考核评价,分为中间考核评价和终结考核评价。建设工程项目考核评价的指标体系包括工程质量指标、工期及工期提前率、工程成本降低额及降低率、安全控制目标等定量指标和经营管理理念、项目管理策划、管理基础工作、项目管理方法、新技术的推广、项目社会评价等定性指标。

思考与练习

一、单项选择题

1. 建设工程项目竣工验收应由( )组织。
   A. 监理单位 　　　　　　　　B. 政府质量监督机构
   C. 建设单位 　　　　　　　　D. 施工单位

2. 建设工程竣工后,( )应当根据施工图纸及说明书、国家颁发的施工验收规范和质量检验标准及时进行验收。
   A. 建设行政主管部门 　　　　B. 发包人
   C. 设计单位 　　　　　　　　D. 施工单位

3. 项目竣工决算是由( )编制的项目从筹建到竣工投产或使用全过程的全部实际支出费用的经济文件。
   A. 建设行政主管部门 　　　　B. 发包人
   C. 设计单位 　　　　　　　　D. 施工单位

4. 建设项目竣工决算应包括( )全部实际费用。
   A. 从设计到竣工投产 　　　　B. 从筹建到竣工投产
   C. 从开工到竣工验收 　　　　D. 从立项到竣工验收

5. 承包人和发包人在工程交付竣工验收时,必须按施工合同的约定执行,不得违约,违约应承担( )。
   A. 违约的法律责任 　　　　　B. 违约的刑事责任
   C. 违约的经济责任 　　　　　D. 违约的合同责任

6. 承包人按施工合同约定,完成了设计文件和图纸规定的工程内容,组织有关人员进行了自检,并经工程监理机构组织了竣工预验收后,向发包人提交( )。
   A. 工程验收告知单 　　　　　B. 竣工工程申请验收报告
   C. 工程竣工报验单 　　　　　D. 交付竣工验收通知书

7. 建设工程项目竣工结算由( )编制。
   A. 发包方 　　　　　　　　　B. 监理单位
   C. 发包方的财务部门 　　　　D. 承包方

8. 建设工程项目是由多个单位完成的,应按建设项目划分标准的规定,将各单位工程竣工结算书汇总,编制( )。

 A.单项工程竣工综合结算书   B.单位工程竣工综合结算书

 C.分部工程竣工综合结算书   D.分项工程综合结算书

9.承发包双方对工程造价咨询单位出具的竣工结算审核意见有意见的,在接到该审核意见后一个月内可以向( )建设行政主管部门申请调解。

 A.国务院   B.省级以上人民政府

 C.市级以上人民政府   D.县级以上人民政府

10.《建设工程质量管理条例》第四十条规定:在正常使用条件下,建设工程有防水要求的卫生间的最低保修期限为( )年。

 A.1   B.2   C.3   D.5

11.建设工程项目的保修期,自( )之日起计算。

 A.开工   B.承包方提交竣工验收申请

 C.竣工验收合格   D.发包方组织竣工验收

12.建设工程项目施工安全标准分为( )3个等级。

 A.优秀、良好、及格   B.优秀、良好、合格

 C.优良、合格、不合格   D.良好、合格、不合格

13.关于竣工图的说法,下列正确的是( )。

 A.施工图没有更改、变动的,可由承包人将原施工图作为竣工图使用

 B.在施工中有一般性设计变更,需重新绘制才能作为竣工图

 C.有结构形式改变、工艺改变的,可以在原施工图上修改、补充,由承包人在新图上加盖"竣工图"章

 D.重大的改建、扩建工程涉及原有工程项目变更时,应将相关项目的竣工图资料统一整理归档,并在原案卷内增补必要的说明

14.项目竣工结算的方式不包括( )。

 A.按月结算   B.按季结算

 C.竣工后一次结算   D.分段结算

15.承包人应在( )天内递交工程结算报告及完整的结算资料。

 A.14   B.15   C.20   D.28

16.承包人收到结算价款后的( )天内将竣工工程交付发包人,并及时撤出施工现场,解除施工现场全部管理责任。

 A.7   B.14   C.21   D.28

17.根据《房屋建筑工程质量保修办法》的规定,( )属于保修范围。

 A.1个采暖期、供冷期内供热与供冷系统的质量缺陷

 B.因使用不当造成的质量缺陷

 C.第三方造成的质量缺陷

 D.不可抗力造成的质量缺陷

18.某房屋的主体结构因设计原因出现质量缺陷,则下列关于该房屋质量保修事宜的说法,错误的是( )。

A.施工单位仅负责保修,并有权对由此发生的保修费用向建设单位索赔

B.设计单位应承担保修费用

C.施工单位接到保修通知后,应在保修书约定的时间内保修

D.施工单位不仅要负责保修,还要承担保修费用

19.在保修期限内,因工程质量缺陷造成房屋所有人、使用人或者第三方人身、财产损害的,房屋所有人、使用人或者第三方可以向建设单位提出赔偿要求。因保修不及时造成新的人身、财产损害,由(　　)承担赔偿责任。

A.保修施工方　　　　　　　　　　B.质量原因鉴定方

C.建设管理方　　　　　　　　　　D.造成损害的责任方

二、多项选择题

1.(　　)属于建设工程项目收尾管理的内容。

A.项目竣工验收　　　　　　　　　B.项目竣工结算

C.项目回访保修　　　　　　　　　D.项目财务审计

E.项目考核评价

2.建设工程项目竣工验收应当具备(　　)的条件。

A.完成建设工程设计和合同约定的各项内容

B.项目竣工结算已完成

C.有完整的技术档案和施工管理资料

D.有工程使用的主要建筑材料、建筑构配件和设备进场实验报告

E.项目可以正常使用

3.建设工程项目竣工验收一般按(　　)3种情况分别进行。

A.单位工程(或专业工程)竣工验收　　B.单项工程竣工验收

C.全部工程竣工验收　　　　　　　　D.分部工程竣工验收

E.分项工程竣工验收

4.工程项目的回访包括(　　)。

A.季节性回访　　　　　　　　　　B.技术性回访

C.保修期满前的回访　　　　　　　D.周期性回访

5.以下选项中属于工程项目收尾管理环节的有(　　)。

A.试运行　　　　B.竣工验收　　　　C.竣工决算　　　　D.竣工结算

6.以下选项中属于投产准备工作内容的有(　　)。

A.物资供应管理　　　　　　　　　B.落实外部协作条件

C.投产准备机构的设置　　　　　　D.生产管理人员及工人的配备和培训

三、简答题

1.项目收尾管理的内容有哪些?

2.简述项目竣工验收的条件和依据。

3.简述竣工验收的程序。

4.项目管理考核评价的内容有哪些?

5.试述竣工验收的内容。

四、案例题

背景:某市一建筑公司与发包人签订建筑工程合同,工期为350天。距离合同竣工日还有60天时,发包人口头要求压缩合同工期30天,并承诺若承包人能压缩合同工期30天,将给予承包人5万元的奖励。承包人根据发包人要求,重新调整计划,组织赶工作业队伍进行赶工施工,并报方案经发包人签字确认。承包人于原合同工期的第325天时,完成了全部合同施工内容,并自检认为已达到竣工验收要求,向发包人递交了竣工验收申请。发包人接到申请后次日,组织了包括发包人、设计方、地勘单位、承包人、工程所在地质量安全监督管理站监督员在内的验收队伍进行工程竣工验收。

竣工验收合格,发包人认为承包人未能按要求压缩工期30天,取消奖励,同时不承认相关赶工费用。发包人还要求承包人自原合同工期期满之日计算工程质保期。

按照合同约定,施工现场所有签证须在签证发生当月完成签证手续。承包人向发包人申请竣工结算时,发包人发现承包人基础施工时换填淤泥的签证未报发包人签字,仅现场管理人员进行了工程计量确认,因此,不承认该签证。

承包人项目经理多次与发包人沟通,最终完成了项目竣工结算工作,拿到了工程尾款,宣布项目工作结束,解散项目部。

问题:1.根据项目收尾管理知识,发包人取消承诺给承包人的奖励并不承认相关赶工费用是否合理?

2.根据项目收尾管理知识,承包人项目经理在项目收尾管理中应如何有效地与发包人进行沟通?

3.根据项目收尾管理知识,发包人要求承包人自原合同期满之日计算工程质保期是否正确?

4.发包人不对承包人基础施工换填淤泥的签证予以承认是否正确?

5.承包人项目经理拿到项目工程尾款就意味着项目工作结束了吗?